《昆明建设幸福城市研究》课题组

总 顾 问　张田欣

顾　　问　谢新松

课题组长　杨　芳

副 组 长　高　军　龙云昆

成　　员　黄剑辉　李志杰　徐　杰　武亚平

李学诗　李　钢　劳致钢　武　华

彭　峰　尹　峻　王　宁　高　山

姜剑波　李美婷　李　佳　李　敏

张正旺　范江恒　王志洪　孙黎明

高会平　王雅琦

主　　编　杨　芳

副 主 编　梁永实

责任编辑　高　军　龙云昆　李志杰　黄剑辉

昆明建设 KUNMING JIANSHE

幸福城市研究

XINGFUCHENGSHIYANJIU

杨 芳 主编

云南出版集团公司
云南人民出版社

美丽春城　幸福昆明（代序）

张田欣

幸福，是人们对生活的美好向往和不懈追求。中国《尚书·洪范》中就有五福之说：五福，一曰寿，二曰福，三曰康宁，四曰攸好德，五曰考终命。古希腊哲学家亚里士多德认为，幸福就是灵魂的一种合乎德性的现实生活。关于幸福，不同时期、不同的人都有不同的答案，但人们对幸福的向往和追求并无二致。可以说，一部人类社会发展和文明进步的历史，就是人类在追求幸福中艰辛而辉煌的奋斗史。

民惟邦本，本固邦宁。人民幸福是中国共产党自建党之日起就铭刻在理想旗帜上的奋斗目标。纵观我们党90多年的光辉历程，可以清楚地看到，中国共产党的历史，就是一部全心全意为人民服务的历史，就是一部以人为本、造福人民的历史。90多年来，我们党始终坚持全心全意为人民服务的根本宗旨，永葆无私奉献的公仆本色，努力做到发展为了人民，发展依靠人民，发展成果由人民共享。党的十八大提出，多谋民生之利，多解民生之忧，解决好人民最关心最直接最现实的利益问题，在学有所教、劳有所得、病有所医、老有所养、住有所居上持续取得新进展，努力让人民过上更好生活。我们党每一个历史时期的追求，每一个关键时刻的抉择，都顺应了历史的潮流，体现了群众的意愿，增进了人民的福祉。

追求幸福，是人民的权利；造福人民，是党和政府的责任。千百年来，昆明人民从来没有停止过追求幸福的脚步，在这片美丽富饶的土地上辛勤劳作，一犁一耙换来五谷丰登，一镰一担赢得丰衣足食。新中国成立60多年特别是改革开放30多年来，昆明历届市委、市政府团结带领全市广大干部群众，解放思想、实事求是、与时俱进、求真务实，扎实推进经济建设、政治建设、文化建设、社会建设和生态文明建设，不断开创了人民幸福生活的新境界。

美丽春城，幸福昆明。在新的历史起点上，面对发展的新形势、新任务，面对各族群众过上更好生活的新期待，我们掷地有声地提出建设美好幸福新昆明的战略部署，并以“菜篮子”和“米袋子”建设工程、“幸福乡村”建设工程、就业促进工程、城乡饮水安全工程、城乡居民收入倍增工程等“十大民生工程”为抓手，实实在在办一些老百姓看得见、摸得着、得实惠的好事实事，努力把昆明改革发展的过程，变成创造幸福、提升幸福、共享幸福的过程，实现经济增长与幸福指数同步增长。2012年，全市新建36个标准化菜市场及配套生鲜超市，启动建设保障性住房71942套，全面启动411个重点贫困村整村推进工作，实施536件抗旱应急工程，完成5万件“五小”水利工程，完成主城22条重要道路景观提升及环境综合整治工作……这一系列举措，正是市委、市政府贯彻落实科学发展观，着力保障民生改善、提升群众福祉的具体行动。

经过昆明市社会科学院各位专家的辛勤付出、笔耕不辍，《昆明建设幸福城市研究》终于编辑完成、付印在即。欣喜之际，展卷细读，收获颇丰。这部著作，内容翔实、思路清晰、立意新颖，系统论述了昆明建设幸福城市的重要性和必要性，明确提出了昆明建设幸福城市的目标和任务，从“建设实力之城、构筑富民之城、打造乐业之城、创建宜居之城、筑造文化之城、构建诚信之城、塑造创新之城、筑建法治之城”等八个方面科学回答了昆明建设幸福城市的方向和路径，对昆明未来发展具有较高的参考价值和借鉴意义。

春光似海，盛世如花。昆明拥有四季如春的天时，资源禀赋良好的地利，勤劳智慧的各族人民的人和，加快发展面临难得的机遇和条件。当前，我们正加快建设美好幸福的新昆明，在率先全面建成小康社会、加快推进现代化建设的崭新征程中阔步前行。我相信，只要我们深入贯彻落实党的十八大精神，大力弘扬高原情怀、大山品质，认真践行“刚毅执着、敢于担当、追求不凡、崇尚实干”的昆明干部精神，坚定信心、矢志不渝、真抓实干，就一定能把昆明建设成为最具魅力，最有幸福感、归属感、自豪感和安全感的宜居宜人新都市，就一定能让幸福之花开遍春城大地！

2012 年 12 月 19 日

目 录

中　篇

下　篇

上　篇

引　言

在国际金融危机冲击世界经济体系的大背景下，昆明市克服发展过程中凸显的各种矛盾和困难，圆满完成了“十一五”的各项目标任务，夯实了跨越发展的基础。2011 年，昆明市地区生产总值以 14% 的幅度实现了增长，城镇居民人均可支配收入和农民人均纯收入分别实际增长 10% 和 13.1%，实现了“十二五”的良好开局。在取得辉煌成绩的同时，受国际经济政治环境复杂多变、各类外部隐患风险增多，当前国内经济发展出现一些新情况、新问题的影响，昆明市在建设过程中也面临着发展程度不高、经济总量不大、各种潜在的社会矛盾仍然较多、人民生活水平不高等现实问题。

昆明拥有独特的区位优势、丰富的自然资源、较全的产业基础、广阔的市场空间，具备建设幸福新城市的基础和条件。当前，新一轮西部大开发深入实施，“桥头堡”建设全面推进，国家继续实施积极的财政政策和稳健的货币政策等宏观条件为昆明市的建设发展提供了良好的发展机遇。中共昆明市委、市政府清楚地看到了这一点，在 2012 年召开的市委十届二次全会上吹响了建设美好幸福新昆明的号角。建设美好幸福新昆明是中共昆明市委、市政府站在新的历史起点上，以新的视角，面对新的形势，依据新任务和新要求提出的新建设发展目标。建设美好幸福新昆明符合中央精神，与省委、省政府对昆明市的发展要求高度统一，与全市人民群众的期盼相符合，是昆明市全体干部职工坚定信心、振奋精神，迎难而上、顽强拼搏，把思想和行动统一到省委、省政府和市委、市政府的决策部署上的重要举措。

建设美好幸福新昆明，关键和核心就是建设富强昆明、开放昆明、文化昆明、生态昆明、和谐昆明、幸福昆明，总体目标是把昆明建设成为最具魅力，最有幸福感、归属感、自豪感和安全感的宜居宜人新都市。昆明务必珍惜经济发展进入黄金期、改革创新进入攻坚期、对外开放进入提速期、文化事业进入繁荣期和社会建设进入转型期的重大机遇，用好全省首位度最高、生产力要素最为集中、市场体系最完善的条件和机遇，结合昆明实际，明确幸福城市的含义和幸福城市的评价标准，积极借鉴国内外建设幸福城市的经验，理清昆明建设幸福城市的基本思路和基本原则，在建设实力之城、构筑富民之城、打造乐业之城、创建宜居之城、筑造文化之城、构建诚信之城、塑造创新之城、筑建法治之城等方面实现突破，在加快产业竞争实力的提升，推进“三化”、“三农”的步伐，提高昆明的区域带动力，健全居民收入增长及调节机制，增加就业创业机会和依法治市等方面得到长足发展。通过努力拼搏，全体市民的幸福感必将得到提升，美好幸福新昆明的建设必然取得成功。

第一章
幸福城市的含义

一、什么是幸福

对于什么是幸福，从古至今，不同的时期，不同的人都有许许多多不同的定义，在这里对目前国内外都较为普遍的看法进行一个概括。

（一）幸福的定义

幸福是一种主观感受，是指个人由于欲望或理想的实现或接近而引起的一种内心满足，包括基本需要得到满足产生的满足感；对环境（包括自然环境和社会环境）产生的愉快感；个人价值实现的满意感。

（二）幸福定义的理解

1. 幸福是人生的目的

现代的哲学将人生意义作为重要研究对象，并普遍认为，幸福是人生的意义，是评价生活好与坏的最终价值所在。这种观点不但不否认责任、自由、爱等等人的自我实现活动的重要性，而是认为这些活动给我们的最终感受是让我们感到快乐幸福，是人体验到幸福的手段，一个幸福的个体总是在婚姻、友谊、收入、工作表现和健康等方面成功。马克思主义也同样重视幸福，恩格斯在《共产主义信条草案》中曾指出：财产公有制社会“建立在这样的基础上：在每一个人的意识或感觉中都存在着这样的原理，它们是颠扑不破的原则，是整个历史发展的结果，是无须加以论证的。”这些原理就是，“每个人都追求幸福”。

2. 主观幸福感的可衡量

幸福感虽然具有主观性，但幸福感不是某种转瞬即逝的情绪状态，目前的研究者都普遍认为幸福是一种具有深刻性和持久性、与人的社会需要相联系的主观体验，因此幸福是一种切实的、比较稳定的感受，是人们对自身生活满意程度的认知和整体评价，而非短期的、一时的快感。正是由于这种切实、整体和稳定性，幸福感才成为可以自我认知和进行衡量的心理状态。

3. 主观的幸福感是有客观对象的

幸福虽然是一种主观感受，但这种主观感受是有客观指向的，无论欲望满足还是环境引起的快乐，以及理想的实现，都有明确的客观指向。因此幸福不仅可以从自我认知进行做题，也可以对实现幸福的客观条件进行指标量化，从外部进行幸福的评价。

4. 幸福感的个性与共性

人生目的就是追求幸福，这是没有争议的。但是至于什么是幸福，则有共性的问题，也有个性的问题。在研究幸福城市时，要从个性的研究角度出发，同时又要对个体幸福感进行群体心理的划分，从而把握由于年龄、性别、职业不同，对同一客观事件的相同感受和评价，再由对群体的幸福感的调查中，经过社会统计学的分析，同时提出在同一时期、同一城市的大多数市民的更多的共性要求。基于幸福的个性与共性特点，就是研究个性与共性相结合的过程，我们在课题中所研究的幸福城市，是指被大多数市民认可的内容。

二、从 GDP 到幸福指数——理论的转变

追求幸福是人的终极目的，因此从古到今幸福都成为心理学、社会学、经济学等学科的重要研究对象，这些理论都是我们研究建设幸福昆明的重要理论基础，尤其是借鉴经济学和社会学的成果进行研究。

（一）马斯洛的需求层次

著名心理学家马斯洛的需求层次理论，为后来的经济学、社会学中理论的转变——从 GDP 到幸福指数，奠定了重要基础。马斯洛于 1943 年在《人类激励理论》论文中提出了人的需求层次理论。人的需求具体涉及生理需求、安全需求、爱和归属的需求、尊重需求、自我实现的需求等五个基本层次。在这里无论个体和群体的需求都会经历一个从低层次的生理需求向高层次的精神需求发展的过程。马斯洛的理论为我们研究幸福城市得到了几点重要启迪：一是人的需求是多层次的，因而幸福感也是多层次的，建设幸福城市也就必须按照人的需求来设定多层次的指标。二是人的需求层次有一个由低到高的转换，因此幸福城市的建设重点也要随着经济社会的发展进行转换。随着昆明进入中等收入阶段，物质生活水平显著的改善，对大多数人来说，收入分配问题的重要性超过了收入增长，安全诉求、人与社会、人与自然，甚至人际关系的协调发展、人们的精神文化生活需求都逐渐成为影响生活质量的重点，因而城市发展理念也要逐步从单纯的 GDP 到兼顾经济建设以及城市居民生活质量、心理体验的多元化转变，这是城市管理者在新形势下面临的新形势。

（二）伊斯特林悖论

传统经济学是构建于“财富增加将导致福利或幸福增加”这样

一个核心命题之上的。对这种理论的偏信，导致了 GDP 崇拜论。在很长时期内，GDP 成为了世界各国最重要的指标，直到今天，用经济收入作为衡量一个国家或一个城市以至一个人的幸福的唯一指标，在很多国家和很多城市依然被广泛认同。一个经济收入高的人普遍被认为是幸福的人，而一个 GDP 高的城市，往往被称为幸福城市。

20 世纪 70 年代，美国南加州大学经济学教授理查德·伊斯特林，在研究中对以 GDP 为核心的理论提出了质疑。伊斯特林的研究发现，财富的增长并不一定伴随着幸福感的增加。在其著作《经济增长可以在多大程度上提高人们的快乐》中提出，通常在一个国家内，富人的幸福感和快乐水平高于穷人，但如果进行跨国比较，穷国的幸福水平与富国几乎一样高，其中美国居第一，古巴接近美国，居第二。这就是著名的“伊斯特林悖论”，亦称为“财富悖论”现象或“幸福悖论”现象。“伊斯特林悖论”所反映的现象比比皆是，我们都能观察到。随着城市经济的快速增长，城市问题凸显，各种生态问题、社会矛盾使人们的幸福感与经济发展背道而驰，经济在发展，城市在扩展，城市居民的幸福感却在减少，因为唯 GDP 论，忽略了城市最本质的东西，这就是生活在这座城市中主人的感受，将经济发展作为目标，使目标异化或泛化。当人们开始对 GDP 崇拜进行反思时，“伊斯特林悖论”才得以受到人们的广泛认同。

伊斯特林悖论之所以产生的主要原因：一是影响人们幸福感的因素是多元的，不仅仅是 GDP 或经济收入对人们的幸福有影响，还有其他许多重要因素，包括：健康、政治参与、自由、社会诚信、安全、平等、生态环境等，当这些因素与 GDP 收入呈负相关时，那么随着 GDP 的增长，许多影响幸福的非经济因素会下降，从而在不同程度上抵消经济因素带来的正面作用，于是就可能出现收入增加了而人们的幸福没有相应增加的“幸福悖论”。研究表明：在一个富裕的社会里真正影响快乐的是个人人际关系的质量，排在首位的是家庭生活的质量或亲密人际关系的质量，然后是拥有工作并享受工作所带来的内涵，再次是和普通朋友以及陌生人的关系。同时研究也表明，一些经济收入虽然不高，衣食问题已经解决，生态环境、社会环境好，有独特的宗教文化传统，也会是幸福感很高的地方。二是经济收入对人的幸福感的影响也是受边际效益的递减影响的，随着经济收入的增加，经济收入对一个人的幸福的影响力会逐步递减。三是幸福是相比较而存在的。虽然一个人的收入在增长，他的收入水平低于社会平均收入水平的增长，或低于他用来比较的特定人群收入的增长，这样他的经济地位是下降的，他的幸福感就会降低。

（三）经济收入对幸福的影响

“伊斯特林悖论”提出之后，人们认识到经济收入对人的幸福的作用较为复杂，因此这个问题也就成为理论界研究的一个重要命题，对经济收入对幸福影响的研究就变得更加深入。

首先，经济收入是影响幸福感的最重要因素，但这种重要性还不足以使其成为决定性的因素。从个人来看如健康状况、休闲时间、婚姻状况若不如意，再多的收入也不会对应较高的幸福感。从昆明所处的西部地区来看，如拉萨、贵阳经济都不是发达的城市，但都入选中国十大最幸福城市，而经济发展最快、收入水平最高的城市往往不是中国幸福感最高的城市。就是在一个省内，也有相同的情况。如山东省进行了城市幸福感调研，发现滨州市虽然在经济上远落后于济南，但幸福指数高于济南。总之，对于现在的中国大多数城市居民来说，尽管收入是首位因素，但仅靠增加收入并不能实现个人幸福。因此研究也为我们提供了增加幸福感的多条渠道，无论是个人还是一个城市，在收入有限的情况下，增加幸福感成为可能。

其次，在不同的国家、不同时期经济收入影响并不相同。在经济较发达的国家和地区，尤其是当其居民收入增长到一定程度后，收入的影响会递减，收入与满意度之间的联系较弱（对一些发达国家的研究表明，收入对幸福的解释不足2%）。而在经济较落后的国家和地区，收入与满意度的联系更紧密。据我国著名的咨询公司“零点公司”的调查，在中国，人们感到不幸福的主要原因依然是贫穷，有54.6%的城镇居民和66.4%的农村居民将贫穷列为感到不幸福的主要原因。我国现阶段，国内的所有研究都有相同的结论：不论是在农村还是城市，收入仍是影响幸福的首要因素。国内大量的研究都发现：在一个同等的生活环境中，在较高的收入群体中幸福感较高的人数比例大于收入较低的比例；恩格尔系数越大，幸福感水平越低；有社会保险的居民幸福感水平比没有社会保险的居民显然更高；居民的医疗费支出越高，其幸福感水平越低；有工作居民的幸福感水平显然比没有工作居民的幸福感水平更高。研究表明，失业是破坏个人和家庭幸福的最大杀手，失业往往与酗酒、离婚、忧郁症、精神失常、自杀有紧密的相关关系；有住房产权居民的幸福感比没有住房产权的居民的幸福感更高（有人设定了住房痛苦指数，住房痛苦指数=房价/收入，高房价、低收入意味着较高的痛苦指数）；通货膨胀率也是一个直接与居民实际收入相关的指标，国外对1975~1991年欧洲12个国家进行研究，通货膨胀率每增加一个百分点，平均幸福水平就会降低0.01%。

第三，收入差距过大是降低幸福感的重要因素。关心收入增长，更要关心收入共享，越来越成为研究者与城市管理者的共识。从理论上来说，主观幸福感的社会比较理论认为，幸福是相对的，它取决于用来判断的标准，向上比较会降低主观幸福感，而向下比较会提高主观幸福感。因此在基本生理需求问题解决之后，收入差距在幸福感的社会比较过程中十分重要，收入差距过大就会降低主观幸福感。基尼系数是一个反映收入差距的重要指标，由于它与幸福指数正好相反，基尼系数越高，收入差距就越大，社会幸福感就会越低，因而基尼系数也被称为痛苦指数。通过对各国实证研究统计的结果，基尼系数的安全线是0.33，警戒线通常是定为：0.4。一般认为超过0.5、0.6称为动乱线。原因是因为在一个社会中，低收入者始终是占人口的大多数，基尼系数过高，中低收入者的相对收入就过低。幸福感是相比较而言的，它不仅取决于收入的绝对值，更取决于相对值。

因此改善收入分配，提高居民幸福指数，减少社会矛盾冲突，是跨越中等收入陷阱的重要举措。大多数发展中国家，从低收入进入中等收入（3000美元）之后，几十年来一直没有跨越中等收入阶段，被称为中等收入陷阱。原因很多，其中一条就是不能很好地解决贫富悬殊过大问题，造成严重社会矛盾、冲突。如阿根廷和马来西亚两国在20世纪80年代中期基尼系数就在0.45左右，到20世纪末进一步上升到接近0.50，2007年阿根廷达到0.51，而马来西亚始终保持在接近0.5的水平上。而少数国家如日本和韩国在由中等收入转向高收入进程中，都较好地控制了收入差距扩大问题，日本20世纪60年代实施“国民收入倍增计划”，韩国20世纪70年代推行“新社区运动”，使初次收入分配更趋均衡，缩小了城乡和居民收入差距，为跨越“中等收入陷阱”创造了较为稳定的社会环境，基尼系数为0.36，到20世纪90年代末下降到0.31。

目前，中国的基尼系数过高，据专家估计已经达到0.5。在全国统一的分配制度下，昆明与全国平均水平差别不会大。因此幸福城市的建设，要关心收入增加，但更要关心均衡分配，调整分配政策，缩小区域差距、城乡差距、贫富差距等。由于目前基尼指数过高，即使在GDP不改变的情况下，只要改善分配，缩小收入差距，就可以降低基尼系数和恩格尔系数，大大提高城市的幸福指数。

第四，中间收入阶层比例大，是建设幸福城市的重要基础。对收入的研究影响发现，幸福感呈现一条倒U型。一是收入增长到一定程度后，收入对幸福感会有递减的影响；二是高收入往往意味着承受更大的风险、压力和更少的休闲时间。休闲社会学和行为经济学的研究显示，休闲时间充裕有助于提升幸福感，而休闲时间少，过于忙碌，会降低幸福感。因此收入最高的阶层往往不是幸福感最高的，幸福感最高的其实是中产阶级。壮大中产阶级应是建设幸福城市的重要方向。研究表明，目前美国75000美元年收入是一个分界线。这是个在平均值偏上的指标，远远高于或低于这个值的幸福感都会较低。同样，中国2010年中宏保险与《理财周报》联合发起的“中国中产家庭幸福指数调查”通过对全国10个城市7万余名20~40岁中产收入人群发放问卷统计，幸福感合格的受访者超过80%。海口市做过一个相关调查也表明，中等收入的人幸福感较高。

（四）发展经济学——包容式经济增长

昆明是一个发展中国家中不发达省区中的城市，发展经济学的理论对于我们建设幸福城市有很好的借鉴作用。包容式发展最早在2007年由晋州开发银行提出来，是较新的发展理论，这一理论强调共享式增长，不仅强调要对穷人友善式增长，还强调重视对中产阶级的经济增长分享。这一发展方式其思想渊源来自诺贝尔经济学将获得者阿玛蒂亚·森，其代表作《贫困与饥饿》强调了机会平等对于经济平等的重要性，认为机会平等是经济、社会协调发展的稳定器和调节器，可以有效遏制贫富差距的过分扩大。要提高城市市民的幸福指数，主要就是要实现就业机会、教育机会、就医机会、住房保障机会、社会保障机会等的共享，尤其是教育与就业机会的共享，是从根本实现市民的“自由全面的发展”最重要的共享，这种共享将会大大提高市民的幸福指数。

（五）幸福经济学对传统经济学的颠覆

2002 年的经济学诺贝尔奖颁发给了对于幸福研究作出突出贡献的美国普林斯顿大学的心理学教授卡尼曼。这是经济学史上的一个重要事件。

1. 幸福经济学强调经济理论人本主义的回归

现代经济学研究的是最少成本产生最大效用，重点是在效用上，因此其研究的主题是以有限的资源如何创造更多的物质生产。因此经济学常为此被人批评为物化学说，而在实践中，经济学也形成了为追求 GDP 增长的实用理论。卡尼曼和乔治梅森大学的史密斯提出了涉及财富和广义幸福的“新经济学”，他们的研究结论是，现代人应该关心如何提高人们的幸福本身，因为人们最终追求的是生活的幸福，而不是有更多的金钱；不是财富最大化，而是人们幸福的最大化，财富仅仅是能够带来幸福的较小一个因素。幸福经济学要实现的最大化不是物质化的效用，而是主观幸福感。以资源配置来最大化主观幸福感是幸福经济学的研究主题。

2. 幸福经济学用幸福指数取代传统的 GDP

GDP 作为衡量社会经济进步的重要指标，在经济研究中十分重要，但这个指标不仅太单一，而且最重要的是不能反映生态成本，随着社会经济发展，越来越不适应。用幸福指数来衡量社会经济进步，代表了未来经济学发展的一个重要方向。国民幸福指数 GNH 取代国民生产总值 GDP 是一个必然的趋势，幸福经济学站在快乐和幸福的立场研究经济发展目标和经济政策，为以人为本、走可持续发展道路的经济政策提供理论和决策依据。对于幸福的测量，幸福经济学构建了一套测量幸福的指标体系：幸福变量与幸福函数、幸福指数与数据结构，使幸福成为真正可以测量和计算量化的研究对象。

（六）社会学对幸福的研究

1. 社会学有更广阔的视野

经济学是目前社会科学中最成熟的科学，但由于它的研究对象仅限于经济现象，而对建设幸福城市来说，仅仅从经济理论来研究是远远不够的，而社会学则从更广阔的视野来研究幸福问题。社会学对幸福的研究，一个重要的贡献就是广泛地研究了各种非经济因素，从而将幸福理论引向更广泛更深入细致的研究。

2. 对生活质量的研究

社会学对于生活质量的研究兴起于20世纪60年代的美国，目前已经得到各国社会学家和政府普遍重视。前期主要重视客观因素，后来有研究者发现客观生活质量只能解释居民生活质量的15%，而主观指标如健康状况、人际关系和生活满意度等能解释生活质量的70%～80%。因此，20世纪70年代后期开始，对生活质量的研究重点发生了改变，主观生活质量受到了更多的重视。目前，社会学对影响幸福的因素已经非常细致和深入，可以说已经尽可能地包括了各种重要的主观与客观因素，比如人口社会学因素，包括年龄、性别、健康、婚姻、受教育程度、宗教信仰以及种族等；经济因素，包括绝对收入、相对收入、收入分配状况、失业、通货膨胀、环境污染、政府支出等；体制性因素，包括政治权利的分散程度以及公民参与政治权利的程度等；还有情形性因素，如具体的就业以及工作条件、人际关系、婚姻关系等。

（七）幸福理论的重要运用成果

幸福经济学和社会学、心理学等学科对幸福理论研究，有一系列运用成果，对世界、对国内的决策都起到了重要的作用。联合国的人类发展指数、幸福指数，与中国的小康社会都成为引导世界、引导中国社会经济发展方向的重要指标，而目前正在兴起的幸福城市的研究，将成为引导我国社会经济发展方向的主要因素之一。

1. 幸福指数

最早是在1972年由不丹国王提出的“国民幸福总值”，是用以衡量一个国家或地区经济、社会、文化、政治、环境、资源等方面协调发展以及社会经济发展与人类身心和谐发展的综合指标体系。在很长时间以后，很多国家的研究机构和著名学者才开始研究“不丹模式”。《全球幸福指数报告》制作者、美国哥伦比亚大学经济学家杰弗里·赛克斯说：“国民生产总值并不能代表幸福程度，尽管一般来说，国家财富与国民快乐有一定联系，但两者之间没有内在必然关系。美国自1960年开始，人均国民生产总值增长了三倍，但幸福指数却停滞不前。那些人均收入相对美国并不高的国家，却有很强的幸福感，这是因为他们制定的政策，推高了其幸福指数”。英国提出了“国民发展指数”，2008年2月，诺贝尔经济学奖得主斯蒂格利茨等人向英国政府提交了一份研究报告，报告认为GDP指数作为衡量一个国家或地区经济发展和社会进步的主要指标，虽然有它的历史积极意义，但是有着重大缺陷，建议用“国民幸福指数”（GNH）取代GDP，作为衡量社会发展的主要指标参数。法国总统萨科齐也宣布了与英国类似的计划。我国虽然在国家层面上已经越来越重视国民幸福，但在小康指标后还没有具体地提出全国的国民幸福指标。目前国内一些学者和一些城市已经开始对城市幸福指数进行了研究和测定，发展了各自的指标体系。

2. “人类发展指数”（HDI）及研究报告

联合国开发计划署在《1990年人文发展报告》中首次提出“人类发展指数”（HDI），研究报告是国外社会学研究生活质量的一项重要成果，对研究幸福城市有重要借鉴意义。“人类发展指数”（HDI），作为衡量与评估各国民众生活水平最重要的指标，改变了过去主要以GDP衡量社会经济发展指标的方式，正在全球范围内受到越来越多的重视。HDI主要包含寿命指数、教育指数和经济发展指数三方面内容。目前，我国也采用了这一指数来衡量地区或城市的发展状况。如2008年根据这一指数对我国各省、直辖市进行测评，上海位列第一，而云南省为倒数第4位，高于甘肃、贵州、西藏，是较为准确的定位。

3. 小康社会研究

20世纪80年代以后开始重视社会指标和生活质量研究，最重要的成果就是提出小康社会发展指标。在城市小康社会发展指标（1990~2000年）中，列出了22个具体的生活质量指标，这些指标既有反映经济发展的指标，同时也有反映社会发展和生活质量的指标，表明了我国在社会研究中和领导决策者理念两个方面都取得了重要进展，但同时也表明我国在这方面的研究与国外早已经广泛进行的幸福指数研究相比，是大大滞后了。我国当前反映的生活质量指标中最大的缺陷就是只重视客观指标，缺乏反映人民幸福与否感受的主观指标，这既有政府部门的便于操作的原因，也有研究方法上的滞后因素。

4. 幸福城市研究

目前各地对幸福城市的研究就是充分借鉴了国内外的经济学、社会学、心理学研究成果，尤其是对幸福指数体系的运用成果，在过去小康社会研究中得到进一步扩展和深化。目前对幸福城市的研究与过去小康社会研究比较，最重要的进步就是充分重视了对人的主观感受的研究，从见物不见人的研究逐步进入到了充满人文关怀的以人为本的研究，体现了城市管理者从政府导向到市民导向的转变，真正体现人民政府执政为民、关注民生的指导思想。幸福城市的研究有两个重点，一是借鉴国内外幸福指标体系的研究成果，对城市实际情况深入研究，建立适合城市的指标体系；二是根据指标坐标系的调查、测定结果，制定城市发展目标和政策。

三、幸福城市

（一）幸福城市的定义

1. 定义

何为幸福城市，幸福城市就是指城市大多数市民对所在城市有较高的认同感、归属感、安全感、满足感，以及外界人群有较高的向往度、赞誉度的城市。

2. 定义的说明

（1）内部自我较高的评价。有较高的幸福满意度，这是幸福城市的必要条件。从目前的各种指标研究的结果来看，幸福城市的满意度应在 75 分以上。

（2）外部的较高评价。当代的社会是一个开放的社会，幸福城市的建设必须要有时代特征。在一种相对封闭的特定地域，有可能出现较为落后的地区有较高的自我评价，这种地区不能代表世界经济一体化条件下的典型幸福城市或国家，这种较高的评价往往会随着开放而发生变化。

（3）幸福城市的客观基础。无论是自我幸福感的认定还是外部评价，城市的幸福感是主观的，但这种主观评价必须有客观基础。一是有良好的经济基础，居民对社会福利及保障水准感到满意，居民感到宜业；二是有良好的生态环境，有独特地域文化、舒适、美丽的城市空间，社会和谐，居民道德风尚良好，城市文明安全，市民普遍感到城市宜居。

（二）幸福城市的主要内容

概括地说，幸福城市应有较好的经济基础，宜业；较好的生活环境，宜居。具体地说，幸福城市应该有以下主要内容：

1. 较好的经济基础

经济可持续发展，具备较好的经济基础，就业、创业环境良好；注重民生，收入分配合理，基尼系数较低。

2. 较高的生活质量

具有良好的生态环境；较好的公共服务设施、交通环境，整洁的城市卫生和清新的空气质量，较好的社会保障体系，居者有其屋，老有所养，病有所医，教育发达，居民感到宜居。

3. 独特的地域文化

随着经济社会的发展，文化需求在市民的需求中占有越来越重要的地位，发展独特的地域文化，不仅是增进本地居民幸福感的关键，同时也是吸引外界最大的魅力所在。

4. 社会和谐

社会安全文明，有良好的道德风尚、社会诚信、法治环境好、家庭和睦。

（三）衡量幸福城市的主要标准

根据幸福城市的内容，衡量幸福城市应具备以下主要标准：

一是居民幸福感标准（这是幸福指数的一个综合标准，也是最为重要的一个标准）；

二是收入标准——收入较高，分配合理；

三是安全标准——社会稳定，安全；

四是健康标准——良好的健康保障；

五是教育标准——良好的教育保障；

六是社会职业标准——创业与就业环境良好；

七是生态标准——良好的生态环境；

八是文化标准——丰富的文化生活。

根据以上标准，可以进一步分解为幸福城市所要求的具体指标。

（四）近年来国内幸福城市指数排名

近年来国内的一些研究机构和组织对幸福城市的排名，尽管有一些争议，但这些排名都经过了广泛的调查和深入的研究，反映了目前国内对幸福城市研究的进展，是中国近年来幸福城市的重要研究成果，这些组织的研究方法和他们对城市的排名情况，值得我们在幸福昆明的研究中充分借鉴。

1. 国家统计局评出的中国十大最具幸福感城市

国家统计局主要是使用官方的统计数据，优点是重视客观指标，较少受城市在评选中的舆论影响，有一定的权威性，缺点是主观指标方面较弱。

（1）2007 年排名：杭州　沈阳　丽江　厦门　青岛　大连　成都　苏州　香港　福州

（2）2008 年排名：杭州　宁波　昆明　天津　唐山　佛山　绍兴　长春　无锡　长沙

（3）2009 年排名：宁波　长春　南昌　上饶　南京　长沙　昆明　杭州　成都　西安

（4）2010 年排名：杭州　成都　枣庄　昆明　南京　长春　重庆　广州　通化　无锡

（5）2011 年排名：广州　合肥　南昌　杭州　上海　北京　昆

明　济南　成都　长沙

2. 新华社评选的中国十大最具幸福感城市

与国家统计局同步，由新华社《瞭望东方周刊》等主办的于2007年也开始评选中国最具幸福感城市。组委会方面依据国际公认的对幸福感的评判标准，对全国269个地级以上城市，沿用美国芝加哥大学的幸福学评价体系，调查内容涉及自然环境、交通状况、发展速度、文明程度、赚钱机会、医疗卫生水平、教育水平、房价、人情味、治安状况、就业环境、生活便利等12个指标，一是依据国家统计局公布数据和各地政府工作报告的相关内容，二是采取专业公司调查与公共调查相结合的方式进行。近300家媒体参与，共计700万张调查问卷、7000万次网络投票。使用三类指标测量居民幸福感。A类指数：涉及认知范畴的生活满意度，包括生存状况（如就业、收入、社会保障等）、生活质量满意度（如居住状况、医疗状况、环境状况、教育状况等）。B类指标：涉及情感范畴的心态和情绪愉悦的程度，包括紧张程度、心态等。C类指标：指人际以及个体与社会的和谐程度，包括对人际交往的满意度、身份认同、个人幸福与社会和城市发展的关系。

（1）2007年排名：杭州　沈阳　中山　宁波　青岛　台州　珠海　上海　北京　成都

（2）2008年排名：杭州　宁波　昆明　天津　唐山　佛山　绍兴　长春　无锡　长沙

（3）2009年排名：银川　西安　杭州　成都　宁波　昆明　长沙　南京　南昌　长春

（4）2010年排名：杭州　成都　长沙　昆明　南京　长春　重庆　广州　通化　无锡

3. 中国城市发展研究院牵头的评选

中国城市发展研究院、中国排行榜网与《南方企业家》杂志社联合评选，其主要选项是：城市的居住环境、医疗水平、教育水平、社会治安、百姓福利、生活成本、交通状况、就业机会、投资环境、贪腐现象、婚姻满意度等 11 项指标。2011 年，评选的中国十大幸福城市依次为广州、合肥、南昌、杭州、上海、北京、昆明、济南、成都、长沙。

值得注意的是，在各种组织的评选中，昆明在大多数评选中都能入选前 10。国家统计局的 5 次评选，昆明有 4 次入选，新华社的 4 次评选昆明 3 次入选。关于评选理由，较有代表性的是 2011 年中国城市发展研究院牵头的评选中所陈述的上榜理由：昆明，这座历史古城，是中国古代文明与现代文明最有力的见证。美丽的自然风光、灿烂的历史古迹、绚丽的民族风情，使昆明跻身国内幸福城市之列。当夜幕降临之时，就好像魔术师将大手一挥，昆明仿佛都换了容颜。整座城市在阳光的照耀下现出扎眼的金黄色，有一种古典的静谧之美。走进如此寂静优美的生活画卷中，昆明人却有一股安全感。因为作为一个多民族汇集的城市，昆明各民族同胞特别热情好客，民风淳朴，体贴包容，让生活在这里的人们在心灵的深处充满了温暖和幸福。

第二章

国内外建设幸福城市的经验及启示

一、不同国家建设幸福城市的类型和理念

20世纪70年代以来，发达国家的城市化率快速提升至80%左右。随着城市规模的扩大，城市经济不断发展，社会公共服务体系以及生态环境治理等诸多问题受到了城市居民更多的关注。随着经济社会的发展，单纯的经济增长已不再成为衡量一个城市综合发展实力的首选指标，发达国家的绝大部分城市纷纷把建设发展目标从“GDP增长”转为“城市居民幸福”，更多地关注以人为本，以幸福为导向来创造经济，实现可持续发展，打造幸福城市。2011年，加拿大莱杰市场调查公司通过面谈、电话及网络调查，请58个国家的52913人对各国幸福度进行排序，用感到幸福者的比例减去感到不幸福者的比例后得出“纯粹幸福度”。排序结果显示，南太平洋岛国斐济的幸福度最高，其次是非洲的尼日利亚，排名最后的是罗马尼亚；2012年上半年，盖洛普调查认为全球最幸福的国家前5名依次为丹麦、芬兰、挪威、瑞典和荷兰。2012年，联合国首次发布“全球幸福指数”报告，从一个侧面揭示了全球各地区城市幸福度的平均水平。列入比较范围的156个国家和地区中，最幸福国度全

部是北欧国家，最不幸福国家集中于非洲国家。在建设幸福城市的过程中，各个国家和地区结合自身特点，探索出不同的方法和路径。

（一）类型一：用“幸福度指标”引领幸福城市建设

目前，世界部分国家和地区设立“幸福度指标”，按“幸福度指标”相关要求来开展城市的建设发展，把“幸福度指标”作为评价国民幸福感的主要依据。不丹是用“幸福度指标”评价国家经济社会发展，以“幸福度指标”来引领幸福城市建设的典型代表。从1972年起，不丹不再使用世界通行的GDP等指标来评价国家的建设发展，设立了“幸福度指标”，开始用“不丹国民幸福指数”来衡量不丹的经济社会发展状况，成为世界上第一个将“幸福度指标”引入经济社会发展评价体系的国家。此后，部分中非国家、南美国家不同程度地使用了“幸福度指标”来评价国民的幸福程度、国家经济社会发展程度，以“幸福度指标”为主要依据进行幸福城市建设。用“幸福度指标”来引领幸福城市的建设成为国内外建设幸福城市的一个类型。

这一类型的核心理念是：国民幸福总值（grossnationalhappiness，简称缩写为GNH）是经济社会发展的最终目标，提高国民生产总值只是一种手段。确立这一理念后的30年，不丹通过努力取得了令人羡慕的成果，其人均GDP方面在南亚地区名列前茅，国民幸福感显著高于印度、巴基斯坦、孟加拉、尼泊尔、斯里兰卡等国家。

（二）类型二：以城市功能的提升引领幸福城市建设

世界上部分人口密度较高的城市，通过提升城市功能来推动幸福城市的建设。新加坡是这一类型的典型代表。新加坡总面积仅710平方公里，人口密度大，城市功能支撑力较强，城市的整洁度和安全感较高，是世界公认的“花园城市”国家，连续10年被评为最适合居住城市，是全球城市竞争力排行中名列前十位的城市之一，市民满意度非常高，95%的市民称自己要么非常幸福，要么相当幸福。

这一类型的核心理念是：加快城市化步伐，不断完善城市功能，提升城市品质，发展城市经济，全力营造最适宜城市居民工作、居住的城市环境，促进城市居民生活水平的不断提高。

（三）类型三：以营造城市居民间平等和谐的氛围引领幸福城市建设

城市居民的关系如何是影响城市居民幸福度的重要因素之一。营造城市居民间平等和谐的氛围成为建设幸福城市的路径之一，丹麦是这一类型的典型代表。在丹麦，位于日德兰半岛东岸的奥尔胡斯市很能表明这一类型的特点。奥尔胡斯的市民把60%以上的收入作为个人所得税上缴，城市居民享受免费医疗、免费日托服务和一流的教育服务。城市居民间的经济收入差距不大，平等和谐的氛围浓厚。该城市的居民认为，幸福是拥有感恩的心，要感谢自然，要感谢他人。奥尔胡斯市的市民感到彼此平等、关系融洽，十分幸福。

这一类型的核心理念是：幸福的基础是人与人之间的平等、和谐，只有人际间具有良好的关系，城市居民才能通过工作和生活让城市充满活力，城市的文化环境才能具有包容性，城市居民才能获得幸福感。

（四）类型四：以建设良好的生态环境引领幸福城市建设

人与自然的关系是决定城市居民幸福度的重要因素之一。当前，世界上一些具有良好生态条件的国家或地区通过建设良好的生态环境来加快幸福城市的建设步伐。如日本名古屋市位于日本本州中部地区的西侧，生态条件优越，是这一类型的典型代表城市。名古屋市开展了与自然对话的城市规划活动，把环境建设与城市发展进行了高度的协调统一，汽车、钢铁、金属加工、精密仪器、化学工业等产业的发展未污染环境，而是与自然环境建设融为一体，城市居民在享受经济发展成果的同时也可以充分地和自然界保持良好的互动，人与自然的和谐相处使得名古屋市的居民认为自己很幸福。

这一类型的核心理念是：现代城市处于工业化不断提速的过程之中，生态环境成为影响城市居民幸福感的关键因素，通过良好生态环境的建设，可以有效避免一系列的城市社会问题及环境问题，让“城市病”消声灭迹，让城市为居民们切实带来美好幸福的生活。

（五）类型五：建设宜居的城市环境，提高城市居民的幸福感受

幸福城市的建设与城市居民的幸福感受密切相关。加拿大通过建设宜居的城市环境来加快幸福城市的建设步伐。加拿大的第三大城市、北美第二大海港和国际贸易重要结点城市温哥华是这一类型的典型代表。温哥华把现代都市文明与自然美景和谐汇聚一身，建有很多大型公园、现代化建筑、湖滨小路，保存有完美的传统建筑，城市居民在适宜人居的城市环境之中必然会产生幸福的感受。

这一类型的核心理念是：幸福与人居环境密切相关，宜居的城市环境是建设幸福城市的必要条件。

二、国外建设幸福城市的经验

（一）不丹的主要做法

不丹结合国民幸福总值（GNH）设立了 NHI 指标，把政府的工作统筹集中到经济增长、环境保护、文化发展、政府善治四大领域，努力做好城市发展与治理、环境综合治理、经济发展、民族融合和公共设施建设等工作；逐步调整了政府工作部门，以提高 NHI 指标为最终目标，设立了专门化的工作机构，对 NHI 指标及时开展检测及评估；政府积极为居民考虑增加经济收入的开发项目，并适当予以公共财政支持，同时进一步完善了居民的社会保障体系，配套建设文化福利设施，注重社会公共开放空间功能的发挥。

（二）新加坡的建设发展路径

新加坡主要从以下几个方面来提高城市功能：一是确保城市功能的多样性和居民的社会融合，实现城市空间的合理布局；二是将经济发展项目尽量集中在现有的城市建成区之中，支持社区容纳中高密度居住区，使得新加坡市民能够更好地利用公交系统和社区服务设施；三是提出了绿化净化新加坡的倡议，大力种植行道树，建设公园，为市民增加休闲娱乐设施；四是采用非对称形式、建起绿色的覆盖层，“软化”水泥建筑、绿化已开垦的土地；五是努力减少有害因素的影响，改善新加坡市民的生活环境。

（三）丹麦的成功经验

丹麦主要通过宣传教育及文化氛围的改善来提高城市居民对幸福理念和相关价值观念的认同感，让平等、和谐成为普通居民价值观的基础，并以此提升居民幸福生活的愿望，培养居民参与维护社会公共利益的意识；政府积极要求居民参与城市的民主管理，政府就“如何分配年度资金”“如何改善社区安全”等问题向居民征集意见，平等、透明、公正地履行公共管理事务。

（四）日本的主要方法

日本尊重自然环境和自然景观，保留了大部分市区和市郊的林木和森林，保护具有生态作用的自然环境，追求人和自然的高度协调；高水平地建设城市绿地系统，高标准推进污染治理，构建符合岛国特点的城市生态景观；加强自然资源保护和生态功能区建设，保障城市的生态安全；发展循环经济，减少经济社会发展对资源和环境的压力；鼓励居民使用公共交通系统，降低社会对私人汽车的依赖。

（五）加拿大的主要经验

加拿大以城市宜居环境建设推动幸福城市建设的主要经验包括以下两方面的内容：一是建设城市人居环境保护绿色地带。人居环境保护绿色地带主要包括公园、供水区、自然保护区和农业地区，绿色地带确定了城市建设发展的空间布局和边界，为避免城市人口过度增长提供了客观依据；二是大力建设幸福社区。加拿大通过建设设施完善的社区来重塑社区功能，让社区为城市居民提供更多的多样性机会和便利的生活条件。同时，通过都市区中心、区域中心、自治市中心等三个层次的社区协调发展组织来促进不同的社区获得公平的发展机会。

三、国内建设幸福城市的经验

自2005年起，“幸福城市建设”这一议题在国内引起了广泛关注。党中央提出，发展为了人民、发展依靠人民、发展成果由人民共享，关注人的价值、权益，关注人的生活质量、发展潜能和幸福感受；国家统计局提出要适应中国经济社会的协调发展，适时新增幸福指数、人的全面发展指数、地区创新指数以及社会和谐指数等统计指标；北京、上海和浙江、福建、广东、四川、辽宁等省会城市纷纷出台新的措施，致力于幸福城市的建设。

（一）北京——把构建和谐社会作为建设幸福城市的基础

北京人口众多，城市居民各方各面的压力较大，社会矛盾突出。为建设好幸福城市，北京开展了和谐社会构建工作，并把建设和谐社会作为搭建幸福城市的重要支撑：“十一五”期间，北京大量开工建设经济适用房和廉租房，随着住房面积的不断增加，中低收入家庭住房难的问题逐步得到缓解；同时，加大了对城市社区公共服务设施的投资力度，按照民政部关于社区建设的意见，调整了社区规模，进一步提升了社区的功能；实施了北京公交优先战略，大力发展轨道交通，构建了公共交通体系，提高了北京市民的出行幸福感；制定了多项优惠政策，建立了就业援助员制度，为失业市民提供就业信息咨询、技术培训等服务，通过灵活就业等途径强化了就业与社会保障，积极营造平等、和谐的社会发展环境，为建设幸福城市营造良好氛围。

（二）上海——调整产业结构，满足幸福城市建设需要

为建设好幸福城市，上海率先在众多领域进行一系列的改革探索，大力破除原产业结构的弊端和束缚，为产业结构调整不断注入新的活力，在幸福城市的建设过程中起到了有益的推动性作用。通过产业结构调整，上海的轻工、食品等劳动密集型产业逐步得到转移，光电、软件等技术密集型产业得到快速发展，先进制造业实现了集聚壮大，旅游会展、金融商务等现代服务业得到加速发展，信息服务、文化创意等新兴产业迅速成长，三次产业实现了从以工业为主导到二三产业共同发展的转变。上海产业结构的调整优化与其城市建设发展环境形成了良性互动，城市发展的内生动力实现了飞跃，较好地利用了国际国内两个市场、两种资源，内外需齐拓展的发展格局，满足了上海建设幸福城市的客观需要。

（三）杭州——结合自然景观和历史文化资源推动幸福城市建设

杭州属亚热带季风性气候，四季分明、温和湿润；历史悠久，

曾是五代吴越国和南宋王朝两代建都地；境内群山起伏、丘陵连绵，具有独特秀丽的城景格局，同时又兼具江河湖泊交融的先天环境优势。独特的自然优势、深厚的文化底蕴为杭州建设幸福城市创造了条件。杭州制定了城市自然景观维护、环境保护和生态系统可持续发展计划，大力调整经济结构，优化城市布局，发展大容量的公共交通系统；以“构筑大都市，建设新天堂”为目标，大气魄组织旧城改造，推进实施“蓝天、碧水、绿色、清静”的城市环境改善战略，实施安居工程，大规模建设基础设施，塑造“住在杭州”的幸福人居品牌。

（四）厦门——以“低碳、高效”为主线推动幸福城市建设

厦门自然风光优美、市容环境整洁，是副省级城市，同时也是首批实行对外开放的五个经济特区之一，享有省级经济管理权限并拥有地方立法权，经济较为发达。结合自身特质，厦门采取多种措施，把“低碳、高效”作为建设幸福城市的主线。主要做法有：通过修编城市总体规划，科学确定了城市发展布局，为幸福城市的发展提供了丰富的空间资源；推动基础设施建设，依托高崎国际机场、东渡港，大力发展湖里工业区，为建设幸福城市夯实经济基础；大力开展中水回用设施建设，实现生活污水零排放，并用可再生能源逐步取代传统的化石能源，用较小的资源消耗来满足城市居民的生活需求。

（五）深圳——编制指数指导幸福城市建设

深圳注意到了城市人口的过度膨胀和由此而引发的城市居住、交通环境的恶化、生活质量的下降。为解决好城市建设发展中存在的问题，深圳着手研究幸福城市建设，并成为国内第一批发布幸福指数的城市之一。深圳的“幸福指数”包括人均 GDP、人均可支配收入、恩格尔系数、人均住房使用面积、人均道路面积、每万人拥有公交车辆数、每万人拥有医生数、人均寿命等多个指标。

（六）成都——尊重、保护并延续城市文化，让市民体验、分享幸福感

成都以社会进步与发展的视角来反思成都城市文化发展的缺憾，在尊重、保护原有城市文化精髓的同时正视和改造、剔除成都城市文化底质中陈旧、落后的成分，赋予闲适生活新的文化形态与内涵，把旧的享乐观与消闲观改造为知识性、趣味性、科学性、人文性相结合的高尚的休闲文化，让成都市民在休闲的生活中体验幸福并不忘发展。

（七）大连——以城市规划、公共交通为重点推动幸福城市的建设

大连属暖温带、半湿润季风气候，具有海洋性特点和优美的外部环境，具备建设幸福城市的诸多优势。大连依托这些优势，以城市规划、城市交通为重点来进行幸福城市建设。大连在城市规划中以“蓝天、碧海、青山”为重点，突出了城市空间的山水特色，把海岸线、金石滩、滨海路、星海广场等打造为向城市居民传递幸福感的重要载体；大连构筑了由公共汽车、无轨电车、电铁和快轨构成的公共交通网络，城市公共交通网络共有105条线路，城市的整体交通通达性较好，城市居民不会因为长时间的拥堵而痛苦。

四、国内外建设幸福城市的重要启示

启示一：因地制宜设立幸福城市建设指标体系确有必要

GDP是国民经济核算体系中总量核算的核心指标，只单纯考核经济增长，而忽视社会、人文、基础教育、公共设施、能耗、环境生态等指标并不能建好幸福城市。设立指标，有助于昆明市随着生活条件的改善来提高市民的幸福度，避免单纯看到经济增长，而忽视了国民的幸福水平。设立幸福城市建设指标，有助于我们清醒衡量城市或地方的生活条件和工作状况，监控好经济社会运行态势，了解民众的生活满意度；同时，坚持用幸福指标来衡量发展，对于提升城市公共服务水平，优化城市生态环境，让在昆明生活、工作、创业的市民都能有很高的幸福感、满意度和归属感，使昆明的城市成为温馨的幸福家园。

启示二：一定的物质基础是幸福的必要条件

经济、健康、家庭、职业、社会等诸多因素影响着人们的幸福感。其中，经济状况起着基础性、决定性的作用，经济状况差与不幸福具有重要的相关性。城市居民的人均收入与幸福感之间呈现一种正向的关系，即城市居民幸福感随着人均收入的增长而提高。改革开放以来尤其是“十一五”期间昆明市经济保持持续快速增长。随着经济的发展，百姓分享到更多的发展成果。“十二五”期间，昆明市必须提高城镇居民人均可支配收入和农民人均纯收入。通过收入分配改革等一系列举措来大幅度提高昆明城乡居民的收入，努力实现居民收入增长与经济发展同步、劳动报酬增长与劳动生产率同步提高非常重要。

启示三：改善民生是提升幸福指数的关键

幸福度的提升需要一定的客观条件，不仅取决于经济发展程度，还取决于生态环境、居住条件、安全状况、人际关系、价值实现感，等等。其中，改善民生是提升幸福指数的关键。为此，要大力推进以改善民生为重点的社会建设。大力发展社会事业，提高基本公共服务水平，进一步优化公共财政支出结构，加大民生支出在财政总支出中的比重，推进以改善民生为重点的社会建设，力争使更多的财力向公共事业倾斜，最大限度地改变社会事业发展相对滞后的现状是建设幸福城市的必由之路。

启示四：生态环境是提升城市居民幸福指数的重要基础

生态环境在国外、国内幸福城市评价体系中具有重要一面。杭州学习新加坡、日本，按照资源、景观、文化、生态“四位一体”的要求，高标准地完成了区域生态环境整治，为幸福城市建设奠定了基础。工业化的迅速发展、社会的发展变化，需要昆明市营造人与自然和谐相处的良好环境，需要加强生态安全、生态环境治理与生态环境管理。

启示五：基本实现现代化是建设幸福城市的前提条件

欧洲是市场经济的发源地，是世界最先实现现代化的地区，也是世界上公认的幸福城市最多的地区；非洲历史上战乱频发，现代化建设滞后，基本与幸福城市无缘。这表明，基本实现现代化的过程，就是践行以人为本宗旨、惠民利民的过程，是让全体市民共享幸福生活的过程。建设幸福城市，必须把工作重心聚焦到富民、惠民、安民上，将工作导向聚焦到提升市民的幸福感、满意度上。

启示六：幸福城市的建设离不开市民的充分就业

国内外成功的幸福城市的市民普遍有工作、有资产、有发展机会，就业比较充分，城市居民对幸福城市建设有很高的认同度。建设幸福城市，必须激发、引导城市居民的创业意识和投资意识，促进更多的城市居民参与创业、参与投资，让市民享有更多的工资性收入、投资性收入、资源性收入、财产性收入、经营性收入和股份收入，进而增加城市居民的财富积累，为其感知、感受幸福创造有利条件。昆明有必要通过产业结构的优化提升，带动就业结构的优化提升，扩大中高等收入人群的比重；有必要把促进就业作为建设幸福城市的优先目标，建立健全城乡一体的就业服务体系，努力实现城乡居民的充分就业，为创造和谐、平等的建设发展环境创造条件。

启示七：幸福城市的建设要以解决市民关注的现实利益问题为入手点

新加坡在建设幸福城市的过程中，充分尊重市民的意见，把市民最关注、最现实、最迫切的现实利益问题，一桩桩一件件实实在在地办好，获得了很好的效果。昆明在建设幸福城市的过程中，务必不断增进全体市民的福祉，把“学有优教、劳有多得、病有良医、老有颐养、住有宜居”作为重点，构建更为完善的住房保障体系，推进优质教育资源的均衡化发展，构建高品质有特色的现代国民教育体系和多样化、广覆盖的终身教育体系，推进优质医疗卫生资源的合理布局与均衡配置，提高昆明城乡居民的医疗保障和基本公共卫生服务水平，更好地满足昆明市民的多层次、多样化需求，让全体市民认识到在昆明工作和生活具有较高的幸福度。

启示八：完善的城市功能是建设幸福城市的先决条件

纵观国内外成功的幸福城市，无一例外地具有较为完善的城市功能。昆明建设幸福城市，务必在科技创新功能、交通物流功能、金融服务功能、商务服务功能、信息传输功能以及文化服务功能等方面实现提升。

启示九：维护平等、公正既是建设幸福城市的目标，又是建设幸福城市的有效途径

实践表明，维护社会的公平正义，让市民获得平等发展的机会，是建设幸福城市的重要价值取向。建设幸福城市，必须要进一步完善收入分配政策。居民收入在国民收入中的比重、劳动报酬在初次分配中的比重如果得不到进一步的提高，幸福城市的建设进程就会放缓；城乡、区域、行业、社会成员之间的收入差距得不到明显改善，市民的幸福度就会下降；城市困难群体和弱势群体如果得

不到有效的帮扶，城市全体居民平等参与、平等发展的基本权益就会受损。昆明有必要建立健全维护社会公平正义的机制，要努力实现发展机会公平、规则公平、教育公平、分配公平。

启示十：提升城市文明程度是建设幸福城市的必由之路

世界知名的幸福城市均含有丰富的文化内涵。加强城市文化建设，充实城市人文，提高市民文明素质是建设幸福城市不可或缺的重要一环，城市文明程度的提升对于引导市民确立正确的世界观、人生观、价值观，营造人与人、人与社会诚信友爱、和谐共处的浓厚氛围具有重要作用。昆明的城市发展史表明，昆明是一座“移民”城市，引导市民热爱昆明，以昆明为骄傲，对昆明有自豪感、归属感，以昆明为荣，增强市民对昆明的归属感，对于昆明建设幸福城市具有突出的意义。大力弘扬传统历史文化，大力繁荣文化事业，加快推进公共文化基础设施和文化服务网络建设，把文化产业打造成昆明的战略性支柱产业，是昆明市民共创幸福、感受幸福、传播幸福、分享幸福的重要支点。

五、幸福度比较分析

（一）幸福度的基本内容

古今中外的圣哲先贤对于幸福度均有不同的理解和解释。著名历史文献《尚书》把幸福分为五类，也即“五福”，每一种幸福都有上中下三个层次；古希腊亚里士多德认为，幸福就是灵魂的一种合乎德性的现实活动，幸福度就与德性与现实活动的统一程度有关；美国经济学家萨缪尔森提出“幸福＝效用/欲望”，幸福与效用成正比、与欲望成反比，影响效用的因素分别有物质财富、健康长寿、环境改善、社会公正、人的自尊；2004 年，美国达特茅斯学院的大卫·布兰奇劳尔和英国瓦维克大学的安德鲁·奥斯瓦尔德建立了幸福度模型：r = h ［u （y，s，z，l）］ + e，其中 r 代表被测量主体的幸福度或主观满意度水平，u 代表被测量主体实际的效用或福利，h 是关联实际效用与报告福利的函数，y 为实际收入，s 为亲情，z 是一系列统计上的与被测量主体相关的特性，t 为时间段，e 为误差项。古今中外对于幸福程度的不同理解和解释表明，对幸福程度的考量有多个视角，而从多个维度来观察、厘定幸福的程度具有客观必要性。

结合本书研究体系关于幸福的基本定义，幸福度就是人们根据一定价值标准对自身生活状态所作的满意度方面的评价。这种评价主要包括主观和客观两个方面，通过对主观和客观条件的测量，才能达到评价幸福的目的。归纳起来，幸福度大体由五个方面的内容构成，包括物质丰裕感、精神充实感、政治清明感、社会和谐感、生态舒适感。幸福度既包括就业、收入、保障、居住、安全、医疗、教育等可以量化的指标，也包含情感范畴、心态状况和情绪愉悦等精神因素和人际关系和谐程度等因素。

（二）比较与分析

1. 国内外幸福城市的共性与差异

（1）共性

国内外的幸福城市在建设发展的基本要求方面具有相似性。通过对国外幸福度较高城市相关案例的梳理，结合国内建设幸福城市的文献资料，通过分析认为，国内外建设幸福城市的基本要求较为接近，具有一定的共性。

表 2-1　　　　建设幸福城市的共同要求

	建设幸福城市的共同基本要求
城市环境	具有全民共享的城市环境； 建筑环境安全； 物质环境经过美化设计； 自然环境整洁、友好； 具有通达便捷的开敞绿地，保障休闲、聚会和交流的自由空间。
居民关系	城市居民能实现顺畅的交流； 大部分人们感到亲切舒适、不可或缺的城市元素保存完好； 社会和社会个体在自身完善和发展方面的要求得以满足； 居民互相尊重。
城市定位	幸福城市是可持续发展的城市； 幸福城市中的公共空间是社会生活的中心； 幸福城市为了其居民的更好状况而建设发展； 幸福城市是富有吸引力的、让人流连忘返的地方； 幸福城市具有鲜明的文化、历史特征。
城市功能	城市居民能够享有健康的生活，能够很方便到达所要去的任何地方； 体现功能多样性； 提供充足的公共活动空间； 较低的交通拥挤度； 在保证生态安全的前提下，给居民提供舒适便捷、充足的日常生活所需； 有吸引力的、行人导向的公共领域。

（2）差异

国内外建设幸福城市的差异主要体现在各自的评测方法不同。诺贝尔经济学奖得主丹尼尔·卡内曼等成立了专门的研究机构，致力于研究、分析、测量、验证幸福度，并力图使幸福度成为与 GDP 一样重要，能衡量一个国家幸福城市建设水平的指标。卡内曼研究团队提出用日重现法（DRM）来度量幸福度。日重现法是一种融统计学、心理学、经济学于一身的现代社科研究方法。当前，日重现法已经成为西方发达国家评测幸福度的主要手段之一；美国密西根大学教授罗纳德·英格哈特计算幸福度的方法很简单，让城市居民把所有的事情放在一起，通过统计分析，从而得出各个城市或地区的幸福度；国内的专家学者则大多采用影响因子计算法对幸福度进行统计与评价。通过分析，其原因主要是中国与西方的社会、文化背景及其反映的社会心理都存在一定的差异，因而对于幸福程度的认知、测评也不完全相同，感受幸福的方式也会有所差异。

2. 不同城市的幸福度比较

当前，国内外尚未有任何一种幸福度测量指标体系能得到普遍认同，许多指标体系仍处在不断改进之中，对国内外部分城市的幸福度进行严格的数据比较存在统计口径不一、数据可信度较低、主观幸福数值采集差异较大等困难。采用历史文献法和总结归纳法，对国内部分地区和城市的幸福度进行比较分析具有一定的可行性。国家统计局于2007年起对各大城市的幸福度进行了抽样统计和比较，具体情况如下表：

表2－2　　2007～2011年中国城市幸福度排名表

排名	2007年度	2008年度	2009年度	2010年度	2011年度
1	杭州	杭州	宁波	杭州	广州
2	沈阳	宁波	长春	成都	合肥
3	丽江	昆明	南昌	枣庄	南昌
4	厦门	天津	上饶	昆明	杭州
5	青岛	唐山	南京	南京	上海
6	大连	佛山	长沙	长春	北京
7	成都	绍兴	昆明	重庆	昆明
8	苏州	长春	杭州	广州	济南
9	香港	无锡	成都	通化	成都
10	福州	长沙	西安	无锡	长沙

数据来源：国家统计局。

从上表来看，昆明自2008年步入全国幸福城市十强以来，一直保持在前3位至前7位之间：2008年度，昆明是唯一进入全国幸福城市十强的西部城市；2009年度，西部进入全国幸福城市十强的城市有成都、西安、昆明，而昆明的位次明显高于成都和西安，同时也高于在2007年度、2008年度在全国幸福城市十强城市中排名第一的杭州；2010年，昆明的排名由第七位上升至第四位，西部城市成都首次超过昆明；2011年，昆明的排名在全国幸福十强城市中仍为西部城市之首。这表明，昆明的幸福度得到了广泛认可，昆明的幸福度在西部省会城市中名列第一，但与杭州、宁波、南昌等城市相比有明显差距。

第三章
昆明建设幸福城市的背景和意义

一、昆明建设幸福城市的背景

（一）党和国家高度重视人民幸福

全心全意为人民服务是党的根本宗旨，党的一切奋斗和工作都是为了造福人民。改革开放30多年来，人民是否普遍受益一直是评价中国特色社会主义一切工作成败得失的重要标准。党坚持贯彻富民政策，在发展经济的基础上，强调要增加城乡居民的收入，使全国人民的生活在总体上初步达到了小康水平，并继续向全面小康前进。以胡锦涛为总书记的党中央从新世纪新阶段社会主义发展的全局出发，提出科学发展观的核心是以人为本。十七大报告指出："要始终把实现好、维护好、发展好最广大人民的根本利益作为党和国家一切工作的出发点和落脚点，尊重人民主体地位，发挥人民首创精神，保障人民各项权益，走共同富裕道路，促进人的全面发展，做到发展为了人民、发展依靠人民、发展成果由人民共享。"

我国国民经济和社会发展"十二五"规划，坚持把保障和改善民生作为加快转变经济发展方式的根本出发点和落脚点。完善保障和改善民生的制度安排，把促进就业放在经济社会发展优先位置，加快发展各项社会事业，推进基本公共服务均等化，加大收入分配调节力度，坚定不移走共同富裕道路，使发展成果惠及全体人民。并提出了人民生活改善的目标：人均预期寿命要提高1岁，城镇居民人均可支配收入和农村居民人均纯收入要分别年均增长7%以上，新型农村社会养老保险要实现制度全覆盖，城乡三项基本医疗保险参保率提高3个百分点，覆盖城乡居民的基本公共服务体系逐步完善，全民族思想道德素质、科学文化素质和健康素质不断提高，社会主义民主法制更加健全，人民权益得到切实保障等。

今年以来，党和政府多次强调要提升人民的幸福感。在2012年的全国“两会”上，中共中央总书记、国家主席胡锦涛在参加江苏代表团审议时特别强调：要始终坚持把保障和改善民生作为根本出发点和落脚点，加强和创新社会管理，为人民群众安居乐业创造安定和谐的社会环境，努力实现经济发展和人民幸福同步提升。温家宝总理在政府工作报告中指出：“实现好、维护好、发展好最广大人民的根本利益是以人为本理念的具体体现。要把保障和改善民生作为政府工作的重要任务。”党和国家对人民幸福的深切关怀，是昆明提出建设幸福新昆明的重要背景。

（二）我国新一轮西部大开发把保障和改善民生作为首要目标

我国提出新一轮西部大开发的战略任务。西部大开发实施10年，是西部地区经济社会发展最快、城乡面貌变化最大、人民群众得到实惠最多、对国家贡献最突出的10年。“十一五”时期又是改革开放以来西部地区经济发展速度首次超过东部地区的五年，主要经济指标增速均高于全国平均水平。虽然西部大开发取得了巨大成就，但西部地区与东部地区发展水平的差距仍然较大，2010年全面建设小康社会实现程度只有71.4%，仅相当于东部地区2003年的水平；西部地区也是我国贫困面最广、贫困人口最多、贫困程度最深的区域，城乡居民收入只有东部地区的70%和55%左右，西部地区仍然是我国全面建设小康社会的难点和重点。加快西部地区发展，是缩小区域发展差距，实现全面建设小康社会奋斗目标的必然要求。2010年7月，中共中央、国务院召开西部大开发工作会议，部署新一轮西部大开发，强调要奋力将西部大开发推向深入，努力建设经济繁荣、社会进步、生活安定、民族团结、山川秀美的西部地区。2012年2月，国家发改委公布《西部大开发“十二五”规划》，提出要把解放和发展社会生产力作为根本任务，特别强调“要把保障和改善民生作为西部大开发的首要目标，着力解决涉及群众切身利益的问题，促进基本公共服务均等化，不断提高城乡居民生活水平。”

新一轮西部大开发，更加强调保障和改善民生，使全体人民共享改革发展成果。中央提出了到2020年西部地区要实现综合经济实力上一个大台阶、人民生活水平和质量上一个大台阶、生态环境保护上一个大台阶的总体要求，在综合经济、基础设施、生态环境、特色产业、公共服务、人民生活、改革开放等7个方面提出了西部大开发“十二五”时期的奋斗目标。其中，公共服务能力要显著增强，义务教育、医疗卫生、公共文化、社会保障等方面要与全国的差距逐步缩小；人民生活水平要大幅提高，城乡居民收入增速要高于全国平均水平，城乡三项基本医疗保险参保率提高3个百分点，新型农村养老保险和城镇居民养老保险要实现全覆盖。城镇保障性住房覆盖面达到20%以上，城镇登记失业率控制在5%以内，贫困人口显著减少。

新一轮西部大开发把保障和改善民生作为首要目标，是昆明提出建设幸福新昆明的重要宏观环境。

（三）我国已进入中上等收入国家行列

我国人均国内生产总值已达到“中上等收入国家”水平。20世纪80年代中期前，中国一直属于低收入国家行列；20世纪80年代中期后，中国开始变为中等收入国家；经过10多年的努力，中国又从低中等收入国家变成了中上等收入国家。根据国家统计局的核算，2011年中国人均国内生产总值达到35083元。按照2011年平均汇率折算，我国人均国内生产总值已经达到5432美元。按照2011年世界银行的标准，中国已被列入“中上等收入国家”。

国际经验表明，人均GDP在3000~10000美元的阶段，既是中等收入国家向中等发达国家迈进的机遇期，又是矛盾增多、爬坡过坎的敏感期。这一阶段，经济容易失调，社会容易失序，心理容易失衡，发展容易掉进“中等收入陷阱”①。一些国家的教训表明，在迈进中等收入阶段后，由于国民收入未能与GDP实现同步增长和收入差距过大，导致就业、住房、社保等问题凸显，社会负面因子不断累积，发展一步步掉进“陷阱”而不能自拔。拉美、东南亚一些国家早就是中等收入国家，之后却陆续掉进了“陷阱”，至今仍未进入高收入国家行列，有的在中等收入阶段滞留时间已长达四五十年。近几十年来，仅有日本、韩国、新加坡等少数经济体在激烈的全球竞争中脱颖而出，成功跨过“中等收入陷阱”，实现了向高收入国家的转变。日本在20世纪60年代工业化起飞阶段其经济发展非常迅速，但也同今天的我国一样，靠外部需求和外部资源，两头在外、大进大出，也出现了过分依赖出口、产能过剩、过度依赖投资、个人消费不足等症状。日本的解决办法是实施“国民收入倍增计划”。这一办法使得日本在此后10余年国民收入不断增加，并出

① 2006年，世行《东亚经济发展报告》首先提出“中等收入陷阱”（MiddleIncome-Trap）概念。它是指一个经济体的人均收入达到世界中等水平后，由于不能顺利实现发展战略和发展方式转变，导致新的增长动力特别是内生动力不足，经济长期停滞不前；同时，快速发展中积聚的问题集中爆发，造成贫富分化加剧、产业升级艰难、城市化进程受阻、社会矛盾凸显等。

现了强大的中间阶层，日本也发展成为世界第二大经济体。日本经验表明：用增加国民收入来刺激内需，改善经济结构性问题，进而实现产业升级、技术改进，缓和社会“二重结构”，让强大的中间阶层为社会转型提供“橄榄型”的稳定架构；即使20世纪90年代泡沫经济破灭，日本经济步入不景气，也没有真正打击到日本民间的财富。

因此，从世界范围看，一国进入中等收入阶段后，是转型的关键期。在这一阶段，经济、社会结构发展深刻变化，利益格局要进行深刻调整，经济增长要由要素驱动转向创新驱动，社会发展要由追求效率转向追求公平。一些国家就是因为没有完成好增长动力的转换，加上对社会公平重视不够，导致经济增长停滞，引发社会动荡，最终掉进了“陷阱”。

当前，我国社会正碰到类似的挑战，也面临摆脱“中等收入陷阱”的课题。我国在30多年的经济快速增长过程中，由于没有实现社会与经济同步发展，致使居民收入增长赶不上GDP增长，民生改善远远落后于经济发展，百姓普遍感觉“国强民不富”、“幸福指数不够高”。如果再这样继续发展下去，导致一系列民生问题更加突出，社会矛盾更加激化，即进而影响经济增长，使发展停滞不前。

真正藏富于民、让老百姓真正享受经济增长的成果是我国迈过“中等收入陷阱”的主要途径。消解“中等收入陷阱”的复杂诱因，归根结底靠体制机制改革，以“民富优先”为导向进行改革，立足国情加强和创新社会管理，完善社会服务体系，解决好群众最关心最直接最现实的利益诉求，让全社会共享发展成果，并将之转化为对国家经济发展的强大支持，从而不断化解“中等收入陷阱”的社会成因和潜在风险。不加快民生改善，不补上社会建设“短腿”，不实现“国强民更富”，我国就很容易掉进“陷阱”，很难走好现代化的“后半程”。

我国已进入中上等收入国家行列，为迈过“中等收入陷阱”，必须重视改善民生，努力实现“国强民更富”，提高人民群众的幸福指数，这是昆明提出建设幸福新昆明的重要前提。

（四）云南省加快“桥头堡”和“幸福新云南”建设

云南省认真贯彻落实国家支持云南桥头堡建设的政策措施。2011 年 5 月，国务院出台《关于支持云南省加快建设面向西南开放重要桥头堡的意见》，国务院的这一重要文件涉及范围十分广泛，涵盖了云南省经济社会发展的方方面面，提出要“努力把云南打造成我国连接东南亚和南亚国家的陆路交通枢纽、对外开放的重要门户、西南地区的重要经济增长极”的目标，强调要“把保障和改善民生作为各项工作的根本出发点和落脚点，切实解决各族群众最关心、最直接、最现实的切身利益问题”。该意见还提出了改善民生的目标：到 2015 年，公共服务能力要进一步增强，城乡居民收入要显著提高，贫困人口数量要大幅减少；到 2020 年，农民人均纯收入要显著提高，绝对贫困问题基本解决，社会事业取得长足发展，基本实现公共服务均等化，实现全面建设小康社会目标。建设桥头堡，为云南扩大对外开放带来了千载难逢的良机，创造了无限发展的空间。桥头堡建设已进入战略实施阶段，这标志着云南进入了一个划时代的发展阶段。省委、省政府正在积极动员全省力量，认真落实国务院的文件精神，加快发展步伐，努力建设一个经济更加繁荣、社会更加和谐、边疆更加安宁、环境更加优美的“七彩云南”。

省委、省政府提出建设“幸福新云南”的目标任务。一切发展，归根到底是让人民过上好日子，过上幸福生活。云南是一个集边疆、民族、贫困、山区于一体的省份，让人民群众过得更幸福，一直都是历届云南省委的追求。2011 年 11 月，省第九次党代会贯彻落实国务院的文件精神，绘就了富民强滇的宏伟蓝图。党代会报告提出了“加力提速全面建设小康社会步伐，建设开放富裕文明幸福新云南”。“幸福”这个词被庄严地写进了省党代会报告中。党代会提出了云南要以加快转变经济发展方式为主线，以改善民生为根本，以奋力跨越为关键，解放思想、开拓创新，夯实基础、强化保障，拓展空间、壮大实力，加力提速全面建设小康社会步伐，积极探索促进云南科学发展和谐发展跨越发展的新路子，努力实现“四个翻番”“两个倍增”。“四个翻番”即：到2016 年生产总值、人均生产总值、财政总收入、全社会固定资产投资比 2011 年翻一番以上，就是要增强全省经济实力，推动云南发展驶入快车道；“两个倍增”即：城镇居民人均可支配收入和农民人均纯收入实现倍增，就是要让人民群众过上更加幸福的生活，让人民群众共享发展的成果。党代会进一步强调，必须坚持富民优先，千方百计增进广大人民的幸福感。要始终坚持以人为本、民生为重、富民为先。必须以增加城乡居民收入为核心，以解决发展不平衡为重点，以增强公共服务为突破口，以增进人民幸福为根本，逐步形成惠及各族人民、保障困难群众和低收入群体基本生活、切实改善民生的长效机制，把兴边先富民、强滇先富民、富省先富民的理念贯穿到经济社会发展的全过程，让各族群众尽快富裕起来。省党代会把经济的“大发展”和“小家庭”的富裕摆在了同样重要的位置，全省人民有望在不远的将来过上更幸福的生活。

云南省加快建设“桥头堡”和“幸福新云南”，是昆明提出建设幸福新昆明的重要依据。

（五）昆明市提出建设幸福新昆明的目标和任务

当前，昆明市委、市政府明确把建设幸福新昆明作为经济社会发展的重要目标和任务。2012 年 1 月召开的昆明市委十届二次全会，提出了“为建设美好幸福的新昆明而努力奋斗”的时代强音。在2012 年的市政府工作报告中，提出要“把昆明建设成为最具魅力，最有幸福感、归属感、自豪感和安全感的宜居宜人新都市”。昆明市委、市政府明确提出了建设富强昆明、开放昆明、文化昆明、生态昆明、和谐昆明、幸福昆明的战略目标。把幸福昆明列入未来要实现的战略目标，说明了昆明市委、市政府对建设幸福昆明的高度重视。市委、市政府明确提出，幸福昆明就是要坚持以人为本，把切实保障和改善民生作为一切工作的出发点和落脚点，加大社会事业发展和社会保障力度，实实在在办一些老百姓看得见、摸得着、得实惠的好事实事，让人民群众学有优教、病有良医、老有善养、住有宜居，实现经济发展与幸福指数同步增长。市委、市政府具体地提出了今后要实施的“十大民生工程”，即：“菜篮子”和“米袋子”建设工程、“幸福乡村”建设工程、就业促进工程、食品药品放心工程、交通整治和平安建设工程、城乡饮水安全工程、社会保障提升工程、城乡居民收入倍增工程、保障性住房建设工程、教育卫生提升工程。并明确提出了“十大民生工程”在 2012 年和2015 年要实现的目标。

“十二五”期间，昆明将加大力度改善民生。昆明市国民经济和社会发展“十二五”规划提出，昆明要坚持以人为本，真正做到发展为了人民、发展依靠人民、发展成效由人民检验、发展成果由人民共享，不断实现好、维护好、发展好最广大人民的根本利益，努力使教育、医疗、就业、住房、收入分配和社会保障等民生问题得到制度化安排、系统化解决、项目化落实、长效化推进，使全市人民成为现代新昆明建设的主导力量和最大受益者。城镇居民人均可支配收入和农民人均纯收入都要年均实际增长 10% 以上，高于全国平均水平，公共服务水平位居西部地区省会城市前列，人民安全感、幸福感位居全国前列，成为全省乃至西部省会城市中社会和谐发展的典范。到2015年，在全省率先基本实现全面建设小康社会目标；到2020年，率先在全省基本实现现代化。

昆明市委、市政府提出“建设美好幸福的新昆明”的目标和任务，指明了建设幸福昆明的方向，对建设幸福昆明的工作作了部署安排，让全市600多万各族群众看到了更加美好的未来和希望。

二、昆明建设幸福城市的意义

（一）建设幸福城市是昆明落实科学发展观，让改革开放的成果惠及广大人民群众的必然要求

科学发展观的第一要义是发展，核心是以人为本，就是要坚持经济增长与幸福指数同步增长。一方面要实现跨越发展，打牢物质基础；一方面要解决好民生问题，增加群众的幸福感。

昆明落实科学发展观，必须坚持发展为了人民、发展依靠人民、发展成果由人民共享。即以实现人的全面发展为目标，从人民群众根本利益出发谋发展、促发展，不断满足人民群众日益增长的物质文化需要，切实保障人民群众的经济、政治和文化权益，让发展的成果惠及全体人民。

建设美好幸福的新昆明是全市人民的共同企盼。随着经济社会的发展和改革开放的深化，人民群众生活水平的不断提高，人们对幸福指数的追求也越来越强烈。建设现代新昆明和区域性国际城市，其根本的目的是率先在全省实现全面小康社会，让人民群众共享改革发展的成果，过上更加幸福美好的生活。建设幸福昆明，把昆明建设成为最具魅力，最有幸福感、归属感、自豪感和安全感的宜居宜人新都市，就是让改革开放的成果惠及广大人民群众的具体体现。

（二）建设幸福城市是加快昆明经济社会发展，提高城市竞争力的重大战略

建设幸福昆明将促进昆明经济社会加快发展。大量的生活经验和调查研究表明，收入和财富是决定人们幸福感最重要的因素之一，收入水平较高和拥有财富较多的人群，其幸福感也较高。此外，教育水平、身心健康、家庭等个人主观因素，以及城市的基础设施、公共服务、生态环境、公共政策等客观因素也不同程度地影响着居民的幸福感。建设幸福城市，必须解决好居民的就业问题、增加居民的收入、提高居民的受教育程度和健康水平、健全完善社会保障体系、创造公正公平的社会环境；反过来，幸福的城市能够创造良好的社会生活环境，有利于人民群众发挥创造力，有利于人才聚集，从而增强城市活力，为城市经济社会发展提供不竭动力。因此，在建设幸福城市的进程中，必将有力地促进城市经济社会各个方面的发展。

建设幸福城市将极大地提升昆明城市竞争力。中国社科院每年发布的《中国城市竞争力蓝皮书：中国城市竞争力报告》，将城市的经济规模、经济增长率、综合生产率、产业层次、收入水平、发展成本、幸福感的相对状况及其变化作为城市竞争力的综合评价体系。把幸福感列入城市竞争力的评价体系，说明幸福感在城市竞争力中具有举足轻重的作用。该蓝皮书用未来生活和社会发展的信心、居住状况、环境卫生状况、交通状况、社会医疗保健条件、就业状况等6项指标综合评价幸福感。该蓝皮书每年都对海峡两岸及港澳地区的294个城市的竞争力指数进行排序，昆明综合竞争力的排名，2009年为第68位、2010年为第56位、2011年为第63位，近三年都排在50多位与60多位之间。昆明的竞争力排名，不仅落后于东部发达地区和中部地区的多数省会城市，与西部省会城市中相比，也处于落后状态。2011 年，西部省会城市的竞争力排名：成都第 17 位、西安第 36 位、呼和浩特第 51 位、南宁第 56 位，均位于昆明之前。由于幸福感在城市综合竞争力评价中具有重要地位，昆明建设幸福城市，将能够提升昆明的城市竞争力。

（三）建设幸福城市是昆明解决社会矛盾，建设和谐社会的重要举措

昆明进入发展机遇与矛盾凸显并存的关键时期。“十二五”期间，昆明生产总值年均增长 12.7%，实现高速增长。2011 年，昆明市人均生产总值达到 38831 元，按照当年人民币兑美元平均价 1 美元合 6.4588 元人民币计算，昆明市人均生产总值已突破 6000 美元，达到 6012 美元。国际经验表明，人均国内生产总值从 3000 美元向 10000 美元提升的阶段，既是中等收入国家向中等发达国家迈进的重要阶段，又是矛盾增多、爬坡过坎的关键阶段，也是昆明向更高水平迈进的黄金发展期。在这个阶段，必须把握规律、趋利避害、应对得当，才能出现一个较长时期的高速增长。

建设幸福昆明是增加城乡居民收入，缩小收入差距的重大举措。2011 年，全市城镇居民人均可支配收入达到 21966 元，农民人均纯收入 6985 元，分别实际增长 11% 和 13.3%；昆明城镇居民人均消费支出 14106 元，其中，食品支出 5289 元，恩格尔系数为 37.49%，刚达到相对富裕水平。① 尽管城乡人民生活水平持续得到提高，但并不代表城乡人民的幸福感就同步提高。主要原因是社会公平公正缺失，城乡之间、社会群体之间收入差距较大。城镇居民人均可支配收入是农民人均纯收入的 3.14 倍，全市还有 411 个省市

① 根据联合国粮农组织提出的标准，恩格尔系数大于 60% 为贫穷；50% ~60% 为温饱；40% ~50% 为小康；30% ~40% 属于相对富裕；20% ~30% 为富裕；20% 以下为极其富裕。

重点贫困村。一些企业经营者和高层管理人员的年收入达几十万元，而普通就业人员的年收入一般只有两三万元。社会阶层之间的差距显示出相当的“马太效应”。建设幸福昆明，通过加快城乡居民收入增长，完善公共财政转移支付的力度，将不断缩小社会群体之间的收入差距。

建设幸福昆明是加快发展基本公共服务，促进收入二次分配更加公平的有效途径。发展基本公共服务，是对收入进行二次分配，缩小收入差距的手段。昆明市的基本公共服务投入不仅总量小，而且占地区生产总值或地方财政收入的比重也较小；更由于基本公共服务缺乏均等化，使基本公共服务对收入进行二次分配的作用和效果大为降低。2011 年，昆明市地方财政一般预算在教育、医疗卫生、文化体育与传媒、社会保障和就业、住房保障等社会保障和社会福利方面的支出为 180.96 亿元，占地方财政一般预算支出 441.57 亿元的 40.98%。在西欧、北欧一些高福利国家，政府财政的 50% 用于社会保障和社会福利支出，相比之下，昆明的投入比重仍需不断提高。昆明市地方财政一般预算教育投入 66.62 亿元，与全市 2509.58 亿元生产总值的比值为 2.65%。我国 2010 年 7 月公布的《国家中长期教育改革和发展规划纲要（2010～2020 年）》明确提出，要提高国家财政性教育经费支出占国内生产总值的比例，2012 年达到 4%，昆明地方财政的教育投入不足。昆明市地方财政一般预算用于社会保障和就业的支出为 51.06 亿元，占全市地方财政一般预算支出 441.57 亿元的 11.56%。法国、德国、瑞典、美国等发达国家用于社保的政府财政占 30% 以上，相比之下，昆明投入的比重较小。建设幸福昆明，必须加大财政在基本公共服务方面的支出，提高政府在基本公共服务方面的供给能力，有效解决社会保障体系不健全、保障水平低，就业难、看病难、上学难、就医难、住房难等困扰城乡居民的突出问题，促进收入二次分配更加公平。

建设幸福昆明是民生工程、惠民工程。通过建设幸福昆明，拓宽城乡居民收入渠道，增强政府对公共产品的供给能力，提高基本公共服务均等化程度，加大社会保障力度，提高社会福利水平，让广大人民群众享受经济社会发展的成果。

（四）昆明建设幸福城市是实施“幸福新云南”建设战略部署的有力支撑

昆明是云南的省会和唯一中心城市，发挥着“一市带全省”的作用。2011 年末，昆明市常住人口达到 648.64 万人，占云南省的 14%；全年实现生产总值 2509.58 亿元，占全省的 28.7%。昆明的人口、经济总量均居全省 16 个州市之首，昆明肩负着加快自身发展和带动全省发展的双重重任，必须在全省全面建设小康社会的进程中当好“排头兵”，作出更大贡献。可以说，全省经济社会要实现大发展，首先昆明必须大发展；全省要与全国同步实现全面建设小康社会的目标，首先昆明必须率先实现全面小康并加快现代化步伐。建设幸福昆明，可以发挥示范带动作用，对于提高全省人民的科学文化素质、思想道德修养、社会文明的层次和水平，都将产生积极作用。

根据中国社科院《2012 年中国城市竞争力蓝皮书：中国城市竞争力报告》，云南的 8 个地级城市除昆明以外，其他城市排名在 100 位以后，玉溪排名第 112 位在国内属于竞争力一般的城市，其余城市都排在第 200 位以后，属于竞争力较差的城市。昆明综合竞争力在云南省排名首位，在经济规模竞争力、产业层次竞争力、收入水平竞争力、幸福感指数竞争力等方面，均排名全省第一。

因此，建设幸福新昆明既是昆明自身发展的迫切需要，也是支撑和带动“幸福新云南”建设的客观要求。

第四章
昆明建设幸福城市的指标体系

经济的发展最终应该给人们带来自由、快乐、满足、幸福的生活。基于对生活质量和幸福感的强烈关注，世界各国纷纷开始制定幸福指数或幸福指标，并使其成为衡量国家发展状况的重要考察指标。党的十八大前夕，幸福指数成为人大、政协代表们热议的关键词之一，国内一些省市也相继出台或正积极着手建设诸如“幸福深圳”“幸福南京”“幸福武汉”等幸福城市建设指标体系。这一指标体系的构建，对量化评估与检测幸福城市建设具有重要的实践意义。

一、幸福城市指标体系国内外研究现状

（一）国外研究现状

国外有关幸福城市指标体系的研究，主要集中在国民幸福指数和居民幸福指数两个方面。最早使“幸福指数”这一概念量化成为指标体系的是南亚国家不丹，20 世纪 70 年代不丹创造性地提出了由政府善治、经济增长、文化发展和环境保护四级组成的“国民幸福总值”（GNH）指标，其后在几十年的实践中逐渐引起了世界的瞩目，很多国家、研究机构和著名学者开始研究“不丹模式”。英

国提出了“国民发展指数”，英国“新经济基金”编制的“幸福星球指数”采用各地公民的预期寿命、对生活的满意度和人均消耗资源量等指标。澳大利亚卡明斯教授将幸福指数分为个人幸福指数和国家幸福指数。国家幸福指数包括人们对当前国家的经济形势、自然环境状况、社会状况、政府、商业形势、国家安全状况等六个方面的评价。也有一些学者采用基尼系数、失业率、生产总值、社会健康、社会福利、社会文明、生态环境等方面的因素作为计算国民幸福指数的依据。

此外，还有一些学者从个体角度来研究幸福指数。如美国诺贝尔经济学奖（2002 年）得主丹尼尔·卡内曼等采用日重现法（DRM）进行测量；美国密西根大学教授罗纳德·英格哈特负责的世界价值研究机构公布的幸福指数的计算是国际上比较权威的，其结论通过对受访问者调查结果进行处理后得出。采访问题很简单：把所有的事情加在一起，你认为你是非常幸福，比较幸福，不很幸福，还是不幸福？通过统计分析，从而得出各个国家的幸福指数。卡明斯等编制了个人幸福指数量表，要求人们对自己的生活水平、健康状况、在生活中所取得的成就、人际关系、安全状况、社会参与、自己的未来保障等方面的满意度进行评价。爱德华·迪纳等人编制的《国际大学调查》，以主观幸福感理论为基础，包括总体主观幸福感、生活满意感、积极情感、消极情感、外在准则、自我体验等五个方面的内容。

（二）国内研究现状

国内一些学者和一些城市也对城市幸福指数进行了研究和测量，发展了各自的指标体系。邢占军提出幸福感由享有发展体验和身心健康体验构成，并可以进一步分解为 10 个次级评价指标：知足充裕体验指数、心理健康体验指数、成长发展体验指数、社会信心体验指数、目标价值体验指数、自我接受体验指数、人际适应体验指数、身体健康体验指数、心态平衡体验指数和家庭氛围体验指数。北京市从“社会诚信”“社会和谐”“居民安全感”“公共服务满意度”“廉政信心”“资源节约”居民生存环境感知以及居民幸福感等八个方面衡量了北京地区的社会心理状况。广东省从就业和收入、教育和文化、医疗卫生和健康、社会保障、消费和住房、公用设施、社会安全、社会服务、权益保障、人居环境十个方面构建了幸福广东指标体系。南京市则从主观和客观两方面建立了幸福都市考核评价指标体系，其中客观体系包括综合指标和民生工作指标两部分，共42项指标，全面反映幸福都市建设的着力点和主要内容；主观指标对应上述客观指标，设置21项群众满意度指标，力求全方位、多层面反映群众幸福感受。

此外，还有一些具有经济学和统计学背景的学者从宏观政策和管理角度提出了幸福指数测评指标。如庄连平、李晶基于广义幸福感提出了包括工作条件、休闲条件、不平等、社会关系、社区福利、心理福利、授权、政治自由、经济稳定、政治安全、环境条件等在内的11种幸福指数类型。又如倪鹏飞等从居民家庭和睦状况、人际关系状况、未来生活和社会发展信心、灾害防范状况、居住状况、社会治安状况、教育状况、环境卫生状况、当前的社会保障制度、就业状况、社会医疗保健条件、社会道德风气、经济收入状况、交通状况等构建了城市幸福感指数。

（三）研究现状考察结论

综合现有的相关研究，可以发现在幸福城市指标体系构建方面主要存在以下几个问题：一是对于幸福是否能有一个统一的标准来评价的问题，至今未有定论，当前的研究各抒己见，莫衷一是，幸福这一概念内涵丰富、外延复杂，难以有效表达，不同学者在各自的范畴之内运用相关概念，缺乏具体区分，导致一些歧义；二是幸福受特定的时空阶段影响，具有阶段性和无止境性，因此一个幸福城市指标在构建完成后无法长期应用，时效性相对短暂；三是在城市幸福指标的测量方面，国内外研究缺乏统一的测量标准和工具，有的偏重经济、社会发展方面，有的则偏重主观情绪和个人生活满意度方面，可以说有多少种测量就有多少种方法。

二、构建评价指标体系的目的、意义与原则

（一）构建目的

从当前国内幸福城市指标体系的构建情况看，有其科学性和数据支撑，当然也存在瑕疵，然而对于此类指标体系持怀疑态度的大有人在，包括了政府官员、学者、研究机构及市民等各类群体。造成这一现象的根源，一可归结为快速变化发展的经济社会环境，二可归结为当前社会对一切不信任、对一切持怀疑态度的惯性思维。因此，构建幸福昆明评价指标体系仅可以在非常短的时期内起到其历史作用，这个短期可能是一年，也可能仅仅是几个月，已失去了实际意义。而构建幸福昆明考核评价指标体系，则主要针对幸福昆明的建设者和管理者，可以根据群众的主观满意度和经济社会发展实际情况实时调整这一体系，从而为制定经济社会发展战略及具体对策措施提供决策参考，此即为考核评价指标体系构建的目的所在。

（二）构建意义

1. 构建指标体系是城市管理与服务中以人为本的体现

传统城市管理是以政府为唯一主体的城市管理活动，其特征不仅在于政府是其唯一的主体，而且在管理的方法和手段上以权力控制、行政命令和制度约束为主要手段，管理的非人性化倾向突出。考核评

价指标体系关注城市居民的主观感受和因这一感受而需要政府在客观条件上的努力方向，体现了城市管理从政府导向到市民导向的转变，有利于促进政府管理模式从约束控制到服务为民的转变，真正体现为人民服务、关注和改善民生的指导思想，促使城市管理者对市民的需求做出灵敏的反应，进一步促进政府管理效率的提高。

2. 构建指标体系是城市经济社会发展的必然要求

经典的马斯洛需求层次理论证明了个体和群体的需要都会经历一个从低层次的生理求要向高层次的精神需求发展的过程。随着三十多年来昆明城市现代化进程的推进，市民的经济收入和物质生活水平显著提高，精神文化需求日益迫切。然而社会建设这一短腿已明显没有跟上城市经济发展的步伐，人与自然、群体之间、个体之间的协调发展顾及较少。当前，城市建设和管理服务从单纯的GDP、城市面子工程到兼顾经济社会发展以及城市居民生活品质、心理体验的多元化转变，成为新形势下城市经济社会发展的内在需求。

3. 构建指标体系是城市社会管理创新的有利途径

昆明城镇化进程经过多年的快速增长，为居民生活带来诸多积极的影响，同时也带来环境污染、人口拥挤、交通拥堵、贫富差距加大、人际关系冷漠、基本公共服务失衡等一系列的问题。幸福城市考核指标体系的引入，可以有效地帮助城市管理者适时了解社会公众所关注的热点问题和主要诉求，寻求问题解决的途径及进程，从而为社会管理提供科学参照，有助于提升城市社会管理创新水平，处理好改革、发展、稳定的关系。

4. 构建指标体系是城市建设单一考评到科学考评的积极探索

幸福城市考核评价指标的提出绝不是否定或取消现有的考核指标体系，而是要探索并构建更加科学合理的城市建设综合考评体系。幸福城市建设离不开经济社会发展，科学的考评指标制定需要充分考虑客观指标与主观指标、经济指标与社会指标、物质指标与精神指标的有机结合。

（三）考核评价指标体系构建遵循的原则

1. 以人为本，民意导向

始终把人民利益、群众需要、百姓期盼放在第一位，问政于民、问需于民、问计于民，全面反映人民群众对生活品质提升的迫切需求，切实提高幸福昆明建设的针对性。

2. 民生为先，百姓幸福

始终将兑现民生承诺、增进群众福祉作为重中之重，逐年分解落实民生各项目标任务，促进民生工作精细化、民生指标具体化。

3. 群众满意，感受幸福

采取客观统计指标与主观民意调查相互结合、相互验证的方式，将群众的满意度作为评价幸福昆明建设的重要指标，让群众真切感受到幸福昆明建设的实际成效。

4. 目标考核，方向引领

建立科学的目标管理责任机制，把幸福昆明建设具体化、明晰化、定量化，发挥好目标导向、动态监测和考核评价功能，确保各项任务落到实处。

三、构建评价指标体系

（一）考核评价指标体系的基本构想

采用主、客观指标相结合的办法，采取一定数量的客观指标和主观指标，分别逐级合成主观指数 H_S 和客观指数 H_O，加权合成总的幸福考核评价指数 H，其计算公式为：

$$H = H_O\omega + H_S(1-\omega),\ \omega \in [0,1] \tag{1}$$

$$H_O = \sum h_{Oi} \times k_{Oi}, \ i = 1, 2, \cdots, n \tag{2}$$

式中，H_O 用基期数与目标值进行相对化处理，H_S 用目标值占百分比处理，ω 为客观指数与主观指数的比重分值。

（二）指标选取的原则

1. 针对性和建设性相结合

紧扣政府可作为目标，侧重于对于提升居民幸福感和政府公共管理可作为的方面和环节，将关乎民生的各项政府管理工作纳入相关测评体系，考察民众对相关工作的满意度。

2. 科学性与操作性相统一

既要体现学术规范的要求，又要兼顾实际情况，能借助于所选取指标的指标值统计表现，反映一定问题，为提升政府服务效能提供依据。所选取指标易被认知，能为被访者接受并有效反馈；指标的制定力求精简，具有可操作性，确保能组织实施。

3. 简洁性与节约性相协调

指标选取紧扣目标，避繁就简，要与当前采用的各类指标体系相衔接，依据所建指标体系所要开展的调查，既服务于调研预期目的，又尽可能节约成本。

（三）指标选择

幸福昆明考核评价指标体系由工作目标指标体系（客观指标）和群众满意度指标体系（主观指标）两大部分组成。客观指标权重占 70%，主观指标权重占 30%。

1. 客观指标

包括就业和收入、教育和文化、医疗卫生和健康、社会保障、消费和住房、公用设施、社会安全社会服务、政务公开与权益保障、人居环境 9 部分，共 49 项指标，反映幸福昆明建设的着力点和主要内容。

表4－1　　幸福昆明考核评价指标体系（客观指标）

编号	一级指标	二级指标	分值
1	就业和收入	城镇居民人均可支配收入（元）	5
2		农村居民人均纯收入（元）	5
3		城镇最高组别、最低组别收入比	2
4		农村最高组别、最低组别收入比	2
5		城镇登记失业率（%）	2
6	教育和文化	人口平均受教育年限（年）	2
7		学前儿童入园率（%）	2
8		标准化学校建设任务完成率（%）	2
9		高中阶段教育毛入学率（%）	2
10		每万人拥有公共文化设施面积（m^2/万人）	2
11	医疗卫生和健康	每千人口医疗机构床位数（张/千人）	2
12		社区（村）卫生服务中心（室）覆盖率（%）	2
13		每千人执业（助理）医师数（个/千人）	2
14		人均拥有体育设施面积（m^2/人）	2
15		人均预期寿命（年）	2
16	社会保障	新型农村和城镇居民社会养老保险制度覆盖率（%）	2
17		城镇企业职工养老保险覆盖率（%）	2
18		城乡最低生活保障覆盖率（%）	2
19		城镇职工失业保险覆盖率（%）	2
20		城乡基本医疗保险覆盖率（%）	2
21		城镇企业职工工伤保险覆盖率（%）	2
22	消费和住房	居民消费价格指数	2
23		恩格尔系数	1
24		城镇居民人均住房面积（m^2/人）	2
25		城镇保障性住房覆盖率（%）	2
26		农村危房改造任务完成率（%）	2
27		农村居民人均住房面积（m^2/人）	2

编号	一级指标	二　级　指　标	分值
28	公用设施	农村饮用水安全普及率（%）	2
29		城市公交分担率（%）	2
30		城乡公交行政村覆盖率（%）	2
31	社会安全 社会服务	亿元 GDP 安全生产事故死亡率（%）	3
32		食品安全指数（%）	3
33		药品抽检合格率（%）	3
34		万人刑事案件立案数（件/万人）	3
35		民间矛盾纠纷调处成功率（%）	2
36		和谐社区创建达标率（%）	2
37		每千名老人拥有机构养老床位数（张/千人）	1
38	政务公开 与权益保障	市级民主法治村（社区）创建率（%）	1
39		信访案件按期办结率（%）	1
40		行政复议案件按时办结率（%）	1
41		法院案件法定审限内结案率（%）	1
42		劳动人事争议仲裁案件法定时限内结案率（%）	1
43	人居环境	森林覆盖率（%）	1
44		城市人均公园绿地面积（m^2/人）	1
45		滇池湖体总体水质	4
46		空气质量优良级天数占全年天数比例（%）	2
47		城镇生活垃圾无害化处理率（%）	2
48		城镇生活污水集中处理率（%）	2
49		城镇道路保洁率（%）	1

2. 主观指标

对应客观指标，设置 24 项群众满意度指标，多层面反映群众幸福感受。

表 4－2　　幸福昆明考核评价指标体系（主观指标）

序号	指标	序号	指标	序号	指标
1	工作状况满意度	9	生活便利满意度	17	社会文明状况满意度
2	收入状况满意度	10	社区（村）服务设施满意度	18	食品药品安全满意度
3	个人发展前景预期满意度	11	人际社交满意度	19	诉求表达渠道满意度
4	教育状况满意度	12	文化娱乐生活满意度	20	司法公正满意度
5	社会保障水平满意度	13	生产或创业环境满意度	21	民主决策参与满意度
6	医疗服务水平满意度	14	社会诚信度	22	政府服务满意度
7	住房状况满意度	15	消费环境满意度	23	廉政建设满意度
8	交通出行状况满意度	16	社会治安满意度	24	人居环境满意度

四、评价指标体系实证分析

（一）客观指标实证分析

客观指标以 2015 年目标值为依据计算，昆明城市发展分为三个板块，第一板块为五华、盘龙、西山、官渡、呈贡、安宁，第二板块为石林、宜良、晋宁，第三板块为北部的东川、寻甸、禄劝等五县区，因经济社会发展程度不同，对应的目标指标亦有不同。客观指标的积分方式采用扣分法，未作统计的指标折半计算。昆明市 2011 年客观指标得分为 72.4 分，教育和文化得分较低，其次为社会保障、社会安全与社会服务，医疗卫生和健康指标表现最好。

表 4－3　　客观评价指标得分

一级指标	2011 年实现值	占一级指标满分比重（完成度%）
就业和收入	12.9	80.63
教育和文化	3.8	38
医疗卫生和健康	8.8	88
社会保障	7.47	62.25
消费和住房	8.67	78.82
公用设施	5.09	84.83
社会安全与社会服务	10.41	61.24
政务公开与权益保障	4.18	83.6
人居环境	11.08	85.23

1. 就业和收入（12.9 分/16 分）

就业和收入指标的计分标准为：城镇居民人均可支配收入每少 1000 元扣 0.1 分，农村居民人均纯收入每少 500 元扣 0.1 分，城镇最高组别、最低组别收入比每高 0.1 扣 0.1 分，农村最高组别、最低组别收入比每高 0.1 扣 0.1 分，城镇登记失业率每高 0.1 个百分点扣 0.1 分。出现三个板块不同目标值时以三个板块的算术平均值计算。

表 4－4　　就业和收入评价指标实际值

二级指标	2011 年实现值			2015 年目标值			分值
	一板块	二板块	三板块	一板块	二板块	三板块	
城镇居民人均可支配收入（元）	23200	21100	18200	≥36400	≥33200	≥28500	5
农村居民人均纯收入（元）	9100	7200	4600	≥14300	≥11400	≥7300	5
城镇最高组别、最低组别收入比	5			≤4.5			2

<table>
<tr><th rowspan="2">二级指标</th><th colspan="3">2011 年实现值</th><th colspan="3">2015 年目标值</th><th rowspan="2">分值</th></tr>
<tr><th>一板块</th><th>二板块</th><th>三板块</th><th>一板块</th><th>二板块</th><th>三板块</th></tr>
<tr><td>农村最高组别、最低组别收入比</td><td colspan="3">未作统计</td><td colspan="3">≤4</td><td>2</td></tr>
<tr><td>城镇登记失业率（%）</td><td colspan="3">≤4（东川单列，=14）</td><td colspan="3">≤4（东川单列，≤9）</td><td>2</td></tr>
</table>

就业和收入评价指标共 5 个二级指标，总分值 16 分，当前昆明市得分为 12.9 分，除城镇登记失业率保持较好水平外，其他指标略显欠缺，城镇、农村最高组别、最低组别收入比得分较低，收入差距问题应引起充分重视。

表 4－5　　就业和收入评价指标得分

二级指标	得分
城镇居民人均可支配收入	3.81
农村居民人均纯收入	4.60
城镇最高组别、最低组别收入比	1.50
农村最高组别、最低组别收入比	1.00
城镇登记失业率	2.00

2. 教育和文化（3.8 分/10 分）

教育和文化指标的计分标准为：人口平均受教育年限每少 0.2 年扣 0.1 分，学前儿童入园率每低 3 个百分点扣 0.1 分，标准化学校建设任务完成率每低 0.1 个百分点扣 0.1 分，高中阶段教育毛入学率每低 3 个百分点扣 0.1 分，每万人拥有公共文化设施面积每少 $100m^2$ 扣 0.1 分。三个板块不同目标值时以三个板块的算术平均值计算。

表4-6　　教育和文化评价指标实际值

二级指标	2011年实现值			2015年目标值			分值
	一板块	二板块	三板块	一板块	二板块	三板块	
人口平均受教育年限（年）	10.47	8.94	7.52	≥11.21	≥10.52	≥9.33	2
学前儿童入园率（%）	97	91	72	≥98	≥95	≥93	2
标准化学校建设任务完成率（%）	90	100	99	100	100	100	2
高中阶段教育毛入学率（%）	94	81	68	≥98	≥95	≥93	2
每万人公共文化设施面积（m^2/万人）	1032.9	916.4	691.9	≥1357.1	≥1708	≥1062.2	2

教育和文化评价指标共5个二级指标，总分值10分，当前昆明市得分为3.8分，各项指标均未达到目标值要求，其中第一板块各县区的标准化学校建设任务完成率仅90%，低于二、三板块，得分为负，需抓紧时间落实。

表4-7　　教育和文化评价指标得分

二级指标	得分
人口平均受教育年限	1.53
学前儿童入园率	1.60
标准化学校建设任务完成率	-2.9
高中阶段教育毛入学率	1.33
每万人公共文化设施面积	1.33

3. 医疗卫生和健康（8.8分/10分）

医疗卫生和健康指标的计分标准为：每千人口医疗机构床位数每少0.3张扣0.1分，社区（村）卫生服务中心（室）覆盖率每低

0.1 个百分点扣 0.1 分，每千人执业（助理）医师数每少 0.5 个扣 0.1 分，人均拥有体育设施面积每少 0.1m^2 扣 0.1 分，人均预期寿命每少 0.1 年扣 0.1 分。

表 4－8　　医疗卫生和健康评价指标实际值

二级指标	2011 年实现值	2015 年目标值	分值
每千人口医疗机构床位数（张/千人）	6.4	≥6.7	2
社区（村）卫生中心（室）覆盖率（%）	100	100	2
每千人执业（助理）医师数（个/千人）	2.9	≥3	2
人均拥有体育设施面积（m^2/人）	1.08	≥1.5	2
人均预期寿命（年）	76.99	≥77.5	2

医疗卫生和健康评价指标共 5 个二级指标，总分值 10 分，当前昆明市得分为 8.8 分，其余四项指标得分较高，人均体育设施面积得分较低，反映出基本公共体育设施的建设还有待加强。

表 4－9　　医疗卫生和健康评价指标得分

二级指标	得分
每千人口医疗机构床位数（张/千人）	1.90
社区（村）卫生中心（室）覆盖率（%）	2.00
每千人执业（助理）医师数（个/千人）	1.97
人均拥有体育设施面积（m^2/人）	1.44
人均预期寿命（年）	1.49

4. 社会保障（7.47 分/12 分）

社会保障指标的计分标准为：新型农村和城镇居民社会养老保险制度覆盖率每低 0.2 个百分点扣 0.1 分，城镇企业职工养老保险覆盖率每低 0.3 个百分点扣 0.1 分，城乡最低生活保障覆盖率每低 0.2 个百分点扣 0.1 分，城镇职工失业保险覆盖率每低 0.2 个百分点扣 0.1 分，城乡基本医疗保险覆盖率每低 0.5 个百分点扣 0.1 分，城镇企业职工工伤保险覆盖率每低0.2个百分点扣0.1分。

表4-10　　社会保障评价指标实际值

二级指标	2011年实现值			2015年目标值			分值
	一板块	二板块	三板块	一板块	二板块	三板块	
新型农村和城镇居民养老保险覆盖（%）	2012年工作启动			100	100	100	2
城镇企业职工养老保险覆盖率（%）	95.8	95.5	95	≥98.2	≥98	≥97.5	2
城乡最低生活保障覆盖率（%）	100	100	100	100	100	100	2
城镇职工失业保险覆盖率（%）	97.3	97.1	97	≥99	≥98.5	≥98.2	2
城乡基本医疗保险覆盖率（%）	90.65	90.25	89.29	≥95	≥95	≥95	2
城镇企业职工工伤保险覆盖率（%）	95.2	95	94.5	≥97.2	≥97	≥96.5	2

社会保障评价指标共6个二级指标，总分值12分，当前昆明市得分为7.47分，低保覆盖率指标表现最好，而各类保险覆盖率分值较低，应加快劳动合同签订的监督管理，加快将自由职业者、城市新居民等群体纳入保障范围。

表4-11　　社会保障评价指标得分

二级指标	得分
新型农村和城镇居民养老保险制度覆盖率（%）	1.00
城镇企业职工养老保险覆盖率（%）	1.18
城乡最低生活保障覆盖率（%）	2.00

二级指标	得分
城镇职工失业保险覆盖率（%）	1.28
城乡基本医疗保险覆盖率（%）	1.01
城镇企业职工工伤保险覆盖率（%）	1.00

5. 消费和住房（8.67分/11分）

消费和住房指标的计分标准为：居民消费价格指数每高0.1扣0.1分，恩格尔系数每高0.01扣0.1分，城镇居民人均住房面积每少1平方米扣0.1分，城镇保障性住房覆盖率每低5个百分点扣0.1分，农村危房改造任务完成率每低1个百分点扣0.1分，农村居民人均住房面积每少1平方米扣0.1分。

表4－12　　消费和住房评价指标实际值

二级指标	2011年实现值	2015年目标值	分值
居民消费价格指数	4.6	≤4	2
恩格尔系数	0.396	≤0.36	1
城镇居民人均住房面积（m^2/人）	33.62	≥35	2
城镇保障性住房覆盖率（%）	88.7	100	2
农村危房改造任务完成率（%）	100	100	2
农村居民人均住房面积（m^2/人）	40.67	≥40.67	2

消费和住房评价指标共6个二级指标，总分值11分，当前昆明市得分为8.67分，恩格尔系数与价格指数偏高，居民用于食品的开支比例增加，生活水平下降，对幸福感有较大影响。

表4－13　　消费和住房评价指标得分

二级指标	得分
居民消费价格指数	1.40
恩格尔系数	0.64

二级指标	得分
城镇居民人均住房面积（m^2/人）	1.86
城镇保障性住房覆盖率（%）	0.77
农村危房改造任务完成率（%）	2.00
农村居民人均住房面积（m^2/人）	2.00

6. 公用设施（5.09 分/6 分）

公用设施指标的计分标准为：农村饮用水安全普及率每低 5 个百分点扣 0.1 分；城市公交分担率每低 5 个百分点扣 0.1 分；城乡公交行政村覆盖率每低 1 个百分点扣 0.1 分。

表 4－14　　公用设施评价指标实际值

二级指标	2011 年实现值			2015 年目标值			分值
	一板块	二板块	三板块	一板块	二板块	三板块	
农村饮用水安全普及率（%）	84	55	64	100	100	100	2
城市公交分担率（%）	38			≥50			2
城乡公交行政村覆盖率（%）	99	95.8	92.9	100	100	100	2

公用设施评价指标共 3 个二级指标，总分值 6 分，当前昆明市得分为 5.09 分，农村饮用水安全普及率为 3 个指标中最低。

表 4－15　　公用设施评价指标得分

二级指标	得分
农村饮用水安全普及率	1.74
城市公交分担率	1.76
城乡公交行政村覆盖率	1.59

7. 社会安全与社会服务（10.41 分/17 分）

社会安全与社会服务指标的计分标准为：亿元 GDP 安全生产事故死亡率每高 0.01 个百分点扣 0.1 分；食品安全指数每低 0.5 个百分点扣 0.1 分；药品抽检合格率每低 0.5 个百分点扣 0.1 分；万人刑事案件立案数以 105 件为基数，每多 1 件扣 0.2 分；民间矛盾纠纷调处成功率每低 0.2 个自分点扣 0.1 分；和谐社区创建达标率以 1.2 分为基数，每增 25 个百分点加 0.2；每千名老人拥有机构养老床位数每少 5 个扣 0.1 分。

表 4－16　　社会安全与社会服务评价指标实际值

二级指标	2011 年实现值	2015 年目标值	分值
亿元 GDP 安全生产事故死亡率（%）	0.15	≤0.12	3
食品安全指数（%）	80	≥85	3
药品抽检合格率（%）	95	100	3
万人刑事案件立案数（件/万人）	120	≤105	3
民间矛盾纠纷调处成功率（%）	96	≥96	2
和谐社区创建达标率（%）	2011 年启动工作	100	2
每千名老人拥有机构养老床位数（张/千人）	15.6	≥30	1

社会安全与社会服务评价指标共 7 个二级指标，总分值 17 分，当前昆明市得分为 10.41 分，民间矛盾纠纷调处成功率较高，但公共安全、食品安全、药品安全均未达到目标值，加之养老机构床位数不足，这些均属于基本公共服务的范畴，需加快提质增量。

表 4－17　　社会安全与社会服务评价指标得分

二级指标	得分
亿元 GDP 安全生产事故死亡率	2.7
食品安全指数	2
药品抽检合格率	2
万人刑事案件立案数	0

二级指标	得分
民间矛盾纠纷调处成功率	2
和谐社区创建达标率	1
每千名老人拥有机构养老床位数	0.71

8. 政务公开与权益保障（4.18 分/5 分）

政务公开与权益保障指标的计分标准为：市级民主法治村（社区）创建率每低5个百分点扣0.1分；信访案件按期办结率每低0.2个百分点扣0.1分；行政复议案件按时办结率每低0.2个百分点扣0.1分；法院案件法定审限内结案率每低0.2个百分点扣0.1分；劳动人事争议仲裁案件法定时限内结案率每低0.2个百分点扣0.1分。

表 4－18　　政务公开与权益保障评价指标实际值

二级指标	2011 年实现值	2015 年目标值	分值
市级民主法治村（社区）创建率（%）	39	≥70	1
信访案件按期办结率（%）	95.6	≥96	1
行政复议案件按时办结率（%）	100	100	1
法院案件法定审限内结案率（%）	100	100	1
劳动人事争议仲裁案件法定时限内结案率（%）	100	100	1

政务公开与权益保障评价指标共5个二级指标，总分值5分，当前昆明市得分为4.18分，市级民主法治村（社区）创建率偏低。

表 4－19　　政务公开与权益保障评价指标得分

二级指标	得分
市级民主法治村（社区）创建率	0.38
信访案件按期办结率	0.80
行政复议案件按时办结率	1.00

二级指标	得分
法院案件法定审限内结案率	1.00
劳动人事争议仲裁案件法定时限内结案率	1.00

9. 人居环境（11.08 分/13 分）

人居环境指标的计分标准为：森林覆盖率每低 2 个百分点扣 0.1 分；城市人均公园绿地面积每低 0.2 个百分点扣 0.1 分；滇池湖体总体水质 V 类计 3 分，原状计 2 分，恶化计 0 分；空气质量优良级天数占全年天数比例每低 0.2 个百分点扣 0.1 分；城镇生活垃圾无害化处理率每低 5 个百分点扣 0.1 分；城镇生活污水集中处理率每低 3 个百分点扣 0.1 分；城镇道路保洁率每低 1 个百分点扣 0.1 分。

表 4－20　　人居环境评价指标实际值

二级指标	2011 年实现值			2015 年目标值			分值
森林覆盖率（%）	46.1			≥50			1
城市人均公园绿地面积（m^2/人）	13.5			≥13.5			1
滇池湖体总体水质	劣 V 类			IV 类			4
空气质量优良级天数占全年天数比例（%）	100			100			2
城镇生活垃圾无害化处理率（%）	85	60	10	100	100	≥82	2
城镇生活污水集中处理率（%）	92.2	80.1	77.3	≥95	≥90	≥88	2
城镇道路保洁率（%）	100			100			1

人居环境评价指标共 7 个二级指标，总分值 13 分，当前昆明市得分为 11.08 分，森林覆盖率、城镇生活垃圾无害化处理率、城镇生活污水集中处理率还未达标，特别是三板块的城镇生活垃圾无害化处理率严重偏低。

表 4－21　　　　人居环境评价指标得分

二级指标	2011 年实现值			得分
	一板块	二板块	三板块	
森林覆盖率（%）	0.81			0.81
城市人均公园绿地面积（m^2/人）	1			1
滇池湖体总体水质	3			3
空气质量优良级天数占全年天数比例（%）	2			2
城镇生活垃圾无害化处理率（%）	1.7	1.2	0.56	1.53
城镇生活污水集中处理率（%）	1.91	1.67	1.64	1.74
城镇道路保洁率（%）	1			1

（二）主观指标实证分析

主观满意度采用抽样问卷形式得出，本次共在昆明主城调查样本6300余份，涉及机关、企事业单位、外来务工人员、自由职业者等。抽样平均满意度为80.9%。在抽样的13个满意度指标中，家人心情快乐度、邻里关系融洽度、健康满意度较高；在医疗机构的收费及服务满意度、教育满意度、住房满意度、治安满意度、交通满意度均较低的情况下，居民依靠自我调节及人与人之间的融洽关系带来身心愉悦。

表 4－22　　　　主观指标问卷表　　　　单位：%

	很满意	满意	基本满意	不满意	其他	满意占比
工作满意度	10.5	24.2	41.1	21.5	2.6	75.9
收入满意度	5.7	21.8	45.1	23.7	3.6	72.7
教育满意度	12	24.7	32.2	26.4	4.7	68.9
住房满意度	7.2	20.7	38.5	28.8	4.8	66.4
绿化满意度	10.6	27.6	41	17.9	2.9	79.2
环境卫生满意度	8.8	23.6	41.2	22.1	4.3	73.6
治安满意度	7.8	25.4	34.2	27.9	4.6	67.5

	很满意	满意	基本满意	不满意	其他	满意占比
交通满意度	6.9	28.3	29.7	30.6	4.5	64.9
家人心情快乐度	13.8	34.1	38.9	9.2	4	86.8
邻里间关系融洽度	10.3	36.4	41.2	7.2	4.9	87.9
服务设施满意度	5.9	22.6	51.1	15.4	5	79.6
健康满意度	12.6	35.8	39.7	7.7	4.2	88.1
医疗机构的收费及服务满意度	5.5	18.4	35.4	33.8	6.9	59.3

（三）幸福昆明考核评价指标指数分析

采用幸福昆明考核评价指标计算出当前昆明市幸福评价指数为74.95。主观指标与客观指标在使用权重计算前存在一定差距，分别为72.4分与80.9分，昆明市的客观幸福指标及其目标值是在借鉴国内多个城市幸福指标的基础上确定的，分数较低反映出昆明市在选定的指标数值上与其他城市还存在一定差距；客观指标低于主观指标也反映出昆明市自加压力，为建设幸福美好新昆明而分外努力的勇气和谋略。教育满意度与客观指标中教育和文化得分最低相对应；值得注意的是医疗机构收费及服务满意度最低，与客观指标中医疗卫生和健康指标的最高得分相反，主观二级指标对硬件的设置较多，在硬件满足需求后服务和收费等软环境还需进一步改善。

第五章
昆明建设幸福城市的构想

一、指导思想

高举社会主义特色伟大旗帜，以科学发展观为指导，坚持以人为本，以实现全面建设小康社会为新要求，满足人民群众过上更好生活的新期待，以建设区域性国际城市和西部重要中心城市为出发点，以经济增长创造幸福，以社会文明成就幸福，以环境优良提升幸福，以安全保障巩固幸福，以公平公正促进幸福，让市民共享社会发展成果，共创幸福美好新昆明。

二、建设思路

按照建设一个环境与生活质量俱佳的城市形态，突出经济社会发展这一主线，达到基础设施完善，社会事业发达，生态环境优美，充分体现昆明厚重的历史文化特色和淳朴的人脉特质，把昆明打造为桥头堡建设的排头兵和火车头，全国乃至世界知名的休闲度假目的地，市民心中极具幸福感、归属感、富足感和安全感的美好家园和魅力城市。

三、建设原则

（一）整体推进和重点突破相结合

幸福城市建设是多方面构成的，不可能一蹴而就。因此，在幸福城市建设的过程中，要做到整体推进和重点突破的有机结合。建设幸福昆明要在建设实力之城、富民之城、乐业之城、宜居之城、文化之城、诚信之城、创新之城、法治之城等方面整体推进，做好长期、艰巨的打算，把困难想得多一些，把问题想得足一些，做到重点突破有成效，整体推进有保障，切实解决人民群众极为关注、极为紧迫的现实问题，更好地满足人民群众的发展权、生存权，不断满足人民群众日益增长的各种基本需求。

（二）推动创新和构建和谐相结合

建设美好幸福新昆明需要有创新精神，墨守成规不可能建设好幸福新昆明，只有打破各种条条框框，推进相关体制创新和政策创新，探索各类社会管理的新方法，人民群众的幸福成果才能早日到来。同时，也要十分注重人民群众的切身感受，不能一说改革就以牺牲群众利益为代价，使得人民群众不支持改革，造成社会不稳定、不安全因素增加，从而影响和谐社会的建设。

（三）政府引导和社会动员相结合

建设人民幸福城市需要政府的引导才有推动力和影响力，加上社会各种力量的大力参与，形成社会协同配合、全民共同奋斗的良好环境，最大限度地调动各方的积极性，以达到众人拾柴火焰高的良好氛围，形成各司其职、各尽所能、共同推进的建设格局。

（四）完善基础和社会保障相结合

建设美好幸福新昆明，要坚持建立完善的公共基础设施和公平的社会保障为前提。既要完善硬件设施，包括交通、市政、文化、医疗、教育、信息等各类基础设施，又要加强软件建设，尤其是加强公平社会建设，提高城乡居民综合素质，培育社会新道德和新风尚，使人们在社会进步的感受中体会文明，享受幸福。

四、建设目标

（一）阶段性目标

通过三年行动计划打牢基础，实现经济总量、城乡居民收入倍增发展和跨越发展，小康社会建设任务全面完成。到2015年，市民幸福感保持在全国十强之列。

通过五年发展规划实现全面跃升，社会保障水平、基本公共服务均等化水平位居全国省会城市前列；实现服务居民的社会化全覆盖体系，市民的安全满意度显著提升，社会公信度和市民综合素质不断提高。到2020年进入全国三甲，市民幸福感名列前茅，努力建设富裕、安全、畅通、宜居、文明的现代新昆明。

（二）主要预期目标

表5－1　　幸福昆明主要预期目标

类别	指标名称	单位	2011年	2015年	2020年
实力富裕指标	国民生产总值	亿元	2509	5000	10000
	人均GDP	元	38831	58000	100000
	城镇居民可支配收入	元	21966	38000	80000
	农村居民人均纯收入	元	6985	12500	35000
	城市居民人均住房面积	平方米	25	35	40
	恩格尔系数	%	38.2	<40	<35
	城镇化率	%	65.4	70	80

类别	指标名称	单位	2011 年	2015 年	2020 年
乐业保障指标	城镇登记失业率	%	2. 03	<4. 5	<3. 5
	社会综合保险覆盖率	%	70	80	96
	企业劳动合同签订率	%	85	90	98
	城镇保障性安居工程建设	万套	–	35 万套	40 万套
	每万人拥有医生	名	30	40	50
	每千人拥有病床数	张	3	6. 5	8
	人均预期寿命	岁	76. 99	77	78. 9
宜居畅通指标	公交分担率	%	35	40	50
	城市中心平均车速	公里/小时	25	28	35
	人均道路面积	平方米	9. 15	12. 0	13. 5
	绿化覆盖率	%	43. 6	47	58
	森林覆盖率	%	46. 06	50	55
	饮用水合格率	%	100	100	100
	空气质量优良率	%	90	95	95
	垃圾处理无害化率	%	80	90	95
	污水集中处理率	%	85	95	100
	单位 GDP 能耗下降率	%	–	累计降 18	累计降 19
	二氧化碳排放下降率	%	–	累计降 20	累计降 19
	居民消费价格指数	%	104. 9	103	103
	城乡居民收入比	倍	3. 2	2. 8	2. 5
安全法治指标	市民安全感指数	%	85	90	100
	主要药品抽检合格率	%	–	>95	100
	主要食品抽检合格率	%	–	>90	100
	交通事故伤亡率	人/万车	–	<1. 8	<1. 1
	各类生产安全事故死亡率	%	–	<0. 002	<0. 001
	全市律师事务所实有人数	人	1500	>2500	>4000
	检察机关办理民事、行政案件结案率	%	80	85	95

类别	指标名称	单位	2011 年	2015 年	2020 年
文化文明指标	九年义务教育巩固率	%	96.0	100	100
	高中阶段教育毛入学率	%	85	90	95
	人均受教育年限	年	8.9	10	14
	全民公众基本科学素养的比例	%	2	3.2	10
	教育文化娱乐服务人均支出占比	%	6.7	10	15
创新诚信指标	科技进步对国民经济增长贡献率	%	56	60	70
	全市高新技术产业增加值占全市工业增加值比重	%	29	≥35	50
	诚信度比重	%	80	90	95

（三）幸福城市重点建设目标

1. 建设实力富裕之城

坚持富民优先，实现城乡居民收入翻番，努力实现劳动报酬增长和劳动生产率提高同步。千方百计促进就业，就业质量不断提高。城市综合经济实力实现跨越，构建具有竞争优势的现代产业体系，区域性金融中心、有色金属加工中心、商贸物流中心建设取得重大进展。

到 2015 年，综合经济实力显著增强，实现经济总量、工业投资倍增、园区总收入倍增。地区生产总值超过 6000 亿元，人均生产总值超过 3 万元，社会消费品零售总额 3000 亿元以上，地方一般预算收入超过 600 亿元。城镇居民可支配收入和农民人均纯收入平均每年增长 10% 以上。

到 2020 年，争取进入万亿元地区生产总值城市行列，实现工业跨越发展，形成以服务业为主导的产业结构，服务业增加值占地区生产总值的 60%。都市农业形成规模发展，精细农业、设施农业得到普遍推广，农村工业化、城镇化和农业现代化水平得到整体提升。城乡居民收入在 2011 年基础上实现翻番。

2．建设乐业保障之城

健全覆盖城乡居民的社会保障体系，加快完善社会保险制度，加强社会救助体系建设，积极发展社会福利和慈善事业，稳步提高保障水平，实现城乡居民最低生活保障标准翻番、城乡困难群体医疗救助标准翻番，实现社会保障基本全覆盖，保障水平与经济发展同步增长，建立与实现小康社会相适应的社会保障体系。

到2015年，社会保险综合覆盖率达到95%以上。完善住房保障体系。到2015年，基本解决人均住房建筑面积在18平方米以下的城镇低收入住房困难家庭的住房问题。城镇居民人均住房建筑面积达到35平方米。各类突发公共卫生事件及其他突发公共事件及时、有效、规范处置率达100%。打造“15分钟社区卫生服务圈”。

2020年，建成社会保障之城，社会保险实现城乡全覆盖。

3．建设安全法治之城

把社会治安综合治理、城市基础设施建设和城乡生态环境保护作为重要抓手，实现城市人居环境的全面改善提升。切实维护社会和谐稳定，努力打造全国食品最安全的城市。

2015年，全市生产安全事故死亡率控制在0.1以内。重大食品、药品安全事故处置率达到100%；食品监督抽验基本覆盖各类上市食品类别，与公众生活密切相关的主要食品监督抽检合格率达90%以上；药品经营企业药品经营质量管理规范年跟踪检查率达到80%以上，主要药品监督抽检合格率达到95%以上。

2020年，城市管理达到国内领先水平，建成让群众有安全感和放心的城市。

4．建设宜居畅通之城

全面提升城市形象，建设最适宜居住的良好环境。

到2015年，建成雨污分流的城镇污水收集处理系统。更新改造排水设施及配套建设，提高应对大雨、暴雨的排涝排渍能力。建成区绿化覆盖率达到45%，人均公园绿地达到20平方米，全市空气环境质量优良天数保持在310天以上，城市区域环境噪声平均值不大于55分贝，城市交通环境噪声平均值不大于70分贝。力争80%的街乡镇、70%的社区精细化管理达标，30%的街乡镇、20%的社区精细化管理达到星级示范管理水平。主城区生活垃圾无害化处理率达到100%，新城区城镇生活垃圾无害化处理率达到85%以上。

2020年，城市形象得到更大提升，城市更新实现跨越发展，环境承载力得到大幅度提高，入滇河流污染基本根除，滇池水质达到四类水平。

优化调整城市空间布局，促进老城与新城协调发展，构建“双中心”城市发展新格局，形成以老城与呈贡新城为主的大昆明城市圈。加快推进城市更新，加快“城中村”和旧城改造步伐，有序开发利用地下空间，改善城市人居环境。合理分流人口向新城转移，减轻老城的交通压力，实施“畅通”工程，打造畅通便捷交通体系。满足快速增长、多元化、人性化的交通需求，实现市民舒适出行。构建老城与新城的快捷交通体系，建立互通式快行道路与简易立交为主的道路构架，形成新老城之间15分钟交通圈。加快形成国际化、现代化、一体化的对外综合交通体系，增强面向东南亚、南亚的交通枢纽功能，巩固中国向西南开放的铁路、航空、高速公路为主枢纽的地位，打造沿边省份的国际门户机场，成为对外交通的重要节点，使昆明成为中国走向印度洋的门户枢纽城市，交通通达能力走在全国城市前列。

到2015年，公共交通分担率达到45%。逐步限制包括公车在内的车辆上牌数量，采取抽签制购车及限制进入城市中心区车辆的方式，缓减城市交通压力。提倡绿色出行，建设步行道和改善慢行交通条件。新老城区的所有道路均设置非机动车道，设立行人立体过街设施。建设现代交通智能化管理系统，强化行人路权意识，所有过街路口设置行人控制红绿灯系统，以达到交通引导和控制能力，提高交通出行安全保障水平。

到2020年，全面进入信息化交通时代，城市道路交通形成立体化、网络化，公交分担率达到50%，进入全国先进水平行列。

5. 建设文化文明之城

牢固树立社会主义核心价值观，推动文化大发展大繁荣。创建全国文明城市，增强文明感召力，推进社会管理和城市管理创新，不断提高市民文明素质，塑造现代文明城市的精神风貌。

到2015年，平均受教育年限达到10年，市民文明素质显著提高，文化事业繁荣发展。

2020年，平均受教育年限达到14年，文明城市建设得到巩固发展，市民文明总体程度达到世界中上等国家水平，在全国达到领先。

6. 打造创新诚信之城

到2015年，科技进步对国民经济增长贡献率达到60%，高新技术产业增加值占全市高新技术产业增加值比重达到35%；打造成为全国信誉度较高的城市。

2020年，科技进步对国民经济增长贡献率达到70%，高新技术产业增加值占全市高新技术产业增加值比重达到50%；成为全国信誉度、诚信度最好的城市，全面建设成为诚信之城。

五、建设任务

（一）加快经济发展，实现城市的财富积累

建设幸福昆明，经济是基础。实现市委十届二次全会提出的建

设美好幸福新昆明的目标，就是要做大经济总量，把特色和优势产业做大做强，创造更多的社会财富，提升市民的自豪感和幸福感。继续加大产业升级和转型，实施龙头项目带动战略，园区突破战略和工业首位意识，眼光紧盯世界500强，加强重大项目建设，在重大基础设施建设上加大投资力度，实现城市更新，形成面向东南亚、南亚的枢纽型城市。

以实施就业促进计划、扩大就业提高居民收入。创建创业型城市，降低创业门槛，建立创业绿色通道，全方位推进全民创业。稳步提高工资性收入、经营性收入、财产性收入和转移性收入，培育新的收入增长点，提高困难群体收入。严格执行并适时调整最低工资标准，健全工资指导线、人力资源市场工资指导价位、行业人工成本信息制度，推动企业建立工资集体协商制度，建立企业职工工资正常增长和支付保障机制，完善企业经营者年薪制，提高企业人员工资福利水平。落实好强农惠农富农政策，多措并举确保农民持续增收。争取国家扩大各种补贴规模和范围，重点扶持现代都市农业，健全农产品价格保护制度，完善主要农产品价格形成机制，切实让农民从价格上升、产品增值中得到更多收益。出台促进土地流转的优惠政策，使土地真正成为农民财产性收入的主要来源。

（二）构建良好的公共秩序，营造安全环境

建设幸福昆明，就要有一个安全的环境作为保障，否则一切都无从谈起。要构建全社会的立体安防体系，强化对流动人口的管理，解决社会治安管理的不稳定因素。建立群众维权和合理诉求的畅通渠道，建立社区为基础的安全网络平台，把不稳定因素化解在基层和萌芽状态。建立经常性的社会治安监测与评估体系。要推进依法行政，创新行政执法体制，努力把昆明建设成为法治理念深入人心、法规规章健全有效、市场运行规范有序、公共管理优质高效、社会环境安全稳定的法治城市。

强化安全生产管理。坚持安全第一、预防为主、综合治理，以保障人民群众生命财产安全为出发点，强化安全生产主体责任落实和责任追究，健全安全生产监管体系，完善安全生产标准体系，深入开展安全生产执法、治理和宣传教育行动，强化基层基础工作，加大安全投入。突出抓好重点行业领域和重点地区的安全生产监管工作，建立完善安全生产综合监管与行业领域监管相结合的重大事故隐患排查治理机制，完善重大安全生产事故预警、预防控制体系和应急救援体系，建立健全事故和隐患举报、重大危险源公示等社会监督机制。重视职业危害监管与防治，健全职业安全健康技术服务支撑体系，创造安全健康的生产环境。保障食品药品安全。坚持责任明确、预防为主、源头控制、全程监管，建立健全食品药品安全组织管理、质量保障、监测、评估、预警及应急处置等九大监管体系，提高食品药品安全检测水平，增强食品药品安全突发事件应急救援处置能力，切实保障公众饮食用药安全。努力打造全国食品最安全城市，实施食品安全准入制度，加强食品源头、生产加工环节、流通环节、餐饮服务环节监管，完善质量管理追溯体系，做好食品安全专项整治和示范创建工作，构建食品安全长效机制。加大对重点食品、高风险食品抽检力度，坚持食品安全问题“零容忍”。严格药品和医疗器械生产质量管理、规范经营和使用行为，做好国家基本药物的质量监管工作。增强食品药品企业的安全责任和诚信意识，提高人民群众的食品药品安全意识和自我保护能力，有效遏制生产、销售假冒伪劣药品和有毒有害食品的违法犯罪活动，改善食品药品安全消费环境，减少食品药品安全事故。健全应急管理机制。按照预防与应急并重、常态与非常态结合的原则，进一步完善和落实应急预案，加快城市重大危险源监控与应急救援体系建设，有效应对自然灾害、事故灾难、社会安全等突发公共事件，提高危机管理和抗风险能力。加强法规体系建设，健全防控网络。推进应急平台建设，实现应急资源优化配置，提高应急处置效率和水平。

着力化解社会矛盾。加强信访工作，畅通和规范群众诉求表达、利益协调、权益保障渠道，使各阶层、各群体、各主体的诉求得到充分反映、积极回应、及时解决和有效引导。健全信访责任体系，深入开展领导干部接访，全力化解信访积案，努力创新信访工作体制机制，依法按政策解决群众合理诉求。建立重大工程项目建设和重大政策制定的社会稳定风险评估机制，从源头上预防和减少社会矛盾的发生。进一步完善人民调解、行政调解、司法调解的“大调解”工作体系，建立重点领域第三方调解机制，低成本、高效率地化解社会矛盾纠纷，最大限度地减少社会冲突、降低社会风险。

维护社会治安稳定。提高发现、预防和打击违法犯罪的能力，实现严重危害人民群众生命财产安全的暴力犯罪、黑恶犯罪、街头犯罪持续下降，降低发案率，提高破案率。加强社会治安综合治理，完善以街面巡逻防控网、城乡社区村庄防控网、单位和行业场所防控网、技术视频防控网、区域警务协作网和“虚拟社会”防控网等为主要内容的社会治安防控体系，增强群众自防能力，创建警民关系和谐城市。坚持严打方针，始终保持对刑事犯罪的高压态势，全面推进命案侦破、打黑除恶、打击“两抢一盗”、打击经济犯罪、打击毒品犯罪等工作，深入开展治安重点地区排查整治。提高反恐能力，严密防范和坚决打击境内外敌对势力的渗透破坏活动，维护国家安全和社会政治稳定。强化社区对释解人员安置帮教工作，预防和减少重新违法犯罪。加强强制隔离戒毒和戒毒康复工作，提高教育矫治质量。

（三）提高城市文明素质

建设幸福昆明，就要在提高群众的文明素养方面下工夫，这是建设美好幸福城市缺一不可的重要内容。有了良好的文明素养，人与人之间就会形成良性互动的关系，就会形成相互帮助的优良品质，人们就会善待这座城市。

提升市民文明素质。积极推进文明城区、文明村镇、文明行业和文明单位创建，不断提高城乡居民文明素质。以“讲文明、树新风”为重点，开展文明礼仪教育，推进城乡居民文明行为基本知识的普训和轮训。开展“做文明人”宣传实践活动，弘扬优秀的社会公德、职业道德、家庭道德和个人品德。弘扬志愿服务精神，广泛开展社会志愿服务活动。开展不文明行为集中整治和专项整治，着力形成全社会重信誉、讲规范、守道德的文明和谐氛围。

构建现代教育体系。坚持教育优先发展战略，巩固发挥教育品牌优势，切实提升教育质量，实施学前教育普及提升工程，巩固提高义务教育质量和水平，加快实施素质教育，推动普通高中特色化发展，推进市属高校与部属院校合作办学，提升昆明高等教育在全国的竞争优势。实施职业教育服务能力提升工程，鼓励行业、企业通过多种形式参与职业教育，打造全国重要的职业技能型人才培养培训基地。积极发展多种形式的成人教育、继续教育和社区教育，加快形成广覆盖、多形式、多层次、开放式的终身教育网络。

（四）保护生态环境

要时时关注我们所生活的环境，形成人人关心生活环境、维护生活环境的责任意识，牢固树立抓环境就是抓投资、抓发展、抓民生的理念。改善提升市容市貌，提升城市管理标准化、精细化、法制化水平，以先进城市为学习榜样，以群众满意为标准，彻底根治垃圾、灰尘、污水遍布的现象，根除违章经营、违法建筑、广告混乱等城市“顽癣”。要大力度提升城市品质，引导绿色生活，实现生产生活生态相融合，把昆明建设成为环境最美的生态城市。

加强生态保护和污染治理。完善园林绿地系统，构建城市绿地生态体系，深入实施“碧水蓝天”工程，加大入滇河道整治力度，实行最严格的水资源保护，沿盘龙江两岸打造“沿河景观带”，清理城市河流，再现昆明水城风貌。加强工业污染防治，切实解决严重危害人民群众健康安全的环境污染问题。积极发展低碳经济，大力发展循环经济，加快建立与昆明市经济发展水平、资源环境承载能力相适应的绿色发展模式。

（五）加强社会保障建设，改善民生

建设幸福昆明，改善民生是关键。一座城市如果没有关心群众生存和发展的理念，幸福城市建设就是一句空话。进一步明确以民生为先的公共财政导向，健全投入机制、完善法规制度，逐步实现民生投入的制度化和法定化。加大对教育、卫生和住房等领域热点民生问题政府调控力度，解决群众最关心、最直接和最现实的利益问题。要以昆明作为桥头堡建设的示范区为契机，把加快推进公共服务和社会管理“一体化”作为推进幸福昆明建设的重要内容抓紧抓好，将新增的基础设施投资重点转向农村和基层，统筹城乡发展，让群众得到实惠。

促进城乡各项社会保险制度有效衔接。实现新型农村社会养老保险、城镇居民社会养老保险全覆盖。逐步提高社会养老保险待遇，完善城乡居民养老保险制度，坚持社会统筹与个人账户相结合的城镇企业职工基本养老保险制度，稳步提高企业退休人员养老金标准，探索机关、事业单位社会养老保险制度改革。着力解决被征地农民社会保障问题，加快将农民工纳入社会保险体系，逐步解决农民工的养老保障问题。推进城镇基本医疗保险“一卡通”，完善基本医疗保险住院医疗费用结算办法，逐步提高城镇基本医疗保险住院报销水平，城乡困难群体医疗救助标准翻番，实施基本医疗保险市级统筹。完善失业保险制度，适时提高失业保险待遇和统筹层次，重点推进农民工群体、灵活就业人员参加失业保险，加快失业保险由重保障基本生活向促进就业和预防失业转变。完善工伤保险制度，逐步提高工伤人员待遇水平，推进事业单位、社会团体、农民工参加工伤保险。完善生育保险政策，合理调整生育保险待遇标准，适时扩大部分诊疗项目和基金支付范围。

完善住房保障体系。扩大住房保障覆盖面，着力改善中低收入家庭住房条件，建立以经济适用房、公租房、廉租房、限价商品房等为一体的住房保障体制。鼓励支持企业和其他机构参与公共租赁住房建设和运营，多渠道增加公共租赁住房供应。加快老企业集中的棚户区和农村危房改造，继续安排限价商品房建设。强化保障性住房管理，形成公平合理、有进有退的管理机制。

健全养老保障体系。建立健全统一规范的基本养老金正常调整机制，改革完善企业职工基本养老金计发办法，将符合条件的老年人全部纳入最低生活保障范围。发展社会养老服务，加强各类养老机构管理，完善以居家养老为基础、社区养老为依托、机构养老为骨干、各类服务机构协调发展、多种服务形式相互补充的社会化养老服务体系。构建老年人信息化数字服务平台，老人需要服务及时上门服务。各社区都要为65岁以上老年人建立健康档案并适时提供免费体检。积极推进供养型、养护型、医护型养老机构建设。新建一批城镇居家养老服务中心（站）和农村互助式居家养老服务中心，提档升级农村福利院。加快老年活动场所和无障碍设施建设，增加文化、教育和体育健身设施，丰富并方便老年人生活。加强老龄法制建设和法律服务，加强养老服务行业监管，维护老年人合法权益。

健全社会救助体系。动态性提高不同困难人群基本保障的救助标准，着重解决农村低保标准偏低问题。对特困残疾人家庭子女及残疾学生上大中专学校实行学费补助，提高特困残疾人定额生活补助标准，为丧失劳动能力的成年残疾人单独提供全额低保。全面建立困难群众临时救助制度，确保受灾群众的穿衣、吃饭、住房、治病问题能够得到解决。加快建立流动困难人群救助管理制度，在中心城区构建主动救助、联动救助机制，形成“一站多点”、重心下移的救助网络。

建立健全覆盖城乡居民的基本医疗卫生制度。保障人人享有安全、有效、公平的基本公共卫生服务和基本医疗服务，提升公共卫生服务能力，建成市、区、街（乡镇)、社区（村）四级公共卫生服务网络。提高公共卫生预测预警和处理突发事件的能力，逐步建立覆盖全市社区居民的“家庭医生制度”。加快推广电子病历等数字化医疗服务，改革公立医院财政供养方式，健全基层医疗卫生机构补偿机制，完善社区卫生服务中心和乡镇卫生院的补助方式。

（六）增强凝聚力，打造爱心家园

建设幸福昆明，形成爱昆明、爱家乡的共同意识，是一座城市精神支撑。要在全社会培育昆明意识，不断丰富“敢为人先、追求卓越”的昆明精神和“敢于担当、刚毅执着”的昆明干部精神内涵，进一步总结提炼形成昆明认识，进行广泛宣传。注重激发群众关心昆明、热爱昆明、维护昆明形象的爱心家园意识，以自己的良好行为宣传昆明，用广泛认同的城市精神凝聚人、感染人和激励人，构筑共同的昆明精神家园。把加强社会建设与创建全国文明城市工作结合起来，让更多群众积极参与构建昆明特色城市文明提升活动，培养公众认同感，让外来人员找到家园感觉。以街道、社区、乡镇文化阵地为载体，建设昆明特色文化，丰富和活跃广场文化、企业文化、校园文化、社区文化、网络文化等大众文化，使群众真正拥有更加丰富多彩的精神生活空间。要加强人文关怀和社会安抚，大力倡导平等、关爱、礼让和谦和的精神，更加重视社会成员“心灵”的和谐。

发展文化事业，壮大文化产业，提升文化竞争力、辐射力和影响力，不断满足人民群众多样性的文化需求。繁荣发展文化事业，加快构建普惠均等、优质高效的公共文化服务体系，加快建成城区15分钟文化生活圈，推进实现农村文化站（室）村村覆盖。做强文化产业，推进文化与科技、市场、资本融合发展，全面优化文化产业结构，加快培育现代文化市场体系，培养壮大文化市场主体，大力建设集创意设计、生产配送、展示销售、培训交流、旅游观光等于一体的文化产业园区，推出更多富有地方民族特色、具有全国影响的精品力作，打造一批文化核心品牌，造就一批文化名人，扶持壮大一批知名文化企业，培育一批文化企业家，使文化产业成为国民经济支柱性产业。以具有时代内涵、昆明特点的文化品牌，切实提高文化影响力，把昆明建设成为国家级文化产业基地和区域性对外文化交流中心。

中　篇

第六章
建设实力之城

多年来，昆明市委、市政府紧扣建设现代新昆明这一中心任务，围绕富民、强市两大目标，坚持科学发展、和谐发展、跨越发展，强力推进工业化、城市化和农业现代化，加快建设“富强昆明、开放昆明、文化昆明、生态昆明、和谐昆明、幸福昆明”，通过自身努力，壮大经济实力，创造更多的社会财富，提升昆明人民的幸福感。

一、实力之城的内涵

对一个城市而言，实力包括硬实力和软实力。一个城市幸福与否，既要靠硬实力，更要靠软实力。

（一）硬实力

硬实力是指支配性实力，包括基本资源（如土地面积、人口、自然资源）、经济力量和科技力量等。

表 6－1　　硬实力评价指标体系

<table>
<tr><th colspan="2">指　标</th><th>注释</th></tr>
<tr><td rowspan="7">经济发展水平（60%）</td><td>地区生产总值（25%）</td><td rowspan="2">地区收入水平</td></tr>
<tr><td>人均地区生产总值（15%）</td></tr>
<tr><td>城镇居民人均可支配收入（10%）</td><td rowspan="3">居民收入和财政收入水平</td></tr>
<tr><td>农民人均纯收入（10%）</td></tr>
<tr><td>财政总收入（15%）</td></tr>
<tr><td>进出口总额（15%）</td><td rowspan="2">对外开放水平</td></tr>
<tr><td>社会消费品零售总额（10%）</td></tr>
</table>

	指　标	注释
经济发展质量（15%）	城镇化率（30%）	城市化水平
	第二、三产业增加值所占比重（25%）	反映经济结构
	财政总收入占 GDP 比重（20%）	反映经济质量
	政府环保工作考核分（25%）	
经济发展潜力（25%）	地区生产总值增长率（30%）	增长潜力
	规模以上工业总产值增长率（25%）	
	固定资产投资总额（25%）	投资建设能力
	居民消费价格指数（20%）	发展潜力

注：表中括弧中的百分数表示权重。

（二）软实力

软实力，是相对于国内生产总值、城市基础设施等硬实力而言的，是指一个城市的文化、价值观念、社会制度等影响自身发展潜力和感召力的因素。20 世纪 90 年代初，哈佛大学教授约瑟夫·奈首创“软实力”（SoftPower）概念，从此启动了“软实力”研究与应用的潮流。

城市软实力是一个由若干子系统组成的有机整体。城市软实力的资源层，可以由 8 个子系统构成，分别是：文化号召力、教育发展力、政府执政力、城市凝聚力、社会和谐力、形象传播力、区域影响力和环境舒适力。

1. 文化号召力

城市文化是城市软实力的载体和核心要素，是城市的根。什么样的城市塑造什么样的文化，移民文化城市、传统文化城市、工业文化城市、艺术文化城市……每一个在世界上独具影响力的城市，都蕴含着其独特的文化。文化资源本身及对文化资源的运用和转化能力，相当程度上决定了城市软实力的水平。独特的城市文化，吸引着外部人才、资源、资金等的流入，最终转化为城市的竞争优势。

2. 教育发展力

优质教育资源目前仍为稀缺资源，拥有优质教育资源的城市，一方面能为本地居民提供良好的发展基础，另一方面也成为吸引外地优秀人才前来求学、定居、工作的重要原因。教育发展力的意义，对内是维持城市不断发展的动力，对外是城市吸引人才的资本。

3. 政府执政力

政府执政力主要体现为政府进行公共管理的水平。政府是城市的直接管理者。政府的意图，决定了城市的定位、发展方向、发展步骤，政府形象也很大程度上代表了城市形象。政府既是城市的总设计师，又是城市活动的具体执行者。政府的科学执政、民主执政、依法执政能力，是城市软实力的关键内容。

4. 城市凝聚力

城市凝聚力体现了一种社会向心力。它以公民对城市物质成就和城市精神的高度认同为载体，表现为城市团结向上的合力。通过依靠共同的价值观及对城市各项发展目标的高度认同，推动城市的发展。城市凝聚力似一个高速的漩涡，依靠强大的认同度和归属感，将人们不断吸引到城市的发展中来，从而使城市的组织效能、资源整合能力越来越强。

5. 社会和谐力

社会和谐是指社会各阶层、各组成部分、各种要素处于一种相互协调的状态。城市的社会和谐，包括政治和谐、经济和谐、社会秩序和谐等诸多方面。稳定和谐的环境，是城市社会各项活动得以进行的前提。城市社会和谐，还影响到资源和各种生产要素的流动。如果城市稳定，人的财产和安全有保障，经济活动的预期收益高，国内外资金、人才、技术就会向该城市聚集；相反，如果城市混乱、矛盾丛生，基本的人身安全得不到保障，生产无法得到保障，人们纷纷外迁，城市产业萎缩和竞争力下降则是必然。

6. 形象传播力

城市形象是城市内部、外部公众对城市形态和特征等进行高度概括和提炼后，形成的总的看法和评价。城市形象，既包括城市景观、城市建筑等视觉形象，也包括城市口碑、城市管理水平、市民言行等非物质形象。依靠大众传媒构建的“城市媒介形象”和依靠人际传播构建的“城市口碑形象”，是城市形象传播的两个最重要方面。形象传播力主要包括城市的知名度、美誉度、形象推广度。知名度是确保城市有较好形象的必要条件，默默无闻的城市肯定不行。美誉度是城市形象的核心，城市美誉度激发了对内外部公众的吸引，也构成了形象推广的终极目标。形象推广度则是实现知名度、美誉度的手段和保证。

7. 区域影响力

区域影响力表现为城市在参与地区竞争、地区合作中的号召力和话语权。区域影响力大小的决定因素，既有经济发展水平等硬实力方面，也有吸引力、辐射力、认同度等软实力方面。区位、交通、政治地位、地区参与协调水平等，都决定了一个城市区域影响力的大小。区域影响力和城市的经济实力并非总是成正比。区域影响力，可以通过城市的地区协调能力、交通通达能力、信息汇聚能力等进行衡量。

8. 环境舒适力

这里的环境主要指气候、自然资源、城市景观等硬环境。城市的气候是否宜人、城市的水资源是否充沛、城市的自然灾害是否少发、城市的景观是否和谐，都或多或少影响该城市对公众的吸引力大小，吸引力则是城市软实力的本质属性。通过人们对城市自然环境的改造和修饰，所表达出来的城市文化理念和审美感受，也是城市软实力的有机组成部分。

二、昆明城市实力的地位之比较

（一）综合实力的地位比较

由国家统计局中国国情国力杂志社、国家统计局中国信息报社、城市综合实力课题组联合研究并发布的《2010 城市综合实力评价结果》，其中省会城市和计划单列市共 31 个城市，昆明排名第 20 位。

表 6－2　综合实力排名前 20 名的省会城市或计划单列市（不含直辖市）

排序	城市类别	排序	城市类别	排序	城市类别	排序	城市类别
1	深圳市	6	武汉市	11	沈阳市	16	长春市
2	广州市	7	成都市	12	西安市	17	厦门市
3	大连市	8	长沙市	13	济南市	18	哈尔滨市
4	杭州市	9	宁波市	14	福州市	19	石家庄市
5	南京市	10	青岛市	15	郑州市	20	昆明市

（二）2011 年中国城市综合竞争力排行榜

由中国城市竞争力研究会主研的《GN 中国城市综合竞争力评价指标体系》涵盖经济、社会、环境、文化四大系统在内的 10 项一级指标、50 项二级指标、217 项三级指标。包括了港澳台地区在内的中国 34 个省级城市，昆明排名第 23 位。

表 6－3　　2011 年中国城市综合竞争力排行榜

排名	城市	分数	排名	城市	分数	排名	城市	分数
1	香港	15167.8	11	南京	5034.55	21	无锡	3748.03
2	上海	13607.9	12	武汉	4480.04	22	济南	3738.26
3	北京	13565.2	13	澳门	4473.91	23	昆明	3160.69
4	深圳	9147.02	14	青岛	4421.1	24	佛山	2934.22
5	广州	8346.87	15	大连	4325.14	25	烟台	2918.67

排名	城市	分数	排名	城市	分数	排名	城市	分数
6	苏州	6894.28	16	宁波	4219.93	26	西安	2857.84
7	天津	6513.31	17	东莞	4204.7	27	郑州	2627.87
8	杭州	6043.84	18	成都	4087.79	28	新北	2528.41
9	台北	5685.01	19	沈阳	3883.14	29	长沙	2470.12
10	重庆	5144.82	20	厦门	3876.17	30	哈尔滨	2394.86

（三）2011年中国城市成长竞争力排行榜

由中国城市竞争力研究会主研的《GN中国城市成长竞争力评价指标体系》由实力指数、潜力指数、活力指数、能力指数四大指标综合而成，包括4项一级指标，29项二级指标，67项三级指标。包括了港澳台地区在内的中国34个省级城市，昆明排名第24位。

表6－4　　2011年中国城市成长竞争力排行榜

排名	城市	分数	排名	城市	分数	排名	城市	分数
1	天津	1879.427	11	广州	919.7359	21	成都	603.3557
2	重庆	1741.475	12	济南	849.068	22	无锡	592.6609
3	深圳	1736.009	13	沈阳	787.5333	23	烟台	590.2327
4	苏州	1613.686	14	南京	744.2224	24	昆明	588.2797
5	上海	1409.147	15	鄂尔多斯	720.6618	25	长沙	587.2626
6	北京	1375.034	16	宁波	717.1989	26	台北	580.2532
7	大连	1095.749	17	澳门	674.9467	27	长春	521.9659
8	青岛	992.3917	18	合肥	645.9218	28	佛山	496.6498
9	香港	974.5354	19	厦门	620.3005	29	西安	494.3662
10	杭州	962.0847	20	武汉	612.2776	30	郑州	474.843

（四）2011年中国国际化城市排行榜

由中国城市竞争力研究会主研的《GN中国国际化城市评价指标体系》，包括城市国际影响指数、对外开放指数、城市经济指数、社会发展指数、城市综合服务能力指数、城市规模指数在内的6项一级指标、16项二级指标、47项三级指标。包括了港澳台地区在内的中国34个省级城市，昆明排名第14位。

表6-5 2011年中国国际化城市排行榜

排名	城市	总分	排名	城市	总分
1	澳门	90.35	16	成都	79.29
2	深圳	90.05	17	郑州	78.72
3	广州	89.36	18	厦门	77.49
4	杭州	86.14	19	沈阳	75.38
5	苏州	84.23	20	福州	74.67
6	青岛	84.12	21	哈尔滨	73.85
7	天津	83.93	22	烟台	72.27
8	大连	83.52	23	济南	71.35
9	重庆	82.74	24	威海	69.64
10	西安	82.54	25	珠海	69.29
11	南京	81.89	26	南宁	66.97
12	东莞	81.86	27	无锡	63.68
13	宁波	81.83	28	佛山	63.24
14	昆明	80.31	29	海口	63.17
15	武汉	79.88	30	长沙	61.32

（五）2011年中国区域中心城市排行榜

由中国城市竞争力研究会主研的《GN中国区域中心城市评价指标体系》，包括城市在区域中的经济发展水准、产业发展水准、基础设施建设水准、金融业发展水准、科教发展水准、综合服务能力、区域辐射力、区域聚集力8个一级指标、35个二级指标、134个三级指标。包括了港澳台地区在内的中国34个省级城市，昆明排行第6位。

表6－6　　2011年中国区域中心城市排行榜

排名	经济区域	中心城市
1	泛珠"9+2"经济区	香港、广州
2	长三角经济区	上海
3	珠三角经济区	广州、深圳
4	环渤海经济区	北京、天津
5	成渝经济区	重庆、成都
6	滇中城市群经济区	昆明
7	中原经济区	郑州
8	海峡西岸经济区	福州、厦门
9	关中—天水经济区	西安
10	广西北部湾经济区	南宁
11	山东半岛蓝色经济区	青岛
12	黄河三角洲高效生态经济区	东营
13	江苏沿海经济区	南通、盐城、连云港
14	海南临空经济区	三亚
15	沈阳经济区	沈阳
16	广佛肇经济区	广州、佛山
17	绥中滨海经济区	葫芦岛
18	淮海经济区	开封
19	长株潭经济区	长沙
20	呼包鄂城市经济区	呼和浩特

（六）绿色发展的地位比较

由国家统计局中国经济景气监测中心、北京师范大学科学发展观与经济可持续发展研究基地、西南财经大学绿色经济与经济可持续发展研究基地联合主办的《2011中国绿色发展指数报告——区域比较》公布的全国30个省（区）市，云南省绿色发展水平在全国排名第七。在34个参与测算的大中城市中，昆明市位列第三，仅次于深圳、海口，列西部第一，内陆省会城市第一。

（七）全国文明城市测评的地位比较

昆明市2011年获得“全国文明城市提名资格城市”。从2009年开始，昆明市接受全国文明城市测评，由一次性考核变为常态性考核，对城市公共文明指数测评，测评结果计入文明城市考核总分。昆明市在2009年、2010年文明城市公共指数测评中得分分别为61.7分、72.65分，在省会、副省级城市中排名第27位、25位。全国文明城市每年一测评、三年一总评，2012年至2014年为新一轮创建期。

（八）昆明城市实力存在显著差距

从以上各种测评结果充分显示，昆明作为省会城市和全省唯一特大型城市，与全国其他同类城市和沿海发达城市相比，城市实力还有较大差距。主要是昆明经济总量和人均经济占有量不大，传统产业占比高、新兴产业发展不足、现代服务业发展不快，经济结构不尽合理，经济发展的内生动力示弱，特别是创新不多，很多领域关键技术薄弱，企业缺乏核心竞争力，粗放经营现象突出，社会管理也还有许多盲点和漏洞。仅从工业领域上看，化工、冶金、建筑建材等高耗能行业增加值占规模以上工业三分之一以上，而精细化工、软件、信息技术等市场覆盖大、附加值高的终端产品市场占有率却比较低，“昆明制造”多，“昆明创造”少，“昆明品牌”就更少。2010年的统计数据显示，在27个省会城市中，昆明地区生产总值排名第17位，全社会固定资产投资排名第15位，社会消费品零售总额排名第15位，城镇居民人均可支配收入排名第14位，农民人均纯收入排名第22位，指标大多排名在中下游水平。

三、建设幸福城市对提升昆明城市实力的要求

（一）经济增长持续稳定

以经济建设为中心，加快发展仍是解决所有问题的关键。以科学发展为主题、以加快转变经济发展方式为主线，是关系昆明发展全局的战略抉择，要把推动发展的立足点转到提高质量和效益上来，扎扎实实抓好实施创新驱动发展战略、推动城乡发展一体化、全面提高开放型经济水平等，着力激发各类市场主体的新活力，全面深化经济体制改革，推动工业化、信息化、城镇化、农业现代化同步发展，不断增强长期发展后劲，保持昆明经济稳步快速发展。

（二）经济结构不断优化

经济结构不仅决定现实竞争力，而且决定未来发展潜力。要大力调整需求结构。实行扩大内需与开拓外需相结合，继续实施大投资方略、强化大项目支撑，提高投资质量和效益；持续扩大消费需求，重点提升居民消费能力、改善居民消费条件、培育新的消费热点，推动经济增长向消费、投资、出口协调拉动转变。大力调整产业结构。实施传统产业升级计划、新兴产业培育计划和服务业提速计划，构建以现代农业为基础、高新技术产业为主导、现代服务业为主体、先进制造业为支撑的现代产业体系，提升产业核心竞争力，推动经济增长向一、二、三产业协同带动转变。大力调整生产要素结构。充分发挥科技第一生产力和人才第一资源的作用，加快建设创新型城市，推动经济增长向依靠科技进步、劳动者素质提高和管理创新转变。加快提升经济发展层级，由运作资源、产业向运作资本、知识产权和人才跃升。放宽准入领域，完善服务体系，鼓励全民创业，促进公平竞争，推动经济增长向借助民资外资、依靠民力外力转变。同时，加大收入分配结构、供给结构、城乡和区域

结构等调整力度，推动经济社会协调发展。

（三）健全社会保障体系

在经济发展基础上逐步提高人民物质文化生活水平，是改革开放和社会主义现代化建设的根本目的。改革开放以来特别是近些年来昆明在改善民生方面做出极大努力，取得明显成效。人民群众对美好幸福生活的要求也在增强，对加快解决民生领域突出问题的期盼也在提高。必须继续加强工作，多谋民生之利，多解民生之忧，解决好人民最关心最直接最现实的利益问题，在学有所教、劳有所得、病有所医、老有所养、住有所居上持续取得新进展，使城市发展的成果更多、更公平惠及全市人民，保证人民过上更好的生活。

（四）基础设施建设进一步完善

围绕建设区域性国际城市，全面提升城乡规划水平，要以国际视野规划城市，同时要做到用国际标准建设城市、按国际惯例管理城市、树国际形象来营销城市，全面构筑城市国际化的硬件基础、物质形象和功能内涵，全力打造品质春城。加快以交通为重点的基础设施建设，建立以公共交通为主体，各种交通方式相结合的城市综合交通系统；统筹规划建设城市供水水源、给排水、污水和垃圾处理等基础设施，划定基础设施黄线保护范围；重视城市防灾减灾工作，加强重点防灾设施和灾害监测预警系统的建设，合理规划布局应急避难场所和疏散通道，建立健全包括消防、人防、防洪、防震和防地质灾害等在内的城市综合防灾体系；强化城市管理，增强中心城市的辐射力、带动力和影响力，将区域性国际城市的建设落到实处，不断向国际标准靠拢。

（五）优越的生态环境

绿化是城市的第一形象，生态是城市的第一基础设施，一个具有优越自然禀赋的城市，如果能构建出良好的生态环境，那么生态将成为一个城市最具魅力的城市品牌、最富竞争力的独特资源。

推进生态文明建设，是涉及生产方式和生活方式根本性变革的战略任务，必须把生态文明建设的理念、原则、目标等深刻融入和全面贯穿到昆明经济、政治、文化、社会建设的各方面和全过程，坚持节约资源和保护环境的基本国策，着力推进绿色发展、循环发展、低碳发展，为人民创造良好生产生活环境，建设美丽春城而努力。

四、建设实力之城的路径

（一）提升产业竞争实力

1. 大力发展工业经济

工业是支撑一座城市的脊梁，是昆明跨越式发展的发动机，也是富民强市的基础、“实力之城”的根基。没有工业化，市场化就没有主体，信息化就没有载体，城市化就没有内涵，国际化就没有实体。工业兴则昆明兴，工业强则城市强。昆明要大力提升城市实力，就必须在新的起点上，牢固树立工业首位意识，加快新型工业化进程，把产业发展和园区建设作为推动工业经济的主要抓手，努力壮大实体经济，为加快建设美好幸福的新昆明提供坚实的经济基础。应当进一步统一思想和行动，深化对“工业强市”战略的认识，牢固树立一切要突出工业经济发展、一切要围绕工业经济发展、一切要保障工业经济发展的思想，坚持把“工业强市”作为跨越发展的第一战略，把加快推进新型工业化作为“富民强市”的第一推动力，把招商引资、主动承接产业转移作为加快推进新型工业化的第一抓手，树立绿色经济、特色发展、龙头带动、借力发展、联动发展等理念，正确处理好发展质量与发展速度、规模扩张与结构升级、突出重点与协调发展、自主发展与对外开放四个方面的关系，全力推动昆明市新型工业化跨越发展。

采取有力措施，突出工业园区建设，实施园区发展“千百亿工程”，做优做强一批园区，全力推动全市工业实现跨越发展。要进一步突出特色，在提升产业园区发展层次上取得突破；进一步创新体制机制，在产业园区规范化管理上取得突破；进一步扩大开放，在园区招商引资上取得突破；进一步转变发展方式，在推动园区可持续发展上取得突破；进一步提升综合竞争力，在构建产业园区服务保障体系上取得突破。要加强组织领导，强化政策支持，加强人才队伍建设，努力营造产业园区加快发展的良好环境，推动产业园区持续健康快速发展。

2. 加快推进“三化”化“三农”

富民强市关键在富民，富民的关键是农民增收，加快昆明城乡一体化建设是建设幸福之城、实力之城的必由之路。要认真解决好工业化、城镇化和农业产业化的关系，探索解决“三农”问题的新途径，以工业化为主导、城镇化为依托、农业产业化为基础，通过“三化”互动解决“三农”问题，要加快发展现代农业，转变农村经济增长方式，提高农业综合生产能力、增加农民收入和建设社会主义新农村，全面建设小康社会。

在工业化、城镇化深入发展中同步推进农业现代化，完善以工促农、以城带乡长效机制，加大强农惠农力度，提高农业现代化水平和农民生活水平，建设农民幸福生活的美好家园。

完善现代农业产业体系，发展高产、优质、高效、生态、安全农业。优化农业产业布局，鼓励和支持优势产区集中发展特色农产品。加快发展设施农业，推进蔬菜、水果、茶叶、花卉等园艺作物标准化生产。提升畜牧业发展水平，提高畜牧业产值比重。促进水产健康养殖。积极发展林业产业。推进农业产业化经营，扶持壮大农产品加工业和流通业，促进农业生产经营专业化、标准化、规模化、集约化。推进现代农业示范区建设。

3. 加速培育现代服务业

现代服务业是城市现代化水平的重要标志，是建设实力之城的重要组成部分。现代服务业不仅能够方便生产生活、增加就业岗位、完善城市功能，而且能够优化经济结构、扩大消费需求、拉动经济发展。要加快形成以高端服务业为引领，增值率高、辐射力强、开放度大的现代服务业体系。昆明要把服务经济摆在优先发展的位置，大力培育新兴服务业，改造提升传统服务业，加速发展与新型工业化相配套、与城市化进程相协调、与城乡居民需求相适应的现代服务业，构建服务业发展新格局，努力把服务经济打造成为昆明的重要经济增长点。

（二）提高区域带动力

当前和今后一段时期，云南省处于加快推进“两强一堡”建设的黄金期将不会改变。全省的目标是“努力建设中国面向西南开放的重要门户”，昆明的目标是“加快建设中国面向西南开放的区域性国际城市”，这一发展定位不仅清晰，而且与全省的发展定位高度统一。进入经济发展黄金期、改革创新攻坚期、对外开放提速期、文化事业繁荣期和社会建设转型期的昆明，已经启动了率先谋划开放新高地的步伐。

昆明区位独特，地处“9＋2”泛珠三角区域经济合作圈、“10＋1”中国—东盟自由贸易区经济圈和大湄公河次区域经济合作圈的交汇点。随着昆明至曼谷国际公路的通车，泛亚铁路的规划建设，以及正在建设中的昆明国际空港等重大基础设施的实施，昆明面向东南亚、南亚开放的“桥头堡”作用日益凸现。

首先，建设区域性国际城市，应充分利用城市国际化为产业发展带来的聚集效应，加速打造中国面向西南开放的区域性国际商贸物流中心、金融服务中心、旅游会展中心、科教研发中心，建设和发展区域性先进制造业基地、资源深加工基地、新型能源产业基地、高新技术产业基地和都市型现代农业基地，提高城市的国际化辐射带动力。

其次，滇中城市群作为面向西南开放重要的“桥头堡”，对于促进我国东西互动、海陆并进的完整开放格局形成具有十分重要的战略意义。作为云南经济发展战略的核心区，位于全国“两横三纵”城市化战略格局南端，是在滇中四州市城市间功能不断聚集、运作不断协同、点—轴—圈式空间结构布局日益突出的基础上形成的城市集群，是我国西部大开发的重点地带，连接太平洋、印度洋的陆上枢纽，也是中国面向东南亚、南亚开放的核心区域。昆明、玉溪、曲靖、楚雄四州市经济总量接近全省的60%，而昆明无疑是这个城市群的中心。加速昆明跨越式发展，将有效增强滇中城市群的辐射带动作用。

（三）提升城市影响力

昆明是国家级历史文化名城，因夏无酷暑、冬无严寒、四季如春而得名“春城”并享誉中外。

近年来，昆明市加大城市建设力度，加强城市环境综合整治，打造品质春城，增强中心城市的辐射力、带动力和影响力，把建设区域性国际大都市作为跨越式发展的目标。在立足国际化的同时，昆明积极构筑立体交通网络，壮大产业发展，加强与周边国家的经贸合作、文化交流，培育城市品牌。昆明的国际化程度与国际竞争力、影响力正在得到提升。2010 年，昆明市与全国 60 个城市共同被评选为“2010 年中国最具海外影响力城市”。

在打造城市名片的过程中，一是应加快创建国家园林城市、卫生城市、环保模范城市和全国文明城市，争取联合国人居城市奖和国家生态城市。要努力提升经济品质，打造实力之城；提升文化品质，打造魅力之城；提升环境品质，打造生态之城；提升制度品质，打造活力之城；提升生活品质，打造宜居之城；全力建设“品质春城”。二是创建泛亚文化名城新高地。要充分发挥历史文化积淀深厚的优势，在保护文物古迹等有形历史遗存的同时，更加注重保护非物质文化遗产和地域文化等无形人文要素，擦亮昆明历史文化名城品牌。充分发挥民族文化绚丽多姿的优势，彰显和展示得天独厚的原生态民族文化，挖掘和开发民俗民间文化。吸收世界优秀文明成果，运用现代科技手段改造提升传统文化，增强文化创新能力，形成历史文化、民族文化与现代文明相互激荡、融合发展的新格局。扩大文化对外交流，探索市场化、商业化、产业化的运作方式，创新文化“走出去”的途径和方式，打造具有重要影响力的国际文化交流平台，形成多元、开放、包容的文化氛围，创建泛亚文化名城新高地。三是在全球化的大背景下，发展“低碳经济”，创建低碳之城，把昆明建设成为资源节约型、环境友好型社会，彻底舍弃高能耗、高污染、粗放型的增长方式，使“低碳春城”成为昆明新的城市名片。

五、建设实力之城的重点工作和任务

（一）强力推进工业突破，加快新型工业化进程

坚持扩张总量与调整结构并举，发展速度与质量效益并重，改造提升传统产业与培育发展新兴产业并抓，促进工业化与信息化深度融合，全力加速新型工业化。

突出抓好大项目建设。深入实施大企业、大集团战略，积极引进战略合作伙伴。加速建设长安汽车昆明生产基地、昆明南车城轨

装备基地等一批重大项目；配合做好中缅油气管道及炼化、云天化集团国家高浓度磷复肥基地等重大项目建设；启动工业化和信息化融合试点示范工作；落实支持非公经济发展的各项政策措施，实施中小企业培育工程，抓好成长型、科技型和初创型中小企业培育工作，大力支持中小企业和非公企业上市融资。

促进工业集聚集群发展，全面落实开发区及工业园区“三年倍增、六年跨越”行动计划，推进园区向规模化、集约化、高端化、专业化、特色化发展；提升园区基础设施配套水平和承载能力，加快产业和企业向开发区、工业园区及乡镇工业功能区集聚；实施“特色产业集群发展”工程，积极创建国家级、省级新型工业化产业示范基地；加快空港经济区和杨林、安宁和海口联合申报国家级开发区步伐。

（二）巩固农业基础地位，提高农业综合生产能力

坚持把解决好“三农”问题作为政府工作的重中之重，强化强农惠农意识，加大统筹城乡发展力度，推动全市农业农村工作迈上新台阶。一是加快农业产业结构调整，大力发展生态农业。稳定粮食播种面积；巩固烤烟支柱地位，推进现代烟草农业示范区建设；启动新一轮“菜篮子”工程建设；扩大花卉种植面积；提升畜牧产业，支持生猪、奶牛等规模化、标准化养殖，积极培植生物资源开发等新兴特色产业。二是加快农业产业化进程，全面推进石林台湾农民创业园、斗南国际花卉园区、嵩明现代农业示范区等 8 个重点农业园区建设，推动优势特色产业和农业龙头企业向农业园区集中，促进龙头企业做大做强。三是加大对农村合作经济组织的支持力度。四是完善农业科技推广服务体系，创新农业生产经营管理模式，高度重视农产品质量安全，着力推行农产品标准化生产，积极推进有机、绿色、无公害生产和品牌认证。五是加强农业农村基础设施建设，积极推进嵩明全国土地整治规划编制试点县工作；抓好水利基础设施建设，推进大、中型灌区建设，加强防洪抗旱减灾体系建设，努力提高防洪抗旱保证率；完成行政村公路路面硬化，新增城乡公交线路，村村通达100%；完善城乡供电网络，推进农村通讯基础设施建设。七是进一步加大扶贫开发投入，积极促进区域协调发展。推动一板块率先发展、引领跨越，二板块竞相发展、增量提质，三板块迅速崛起、全面振兴。启动现代新昆明安宁新区、富民新区、嵩明新区、宜良新区、晋宁新区、海口新区规划建设。加快打造以倘甸片区为核心的区域增长极。支持东川转型发展、寻甸特色发展、禄劝联动发展。重视少数民族地区的发展。启动实施“县城规模扩张行动”、“新城镇建设行动”，积极探索创新小城镇开发建设模式，提高城镇综合承载能力。着力推进“三重三置换”和“三区联动”，推动农村生产方式、生活方式和农民身份三个转变，促进居住向新型居住社区、工业和现代农业向新型产业园区、商贸及服务业向新型商贸服务区集中，有条件的农民向城镇集中。

推进农业技术集成化、劳动过程机械化、生产经营信息化。加快农业生物育种创新和推广应用，开发具有重要应用价值和自主知识产权的生物新品种，做大做强现代种植业。加强高效栽培、疫病防控、农业节水等领域的科技集成创新和推广应用，实施水稻、小麦、玉米等主要农作物病虫害专业化统防统治。加快推进农业机械化，促进农机农艺融合，耕、种、收综合机械化水平达到60%左右。发展农业信息技术，提高农业生产经营信息化水平。

（三）加快发展服务经济，提升服务业核心竞争力

改造提升传统服务业，加速发展与新型工业化相配套、与城市化进程相协调、与城乡居民需求相适应的现代服务业，构建服务业发展新格局。现代服务业不仅能够方便生产生活、增加就业岗位、完善城市功能，而且能够优化经济结构、扩大消费需求、拉动经济发展。要加快形成以高端服务业为引领，增值率高、辐射力强、开放度大的现代服务业体系。

着力提升生活性服务业。围绕建设区域性国际商贸中心的目标，高起点搞好商业网点规划，积极构建"一核六区"立体商业空间体系。加快推进东盟商贸港、螺蛳湾国际商贸城、呈贡新区商业步行街等重点工程。加快生鲜菜市场网点建设，建立肉菜流通追溯体系。深入推进旅游二次创业，加快重点旅游片区建设，抓好一批生态旅游、休闲度假旅游和文化旅游重大项目的规划和开工建设，加强市场营销，切实维护旅游市场秩序。积极发展社区服务、家政服务、养老服务，满足人民群众多层次多样化的需求。

大力发展生产性服务业。加快泛亚金融服务中心园区规划建设，完善金融服务，提升金融生态环境，促进金融业集聚创新发展。全力配合和积极推进区域性跨境人民币金融服务中心建设工作。深入推进昆明国际陆港、空港经济区国际商贸物流中心等物流园区建设，支持物流企业做大做强。强化信息基础设施建设，推进物联网产业发展。加快以东风广场为中心的中央商务区建设，引进和培育大企业总部、研发中心、国际公共事务总部。重点发展信息技术、医药、物流等领域的服务外包，争取成为国家级国际服务外包示范基地城市。加快农村服务体系建设，建立健全县乡村流通网络。

大力发展总部经济。强化主城区和呈贡新区金融、信息、中介、会展、商贸功能，重点发展综合性总部基地。建设重点产业总部，重点吸引和发展生物医药、有色金属、稀贵金属、卷烟生产及卷烟生产设备、水力电力投资和电力装备、磷化工、新能源、光学仪器、信息技术及信息服务、石油冶炼及配套管道、花卉、橡胶生产及深加工、境外替代种植等优势产业和特色产业的企业总部；建设环境资源型总部，重点吸引和发展会议会展、旅游、休闲、户外体验，度假、康体疗养、影视传媒、体育训练、美食文化等产业国际国内知名企业的总部聚集；建设产业链型总部，重点吸引跨国公司、国内500强、中国连锁100强企业及行业领先企业设立研发中心、采购中心、制造基地、营销中心和商贸中心等职能总部；建设跨国公司、国内企业、本地优势产业企业的全国总部和西南总部，加强重点招商，吸引世界500强企业以及具有国际影响力的跨国公司在昆明设立子公司或分支机构。重点引进国内500强、中国连锁100强以及在行业中居于龙头带动地位的国内大型企业集团、上市公司在昆明设立具有总部性质的机构，重点扶持现有本地优势企业，支持其加快成为总部企业，实现昆明总部经济规模和质量的整体提升。

改造提升商贸物流业。围绕建设辐射全国和东南亚、南亚，连接国际、国内两大市场的重要国际商贸中心的目标，强化商业网点规划和建设。重点加快中国—东盟商贸港等项目的实施，引进大型商贸企业参与中央商务区建设，积极发展连锁经营、仓储式超市等新型流通业态，完善社区商贸配套服务功能，加强城郊批发市场和农家店配送中心建设，采取连锁经营等方式发掘和开拓农村市场。推进呈贡新区商业步行街、大型超市等大型配套项目建设。加快建设大型物流园区、物流中心和配送中心，大力发展第三方物流，鼓励发展物流咨询顾问机构，支持发展集装箱和冷链运输，提高运能利用和运输效率。加快构筑以昆明为中心的滇中城市群物流核心圈，初步形成面向东南亚、南亚的现代物流中心格局。

巩固发展旅游会展业。围绕“居住、休闲、养生、体验在昆明”的主题，实施旅游二次创业。加快吸引外资进入旅游行业，鼓励有实力的企业投资开发观光、休闲、度假、康体、健身、探险、会展、商务等旅游产品，投资开发建设旅游景点、休闲度假小镇、生态旅游、国际连锁度假酒店、主题乐园等项目。加快旅游与文化结合步伐，提升都市旅游标识系统和无障碍设施的国际化水平，把昆明建设成为国内外重要的观光、康体休闲目的地和面向东南亚、南亚的国际旅游胜地。全面提升现有各类会展设施的功能和利用效率，加快新会展场馆建设。以建设国际会展品牌为目标，加强“昆交会”“旅交会”“农博会”等重点会展品牌建设。

培育发展新兴服务业。高起点、高标准规划建设区域性、国际化金融商务区，鼓励现有金融机构迁入金融商务区，广泛吸引国内外各类金融机构，跨国公司资金结算、财务管理中心和国际性金融组织办事机构，各类知名中介、咨询机构到昆明设立分支机构。大力发展科技服务业，发挥科技的支撑和引领作用。规范发展法律咨询、会计审计、工程咨询、认证认可、信用评估、广告会展等商务服务业。

（四）加强城市基础设施建设，进一步提高城市管理水平

昆明要打造成面向西南开放的区域性国际城市，建设覆盖公路、铁路、航空等完善的立体化现代化交通运输体系是必由之路。要抓住机遇，科学规划，实现跨越式发展，将区域性国际城市的建设落到实处，不断向国际标准靠拢。并以重点交通项目建设为基础，带动昆明国际化发展。

目前，昆明“八入滇、四出境”的格局正在形成，城市道路也逐步向区域性国际城市的路网密度标准靠拢。一是还要不断完善城市规划和布局，按照现代新昆明和区域性国际城市标准，继续完善以城镇体系规划、城市总体规划、近期建设规划和乡镇、村庄规划为主要内容的综合规划体系，优化城市设计方案，全面改造、包装和提升老城区，充分体现历史文化名城的特质风貌；加快推进县城空间形态、功能布局的更新；加快编制城乡文化设施与场所专项规划；编制完善昆阳—海口西城规划，优化晋城南城片区规划。二是强力推进重大基础设施建设。确保城市轨道交通建设顺利进行；加快长水国际机场配套建设，配合做好机场转场运营；抓好昆明铁路枢纽及东南环线、昆玉铁路、云桂铁路、沪昆客专和市域铁路等项目建设；推进城市骨干路网建设；建设一批液化天然气储配站和汽车加气站；抓好“三网融合”试点城市建设。三是进一步提高城市管理水平。坚持建设与管理并重，开展城乡市容市貌提升年活动，推进城市街道绿化、美化、亮化、净化工程；深化“四创两争”工作，全面开展道路交通、环境卫生、市场秩序、违法建设、城市架空线、户外广告综合整治；创新城市管理机制，完善并拓展数字城管系统功能，规范城市管理综合行政执法；实施公交都市示范工程，科学管理交通，建立智能化交通管理系统，缓解交通拥堵。加强机动车尾气污染防治，在重点区域实施高污染车辆限行管理措施；争取国家和省的支持，积极推进城中村、棚户区改造；广泛动员和开展立体绿化、屋顶绿化，扩大绿化空间，增加绿化总量，提高绿化质量。

（五）坚持以人为本，着力保障和改善民生

大力提高城乡居民收入。建立工资稳定增长机制，全面推行工资集体协商制度，适时提高最低工资标准，强化工资支付保障，着力增加就业人员的工资性收入；完善创业服务体系，积极拓展创业领域，着力增加多渠道的经营性收入；加大民生和公共服务领域的投入力度，着力增加城乡居民的转移性收入；建立和完善农村土地使用权、林权流转服务体系，着力增加农民的财产性收入；建立价格调节基金，完善政府价格调整补贴机制，减轻价格上涨对居民实际收入的影响。

抓好新一轮“菜篮子”工程建设，推进绿色安全标准的实施。加强鲜活农产品物流配送中心、标准化菜市场和生鲜超市建设，切实解决农民“卖菜难”和市民“买菜贵”的问题；积极推进“农超”对接、南菜北运、肉类蔬菜流通追溯体系建设；大力建设绿色蔬菜生产基地，发展规模化、集约化、生态化的畜禽养殖基地；加强农产品安全体系建设，确保市民吃上“放心肉”“放心菜”。

完善城乡公共就业服务体系。始终把促进就业放在城市发展的重要地位，以项目和发展、民营经济多渠道开发就业岗位，以职业技能培训、劳务输出扩大就业规模；不断完善社会创业政策和环境，促进创业带动就业；深化大中专毕业生就业创业指导服务，大力推进大学生创业园区建设；统筹做好下岗失业人员、残疾人、农民工、失地农民、城镇居民等重点群体就业工作。

健全社会保障体系。以人人享有社会保障为目标，进一步提高社会保障水平。统筹推进城乡居民养老保险，所有城乡居民纳入基本养老保险范围；推进城镇居民医疗保险与新型农村合作医疗保险制度的整合，加快建立市级统筹的城乡居民一体化的医疗保险制度；推进社会化养老服务机构建设；扩大工伤、生育、失业保险覆盖面；进一步完善以最低生活保障、五保供养、临时救助、医疗救助和灾害救助为重点的城乡社会救助体系，实现动态管理下的应保尽保；完善城乡低收入群体补贴与物价上涨联动机制，适时提高城乡低保标准；加快保障性安居工程和城中村改造项目回迁房和保障性住房建设。

（六）持续抓好生态文明建设，营造宜居环境

实施低碳发展战略。树立绿色、低碳发展理念，以重点领域低碳化为突破口，致力打造低碳产业、低碳建筑、低碳交通、低碳生活、低碳环境、低碳社会“六位一体”的低碳城市。创新适用低碳技术，改造传统产业，推行清洁生产，发展循环经济，着力构建节约、高效、环保的低碳产业体系，争创国家低碳发展示范城市。继续加大节能减排力度，完善政府节能减排目标责任考核评价体系，抓好工业、建筑、交通运输等重点领域节能减排，落实控制温室气体排放行动目标。到2015年，单位生产总值能耗下降8%以上，单位生产总值二氧化碳排放量下降20%以上。全面推进资源综合利用，完善再生资源回收体系。加大新能源和可再生能源开发利用，着力培育生物质能和清洁能源产业。开展“低碳生活全民行动”，加快形成以低能耗、低污染、低排放为特征的低碳生产生活方式和发展模式。

加快滇池污染治理。全面推进以滇池流域为重点的市域“一湖两江”水环境综合治理，到2015年，滇池水质明显改善，实现滇池治理中期目标。转变治水观念，加快实现水环境治理由水资源开发、排放单向利用，向综合利用、循环利用转变；由水污染单纯治理向水生态整体优化转变；由依靠远距离调水，向水资源就地循环利用、实现零排放转变。加大控源截污力度，实现滇池流域工业污水、生活污水和农业面源污水全收集处理、全达标排放。完成主要入湖河道及支流、沟渠整治工程。完善水源保护补偿机制，推进松华坝、云龙水库、清水海等集中式饮用水源地保护区人口搬迁工作。

强化水环境综合治理。坚定不移地推进环湖截污、农业农村面源污染治理、生态修复与建设、入湖河道整治、生态清淤、外流域调水及节水“六大工程”建设。完成滇池北岸水环境综合治理工程，开展环湖截污与片区排水管网完善工程。基本完成滇池外海湖滨生态建设。把发展文化产业、旅游产业与强化生态建设、环境保护结合起来，编制完善滇池湖滨生态、文化、旅游建设发展规划。强化工程性污染治理和流域综合管理，大力整治阳宗海和牛栏江、普渡河、南盘江流域水环境。加强松华坝、云龙水库、清水海等集中式饮用水源地管理和保护，为人民群众提供长久、安全、卫生、优质的生产生活用水。

加强生态环境保护。全力推进环保模范城市和国家生态城市创建工作，加快国家森林城市创建步伐。加快推进"五采区"、石漠化、难造林地的生态修复治理和生态隔离带建设。严格保护重点水源涵养区、风景名胜区和城市生态绿地系统，构建城市生态屏障。推进农田道路、河道沟渠、村庄庭院绿化。推进农业面源污染防治，调整种植业结构，完善组保洁、村收集、乡转运、县处理的垃圾处理体系，加强畜禽养殖业的环境管理。深入开展环保专项行动，积极推进空气质量 PM2.5 监测试点工作，进一步加快重金属污染治理。对重点违法企业、限期治理项目、挂牌督办案件进行跟踪检查和督查，严厉打击各类环境违法行为。

打好节能减排攻坚战。着力在落实重点减排项目、强化运行监管、完善体制机制上下工夫，提高企业稳定达标排放率，抓好冶金、化工、建材、能源等重点行业节能降耗，加快淘汰落后生产设备和工艺。严格执行固定资产投资项目节能评估和审查制度，推广合同能源管理。深入推进节水型城市建设，强化工业节水、农业节水和生活节水措施，实行严格的节水"三同时"审查管理，配套建设节水设施。大力推行清洁生产，积极发展循环经济。

六、建设实力之城的保障措施

（一）深化改革增强活力

改革是推动经济社会发展的强大动力，必须始终坚持深化改革、扩大开放，不断激发体制机制的巨大活力。改革开放成就了昆明美好的过去和现在，也必将创造更加美好的未来。要坚持改革开放不动摇，全面深化改革，努力在关键领域和重点环节取得突破，构建对外开放新格局，在新的历史起点上，始终坚持彻底放开依靠民力，全面开放借助外力，深化改革增强活力，加快发展壮大实力，以更加豪迈的气概推进改革，以更加博大的气魄扩大开放，不断突破体制机制障碍，拓宽发展空间，着力构建充满活力、富有效率、更加开放、有利于科学发展的体制机制，更好更快建设现代新昆明。

要着力深化行政体制改革，合理界定政府部门及社会各界的职能和职责。一是继续深化行政审批制度改革，精简和规范行政审批事项，逐步实行市级行政审批“零收费”。二是加大经济体制改革力度，完善国有资产管理体制，实现国资监管全覆盖。三是深化投融资体制改革，推进投融资平台战略转型，扩大民间资本投资领域，全面放开发展非公经济，推动经济增长向借助民资外资、依靠民力外力转变。四是深入推进财政综合改革，着力提高财政管理科学化、精细化水平。五是深化资源产品价格改革，积极配合电价改革，深化水价改革。六是加强农村土地管理，建立集体建设用地使用权流转制度。七是实施小城镇综合改革试点和“三农”金融服务试点，推进乡镇行政区划调整。八是加快户籍制度改革，建立城乡一体的户籍管理制度。九是深化社会事业体制改革，积极稳妥推进科技、教育、文化、卫生、体育等事业单位分类改革。十是探索建立政府购买公共服务机制。十一是深入推进扩权强县、扩权强镇改革试点。十二是深化投融资体制改革，盘活资产资源，扩大融资规模，推进资本市场建设，培育鼓励更多的企业上市融资。十三是大力发展要素市场，做强昆明泛亚产权交易所、有色金属商品交易所、黄金交易所、黑色金属交易所和中介服务机构。十四是创新农村集体资产管理制度，探索村级集体资产的社区股份合作制改革。十五是继续推进集体林权配套改革。十六是加大“三农”金融服务综合配套改革先行试点力度，建立健全“三农”金融服务体系。十七是鼓励发展民办教育、职业教育，完善校长公选和教师评聘机制。十八是深入推进公立医院改革试点、基层医疗卫生机构综合改革试点，全面实施国家基本药物制度，实行零差率销售，大力促进民营医院发展，鼓励和引导社会资本兴办民营医疗机构，增加医疗资源总量。

（二）坚定不移推动全面开放

实施互利共赢的开放战略，扩大开放领域，拓展开放空间，提高开放质量，更好地利用国际国内两个市场、两种资源，加快培育参与国际经济合作与竞争的新优势。

一是提升沿边开放水平，构建全面开放格局。抓住国家加快沿边开放和向西向南开放战略机遇，打通连接太平洋、印度洋、大西洋的陆域通道，推动昆河、昆曼、昆仰、昆加四条经济走廊建设。深度融入中国—东盟自贸区、孟中印缅次区域、大湄公河次区域合作，依托中越河口—老街、中缅瑞丽—木姐、中老磨憨—磨丁三大跨境经济合作区，拓展与南亚、东南亚、西亚及印度洋沿岸国家和地区的交流合作。探索与越北、老北、缅北、泰北“四北地区”，新加坡—加尔各答—昆明“黄金三角”区域建立新的合作机制。推动滇中地区、川滇黔十市地州加强合作，积极参与泛珠三角区域、成渝经济区、北部湾经济区等区域合作，推动建设昆明至重庆、昆明至成都、昆明至南宁、昆明至贵阳、昆明至拉萨五条经济带。办好滇池泛亚合作、昆交会、旅交会、GMS 经济走廊活动周等系列国际性经贸活动。

二是加快桥头堡城市建设，全力开拓泛亚市场。抓住桥头堡建设的重大机遇，着力构建立足云南、辐射西部、联通泛亚的通道枢纽、合作平台。配合国家和省，促进区域性交通枢纽、物流节点建设，形成以航空为先导，以铁路、高等级公路为骨架，以管道、航运为补充的现代化综合交通物流体系。加强与周边地区海港、空港和边境口岸的通关合作，共同推进跨区域、跨关区的“大通关”建设，提升通关便利化水平。按照昆明国际空港、昆明国际陆港和出口加工区“两港一区”构架，向国家申报设立昆明综合保税区。以经开区国家级出口加工区为龙头，扶持果蔬、花卉、光机电、生物制药、磷化工等出口商品基地和出口加工基地建设。加快泛亚产权交易、有色金属（矿业）交易、黑色金属交易、生物医药交易和国际花卉拍卖交易等区域性要素交易中心建设，打造泛亚市场品牌。

三是调整对外贸易结构，转变外贸增长方式。积极申报国家级国际贸易中心城市，做强一般贸易、提升加工贸易、发展其他贸易。实施科技兴贸战略，鼓励加工贸易体系向本地增值、本地配套、本地企业为主体的方向转变，推动出口产品向高技术含量、高附加值转化，扩大先进技术、关键设备及零部件和短缺资源的进口，促进贸易转型升级。加快申报国家服务外包示范基地城市，综合发展离岸与在岸业务，使昆明成为区域性国际服务外包基地。加快物流运输、技术转让、金融保险、跨境旅游、研发设计、集散分销等服务的进出口，促进服务贸易加快发展。制定完善财税、金融、贸易等相关政策，建立外贸绩效评价指标、贸易促进和贸易摩擦应对工作机制，形成有利于加快外贸增长方式转变的政策体系和制度安排。

四是实施“走出去”战略，拓展外经合作空间。深化对外经济合作，建立健全境外投资促进机制，支持更多企业“走出去”。鼓励有条件的企业采取投资办厂、控股参股和资源开发等方式开展境外投资，不断提高对外经济合作的能力和水平。加强与境外企业和科研机构合作，充分利用境外科技、智力资源，提高企业自主创新能力和国际竞争力。以替代种植方式，在境外合作建立橡胶、生物柴油、矿产、林产品及农产品基地。鼓励和支持企业承揽境外工程项目，推动设计、咨询、勘测、监理等企业积极开拓国际业务。拓宽劳务合作领域和市场，提高劳务合作整体效益。加强同周边国家和地区在石油、天然气、水电、矿产资源等方面的战略合作，提升跨国生产经营能力。吸引更多国家在昆设立总领馆和商务机构，缔结更多友城关系，推进多方面的国际交流与合作。

五是全力以赴招商引资，富集各类发展要素。积极探索市场化招商机制，推动招商引资由部门招商、政府招商向市场主体招商、社会招商转变，由数量扩张型向质量提升型转变。抢抓新一轮产业转移机遇，围绕发展新型工业、现代服务业、都市型农业，变单一项目招商为产业链招商，着力引进一批大项目好项目。瞄准世界500强和中国500强企业，主攻长三角、珠三角、环渤海以及港澳台、日韩、东盟、欧美等地区，对重点行业、重点企业开展专业化、高频率招商。加强项目跟踪服务，建立协调联动机制，突破土地、基础设施等瓶颈制约，全力推进项目落地。完善招商引资考核办法，建立招商实绩与财政补贴挂钩制度，做到责任更明确、考核更科学、奖惩更合理。

（三）全面提升城市规划水平，切实强化城市管理

坚持“高起点、高标准、高品位”要求，加强城市的规划编制和管理。一是从区域合作角度出发，共同编制区域协调发展规划，实现交通共联、功能互补、市场共构、环境共建和社会共享。二是完善城市总体规划、土地利用总体规划和产业布局规划，继续完成城镇专项规划，实现城乡规划全覆盖。三是适度降低主城人口和建筑密度，引导商务、办公、金融、旅游、观光区域合理布局，不断优化主城功能。四是延续和发扬昆明山水交融的建城理念，做好城市空间、城市形态、城市天际线和城市色彩设计，努力使单体建筑各具特色，群体建筑和谐美观，不同街区风貌各异，城市整体形象特色鲜明，打造山、水、园、林与现代城市和谐统一的都市环境。五是把地域、民族文化元素融入城市规划设计和开发建设，坚持保护城市历史遗存与旧城改造相结合，完善历史文化名城、历史文化街区等保护规划，重点打造以正义坊、文明街、金马碧鸡坊等为节点的城市中轴线传统风貌区和翠湖“三山一水”片区，展现历史与文化融合、文化与景观和谐的城市风貌。六是结合城中村改造，规划建设一批标志性设施、标志性地段，实现城市片区整体规划、有序开发，将新建片区打造为精品工程。七是加快城市地下空间规划建设，充分利用和发挥地下空间停车、通道等方面的作用，形成网络化布局模式。八是全面放开规划市场，吸引最优秀的规划设计单位参与现代新昆明规划，完善规划批前公示、批后公布、公开查阅和听证等各项制度，加强规划的内外部监督，保证规划的公开、透明、廉洁、高效。强化规划的法律地位，维护规划的严肃性，严格执行规划管理和督查制度，加大对违法建设的查处，确保项目按规划实施。

坚持“精心、精细、精品”要求，不断健全完善与建设区域性国际城市相适应的城市管理体制和运行机制，创新城市管理手段，整合城市管理各类资源，实施数字城管工程，建立集监控、调度、指挥为一体的管理服务和应急指挥平台，实现全方位覆盖、全时段监控、网格化管理、人性化服务。一是深化城市管理体制改革，推进管理重心下移和执法关口前移，推动城市管理向县、乡镇、村社拓展，建立条块协调配合、上下联动的合理运行机制，形成齐抓共管的“大城管”格局，做到全面覆盖、不留死角，长效管理、永久保洁。二是完善法规体系，加强依法行政，推动城市管理向规范化、法制化和制度化、程序化发展。三是不断探索城市管理综合行政执法的新举措、新途径，加强综合行政执法队伍自身建设，强化内部管理，提高整体素质，坚持严格执法与热情服务并举、宣传教育和治理整顿并重，提高城市管理综合行政执法水平。四是建立市场化的基础设施管养维护模式，提高管理效率和效益，建立健全社会公众、社会组织参与管理的无障碍通道，实现多元主体共同治理。五是重点加强城郊结合部、出入城道路、铁路沿线、主次干道、街巷、居民区环境管理，深入开展市场秩序、违法建筑整治，规范城市建筑外立面、广告、城市照明管理，提升城市形象。争取2015 年前“四创两争”目标全面实现。

第七章
构筑富民之城

以人为本、执政为民，为最广大群众的民生、福利而奋斗是我们党的性质和全心全意为人民服务根本宗旨的集中体现。2007 年，党的十七大首次把加快推进以改善民生为重点的社会建设单独作为一项任务与其他七大任务并列，并着重提出了社会建设与人民幸福安康息息相关的观点。2010 年，十七届五中全会通过的《“十二五”规划建议》再次把富民作为重点，强调“更加注重保障和改善民生”，“坚持把保障和改善民生作为加快转变经济发展方式的根本出发点和落脚点”，深刻地反映了我们党对民与国关系认识的进一步深化，以人为本执政理念的飞跃，标志着中国共产党对中国特色社会主义在不同历史阶段发展的总结、认识和不断创新，标志着我们党的富民思想的又一次升华。

幸福城市作为一种城市发展的理念，是时代发展进步的必然要求、现代化的重要内涵，人民群众的热切期盼，也是落实科学发展观的直接体现，是昆明建设区域性国际城市的必然选择。建设幸福城市，“富民”为其根本。在深化改革开放、推进新昆明建设、打造区域性国际城市的进程中，在我们的一切工作中，始终把人民群众的根本利益和根本要求放在第一位，把经济发展、人的发展、绿色发展统筹起来，既注重发展增速，更注重普通民众实际生活水平的提高和社会人文多方面的综合发展，构筑富民之城，2012 年初中共昆明市委十届二次全会报告的总标题“为建设美好幸福的新昆明而努力奋斗”，正是对这一时代发展和人民群众现实要求的积极回应。

一、构筑富民之城是现阶段政府和民众共同的奋斗目标

改革开放以来的 30 多年，昆明经济社会发展进入了速度最快、质量最好的时期，富民之城建设也迈出了实实在在的步伐。从 1980 年到 2011 年，全市人口从 378 万增长到 726 万，增长了近 1 倍，新增人口中三分之二以上是外来人口；城市建成区面积由 1980 年的 25 平方公里增长到 2011 年的近 300 平方公里，增长了 12 倍；GDP 由 19.11 亿元增长到 2509 亿元，增长了 130 倍；社会消费品零售总额从 9.97 亿元增长到 1271.73 亿元，增长了 127.5 倍，增长速度从 1990 年代的年均 10% 左右加快为近几年的年均 20% 以上；人均 GDP 也从 510 元增长到 38831 元，增长了 76 倍[①]，以现行汇率计算超过 6000 美元（以上数据均为绝对值），按照世界银行的最新标准已经进入“中等偏上收入”[②] 水平，人民群众对生活的要求也从实现小康向更高目标的全面小康发展。

（一）城乡居民就业稳定，收入增长实现连续翻番，生活水平快速提高

近几年，虽然在全球经济面临严峻形势，国内经济增长速度放缓和物价上涨的大背景下，昆明居民在就业、收入增长方面仍然实

① 《昆明市情》2012 年。

② http://www.stats.gov.cn/tjzs/t20090911_402586498.htm

现了平稳增长，城乡居民生活水平也不断提高。

1. 基本保持就业稳定

尽管遭遇了国际金融危机等对经济发展产生重大影响的事件，由于各级政府的高度重视，出台了一系列就业再就业的优惠政策，尤其是对“零就业家庭”给予政策扶持，就业这个关系到“民生之本”的问题得到了较好解决。“十一五”以来，昆明城镇登记失业率一直控制在3%以内，进入“十二五”以来，一直控制在4.5%以内。2008~2010年，全市新开发就业岗位12.42万个、18.72万个、15.28万个，城镇新增就业8.03万人、13.07万人、10.80万人，共有9.95万（人次）下岗失业人员实现了再就业，其中“4050”人员等就业困难人员实现再就业5.17万人次，602户“零就业家庭”成员解决了就业再就业问题，全市城乡就业人员数分别为395.27万、391.17万、392.15万①，基本保持了就业稳定。

随着昆明工业化、城镇化进程的不断加快，全市从业人员尤其是第一产业的大量农村剩余劳动力、外来劳动力逐渐向第三产业和第二产业转移，全市三次产业就业人口比从1980年的62.5∶24.1∶13.4变化为2010年末的34.7∶20.2∶45.1，服务业就业人口快速增长。2010年，昆明三产业就业人口数达到176.9万，几乎接近1980年全市就业人口总量（193.8万）②，不仅解决了大量人口的就业问题，也使城市就业结构得到不断改善。

2. 居民收入实现逐年增长，城乡居民生活水平快速提高

改革开放初的1980年，昆明市城镇居民人均可支配收入为436元/年。1986年，跨上了千元台阶，达到1000.53元；1991年，达到1900.94元，提前9年实现了翻两番的目标；之后，在1996年、

① 昆明市人力资源和社会保障事业发展统计公报2008~2010年。

② 昆明市统计局：《昆明统计年鉴（2011）》，中国统计出版社2011年版，第27页。

2006年连续跨上5千元和万元大关，2011年跨过两万元大关，达到21966元。1980年，昆明市农民人均纯收入为197元/年，1992年，达到804.69元，提前8年实现了翻两番的目标；1994年，跨上千元台阶，达到1130元；1997年跨上2千元台阶，2007年跨上4千元台阶，2011年达到6985元[①]。“十一五”以来的7年，城镇居民人均可支配收入、农民人均纯收入增长保持了年均15%以上的高位。尤其是2009、2010、2011年以来，昆明市在职职工年平均工资增幅为14.2%、15.1%、21.1%[②]，达到历史最好水平，国家连续几年提高退休人员养老金，尤其是2012年，全市28.5万企业退休人员每月退休工资比上年增加15%，平均增加216元，是幅度最大的一次。

较低的失业率和薪酬的增长，城乡居民财产性收入、经营性收入等工资外收入的不断增加，保障了城乡居民收入增长和生活水平的快速提高。在《昆明统计年鉴》的“城镇居民现金收支情况”这一栏目下，居民每人“期末手持现金”数据，2005年为773.67元，2010年为1257.4元，增长率为62.5%，年均达到12.5%[③]。在城乡居民收入快速增长的同时，更能体现市民实际生活状况的恩格尔系数从1980年的62.25%下降到2011年的36.7%[④]。自云南省1995年首设最低工资标准以来，平均两年上调一次，昆明地区的最低工资标准，从1995年的185元/月上调到2012年的1100元/月，最近一次的上调幅度为16%。这些数据，表明昆明居民生活水平有

① 以上数据均为当年价。数据来源：国家统计局昆明调查队《改革开放30年巨变》、《昆明市情》。

② 昆明信息港，2012年6月14日。

③ 昆明市统计局：《昆明统计年鉴（2011）》，中国统计出版社2011年版，第102页。

④ 国家统计局昆明调查队：《改革开放30年巨变》，《“中国人居环境奖”考核昆明仅两项未达标》春城晚报2012年6月12日。

了实实在在的提高。2011 年的云南省九次党代会，又提出了今后五年“城镇居民人均可支配收入和农民人均纯收入实现‘两个倍增’”的奋斗目标。实现这一目标，昆明市城镇居民人均可支配收入将达到 45000 元/年、农民人均纯收入将达到 14000 元/年以上。

改革开放 30 多年来昆明城乡居民生活质量所发生的这些翻天覆地的巨大变化，对于经历了这一变化全过程的“老昆明”来说，感受尤为深刻。这些巨大成就的取得，既是我们国家经济建设快速发展的生动体现，更是党的富民政策的具体实践。民为国之本。城乡居民收入和生活水平的提高，为昆明富民城市建设充实了最核心的内涵。

（二）社会事业全面进步，社会保障“安全网”基本形成

昆明富民之城建设的另一重要方面内容，是政府近年来加大了对社会保障、教育、医疗卫生等民生工程的投入，逐步减轻了广大群众的后顾之忧。

1. 基本社会保障、职工“五险”制度逐步完善

“十一五”以来，昆明市城乡养老、医疗、失业、工伤、生育等五项保险覆盖面不断扩大，城乡居民最低生活保障逐步提高，离退休养老金按时足额发放，社会保障“安全网”基本形成。目前，昆明基本养老保险已经覆盖了全体居民。截至 2012 年上半年，全市城镇职工社会养老保险参保人数达到 103.19 万，城乡居民社会养老保险参保人数达到 150.4 万①，其中，参加新型农村养老保险人数达到 135 万，全市 9 万左右未参保人员通过一次性补缴养老金的方式参保，在未参加城镇职工、城乡居民社会养老保险的居民中，年满 60 周岁以上的 41 万名城乡居民，也可以按月领取中央和省政府直接发放的基础养老金，实现了千百年来城乡老年居民由依靠土地

① 云南网，2012 年 8 月 6 日。

养老、子女养老的传统方式向社会养老方式的转变，填补了城乡无职业居民无养老保险的空白。

截至2010年6月，昆明地区城镇基本医疗保险参保人数达321.83万人，超过全市城镇人口总数的80%；农村新农合参合率达到97.56%，基本覆盖了全体农村居民①。2008～2010年，昆明市失业保险参加人数为69.95万、71.45万、75.99万，年均增长2.5%；工伤保险参加人数为46.17万、51.16万、57.71万，年均增长11.4%；生育保险参加职工人数为38.39万、42.32万、48万，年均增长9.36%②。职工退休养老金、最低工资标准、城乡低保标准近年来以较大幅度增长，救灾、抚恤补助，提高城乡低保标准和农村五保供养标准等措施的落实，促进了全体人群，尤其是妇女儿童健康指标的持续改善，人群总死亡率、婴儿死亡率等各项健康指标均低于全国平均水平。2011年，昆明市居民平均预期寿命达到76.99岁，高于全国74.83岁的平均水平。另外，据《昆明信息港》的最新消息，将于2013年1月1日起实施的《昆明市城乡居民基本医疗保险实施办法》整合了昆明市城镇居民基本医疗保险和新型农村合作医疗制度，全市将在城乡居民基本医疗保险制度的基础上，建立大病补充医疗保险，居民每年缴20元大病医保，在一个自然年度内超过基本医疗保险最高支付限额支付以上的医疗费用，最高可报10万元。

2. 义务教育基本普及，居民受教育时间增长，初步形成了贫困学生帮扶长效机制

“十一五”以来，昆明市加大了对教育事业的投入，不断改善

---

① 云南网，2012年7月29日。

② 昆明市劳动和社会保障局、昆明市统计局：2008、2009、2010年昆明市人力资源和社会保障事业发展统计公报。

城乡办学条件，教师待遇得到提高，各级各类教育事业规模不断扩大，义务教育基本覆盖了全市城乡。2011年末，全市小学在校学生达到52.17万，毛入学率为106.75%；初中在校学生23.27万，毛入学率为109.99%；外来务工人员随迁子女就学人数达到18.76万人，义务教育阶段残疾儿童少年入学率达到95%以上①，义务教育做到了全覆盖。据2011年5月公布的第六次全国人口普查主要数据，昆明人均受教育年限从2000年的8.02年提高到了9.23年，9年义务教育普及目标已经完成。政府还结合实际，规范出台了《昆明市中小学贫困学生救助办法》，对孤儿、烈士、城镇低保家庭、城镇下岗困难职工家庭、农村贫困家庭、进城务工就业人员贫困家庭和因其他特殊原因造成阶段性贫困家庭的子女，义务教育阶段就学的残疾学生给予享受免书费、杂费、文具费、困难生活补贴等帮扶措施，鼓励全社会对贫困学生开展救助，初步形成了对贫困学生进行帮扶的长效机制。

3. 城乡公共文化事业建设成就明显

按照2009年中央下发的《关于加强公共文化服务体系建设的若干意见》要求，昆明市结合本市实际，实施了加强公共文化服务体系建设的“文化基础设施两馆一站一室建设工程”“农村电影2131工程”“文化信息资源共享工程”“文物保护工程”“知识工程”“农村流动综合文化服务工程”“民族民间文化保护工程”7项公共文化服务工程。目前，全市基本形成了覆盖城乡的广播电视、数字通讯系统以及文化馆、站、室三级文化服务网络。以政府补贴为主、社会捐赠、企业资助为辅的方式，各级文化部门开展了“送书下乡工程”“农村电影2131工程”“文化科技卫生三下乡”“农村书屋”“数字影院进社区”等各类公益性文化活动，将各类文化

① 《昆明市情》2012年：教育事业。

服务和产品直接送到基层和农村。目前，全市345个各级文物保护单位实现了全覆盖管理，有346项非物质文化遗产进入保护名录；60个名人故（旧）居中，32个已被政府定为保护对象，全市拥有各类博物馆109个，“博物馆名城”建设初具规模；341家“农家书屋”建设点的基础设施建设工作全部结束；昆明文化艺术生产基地、袁晓岑艺术园、昆明网球馆等一批文化地标工程相继竣工。“十一五”末，全市有专业艺术表演团体8个，艺术表演场馆3个；公共图书馆15座，图书藏量191万册；文化馆15个，乡镇、街道文化站166个，社区（行政村）文化室1370个。公共文化事业建设这些令人瞩目的成绩，在形成昆明城市文化氛围，提高全民思想道德素质和科学文化素质，促进人的全面发展，增强昆明城市文化软实力方面起到了实实在在的效果。

4. 城乡医疗卫生机构基本实现了全覆盖

“十五”以来，昆明市加强公共卫生体系建设，构建了基本覆盖全市的集预防、保健、医疗、康复、健康教育和计划生育技术服务为一体的社区和农村卫生服务体系，开展系统保健服务，进一步提高了医疗卫生服务整体水平和服务能力。截至2011年末，昆明市有各级各类医疗卫生机构4422个，医院床位3.3万张，卫生技术人员4.2万人。民营医院机构数达134所，床位8894张，从业人员10514人。全市城乡居民人均基本公共卫生服务经费标准达到25元，居民电子健康档案累计建档360.6万份，建档率达57.4%，市级医院病床使用率为104.6%，县级医院综合服务能力明显提升，病床使用率为95.3%，卫生事业对经济和社会的保障水平不断提高。据昆明市卫生局所做的调查，居民看病的首诊机构中有67.13是医保定点医疗机构，充分反映了居民对医疗保险的认可。城乡医疗卫生机构的普及，基本满足了百姓看病的需求，改变了过去农村人生病靠“抗”、靠“拖”的状况，做到了一般小病可以就地得到医治。

（三）提高社会救助水平，筑就面向困难群体的“兜底线”

“十一五”以来，昆明市围绕保障和改善民生这一目标，在构筑城乡居民最低生活保障制度、防灾减灾等方面不断加大工作力度，筑就了面向困难群体社会救助的“兜底线”。在民政工作方面，拥军优抚安置工作、村民委员会和社区居民委员会建设也取得了较大进步。

1. 以人为本，防灾减灾工作取得新成效

按照国务院《自然灾害救助条例》的要求，昆明市于2006年出台了《昆明市自然灾害救援应急预案》，加强了市、县、乡、村四级灾害应急救助指挥系统建设，健全党委领导、政府主导、民政协调、部门协作、社会参与的灾害应急管理体制，形成了统一指挥、反应灵敏、协调有序、运转高效的灾害应急机制，各县（市、区）、乡、村基层救灾应急预案不断规范，提高了重大自然灾害应急能力。救灾捐赠、捐赠资金物资的接收、管理、使用，应急救援征用补偿等工作已经形成制度和常态机制。2010年以来，昆明虽然遭遇了三年连续的严重干旱，由于各级民政部门的努力工作，各项救灾救济措施发挥了明显作用，确保了受灾群众基本生活正常。

“十二五”期间，昆明还将启动市级救灾物资储备中心选址和建设工作，改善县（市、区）救灾物资储备中心的仓储条件，提升救灾物资储备能力，形成布局合理、品种齐备、数量充足、管理规范的救灾物资储备网络，在人群密集的城市地段和灾害频发的农村建设灾害避难场所，进一步增强全市防灾减灾能力。

2. 建设和完善城乡居民最低生活保障制度

昆明市的城市低保工作1996年开始启动，是全国较早实施的城

市。到目前，城乡低保对象、农村五保户已经基本实现应保尽保，农村五保对象集中供养率达到50%以上，保障覆盖率逐年提高，保障水平稳定增长。

2007年，昆明市出台了《昆明市农村居民最低生活保障办法(暂行)》，对无劳动能力，无生活来源，无法定赡养、扶养义务人的老年人和未成年人，因家庭成员患病导致家庭生活常年困难、家庭主要劳动力严重残疾导致家庭生活特殊困难，因生存条件恶劣，自身无法维持基本生活、常年贫困的特殊困难农户给予最低生活保障；对家庭人均纯收入低于当地农村最低生活保障标准的农村困难群众，按照不低于最低生活保障标准给予差额救助。“十一五”以来，市级财政每年投入农村低保资金的增幅达到14%，投入城市的低保资金年增幅达到23%。2008年，昆明市政府又出台了《进一步完善我市城乡低收入群体生活保障制度的实施意见》，将2007年12月前发放的各类临时性补贴转化为保障标准，对由于各种特殊原因造成基本生活出现暂时困难的家庭，给予非定期、非定量生活的救助，针对近年来物价上涨，出台了《昆明市社会救助和社会保障人员临时价格补贴联动机制暂行办法》，对城乡低保、农村五保对象发放临时价格补贴；推进城乡医疗救助工作，在资助城乡困难群众参加新型农村合作医疗、城镇居民医疗保险的基础上，提高救助补助比例，建立与新型农村合作医疗制度、城镇居民医疗保险制度紧密衔接、覆盖城乡低保对象和农村五保供养对象的城乡医疗救助制度。建立家庭经济困难大学新生政府资助机制，对当年参加高考，并被全日制普通高校正式录取的本市户籍城乡低保户、城乡低保边缘户的大学新生给予一次性交通行装补助和生活补助；实施再就业优惠政策，对领取城市低保金且失业1年以上的失业人员，城镇夫妻双方失业，符合“4050”条件以及有抚养或赡养责任且生活困难的单亲家庭人员、失地农民，有劳动能力和就业愿望的由劳动部门发放《再就业优惠证》，相应可享受创业或职业技能培训、税费减免及小额担保贷款、社会保险补贴和岗位补贴等优惠政策；廉租住房保障范围从低保住房困难家庭扩大到低收入住房困难家庭，廉租住房保障实行货币补贴与实物配租等相结合的保障方式，实物配租优先面向孤、老、病、残、军（烈）属、劳动模范等特殊困难家庭及其他急需救助的家庭；从2009年1月1日起，提高城市低保标准，2011年，城乡低保标准增长幅度达20%，惠及19.4万人；老年社会福利服务设施建设步伐明显加快，惠及范围逐年扩大。孤儿福利实现了从单一养教到全面健康发展的重大制度性转变，孤残儿童养育标准不断提高。城市“三无”人员的生活救助和安置工作、流浪乞讨人员救助管理工作、流浪未成年人的救助保护工作力度不断加大，建立健全了市、县两级流浪未成年人救助保护工作机制。

（四）做好民政工作，开展和谐社区建设

1. 优抚对象抚恤优待政策落实，拥军优抚安置工作取得显著成效

市政府出台了《昆明市义务兵家庭优待工作实施意见》，义务兵家庭优待金实现了由社会统筹向财政列支的重大转变，优抚对象抚恤补助标准持续提高，退役士兵扶持就业政策进一步健全，复员转业军人安置工作不断优化，拥军优属工作不断迈上新台阶。

2. 以和谐社会建设为目标，社区建设、社区服务越来越贴近百姓生活

现阶段，随着昆明人物质文化生活需求的提高，还有农民大量进城带来的人口快速增长、就业多元化、居住自主化等，使社会管理难度急剧加大。人口寿命增长和随之而来的人口结构老龄化、

“空巢老人”增多等社会问题，也对加强和改进城市社区管理，提高社区治理水平，完善城市服务，满足居民群众生活需求，维护社会稳定提出了越来越高的要求。为了回应广大居民对社区建设、社区服务多方面、多层次的需求，在总结社区建设多年工作的基础上，昆明城市社区工作已经从过去主要集中在便民服务方面，向社会福利、社会保障、文体健身、教育卫生、就业服务、法律援助、社会治安管控等全领域拓展，基本建立起面向社区居民的便民利民服务，面向辖区单位的社会化服务，面向老年人、残疾人、优抚对象、贫困户的社会福利和社会救助，面向失业人员和退休人员的社会保障、面向外来人口的社会服务管理等社区服务体系。通过工作机制创新，昆明市把这些服务基本集中在社区服务站（为民服务中心）内，实行“一站式”窗口服务，极大地方便了居民办事的需要，努力实现社区建设“六好”（服务好、管理好、邻里好、治安好、环境好、风尚好），社区建设更加贴近居民的生活。昆明市还开展了“平安社区”“绿色社区”“民主法治社区”“静脉社区”示范点创建，“科普进社区”等活动，大力实施社区“四化”（绿化、美化、净化、亮化）工程，通过开展“宁静小区”“节约型单位”和“节约型家庭”等创建活动，健全社区环境保护管理制度，促进了社区环境整洁、绿化美化、人与自然的和谐相处。经过不断的努力实践，昆明城市社区建设取得了显著的进步，和谐社会理念深入人心，和谐社区建设取得了突出成绩。2009 年，五华区、盘龙区获全国和谐社区建设示范城区称号，西山区永昌街道获全国和谐社区建设示范街道、官渡区吴井街道石井社区、安宁市宝兴社区获全国和谐社区建设示范社区称号。截至 2010 年，全市共创文明和谐社区 48 个，绿色社区 11 个，省级绿色社区 15 个，巾帼示范社区（村）139 个，平安社区 515 个，民主法治村（社区）170 个，社区建设整体水平得到全面提升，为富民城市建设提供了良好的社会环境。

3. 外来人口服务管理工作基本走上规范化

据市公安局估算，目前昆明市的外来流动人口约为219万。由于外来流动人口绝大部分集中在主城区，做好外来人口的服务管理，是昆明市搞好社会管理、建设富民城市的重要工作。“十一五”以来，昆明市各级政府加大经费投入力度，综合运用经济、法律、行政手段，不断提高外来人口服务管理工作水平，一方面对外来人口进行法律知识教育、城市工作和生活基本知识教育，另一方面做好外来人口的技能培训、就业指导、社会保障、权益维护、子女教育、公共医疗卫生和居住证管理工作，外来人口的合法权益得到了保障，对昆明经济建设与和谐社会建设发挥了重要作用。

二、构筑富民之城必须面对的诸多挑战

改革开放以来，尤其是“十一五”以来，昆明经济社会发展取得的成绩是有目共睹的。但是与同时期其他省会城市的发展相比，与建设幸福城市的目标相比，昆明市在经济总量偏少，农民收入多年来处于省会城市后位，近几年物价涨幅在全国大中城市居前等方面的突出矛盾，使得昆明构筑富民之城还必须面对多方面挑战。

（一）收入总水平偏低，城乡之间、不同阶层人群之间收入差距较大

从近几年的统计数据来看，昆明在全国省会城市中城镇居民人均可支配收入基本处于中间位置，在职职工平均工资处于中间偏低位置，而农民人均可支配收入则一直处于后位，与全国大多数省会城市相比，城乡居民收入总体仍然偏低。

据中国新闻网2012年8月23日的报道，在2011年全国部分省会城市和直辖市的平均职工工资排位中，昆明为41644元，在纳入

统计的26个城市中排名第15位。

在《昆明市情》所收录的“昆明与全国省会城市主要经济指标比较”栏目中，我们把2007年以来城乡居民收入及位次变化情况列表如下，也可以看出近几年来昆明城乡居民收入在全国省会城市中偏低的情况。

表7-1　昆明与全国27个省会城市居民收入比较

年度/项目	城镇居民人均可支配收入	在27个省会城市中位次	农民人均可支配收入	在27个省会城市中位次
2007	12083	23	4003	23
2008	14482	20	4610	23
2009	16496	16	5080	23
2010	18867	14	5810	22
2011	21966	14	6985	22

资料来源：《昆明市情》（2007~2012）。

从表中的数据我们还可以看到，几年来，昆明农民人均可支配收入与城镇居民人均可支配收入一直保持近3倍的差距几乎没有什么变化，城乡差别始终是一个突出问题。

不同行业，尤其是垄断行业与一般企业间员工工资收入差距较大，不同阶层人群两极分化现象明显，例如新闻报道中一些奢侈人群的天价消费，而一些贫困山区县农民人均年可支配收入还不到4000元，此外，昆明还有年人均可支配收入不到2300元的4.92万贫困人口，这些都是现阶段昆明实现全面小康目标与和谐社会建设中必须重点解决的问题。

（二）经济发展与民生建设不同步的现象较为明显

在昆明近几年的发展过程中，城乡居民收入增长赶不上经济发展的现象较为明显。“十一五”期间，全市地区生产总值年均增长12.7%，但城镇居民人均可支配收入年均实际增长只达到10.5%，农民人均纯收入年均实际增长只达到8.5%。[①] 城乡居民收入增长赶不上GDP增长，更赶不上财政收入增长的情况，固然反映了昆明在加快建设的过程中把主要财力集中用于建设的现阶段实际，也是经济落后地方在快速发展一段时期中难于避免的问题，但从建设富民城市的根本目的应该是民生的改善这一总目标来考量，以人为本注重分配调整，让人民群众共享改革成果是幸福城市最重要的内涵，也应该是当前政府工作中需要进一步确立的目标。

（三）物价上涨导致中低收入市民生活水平下降

物价上涨是近几年百姓生活中的重要话题。打开“百度”，昆明物价上涨的内容几乎覆盖了从生产物资到生活必需品的方方面面：“昆明物价太高了，首都人来昆明买水果被吓到了”“2011年昆明CPI涨4.9%私房房租价格上涨11.6%”“昆明猪肉价格持续上涨，生猪收购价同比涨79%”“昆明建筑用钢材价格狂飙”“昆明蔬菜批发价最高涨幅达50%”“昆明房价涨幅超全国”等类似的标题随处可见，这其中，与百姓生活紧密相关的毫无疑问首先是每个人每天都必需的食品。“三线城市，一线消费”，有学者用这样的概括来形容昆明近几年的物价。尤其是昆明近年来的蔬菜、猪肉等直接关系百姓生活的主要食品价格以百分之几十的涨幅，屡次高居全国主要城市榜首，物价上涨导致中低收入市民生活水平下降的现象成为政府必须面对的一个重要问题。2011年以来，“蒜你狠”“豆你玩”“糖高宗”等一些网络热词的流行，反映了全国部分农产品价格畸高的现象，也折射出市场投机炒作导致商品背离价值规律的价格疯涨。但是就昆明来说，生活必需品的涨价其实还有着更深刻的原因。2001年以来，昆明耕地面积从189946公顷减少到2010年末的165240公顷，下降了13%，同期的粮食产量，从1206324

① 市委九届七次会议报告：《加快建设中国面向西南开放的区域性国际城市》。

吨减少到1084284吨，下降了近10%。蔬菜、猪肉的产量，这一时期虽然有60.9%和45.8%的大幅增长，但是，如果把这几组数据与同期昆明市的总体经济社会发展情况综合起来考虑，这种生活必需品的涨价固然有国际市场农产品、石油、矿石等资源性产品价格上涨的传导和国内房价、物价上涨等宏观因素的影响，但从根本上来说，昆明市在工业化、城镇化加快发展过程中耕地总量和人均耕地占有量不断下降，农产品有效供应偏紧，大量农民由生活资料自给自足的生产者变成了消费者，尤其是这一时期昆明人口总量由500多万猛增至726万，增幅近50%，大量外来人口、流动人口的增加，加重了供求关系失衡这一根本原因恐怕是更主要的因素。面对近年来物价不断上涨的情况，昆明市各级政府虽然也制定、启动了对在校学生、困难群体的临时补贴机制，但对于大面积的涨价现象，每月二三十元补贴的作用实在有限。

（四）中低收入家庭和外来务工人员的住房保障问题突出

对于中低收入家庭和外来务工人员来说，住房支付能力和房价之间的差距呈逐步扩大之势，高企的房价使他们对“拥有一个家”的梦想似乎越来越遥远。尽管近年来国家对房价进行了强力调控，昆明房价在一度下滑后又出现了反弹。以2011年昆明市的平均工资41644元/年来计算，一年的工资不吃不喝连10平方米的房子都买不到，对于中低收入阶层来说拥有自己的住房就更为困难。近年来昆明政府也在不断加快廉租房、公租房、经适房等保障性住房的开发力度，自2005年昆明市首个廉租住房小区——幸福家园小区建成交付使用以来，截至2011年底，昆明市共建设完成城镇保障性住房105363套，在建101381套，2010年又出台了《昆明市2010～2012年保障性住房建设规划》，将用3年的时间，建设保障性住房12万余套，争取到2012年底，以实物分配的方式解决全市6万余户城镇低收入住房困难和企业困难职工的住房问题，以租赁补贴的方式解决2万户城镇低收入家庭的住房困难，但是，对于一个总人口700多万、城市化率60%，外来人口200多万的特大型城市来说，要实现“居者有其屋”还是一个在短时期内难于解决的问题。

（五）教育、医疗成为人民群众最为诟病的社会问题

教育是政府不可推卸的责任。目前，有限的教育资源集中在少数重点学校，而承担绝大多数学生教育任务的广大农村学校、普通学校在办学条件、师资配备等方面依然需要大力改善。在几个重点名校，“1分考分价值上万”的现象对昆明人来说已经不是什么新闻。在应试教育对学生压力越来越重的状况并没有得到根本改变的情况下，素质教育这一对学生成长来说也许是更为重要的东西得不到应有的重视，一些学校市场化倾向明显、办学目的、学校实际情况与宣传相去甚远的状况，仍然是广大学生、家长反映突出的问题。目前，上一所好学校已经成为一般家庭承受不起的负担。学校是提高人的素质、培养人才最重要的机构，怎样在传统与现代、经济利益与社会价值之间作出正确的结合与选择，政府在加强政策引导、经济投入等方面的力度必须进一步加大。

医疗资源总量不足，分布失衡，医疗机构在市场主导下片面追求经济利益等问题导致的医院看病难、看病贵更是每个老百姓感受越来越明显的问题。到医院看病“三慢一快”（挂号慢、交费慢、拿药慢、诊断快）的现象普遍存在，一方面是新闻报道中药价多次大幅度下调，另一方面是百姓看病越来越贵，这当中，基层医疗机构如社区医院、农村卫生所的建设是一个必须不断加强的工作，更重要的是，政府必须重视对医疗单位药品招标采购销售过程中的违规监督，医院必须加强医德医风建设，是普通群众更为关切的问题。

（六）老龄化问题日益突出

老龄化是昆明建设富民城市中面临的另一大问题。目前，昆明老龄化比例居全省第一，在全国31个省会城市中也排在第9位，老年人口呈“增速快、基数大、空巢化、高龄化、贫困和失能老年人多”等特点，“未富先老”已经成为和谐社会建设中的一大难题。截至2011年底，昆明60岁以上户籍老年人口已达到84.66万人，加上在昆明居住的外地老年人约9.7万，全市60岁以上的老年人共有近95万人，占到全市总人口的13%以上，但目前全市能提供的养老机构床位仅占老年人口的1.3%，其中由政府提供的还不到一半，与老年人的实际需求相距较大，与国际通行的5%～7%的人/床比率差距更大。老龄化社会的快速到来，对昆明建设幸福城市是一个需要从人口规划、城市建设、经济社会发展与政策扶持等多方面统筹的问题。

（七）食品、药品安全成为社会关注热点

随着生活水平的提高，人民群众对食品、健康等方面的要求日益提高，但最近几年不断出现的食品药品安全问题，已经成为社会关注的热点。食品药品安全问题是直接关系民生的大事，对政府加大监管力度提出了越来越高的要求。

三、构筑富民之城的对策建议

（一）加强民生发展意识

进一步强化党委、政府统领民生发展的意识，把富民城市建设列为经济社会发展规划的重要内容，从基础设施建设、生态环境保护、产业发展、公共服务、民生保障一体化，增强可持续发展能力等方面，把富民城市建设与昆明城市发展的基本思路、资源挖掘、优势产业发展和我们党以人为本的指导思想、省委提出的“十二

五”期间城乡居民收入翻番的奋斗目标结合起来，从政策制定和实施的宏观角度强化民生为本、富民为要的主导思想，积极回应群众对美好生活和幸福城市建设的强烈要求。

（二）加强城乡统筹

把解决北部贫困山区的发展问题作为昆明建设富民城市的重点，加强领导，加大投入，坚持以新型城市化为主导，形成城乡区域发展一体化新格局。要把社会主义新农村建设和农民的增产致富有机结合起来，努力发展壮大农村经济，提高农村社会事业发展水平，统筹产业结构调整过程中生产方式、生产力布局、人口分布与可持续发展的关系，进一步加快北部第三板块发展，解决富民城市建设中的这一短板问题。

（三）抓好扩大就业

目前，昆明市居民收入主要还是来源于工资性收入，建设富民之城，根本在于扩大就业。据2010年第六次全国人口普查数据，昆明15～59岁年龄段的劳动力人口为4657265人，占到总人口的72.41%。尽管从官方数据来看昆明近几年的城镇登记失业率都保持在4%以下，但以昆明市人力资源和社会保障事业发展统计公报2010年全市城乡就业人员数392.15万的数据与全市劳动力人口总量的关系来分析，未纳入统计的失业人口还是一个不小的数字。

建议政府有关部门在人才、劳动力市场的建设，尤其是市场供求信息的采集、公布等方面加大投入，进一步提高工作效率，对有市场需求的工种培训采取补贴的办法，促进就业率的提高。

结合昆明城市优势和产业结构调整，要重视鼓励符合产业结构调整的三次产业发展，以利于劳动密集型的服务业岗位的开发，解决大量外来务工人口的就业问题。在帮助“零就业家庭”人员、下岗失业人员、“4050”人员实现再就业方面，更应该加大政策扶持和帮扶力度，解决目前免费就业培训不能满足群众需求等问题，通过有效提高就业来增加居民收入。

（四）进一步加强和创新社会管理

完善党委领导、政府负责、社会协同、公众参与的社会管理格局，努力走出一条民生优先、服务为先、基层在先的社会管理新路子。健全党和政府主导的维护群众权益机制，畅通和规范群众诉求表达、利益协调、权益保障渠道，切实维护群众合法权益，健全新型城乡社区（村）管理和服务体制，建设和谐社区，争创社区服务体系建设示范城市。加强流动人口、特殊人群和非公有制经济组织、社会组织服务管理，发挥社会组织自我管理和参与社会管理功能。加强政府监管作用，加强对大量外来务工人群、低收入人群在劳动合同签订、工资报酬、社会保障等方面存在问题的调研，注重加强对已经制定政策在实施过程中出现问题的改进，帮助外来务工人群解决工作生活中的实际困难。

（五）注重分配领域的政策调控，遏制两极分化

当前，利益向资本倾斜、向垄断部门倾斜，不同行业、不同工种收入差距过大的状况是分配领域中突出的问题。政府在这一问题上应该积极主动加强监管调控，遏制分配不公、两极分化的趋势。对于新兴经济体、个私经济，应该加强国家劳动法、最低工资标准、劳动者社会保障等法规政策的执行与监管等问题，保障基层劳动者的工资收入和养老、医疗、工伤等社会保险待遇。建立稳定的居民收入增长与经济增长相适应的机制，尤其是针对低收入人群的物价波动补助调节机制，扼制一段时间来普通企业工资、养老金增长跑不赢物价涨幅的情况。

（六）加大对公共事业的投入

加大对幼儿园、义务教育等公共事业的投入，逐步解决公立幼儿园数量太少，私立幼儿园收费高，优质教育资源稀少导致的教学质量不能满足群众需要，城乡差距大，“择校费”成为家长的沉重负担等突出问题。

（七）稳定物价总水平

针对近年来物价，尤其是农副产品价格上涨成为老百姓反映最突出的问题，建议政府和有关部门在农贸市场建设和管理、农副产品运输、商铺摊位的租金、税收等环节多与少取，努力降低农副产品“最后一公里”的涨价因素，切实给群众以实惠。

（八）鼓励民办养老机构发展

采取积极措施，逐步扭转昆明目前公立养老机构不能满足老龄化社会需求的现状，从土地、税收等方面加强对民营机构、社会组织进入这一领域的扶持和鼓励，加大对社区老龄服务的投入，推广社区养老，多渠道、多形式解决老龄化社会到来这一日益突出的问题。

第八章
打造乐业之城

“不同的城市可以有不同的幸福特色，但幸福的方式只有一种，就是民生”①。建设幸福城市的第一要义是科学发展，建设幸福城市就是要贯彻以人为本、执政为民的理念和精髓，把城市居民的幸福作为幸福城市的基础，必须把解决市民切身利益的重大民生问题摆在首位。人民幸福的基本条件是安居乐业，而就业是民生之本，收入是民生之源。建设幸福城市就要顺应百姓想要过上更好生活的新期待，深入实施民生工程，解决好增收富民问题，让城市的每一个居民生活得更加幸福，更加有尊严。

把昆明打造成为乐业之城就是建设幸福新昆明最大的民生工程之一，意义重大而深远。它不仅能为幸福新昆明创造物质基础和条件，还能促进城市居民的个人发展及自我价值的实现，从而推动城市经济社会的繁荣发展，促进社会和谐与稳定。

心理幸福感理论认为，幸福是个体发展的能力与过程。提高了个体能力就能为市民铺就一条通向幸福的阳光大道②。要把昆明打

---

① 赵培红：《幸福城市愿景与实现路径》，《现代经济探讨》，2011 年第 12 期，第 49 页。

② 王汉林：《幸福学研究及其对建设幸福城市的启示》，《科学经济社会》，2012 年第 2 期，第 93 页。

造成为乐业之城，就要求政府通过完善体制机制，改善服务水平，营造良好环境等一切方式和手段，通过社会支持为城市居民的个人发展提供切实的帮助，提高城市居民追求幸福的能力，使每个有劳动能力的人通过就业、创业创造幸福，在乐业兴业中享受生活的快乐与幸福。从一定意义上说，打造乐业之城其实质就是创造充分就业、创业的环境，使人们在就业创业的基础上实现快乐工作、快乐生活，说到底，就是要在快乐中工作，以享受事业成功带来的乐趣。

一、昆明就业创业基本状况

昆明市委、市政府历来高度重视就业再就业工作，把就业再就业工作作为民生工程，层层抓落实。近年来，劳动就业服务部门在市委、市政府的指导下积极与相关部门通力合作，不断完善就业体制机制与政策，不断改进就业创业服务与环境，全市的创业、就业机制正在逐步趋向市场化；创业、就业环境正在逐步改善；创业、就业管理正在逐步转向社会化，促进创业、就业的各方面工作取得不少经验与成效。

“十一五”期间，在市委、市政府的正确领导下，昆明市认真贯彻执行中央、省关于就业再就业的方针政策和工作部署，紧紧围绕建立社会主义市场经济条件下促进就业的长效机制，进一步加大城乡统一的人力资源市场的软硬件建设力度，初步形成了覆盖全市城乡的公共就业服务体系的新格局。在认真做好新增劳动力就业、农村富余劳动力转移就业、下岗失业人员再就业、“零就业家庭”就业援助等工作以及加强高校毕业生、退役军人就业指导和服务等方面，采取各种有力措施，确保了各项工作目标任务的顺利完成，各项指标完成情况良好。（详见表8－1）

表 8-1　　　　“十一五”期间昆明市劳动就业指标完成情况表

年份	办理《再就业优惠证》人数	提供有效就业岗位数	新增城镇就业人数	持《再就业优惠证》就业人数	特殊困难群体就业人数	认定零就业家庭户数	零就业家庭就业帮扶率(%)	城乡失业培训人数	创建充分就业社区(个)	农村富余劳动力转移就业(人)	登记失业率(%)
2006	20201	125260	80920	37272	10034	—	—	69519	9	93594	2.67
2007	22184	128905	67893	26997	10759	1485	100	34502	10	90744	2.58
2008	21242	124212	80271	30096	16503	257	100	49415	40	129560	2.18
2009	2707	187192	130761	34744	22370	218	100	48155	146	142359	2.11
2010	—	152821	108026	34754	22644	159	100	42342	—	250430	2.13
合计	66334	718390	467871	163863	82310	2119	—	243933	205	706687	—

数据来源：昆明市劳动就业服务局。

截至2011年底，昆明市就业、创业工作扎实推进，累计开发提供就业岗位19.38万个，实现新增城镇就业13.15万人，城镇登记失业率控制在4%以内。培训农村劳动力36.97万人，转移输出37.6万人。大学生创业园达34个。“零就业家庭”始终保持清零状态①。截至2012年6月份，昆明市共提供就业岗位10.4万个，完成目标任务的104%；新增城镇就业5.63万人，完成目标任务的70%；农村劳动力转移培训22.24万人，完成目标任务的98%；城镇登记失业率为2.11%，控制在省市规定的4%范围内②。

（一）党委和政府重视就业再就业工作

1. 促进就业的环境不断完善

一是形成了就业工作党委政府发动、部门联动、舆论鼓动、社会行动的良好局面；二是逐步建立起适应昆明市工业化、城镇化进程的城乡劳动力就业政策框架；三是逐步健全完善就业普惠制度、

① 数据来源：昆明市人民政府：《2012年昆明市政府工作报告》。

② 数据来源：昆明市劳动就业服务局。

城乡劳动力动态管理制度、困难人员就业援助制度；四是逐步形成鼓励失业人员自谋职业、自主创业并带动周围人员就业、企业稳定就业岗位并吸纳失业人员就业的良好社会环境；五是进一步创新、用好用足中央和省现有现行政策，使昆明市用工单位和劳动者充分享受到优惠政策扶持。

2. 促进就业政策制度体系不断健全

2008 年以来，为认真贯彻《就业促进法》，积极应对金融危机给就业造成的影响，稳定就业局势，结合中央、省新一轮就业再就业政策的贯彻落实，昆明市相继制定出台了《中共昆明市委、昆明市人民政府关于进一步做好促进就业工作的实施意见》、《中共昆明市委、昆明市人民政府关于促进昆明市城乡劳动力就地就近转移就业的意见》、《关于转发省政府鼓励创业促进就业文件的通知》、《关于促进高校毕业生就业的实施意见》、《昆明市“就业困难”高校毕业生进入公益性岗位就业的实施办法》、《关于印发实施减轻企业负担稳定企业就业岗位的意见的通知》、《关于进一步做好城乡劳动力培训转移就业工作的实施意见》、《昆明市就业促进条例》等十多个促进统筹城乡就业的政策措施。其中，2012 年 7 月 1 日正式实施的《昆明市就业促进条例》，是市委、市政府在“十二五”期间着力推进实施“十大民生工程”中就业创业工程的重要举措之一。

这些就业再就业政策体系的不断修订和完善，使全市基本建立起适应工业化、城镇化进程的城乡劳动力就业政策框架，健全城乡统一的就业政策体系，建立覆盖城乡的所有劳动者就业的普惠制度、城乡劳动力资源动态管理制度、帮助困难人员实现就业的援助制度和统筹城乡的社会保险制度。对统筹做好城乡就业工作具有十分重要的意义。

（二）创业带动就业倍增[①]

2009年，昆明市被人力资源和社会保障部确定为全国85个创建创业型城市之一。为认真贯彻落实党中央、国务院对就业创业工作的战略部署，昆明市委、市政府始终牢固树立“政府创造环境、人民创造财富”的理念，紧紧围绕富民、强市两大目标，将创建国家级创业型城市作为保民生、促发展的一项重要举措放在经济社会重要位置，着眼打造中西部乃至全国“创业最宽松”的城市。2012年7月17日，国务院在北京人民大会堂举行全国就业创业工作表彰大会，昆明市被表彰为全国创业先进城市。在创建国家级创业型城市中，昆明市坚持“政府主导、市场推动、全民参与”的原则，着力推进五大体系建设，创业带动就业，保民生、促发展的效应十分明显。

1. 创建工作组织领导体系

昆明市成立了以市委常委、常务副市长为组长，人社、发改、财政、工商、税务等21个单位和部门为成员单位的工作领导小组。政府领导把航掌舵，统筹协调，跟踪督办；牵头单位细化目标，任务到人，责任到岗；成员单位迅速会办，强势推进，抓好落实。

2. 健全政策支持体系

制订出台了一系列促进创业带动就业政策性文件，为创建工作奠定了坚实的政策保障；从提高行政效能入手打造创业软环境，进一步深化行政审批制度改革，行政审批项目从506项精简到96项，行政事业性收费从172项减至95项，成为全国审批项目最少、时限最短、收费最低的省会城市；以鼓励创业、以创业促就业为基本要求，按照“非禁即准”的原则，降低市场准入门槛，鼓励、引导和支持全民创业。

① 资料来源：昆明市人力资源和社会保障局。

3. 形成覆盖全域的创业培训体系

为扩大了创业培训范围，形成覆盖全域的创业培训体系，昆明市充分发挥 SIYB（创办和改善你的企业）培训班、昆明青年创业促进会等机制和平台，使创业培训对象覆盖全市城乡劳动者及全市毕业年度内的在校大学生。不断加大政策倾斜力度，创新创业培训模式，着力培育创业主体。昆明市改变过去传统的培训做法，树立“实事求是、务实高效”的创业培训理念，使培训工作实现“细、实、活、好”。

4. 构建全方位的创业服务体系

从 2009 年起，昆明市按照云南省小额担保贷款新模式鼓励创业“贷、免、扶、补”政策，用“组合拳”击破创业难题，就业、工会、共青团、妇联、个私协、工商联、教育等七家承办单位从统一担保、多方实施、配备导师、做实服务、共担风险、奖补经费、“1+3”跟踪服务等多个环节为创业人员提供一个化零为整的全方位服务平台；同时，建立创业项目库、创业孵化基地和创业专家志愿团、创业服务窗口，为创业者提供相关创业服务，强势推进大学生创业孵化平台。昆明市还结合各县（市）区经济发展水平和产业布局，分类建设大学生创业园，致力于建设一批“西部一流、全国领先、产业特色突出、配套功能完善、承载能力强的大学生创业园”。截至 2011 年，全市大学生创业园规模达 34 个，入驻项目 360 个，带动就业 1580 人，实现了市委、市政府在各县（市）区和各开发（度假）园区都建立大学生创业园的目标。

5. 建立创建工作考核指标体系

昆明市制定了“创建国家级创业型城市指标及职责分工”，将创建创业型城市各项指标作为纳入全市目标管理体系，由市政府目标管理督查办公室实行年终考核。

6. 以大招商带动大创业

昆明市招商引资坚持政企联动、群专结合，以商招商和利用现代化信息手段招商。2009～2011 年，全市实际利用外资 30.37 亿美元、引进市外资金 2756.91 亿元，招商引资的大突破，使昆明市集聚了各类生产要素、加速了资本原始积累，撬动全民创业的效应明显。

总之，昆明市通过全面实施扩大就业发展战略，形成了支持创业的洼地效应，逐步建立了“鼓励创业—带动就业—促进发展”的良性机制，创业带动就业的倍增效应得到有效发挥。

（三）城乡人力资源市场不断完善

按照城乡统筹就业的总体部署和“科学化、规范化、现代化”三化建设的要求，昆明市已逐步建立了市、县（市）区、街道（乡镇）、社区（村）四级公共就业服务机构。基本实现了免费职业介绍，并逐步发展成为融职业介绍、职业培训、职业指导、劳动保障事务代理等内容为一体的“一条龙”式服务的人力资源市场体系。一是公共就业服务机构面向城乡劳动者平等开放。扩大公共就业的服务范围，将农村劳动者纳入到公益性服务范围，免费为他们提供政策咨询、就业信息、职业介绍和职业指导等基本服务。二是公共就业服务向基层延伸。人力资源市场重心下移，通过连锁或举办分市场的形式将人力资源市场延伸到社区（村），把公共就业服务送到求职者家门口，让农村富余劳动力在家门口就能进入人力资源市场，适时全面地了解劳务用工信息。三是充分发挥人力资源市场的功能作用，认真举办每年的“就业援助月”“春风行动”“民营企业招聘周”“高校毕业生就业援助”等专项活动及其他专项招聘会活动。四是加大人力资源信息网络建设，在市人力资源中心、南坝人力资源市场和人才市场设立彩色 LED 大屏幕显示屏和触摸屏查询系统及固定招聘展位；按照中心城区有市场，主要乡镇有网点，街道社区有窗口的目标，建设统一的公共就业服务网络，使人力资源市场信息化建设得到加强，为用工单位和求职人员提供方便、快捷的就业服务。

（四）失业保险工作稳步推进

昆明市失业保险制度自1986年建立以来，在保障下岗失业人员的基本生活，促进下岗失业人员再就业，推动国有企业深化改革，维护社会稳定方面发挥了显著的作用。近年来，全市失业保险工作随着经济的快速增长也在不断发展，失业保险覆盖面增大，受益群体剧增，失业保险保生活、促就业的作用得到发挥。“十一五”期间，全市失业保险工作稳步推进（详见表8-2）。

表8-2　“十一五”期间昆明市失业保险收支情况表

年份	参保户数	参保人数（万人）	享受失业保险待遇人数	失业保险基金收入（亿元）	失业保险基金支出（亿元）	失业保险基金滚存结余(亿元)
2006年	12683	69.07	44841	3.77	1.71	6.38
2007年	13712	68.45	36128	4.07	1.44	9.05
2008年	14184	69.94	35111	5.15	1.73	12.47
2009年	15540	71.45	32626	2.78	2.74	12.51
2010年	17659	71.29	34236	3.41	2.02	13.89
合计	73187	350.2	182942	19.18	9.64	13.89

数据来源：昆明市劳动就业服务局。

昆明制定了《关于印发实施减轻企业负担稳定企业就业岗位的意见的通知》，该文件明确了为减轻企业负担阶段性降低失业保险费率，即由3%下调至1.5%；并且为充分发挥失业保险金的功能作用，扶持和鼓励困难企业稳定员工就业岗位，对困难企业将给予岗位补贴或社会保险补贴和在岗、转岗培训补贴；为鼓励用人单位招用失业人员，对用人单位录用正在领取失业保险金的失业人员给予每人最高不超过1500元的就业补助。同时还明确了具体的申报审批程序。文件的实施对稳定就业局势具有十分重要的现实意义。2010年，全市共帮助290户困难企业渡过难关，稳定就业岗位72177人，支付社会保险补贴、岗位补贴、转岗培训补贴共计8898.71万元。

二、打造乐业之城面临的形势

从以上可以看出，昆明市的就业、创业状况良好，各项工作稳步推进，政府在完善政策制度、机制体制，优化服务环境方面的工作不断加强，成效显著，尤其是创业促进就业方面凸现活力，发展势头良好。随着昆明区域性国际城市建设步伐的加快，美好幸福新昆明建设的全面开展，昆明市和谐社会建设以及民生建设将会受到更大的关注与加强，昆明市的就业、创业环境有望得到进一步优化，就业、创业工作将迎来前所未有的机遇与发展空间。

然而，在看到机遇的同时，昆明就业、创业所面临的挑战也不容忽视。每年新增大量劳动力需要就业，国有企业减员增效和政府机构精简、事业单位改革，有大量富余人员需要分流，城市化农转非需要再就业的人员不断增加等。妥善解决这些就业问题，不仅是推进国有企业、事业单位改革、推进城市化的需要，也是关系社会稳定大局的需要。目前及今后一段时期内，昆明的就业、创业形势依然严峻。

（一）面临的重大机遇

一是各级党委政府对劳动就业工作非常重视，把扩大就业摆在经济社会发展更加突出的位置，坚持实施积极的就业政策，并从资金上给予极大的保障。这是做好就业再就业工作最重要的政治保障。

二是全市经济的跨越式发展将拉动就业不断增长。两个“确保”（即：确保全面建设小康社会三项核心指标，即人均 GDP、城镇居民人均可支配收入、农民人均纯收入年均增长 10% 以上；确保拉动经济增长的三项关键指标，即固定资产投资、社会消费品零售总额、出口总额年均增长 30% 以上，其中固定资产投资年均增长 35% 以上）对于拉动就业具有积极的促进作用，这是做好就业工作的重要经济基础。

三是积极的就业政策体系更加完善。在经济社会稳定发展的情况下，就业政策的引导和扶持对促进就业具有重要推动作用。为促进就业，推动经济社会发展与扩大就业相协调，2012 年 7 月 1 日，昆明市在西部省会城市中率先实施《昆明市就业促进条例》，这是昆明市委、市政府在“十二五”期间着力推进实施“十大民生工程”中就业创业工程的重要举措之一。不断完善的就业政策体系将会为昆明创造更好的就业和创业环境。

四是在实践中形成的就业工作管理机制和较完善的就业服务体系，以及全社会形成的关心支持就业再就业工作的社会氛围，为进一步做好就业再就业工作打下了良好基础。例如，昆明市创业项目库的运作实施，“鼓励创业—带动就业—促进发展”的良性机制的不断深入与推开，将会使昆明创业带动就业的倍增效应得到进一步的发挥。

五是为创建国家级创业型城市，开展全民创业活动，实现稳定就业，增加群众收入，提升幸福指数，昆明市不断健全和完善市场准入、行政审批、税费减免、社会保障、小额贷款、创业孵化、为创业失败者提供基本保障及就业援助等方面的扶持政策，实现创业促进发展、发展带动就业的良性循环。通过政策导向、制度建立、资金扶持、环境营造等措施激发全社会的创业热情，形成全民支持、鼓励创业，以创业促进就业的良好社会环境；降低创业门槛，激活创业主体，释放经济社会跨越式发展的活力源泉；优化创业环境，完善创业政策，形成支持创业的洼地效应。

六是昆明旅游业的强势发展将会带动就业、创业新局面。旅游产业是当今世界第一大产业，世界旅行旅游理事会提供的数据显示，目前世界旅游业每年交易额高达6万亿美元，占全球GDP总量的9%左右。世界旅游组织统计表明，旅游业每增加1元收入，可带动相关产业增加4.3元收入；旅游业每增加1名从业者，可增加相关行业5个就业机会。旅游业影响、带动和促进的相关行业多达110个。特别在城市中，旅游业发挥着更加突出的作用。作为著名的旅游文化名城，旅游休闲城市，昆明旅游业已是全市重要的支柱产业之一，旅游业的发展历来受到党委政府的高度重视。近年来，昆明市在桥头堡和建设区域性国际城市战略的指导下，紧紧围绕建设中国乃至世界知名的旅游目的地和集散地的目标，将旅游业作为现代新昆明建设的先导产业，依托优势旅游资源，聚集各方力量，强化保障措施，有效地促进了旅游业的转型升级。当前，随着国家支持云南"桥头堡"建设的实施推进，昆明区域性国际城市建设的深入发展，昆明面向南亚、东南亚开放的扩大，昆明作为旅游目的地和集散地的功能将会得到进一步强化，昆明的旅游业将会迎来空前的发展机遇和发展势头，必将催生第三产业的繁荣发展，创造可观的就业、创业机会和空间。

七是随着昆明区域性国际城市建设的深入推进，全域城镇化步伐的加快，许多新的就业、创业机会将会随之涌现。而美好幸福新昆明建设的全面开展，昆明市和谐社会建设以及民生建设将会受到倍加重视与关注，就业、创业环境的优化将会获得更多切实支持和保障，就业、创业工作将迎来空前的机遇。

（二）存在的主要挑战及问题

要将昆明打造成为"乐业之城"，一些存在的问题不容忽视，一些薄弱的方面需要加强完善。

一是劳动力总量供大于求的局面仍将持续。由于城镇化、工业化进程加快，失地失业人员越来越多，城镇新成长劳动力、高校毕业生处于增长高峰期，加之农村富余劳动力进城务工人员增加，劳动力供给量大大超过劳动力需求量，成为当前昆明劳动力供求状况中的主要问题，昆明市就业总量矛盾仍很突出。

二是劳动力供求状况呈现一定的就业结构性失衡局面。目前，受地区经济结构的发展状况限制，劳动力总量过剩与劳动力局部有效供应不足同时并存，劳动力供求的结构性矛盾不容忽视。一方面，由于劳动者的择业愿望、职业素质与社会需求不一，一些高新技术产业、熟练技术工种岗位空缺，训练有素的技术人才难以寻觅；另一方面，普通劳动力供大于求，劳动者求职困难，导致“招工难”与“求职难”的结构性矛盾日益突出。

同时，随着城市化建设的发展，农村大量失地农民及富余劳动力的增加，加剧市场择业的难度与压力。一些传统行业和苦、累、脏的工种出现招工难，为维持正常生产，企业不得不大量雇用农民工，城镇人员不断失业和农民工大量进城务工的状况进一步加剧了劳动力供求结构性失调的局面。一部分年龄偏大、素质偏低、技能落后的职工成为劳动群体中的弱势群体，面对日益激烈的人力资源市场竞争，面对大批农村富余劳动力涌向城市后对城镇造成的就业压力，特别是廉价的农民工对在业劳动者就业岗位形成冲击。由于农民工具有“工资要求低，吃苦耐劳”等特点，企业遵循“利润最大化，成本最低化”的原则，在同一层次的劳动力中会首选农民工。因此，劳动力群体内部的这一“向下竞争”的现实进一步加剧就业结构性失衡的局面。

三是创业投融资体系不完善，创业资金缺乏。资金问题是困扰创业发展的一个难题。由于初创业企业的前景面临众多的变数，信用融资的能力较低，这使得创业融资难成为一个普遍性的问题。根据调查，昆明市投融资功能发展相对滞后，绝大多数创业者的创业资金来源于个人及其社会关系，只有部分来源于银行贷款。在以国有商业银行为主体的银行体系中，初创业企业融资除了受到重大轻小的规模歧视外，还要受到重公轻私的所有制歧视，许多有发展前景的初创业企业由于没有资金的支持最终无法运作而导致流产失败。

四是政策制度实施机制的障碍亟需攻克。在政策制定方面，昆明市近年来出台了一系列鼓励创业、就业的扶持政策，但对创业、就业者、企业的实际情况和切身利益考虑得还不够全面；在政策实施方面，存在着滞后性或表面化的现象，使得昆明市制度实施机制软化的问题出现。因此，即便是出台了一些刺激人们创业、就业的政策措施，也难以真正贯彻实施。目前鼓励创业、就业更多的是停留在政策制定层面上，在具体操作上还面临一些障碍，包括劳动力市场在内的市场分割，所有制歧视，市场秩序混乱，政府职能转变滞后，干预经济过多，市场服务体系落后等。这一方面表明昆明在体制改革方面面临的艰巨任务，另一方面也说明昆明的体制改革对经济增长和就业增长仍具有巨大的体制释放能量，需要积极攻克。

五是就业培训与实际就业需求存在不对应的现象。昆明市目前开展的各类就业培训，尚缺乏一个前瞻性、指导性的全市整体培训规划，对职业教育的专业设置也不够科学，培训资源分散、投入太少，社会上各种培训机构条件简陋，难形成合力。培训的专业、工种、范围偏窄，内容不够丰富，实用性、实效性不够强。同时，由于市级投入十分有限，目前开展的就业培训和农民工技能培训基本处于初、中级或引导性培训，水平低、层次低，难以满足城乡劳动者对高层次技能培训的要求和企业的用工需求。

六是公共就业服务功能有待于完善提升。人力资源市场配置没有实现全覆盖，部分县（区）至今没有人力资源市场，公共就业服务平台缺失；就业服务信息化程度不高，形式单一；基层公共就业服务网络覆盖面窄，功能不匹配不完善，劳动力信息网络存在查询速度慢、信息量少、局限性大、共享性差、使用不便等缺陷，严重影响着就业服务工作的深入开展；就业服务的统筹管理仍较薄弱，服务手段较为落后，难以适应和满足各类求职者需求；专业性职业中介机构和劳务派遣、职业咨询指导、就业信息服务等社会化服务组织体系还不够完善，缺乏有效的管理机制。

七是以市场为导向的就业机制尚未完全形成。目前，昆明市人力资源（人才）市场服务网络虽然已基本形成，但现有的工作网络和机构与统筹城乡就业工作的实际需要还有差距，一个集信息发布和其他服务功能于一体的综合性就业机制还没有完全形成。市、县（市）区、乡镇（街道）、村（社区）上下贯通的信息网络还不够健全，劳动力求职培训和企业用工等各种信息尚未实现充分共享；社会就业服务中介企业规模小，管理不够规范，信用度不高；农村劳动力从登记、培训到就业，手续繁杂，基层公共就业服务机构忙于各种基础资料的收集、整理和上报，因而没有足够的时间和精力深入企业和求职者当中了解掌握劳动力供求的动态信息，导致基层公共就业服务机构的主观能动性得不到较好的发挥。

八是对就业新问题的研究不够及时深入。昆明市正处在城市现代化的加速期，就业工作出现了许多新情况和新问题，政策的短期性和不稳定性不断显现。随着昆明市城镇化改造，城市拆迁步伐加快，被征地农民和城中村农民等群体的就业问题更加突出，如何解决这一群体的就业问题尤为迫切，亟须进行深入细致的研究。

三、打造乐业之城的设想及愿景

（一）基本思路

按照构建社会主义和谐社会的总体要求，紧紧围绕建设美好幸福新昆明和区域性国际城市的目标，解放思想，改革创新。着眼于经济社会发展全局，以科学发展为主题，以加快转变经济发展方式为主线，着力扩大内需，着力发展实体经济，着力深化改革开放，着力保障和改善民生，在新的起点上，稳中求进、创新推动、跨越发展；坚持政府促进、社会支持、市场导向的基本原则；强化服务和培训，改善环境，加快形成政策扶持、培训、服务“三位一体”的工作机制。

（二）基本原则

1. 就业优先，兼顾效率与公平

应当把充分就业放在与GDP增长同等重要的地位，在保持经济持续、快速增长、调整经济结构、选择经济发展模式和鼓励创业的同时，充分考虑扩大就业的需要。

以公平为基本立足点，在经济社会发展、结构调整和改革开放中，应当更多的考虑就业、创业的需要。同时，要始终重视发展效率，通过经济社会又好又快的发展促进全社会充分就业和幸福创业。

2. 宏观调控下的市场导向及社会参与

不断强化政府促进就业、创业的责任，确立政府在扩大就业、创业中的主导作用，特别是就业、创业服务领域，必须充分发挥政府调配公共管理和服务资源的优势，切实保证实现各项就业、创业服务职能。

在坚持政府对就业、创业的宏观调控和主导地位的基础上，遵循市场规律，充分发挥市场机制在就业、创业中的基础性作用，积极支持和鼓励各类就业、创业人员通过市场竞争实现就业、创业。

3. 突出重点

着眼于未来就业、创业群体的“主流”，按照“重点突出、兼顾一般”的原则，将未来就业、创业工作的重心放在“大中专毕业生、农转非人员、就业困难群体和外来务工人员”上。

4. 科学发展、统筹兼顾

促进就业、创业是一项系统工程，要以科学思想为指导，要统筹兼顾就业、养老、产业发展与城市人口密度缓解等综合因素。鼓励和促进就业创业不能影响社会环境效益和城市产业结构的调整与优化。

5. 创业带动就业

营造良好的创业环境和氛围，贯彻落实好“创业带动就业”的相关政策法规，制定创业发展规划，完善创业服务体系，建立中小企业创业示范基地，多渠道筹集创业基金，完善创业保障机制，进一步完善和实施鼓励创业的“贷免扶补”模式，充分发挥创业对就业的带动作用。

（三）目标及愿景

最大限度地开发和利用昆明市丰富的人力资源，促进就业、鼓励创业，使全市城乡劳动者普遍得到教育培训和就业、创业机会，就业总量持续扩大，就业结构更加均衡，就业、创业环境显著改善，就业、创业保障更加健全，实现充分就业和理想创业。力争用3到5年的时间，实现劳动者创业人数和通过创业带动就业人数的大幅增加，基本形成促进以创业带动就业的政策体系，使更多有创业意愿和创业能力的劳动者成功创业，每年提供有效就业岗位10万个以上，每年城镇新增就业人员保持在8万人以上，城镇登记失业率控制在4%以内。

对于“大中专毕业生、农转非人员、就业困难群体和外来农民工”这四个重点人群要有针对性工作目标，维护他们在就业创业方面的合法权益，提供有效的劳动就业保障，切实实现这一群体的乐业梦想，在公平和谐的社会环境中提升他们的就业品质与幸福感。

1. 大中专毕业生

继续把促进高校毕业生就业摆在当前就业工作的首位，积极推进高校毕业生就业见习工作的比例和水平，积极拓展就业领域，确保应届高校毕业生登记失业后半年内就业率不低于90%。营造更加有利于创业的环境，进一步激发高校毕业生的创业动力，提高创业成功率，使他们的自身才智和人生价值得以充分发挥与实现。

2. 农转非人员

党委政府继续重视农转非人员就业问题，并把农转非人员就业纳入实施扩大就业发展战略的重要内容。争取实现农转非人员“就地就近就业”，在“职业转变—适应—乐业”的过程中真正实现“农民变市民、农民变工人”的转变，甚至使部分农转非人员转变为新兴产业开发经营的企业主，真正融入城市生活，提高他们的自主参与性、归属感和幸福感。

3. 就业困难群体

进一步加大对就业困难人员的就业援助力度，不断健全就业援助制度，推进就业援助工作精细化、长效化。认真开展再就业“政策实效”行动，进一步挖掘现有政策潜力，进一步完善鼓励灵活就业的政策措施。要把促进灵活就业和企业吸纳作为帮扶困难人员就业的主方向，把公益性岗位作为援助困难群体就业的补充和底线。切实推进就业困难人员充分就业，收入稳定、生活有保障，享受应有的尊严和幸福。

4. 外来农民工

加大职业安全与相关法律知识的宣传与普及，增强农民工对维权资源的可及性，加强对农民工群体的维权援助，切实维护特殊性和危险性行业农民工的职业安全与健康，大力降低职业安全风险，有效保障农民工劳动合法权益。逐步解决好农民工在城镇就业、落户、子女就学、社会保障等方面的实际问题，增强外来农民工在城镇工作生活的安全感和幸福感。

总之，要围绕美好幸福新昆明建设的要求与目标，通过政策导向、制度安排、教育培训、环境营造，彻底冲破妨碍全民就业创业的思想束缚，革除影响就业创业的体制障碍，将昆明打造成为人才、技术、资本等各种要素聚集的“高地”，自主创业、艰苦创业、全民创业的“洼地”，外商投资兴业的“乐土”。使昆明成为政策制度完善、服务环境优越、就业机会充裕、市民安居乐业、外商投资兴业的“宜居之城”“宜业之城”“乐业之城”。

（四）工作重点

第一，坚持实施积极就业政策，坚持就业优先，加强政府引导，完善市场机制，扩大就业规模，改善就业结构。重点推进“大中专毕业生、农转非人员、就业困难群体和外来农民工”的就业工作，努力实现这四个重点人群的充分就业，维护社会公平、稳定与和谐。

第二，紧密结合昆明的优势产业、特色经济，确定鼓励创业的产业指导目录，制定扶持政策，鼓励创业者进入国家和地方优先和重点发展的科技型、资源综合利用型、劳动密集型、农副产品加工型、贸易促进型、社区服务型、建筑劳务型和信息服务型等产业或行业，鼓励和支持个体私营等非公有制经济和中小企业发展，扩大创业领域。

第三，全面贯彻落实有利于劳动者创业的税收优惠、小额担保贷款、资金补贴、场地安排、行政事业性收费等扶持政策，促进中小企业和个体私营等非公有制经济发展，扶持劳动者创业。

第四，认真清理并消除影响中小企业和非公有制企业在吸纳就业中存在的户籍、用工、收费等方面的政策限制，清理阻碍就业的各种壁垒，进一步健全劳动保障制度、用工制度，扩大中小企业和非公有制企业就业容量，努力营造有利于创业就业的良好环境。

第五，鼓励和引导企业充分利用各类园区、规模较大的闲置厂房和场地、专业化市场等，建立创业孵化基地，为创业者提供服务和帮助。重点指导和促进高校毕业生、失业人员和返乡农民工创业。积极采取措施促进军队复员转业、留学回国等人员创业。

第六，切实把握好云南“桥头堡”建设、昆明区域性国际城市建设等大背景下，昆明旅游业加快发展的独特优势和良好机遇，加快推进把昆明建设成为中国乃至世界知名旅游目的地和集散地的目标，充分发挥旅游业对就业、创业的带动作用，挖掘旅游业二次创业拉动就业的潜力和空间。加快发展旅游产业，扩大旅游就业规模；拓展旅游产业链条，优化旅游就业结构；培育规范旅游市场，挖掘旅游就业潜力；加强人力资源开发，提高旅游就业能力；完善相关配套措施，改善旅游就业环境；实施就业行动计划，开展旅游就业试点。

四、打造乐业之城的对策建议

（一）完善扶持政策，改善创业、就业环境

1. 放宽市场准入

加快清理和消除阻碍创业的各种行业性、地区性、经营性壁垒。法律、法规未禁止的行业和领域向各类创业主体开放，国家有

限制条件和标准的行业和领域平等对待各类创业主体。在法律、法规规定许可的范围内，对初创业企业，可按照行业特点，合理设置资金、人员等准入条件，并允许注册资金分期到位，允许创业者将家庭住所、租借房、临时商业用房等作为创业经营场所。扩大政府采购范围，制定促进小企业发展的政府采购优惠政策。适当放宽高校毕业生、失业人员以及返乡农民工创业的市场准入条件。

2. 改善行政管理

全面实行收费公示制度和企业交费登记制度，严禁干预创业企业的正常经营，严禁侵犯创业者或其所创办实体合法权益，严禁乱收费、乱摊派、乱罚款、乱检查、乱培训行为，清理和规范涉及创业的行政审批事项，简化立项、审批和办证手续，公布各项行政审批、核准、备案事项和办事指南，推行联合审批、一站式服务、限时办结和承诺服务等，开辟创业“绿色通道”。登记失业人员、残疾人、退役士兵、普通高校毕业生从事个体经营的，要适当减免有关行政事业性收费。

3. 强化政策扶持

制定政策的目的就是要促进一个国家或地区创业、就业活动的长期可持续发展。要积极贯彻国家发布的相关政策，同时结合昆明实际制订一些相应的政策，并立足自己发展的实际重新审视创业、就业政策，对下一步的政策进行进一步系统的设计完善，同时加大政策的执行力度，为创业、就业活动提供制度保证。全面落实有利于劳动者创业的税收优惠、小额担保贷款、资金补贴、场地安排等扶持政策，促进中小企业和个体私营等非公有制经济发展。建立健全促进以创业带动就业的政策措施，细化操作办法，多渠道筹集安排资金，支持以创业带动就业工作的展开，鼓励创业企业扩大就业规模。

4. 拓宽融资渠道

加大金融支持力度，积极推动金融产品和金融服务创新，建立创业投资机制，构建分散创业风险的有效机制。要加大信贷支持力度，化解创业企业融资难的问题。一方面，发挥政府的作用，可以提供一些政策性融资，如提供相应的低息或贴息政策性贷款，或以财政拨款为基础成立创业基金，为初创业企业提供资金支持；另一方面，充分发挥银行的主渠道作用，加大创业资金、中小企业发展资金的投放力度，全面落实小额担保贷款政策，为创业者提供资金支持。同时，发展和完善资本市场的融资功能，拓展创业企业的股权融资渠道，鼓励和支持发展适合农村需求特点的多种所有制金融组织。这样，就会形成一个政府支持、银行贷款、资本市场融资等多元化的创业金融体系。

（二）强化教育培训，提高创业、就业能力

创业、就业教育有广义和狭义之分，广义的创业、就业教育接近于创新教育，就是培养具有开创个性的教育；狭义的创业、就业教育则是与职业培训结合在一起的。一般而言，创业、就业者接受的教育越多，获得的知识、技能和培训越丰富，对于创业、就业的认识和理解越深刻，这种认知有利于创业、就业者评估风险、获取消费者需求信息以及开展创业活动、积极就业。因此，应从昆明实际出发，加大投入力度，提升创业、就业教育地位，改进创业、就业教学内容和模式，逐步构建完善的创业、就业教育培训体系。

1. 加大培训力度

建立满足城乡各类劳动者创业、就业的培训体系，扩大创业、就业培训范围，逐步将所有有创业、就业愿望和培训需求的劳动者纳入创业、就业培训。一方面，加强高校的创业、就业教育，加强课程设置和师资配备，用全面的创业、就业课程和实践活动并重来提高学生的创业、就业能力和知识水平，提升创业、就业意愿和技能，同时将创业、就业教育纳入中小学教育体系，在更大范围内普及创业、就业教育，为全民创业、就业奠定坚实的基础；另一方面，针对传统高校创业、就业教育的缺失，应该在社会上开展广泛的创业、就业培训教育，对不同层次的潜在人群开展创业、就业培训和技能教育，帮助他们提高创业、就业能力，通过教育培训真正有创业能力的人才。

2. 提高培训质量

政府有关部门、群众组织、学校、企业、社区和就业服务机构等应根据自己的特点和条件，积极开展以提高就业和创业能力为目标的培训，搞好创业、就业技能培训。从规范培训标准、提高师资水平、完善培训模式等方面入手，根据劳动力市场需求变化，及时调整培训内容、增加专业数量、扩大覆盖范围、提高培训的针对性、实用性、有效性，不断提高创业、就业培训的质量。定期组织开展教师培训进修、研讨交流活动，加强师资力量的培养和配备，提高教育水平。采用案例剖析、知识讲座、企业家现身说法等多种方式，增强创业、就业培训的针对性和实用性。根据不同群体的不同需求，开发推广创业、就业培训技术，不断提高创业成功率。

3. 推进孵化基地建设

昆明市要进一步统筹安排劳动者创业所需的生产经营场地，搞好基础设施及配套建设，优先保障创业场地。可在土地利用总体规划确定的城镇建设用地范围内，或利用原有经批准的经济技术开发区、工业园区、高新技术园区、大学科技园区、小企业孵化园等加快推进创业孵化基地建设，为进入基地的小企业提供有效的培训指导服务和一定期限的政策扶持，增强创业企业的经营管理和市场竞争能力，提高创业稳定率。

4. 加大投入力度

加大用于促进创业、就业的资金投入，对城镇失业人员资金投入的重点要逐步从失业保障转移到促进创业、就业上来，将资金投入重点由事业保障转向防范失业和促进创业、就业，应充分运用财政、税收、信贷、保险等手段，加大对促进创业、就业的资金投入和政策支持力度，通过适当减免税收的办法，鼓励企业增加就业岗位和吸纳再就业人员，落实对自谋职业和创业的下岗失业人员的小额贷款。

（三）健全服务体系，提供优质服务

1. 健全服务组织

依托公共就业服务体系，充分发挥公共就业服务机构及工会、共青团、妇联等群团组织的作用，健全创业、就业指导服务组织，开发创业、就业指导技术，完善创业、就业服务功能，提高创业、就业服务效率，建立由政府、用工单位、职业技能培训机构等各方共担责任、共促发展的培训联动机制，搭建就业、创业培训和服务工作平台，提供“一条龙”创业就业服务。充分发挥中小企业服务机构、高校毕业生就业指导机构和各类创业、就业咨询服务机构的作用，共同做好创业、就业工作。推动创业、就业咨询服务工作的开展，建立由企业家、创业成功人士、专家学者及政府工作人员共同组成的创业、就业服务专家队伍，逐步形成创业、就业服务指导专兼职队伍。

2. 完善服务内容

根据城乡创业、就业者的需求，组织开展项目开发、方案设计、风险评估、开业指导、融资服务、跟踪扶持等“一条龙”创业、就业服务，建立创业、就业信息、政策发布平台，搭建创业、就业者交流互助的有效渠道。建立政府支持并监管、企业与个人开发、市场运作的创业项目评估和推介制度，完善创业项目资源库，形成有效采集和定期发布制度。提高信息化服务水平，构建创业、就业服务网络系统，通过上门服务、集中服务、电话服务等多种形式，为创业、就业者提供个性化、专业化的开业指导和咨询服务。建立创业、就业者信息管理服务系统，设立创业、就业服务热线，接受创业、就业者的咨询和投诉，提供及时有效的后续服务和跟踪指导，注重对创业、就业失败者的指导和服务，帮助他们重树信心，再创新业。

3. 提供用工服务

为创业者、新创办企业及其所吸纳的员工提供公共就业服务。指导创业企业结合生产经营需要，落实职工教育经费，做好职工的岗前培训和在职培训。组织各类培训机构按照用工需求开展定向、订单培训，为创业企业提供合适人才。对参加职业技能培训的符合条件人员，按规定给予相应的职业培训和职业技能鉴定补贴。推进社会保障制度和户籍制度改革，加强社会诚信体系建设和社会治安综合治理，为创业者及其招聘的劳动者提供社会保障、人事管理、教育培训、职称评定等方面的政策便利，吸引人才去新创办企业工作。

以项目建设、民营经济多渠道开发就业岗位，以职业技能培训、劳务输出扩大就业规模。深化大中专毕业生创业、就业指导服务，大力推进大学生创业园区建设。统筹做好下岗失业人员、残疾人、农民工、失地农民、城镇居民等重点群体就业工作。继续做好困难家庭、大中专毕业生、城镇零就业家庭、农村低收入家庭的就业帮扶工作，将因城市规划建设、滇池流域“四退三还一护”、实施水资源保护完全失地的未就业人员纳入失业登记，对其中的就业困难人员给予就业援助。

（四）加强组织领导，推动工作开展

1. 强化政府责任

各有关部门要将促进创业、就业作为一项重要任务，摆上就业工作的重要议事日程，落实扶持政策，改善创业、就业环境，推广经验典型，积极推动创业、就业。实施创业、就业相关扶持政策，在组织领导，创业、就业培训，创业、就业服务和社会参与等方面积极探索，完善创业、就业政策体系，建立理想的乐业型城市。

2. 完善工作机制

发挥促进就业工作协调机制的作用，建立人力资源社会保障、发展改革、中小企业管理、教育、建设、国土资源、财政、商务、银行、税务、工商等部门共同参与、分工负责、协调配合的工作小组，共同研究制定和实施促进创业、就业的政策措施和工作计划。把优化创业、就业环境，完善落实创业、就业政策以及提高创业、就业培训效果，创业、就业服务质量，就业率等作为衡量促进创业、就业的主要工作指标，列入当地就业工作考核的重要内容。

3. 营造良好氛围

解放思想，提高认识，要从思想上重新认识创业、就业的重要性，转变就业观念，坚决破除等、靠、要的依赖思想和怕苦畏难、不思进取的消极意识以及因循守旧、按部就班的保守观念。加强创业、就业教育，提高创业、就业意识，建设创业、就业文化；发挥社会各方面支持和推动创业、就业工作的积极作用，营造全民参与的社会氛围；加强舆论引导，弘扬创新精神，树立一批创业、就业典型，营造和谐创业、就业环境和良好舆论氛围。对在创业、就业工作中取得显著成绩的单位和个人要给予表彰。

第九章 创建宜居之城

幸福必须有物质依托，宜居就是幸福的前提和基础，而建设宜居之城是协调城市发展与以人为本关系作出的必要与自觉选择。

一、幸福与人居环境的关系

人们生产生活的环境不仅是经济可持续发展的物质基础，也是幸福感的必要依托。个人对于外在环境的信任感，既是个体安全感的基础，也是个体抵御焦虑并产生主观幸福感的基本条件。

（一）人居环境是幸福感必要的物质依托

人的活动与人的内在需求密切相关，人的需求是多种多样的，具有不同的层面。美国心理学家马斯洛把人的心理需要划分为五个层次。五个需求层次由低到高，由生理需求到心理需要，由最基本的需要，提升到人的发展的本质需要。一般而言，当一个人连起码的生存条件都不具备时，除了具有强烈的生理（生存）需要外，很难产生其他的需要，也谈不上幸福。因此，自我实现以及不假外求、以自足为指归的幸福，都是离不开外在必要物质条件的。作为人类工作、生活、休息娱乐和社会交往的空间场所—人居环境对幸福观或幸福感受就有着较大的影响。对于生活在城市中的人来说，河流、湖泊和绿地等自然环境以及住宅、交通、生活服务设施等人工环境构成城市生活的重要环境基础。在自然环境影响下社会共同体形成的心理、观念、信仰等人文环境，构成一座城市的灵魂。他们共同构成人居环境的主要方面，作为幸福感的物质依托，直接影响着一座城市幸福感的高低。

（二）幸福观的地域特点

城市人居环境由自然环境、人工环境和人文环境三个主要方面构成，其中人文环境作为一种软环境与人的幸福感关系十分密切，影响也最为深远。人都是一定自然环境下的人，其思想、行为都是人与其自身生存环境互相作用的结果。马克思指出，人类社会的历史，是人与自然斗争发展的历史。受生存环境的影响，人文环境也带有明显的地方色彩，形成一定的民族品格。这样的人文环境毫无疑问，影响着社会成员的幸福感，从而形成具有地域特点的幸福观。素以“春城”闻名于世的昆明，在长期的生产、生活过程中，形成了热爱、重视自然生态的文化特点。在民族心理中，昆明人形成了人与自然和谐共生，崇尚自然的理念，追求自由、平等和谐的精神等。昆明人在漫长的历史进程中形成的民族社会心理和价值观念成为昆明人精神财富和幸福感的重要源泉。

（三）创建宜居城市是改善人居环境的良好载体

在城市迅速发展，环境问题越来越严峻的形势下，能够维护“城市，让生活更美好”的城市发展初衷，并在经济社会发展的同时，实现人口、资源、环境平衡，使人们在良好的社会经济环境和美好的自然环境中生活的宜居城市，就成为人们共同的追求。联合国人居组织 1996 年发布《伊斯坦布尔宣言》强调：“我们的城市必须成为人类能够过上有尊严的、健康、安全、幸福和充满希望的美满生活的地方。”可见重视人居感受，建设宜居城市，已经成为当代提高人的生活品质，增强人的和谐、幸福感受的重要途径。

宜居城市是指经济、社会、文化、环境协调发展，居住环境良好，能够满足居民物质和精神生活需求，适宜人类工作、生活和居住的城市。宜居城市的思想萌芽于19世纪末的田园城市理论，其中心思想是使人们能够在具有良好的社会经济环境和美好的自然环境的新型城市中生活。可见，宜居城市是一个环境概念，它不仅包括人居环境建设，还主张可持续发展的人居环境理念。

宜居城市与普通意义的现代城市相比，有较大的提升。宜居城市是一个综合、整体的概念，蕴涵经济社会、文化、生态等复合内容，强调的是人与自然和谐统一，自然环境与人工环境的协调发展，以人为本，将先进技术、环境技术、历史文化综合运用，满足人类社会可持续发展的需要。

二、创建宜居之城的现状

改革开放以来，伴随经济的快速发展，昆明面临人口、资源、环境的巨大压力，在环境治理和建设中，昆明重新审视发展的自然禀赋与条件，提出了建设宜居城市目标，并做出了多方努力，为宜居城市建设打下了坚实基础。

（一）确定城市发展的宜居定位

2012年，昆明市委十届二次全会提出，要倾力打造“生态昆明”，充分体现人与自然和谐统一，努力把昆明建设成为最具魅力，最有幸福感、归属感、自豪感和安全感的宜居宜人新都市。生态昆明、幸福昆明目标的提出，突破了把环境治理当作手段，经济发展作为目的的传统发展模式，准确地把握了国际城市发展的态势和国家转变发展方式的方向，丰富了现代新昆明建设内涵，标志着城市开始从经济为主的单一追求，向经济跨越、生态良性循环、社会和谐、人民幸福等的多维度方向发展。

（二）建设宜居昆明的现状

1. 经济快速发展，城乡居民生活水平显著提高

“十一五”期间，全市地区生产总值从1080.13亿元，增加到2120.37亿元，年均增长12.7%。人均生产总值从2174美元增加到5000美元，增长1.3倍，进入中等收入偏上行列；城镇居民人均可支配收入和农民人均纯收入分别从9616元和3258元增加到18800元和5810元，年均实际增长10.6%和8.5%。2011年，地区生产总值2509.58亿元，同比增长14%，城镇居民人均可支配收入比上年增长11%，农民人均纯收入增长13.3%。

2. 城市产业结构优化，节能减排与环境建设成效明显

实施现代新昆明建设以来，昆明积极调整产业结构，着力培育新兴产业，发展先进装备制造业、电子信息产业、新能源产业、环保产业、石油化工产业，推进生物医药产业、新材料产业发展，加大对太阳能、风能等新能源的研发利用。加大力度淘汰落后产能，“十一五”期间，全市共淘汰落后炼铁产能58.95万吨、炼钢16万吨、炼铜7.44万吨、水泥465万吨、黄磷3.32万吨、火电20万千瓦、炼焦10万吨。

得益于环境综合整治，昆明市空气质量持续好转。“十一五”期间，昆明环境空气质量连续五年优良率达100%，优级天数连年增加。2011年，昆明城市环境空气质量优良率持续保持100%，主城区空气环境质量优级天数上升为117天。2010年、2011年昆明空气质量跻身全国内陆省会城市第一，仅次于海口排名全国第二。

“十一五”期间昆明持续加大园林绿化建设力度，主城区城市绿地率2005年到2010年，由28.3%增至37.92%，绿化覆盖率由30.56%增至41.62%，人均公共绿地由7.34平方米增至12平方米

以上，城市中心区人均公共绿地由2007年的5.2平方米增加至6平方米。全市森林覆盖率达45%。先后荣获“国家园林城市”“全国绿化模范城市”等称号。在国家统计局等部门发布的《2011中国绿色发展指数报告》中，昆明绿色发展在中国西部城市排名第一、全国第三，环境承载能力全国第一。中国社会科学院2011年7月发布公共服务蓝皮书《中国城市基本公共服务力评价（2010～2011）》，昆明也首次荣登“城市环境公共服务”满意度前十名城市榜。

3. 交通基础设施持续改善

近年来城市微循环改造工程完工，城市二环、三环建成，新机场建成投入使用，城市交通基础设施水平大为提高。随着地铁1～6号线、绕城高速、中铁集装箱昆明物流中心等骨干项目推进，城市交通与正在构建的泛亚铁路、公路网顺畅连接，昆明作为桥头堡交通与物流枢纽的作用和地位将更加凸显，城市交通将更加现代化和便捷。

4. 滇池治理取得阶段性成果

“十一五”期间，昆明市铁腕治污、科学治污、依法治污，有力地推动滇池治理取得明显成效。

一是入湖河道水质明显改善。35条入湖河道综合整治成效显著，2012年以来，有17条河流达到了标准，1/3以上的河道水质明显提升，河道水质平均达标率逐年提高。

二是滇池水质保持稳定。“十一五”期间，滇池水质总体保持稳定，恶化趋势得到控制，水体景观明显改善。2011年1～10月，与上年同期比较，滇池草海水质综合营养状态指数降低了3.16%。氨氮、总磷和总氮的平均值均分别降低了75.5%、60.0%和49.9%。滇池外海水质综合营养状态指数降低了2.59%，主要污染物总磷和叶绿素a的平均值分别下降了25.1%和18.6%。

三是污染物减排效果明显，污水处理能力提升。“十一五”期间，滇池流域共完成43个减排项目，2005年滇池流域化学需氧量排放量为2.04万吨，2010年降至0.76万吨，削减62.52%。主城区污水处理能力由日处理55.5万吨，跃升到110.5万吨。随着第九、第十污水处理厂的相继建成，主城区污水处理能力可望提升至170.5万吨/日。2011年3月，国家重点流域水污染防治专项规划2010年度实施情况考核组实地检查，给出滇池治理史上最高评价："恶化趋势得到遏制”的结论，也被视为滇池治污史上来之不易的“拐点”。

5. 服务型政府建设有效推进

软环境继续加强，市级行政审批事项，从过去的506项减少到79项，成为全国行政审批最少的省会城市。推行责任追究制、结果倒逼制、首问负责制等，机关作风明显改善，工作效率显著提高，“门难进、脸难看、话难听、事难办”的情况大为减少。随着幸福昆明建设目标的提出，转变发展方式实践的深入，服务型政府建设得到稳步推进，为未来昆明的发展奠定了坚实的基础。

（三）昆明宜居状况分析

2007年，建设部发布了《宜居城市科学评价标准》，这个导向性的标准，从社会文明度、经济富裕度、环境优美度、资源承载度、生活便宜度、公共安全度六个方面对宜居城市进行了评价，根据不同得分将城市分为宜居城市、较宜居城市和宜居预警城市。

该标准为百分制，总分100分，宜居指数达到80分即为“较宜居城市”。“染指”以下任何一项，总分再高也将无缘宜居城市：社会矛盾突出，刑事案件发案率明显高于全国平均水平；基尼系数大于0.6导致社会贫富两极严重分化；近3年被国家环保总局公布为年度“十大污染城市”；区域淡水资源严重缺乏或生态环境严重恶化。以下是课题组对昆明宜居状况的评估：

1. 社会文明度

社会文明是百姓宜居的重要前提条件。

表9－1　社会文明度估算情况

中项	小项	标准要求	得分	评估依据
政治文明（权重0.3）3分/100分	民主决策0.9分	建立城市规划、建设、管理、发展重大决策事先征求专家、公众、民主党派、人大代表、政协委员意见制度；贯彻执行的，为“较好”，得满分；部分执行的，为“一般”，得一半分；基本没有执行的，为“较差”，得0分。	较好	2007年开始实行“阳光政务”，探索党委领导，政府行政，人大监督、政协议政的政治文明实现新方式。建立健全行政决策机制，坚持重大决策听证、重要事项公示，重点工作通报制度。以行政问责等促进决策科学化、民主化。
	政务公开0.6分	城市政府开通电子政务网站并更新城市规划、建设、管理、发展政务信息（包括不涉及国家安全的所有政府文件、联系方式）的，每天更新为“较好”，得满分；每周更新为“一般”，得一半分；未开通电子政务网站，或虽开通但一周以上都不更新为“较差”，得0分。	较好	2007年即获全国政务公开先进单位，市政府政务网、昆明信息港等及时公开政务信息。

中项	小项	标准要求	得分	评估依据
政治文明（权重0.3）3分/100分	民主监督（权重0.2）0.6分/100分	办理人大代表和政协委员提案及建议、当地所有媒体都开设“群众来信”栏目、政府网站开设“市长信箱”并坚持一周内回复、已经开通“市长电话”并建立有督办制度、主要领导定期到信访办公室接待来访群众并建立有信访督办制度的 按时办理为“较好”，得满分 不能按时办理、一周内不回复的、主要领导不定期接待受访群众的为“较差”，得0分。	较好	2000年6月开通市长热线电话，热线办随时接听督办；市长、副市长定期接听电话。媒体开设“民生关注”“都市条形码”等栏目。形成办理代表、委员提案、议案模式。
	行政效率（权重0.3）0.9分/100分	建立行政审批中心，并有整套可网上公开查询的限时审批、过错追究、缺席默认、目标责任制、追踪监察等管理制度的，已经建立为“较好”，得满分； 已经建立但不全面的，为“一般”，得一半分； 没有建立或虽建立但不完整的为“较差”，得0分。	较好	行政审批事项从506项精简到96项，172项行政事业性收费项目，仅保留95项；审批时限压缩2/3。2008年即成为全国行政审批项目最少省会城市。
	政府创新（加分项目）	创造了好的城市规划、建设、管理、发展工作经验或和谐社会经验，生态环境保护经验，被中央部委在全国推广的（以正式文件为准），加1分	+1	“十一五”期间经济社会制度创新6000多项，滇池治理获肯定。
社会和谐（权重0.2）2分/100分	贫富差距（权重0.2）0.4分/100分	基尼系数小于0.3的，得满分； 基尼系数大于0.3、小于0.4的，得一半分； 基尼系数大于0.4的，得0分。	0	2007年为0.46，（数据来源于市统计局）近年无数据。

中项	小项	标准要求	得分	评估依据
社会和谐（权重0.2）2分/100分	社会保障覆盖率（权重0.15）0.3分/100分	标准值：100%。	90%以上	2010年，全市城镇居民医疗保险覆盖率达90%；新型农村合作医疗参合率达98.43%。城乡低保实现应保尽保；农村社会养老保险参保人数42.9万人。
	社会救助（权重0.15）0.3分/100分	已经建立且条件较好，得满分； 建立、实施流浪、贫困、受灾、孤寡群体救助制度，建有救助站、孤儿院、福利院、养老院、法律援助中心等救助设施的得0.5分； 未建立且条件较差，得0分。	较好	形成较为完善的社会救助体系，开始向适度普惠型社会福利发展。
	刑事案件发案率0.3分标准值：0%。（负指标）	刑事案件破案率0.3分标准值：100%。	未达到	刑事案件发案率和刑事案件破案率（权重0.3）0.6分/100分
	文化包容性（权重0.1）0.2分/100分	城市居民能够充分尊重其他人不同性别、不同民族、不同信仰、不同学历、不同种族、不同年龄、不同籍贯、不同行为方式的，为“较好”，得满分； 城市居民比较尊重其他人不同性别、不同民族、不同信仰、不同学历、不同种族、不同年龄、不同籍贯、不同行为方式的，为“一般”，得一半分； 城市居民基本不尊重其他人不同性别、不同民族、不同信仰、不同学历、不同种族、不同年龄、不同籍贯、不同行为方式的，为“较差”，得0分。	较好	包容度较高。

中项	小项	标准要求	得分	评估依据
社会和谐（权重 0.2）2 分/100 分	流动人口就业服务（权重 0.1）0.2 分/100 分	已经建立为流动人口提供就业信息和职业介绍、就业训练、社会保险等服务，并能依法处理用人单位与外来务工、经商人员的劳动争议，保护双方的合法权益的，为“较好”，得满分； 已经建立为流动人口提供就业信息和职业介绍、就业训练、社会保险等服务，但并不能依法处理用人单位与外来务工、经商人员的劳动争议，保护双方的合法权益的；或能依法处理用人单位与外来务工、经商人员的劳动争议，保护双方的合法权益，但没有建立为流动人口提供就业信息和职业介绍、就业训练、社会保险等服务的，为“一般”，得一半分； 没有建立为流动人口提供就业信息和职业介绍、就业训练、社会保险等服务，且不能依法处理用人单位与外来务工、经商人员的劳动争议，保护双方的合法权益的，为“较差”，得0分。	较好	《昆明市流动人口管理条例》、《昆明市居住证管理规定》等赋予农民工就业、培训、保险、子女读书等“福利”，成立农民工维权中心，讨要工资的现象已经较少。
	加分、扣分项目	市民普遍重承诺、守信用，典范事例近一年被中央媒体报道3次以上的，加1分。 市民普遍缺乏信用，坑蒙拐骗事例近一年被中央媒体报道 3 次以上的，扣1分。	0	未见报道

中项	小项	标准要求	得分	评估依据
社区文明(权重0.2)2分/100分	社区管理(权重0.25)0.5分/100分	老社区一半分 抽样调查建立有依法选举的居委会领导班子并能履行好人民调解、居民服务等职能的社区比例。标准值：100%。 新社区一半分 抽样调查入住满一年的新建小区，民主选举并注册成立业主委员会的普及率(以房管部门登记为准)。标准值：100%。	0.25	抽样老社区春苑小区，西坝河南、河北社区，棕树营小区等，均设有居委会且服务职能良好；业主委员会成立滞后。
	物业管理(权重0.25)0.5分/100分	抽样调查，入住满一年的小区，业主委员会聘请物业公司覆盖面。标准值：100%。	一般	业主委员会聘请物业公司比例不高。
	社区服务(权重0.5)1分/100分	抽样调查，社区内文化、体育、卫生、家政服务设施或机构完备的社区比例。标准值：100%。	较好	抽样锦苑花园、世纪城、江东花园、船房小区等，设施较好，一些小规模小区配套较差。
	扣分项目	业主和物业公司矛盾冲突较大较多，被省级及以上新闻媒体多次曝光的，倒扣1分。	0	媒体偶有报道，无严重冲突。
公众参与(权重0.3)3分/100分	阳光规划(权重0.5)1.5分/100分	建立城市规划公示、征集公众意见制度并贯彻落实的，为“较好”，得满分； 未建立城市规划公示、征集公众意见制度，或虽然建立城市规划公示、征集公众意见制度但没有贯彻落实的，为“较差”，得0分。	较好	城市规划公示、征集公众意见公开。
公众参与(权重0.3)3分/100分	价格听证(权重0.5)1.5分/100分	建立价格听证制度并贯彻落实的，为“较好”，得满分； 未建立价格听证制度，或虽然建立价格听证制度但没有贯彻落实的，为“较差”，得0分。	较好	实施《政府价格决策听证办法》，基本做到每调价必听证。

2. 经济富裕度

经济富裕是宜居城市最重要的基础条件，也是宜居城市最重要的决定因素之一。

表9－2　　经济富裕度估算

中项	标准要求	实际	根据
人均GDP（万元）（权重0.2）2分/100分	标准值：大城市4万元、中小城市2.5万元的。注：以2005年统计数据为准，以后按国家公布的物价涨幅自动调整。	未达到	2011年人均GDP为38831元（以年末常住人口648.64万人计算）。
城镇居民人均可支配收入（元）（权重0.3）3分/100分	标准值：大城市2.5万元、中小城市2万元。注：以2005年统计数据为准，以后按国家公布的物价涨幅自动调整。	未达到	2011年城镇居民人均可支配收入21966元（现价）。
人均财政收入（元）（权重0.1）1分/100分	标准值：大城市0.4万元、中小城市0.2万元的。注：以2005年统计数据为准，以后按国家公布的物价涨幅自动调整。	达到	2011年人均财政收入4897元（以年末常住人口648.64万人计算）。
就业率（%）（权重0.25）2.5分/100分	标准值：96%。	达到	2011年城镇登记失业率为2.08%。
第三产业就业人口占就业总人口的比重（%）（权重0.15）1.5分/100分	标准值：70%。	未达到	《昆明统计年鉴》：2010年45.1%。

3. 环境优美度

环境优美是城市是否宜居的决定性因素之一。

表9－3 **环境优美度估算**

中项	小项	标准要求	评分	根据
生态环境（权重0.8）24分/100分	空气质量好于或等于二级标准的天数/年（权重0.2）4.8分/100分	标准值：365天/年。	达标	"十一五"以来环境空气质量连续五年优良率100%，2010年、2011年空气质量全国内陆省会城市第一，全国第二。
	集中式饮用水水源地水质达标率（%）（权重0.2）4.8分/100分	标准值：100%。	未达到	2011年集中式饮用水水源地水质达标率平均为95.7%。
	城市工业污水处理率（%）（权重0.1）2.4分/100分	标准值：100%。	达标	2008年以来城市工业污水处理率100%，优于国标排放。
	城镇生活垃圾无害化处理率（%）（权重0.1）2.4分/100分	标准值：100%。	达标	生活垃圾无害化处理率100%，获"国家卫生城市"称号。
	噪声达标区覆盖率（%）。（权重0.15）3.6分/100分	标准值：100%。	未达标	2011年市环境状况公报：环境"噪声达标区"覆盖率84.36%。

中项	小项	标准要求	评分	根据
生态环境（权重0.8）24分/100分	工业固体废物处置利用率（权重0.1）2.4分/100分	标准值：100%。	未达标	2011年市环境状况公报：2011年工业固体废物处置利用率为72.23%。
	人均公共绿地面积（平方米）（权重0.05）1.2分/100分	标准值：10平方米（得80%分，正相关指标）。	达标	2011年12.1平方米。获“国家园林城市”称号。
	城市绿化覆盖率（%）（权重0.1）2.4分/100分	标准值：35%（得80%分，正相关指标）。	达标	2011年底城市绿化覆盖率43.6%。
	加分项目	市区内有水质良好的海、大江、大河、天然湖泊、湿地和保护较好的国家森林公园、国家重点风景名胜区、省级风景名胜区、世界自然遗产的，加2分。	+2	有滇池和湿地，西山为国家重点风景名胜区。
气候环境（加分、扣分项目）		（1）加分项：全年15°C至25°C气温天数超过180天的，加1分。 （2）扣分项：全年灾害性气候天数超过36天的，倒扣2分。	达标	全年15°C至25°C气温天数超过180天（2008年市环境公报）。

中项	小项	标准要求	评分	根据
人文环境（权重为0.1）3分/100分	文化遗产与保护（权重0.4）1.2分/100分	有世界文化遗产、世界文化景观、全国重点文物保护单位、国家历史文化名城、国家非物质文化遗产并且保护较好的，得满分；有省级历史文化名城、省级重点文物保护单位并且保护较好的，得一半分。	较好	为中国首批历史文化名城。
	城市特色和可意向性（权重0.2）0.6分/100分	现场考察城市人文景观是否具有鲜明的特色，城市的标志、节点、通道、边界等意向要素是否清晰可辨，给人印象是否深刻：较好，得满分；一般，得一半分；较差，得0分。	较好	2012年实施了城市品质提升工程；城市标志等清晰。
	古今建筑协调（权重0.2）0.6分/100分	现场考察城市现代建筑与传统建筑之间的协调程度：从城市现代建筑本身的色彩、尺度、形体、质地与城市中传统建筑是否协调来评定。分为三个层次：较好，得满分；一般，得一半分；较差，得0分。	一般	重点对官渡古镇，真庆观等地进行考察。
	建筑与环境协调（权重0.2）0.6分/100分	现场考察城市建筑与当地环境的协调程度：从城市建筑设计和施工是否考虑城市所在地理位置和气候特点来评定。分为三个层次：较好，得满分；一般，得一半分；较差，得0分。	一般	城市建筑规划较散，城中村改造高楼密度较大。

中项	小项	标准要求	评分	根据
城市景观（权重为0.1）3分/100分	城市中心区景观（权重0.4）1.2分/100分	现场考察城市中心区的景观：从城市的建筑设计、建筑色彩、空间布局、园林艺术等方面来评定。分为三个层次：较好，得满分； 般，得 半分；较差，得0分。	一般	对二环以内进行意向性考察。
	社区景观（权重0.4）1.2分/100分	现场抽样考察城市平民社区的景观：从城市的建筑设计、建筑色彩、空间布局、建筑密度、园林艺术等方面来评定。分为三个层次：较好，得满分；一般，得一半分；较差，得0分。	一般	意向性考察，定性评估。此项主要对社区环境，城市建筑、公园等进行考察，就高原则。
	市容市貌（权重0.2）0.6分/100分	现场抽样考察城市背街小巷市容市貌：从城市空间布局、园林艺术、环卫保洁、路面完好情况等方面来评定。分为三个层次：较好，得满分；一般，得一半分；较差，得0分。	0.6	成功创建国家卫生城市、园林城市，2012年实施道路景观提升改造工程，市容市貌良好。

4. 资源承载度

城市资源量，决定一个城市的自然承载能力，是城市形成、发展的必要条件。资源丰富，有利于提高公众的生活质量，也是宜居城市的重要条件，其中水土资源是宜居城市的决定性因素之一。

表9-4　　资源承载度估算

中项	标准要求	实际	根据
人均可用淡水资源总量（权重为0.5）5分/100分	标准值：1000立方米。	未达标	人均可用淡水资源总量300立方米。
工业用水重复利用率（%）（权重为0.1）1分/100分	标准值：100%。	未达标	2010年工业用水重复利用率90%以上，高于全国平均水平。
人均城市用地面积（权重为0.2）2分/100分	标准值：大城市80平方米；中小城市100平方米。（非正相关指标）	达标	人均城市用地面积100平方米以上（2007年统计年鉴）。
食品供应安全性（权重为0.2）2分/100分	食品供应数量、质量有充分保障的，得满分； 食品供应数量、质量比较有保障的，得一半分； 食品供应数量、质量没有保障的，得0分。	有充分保障	2012年加大市场建设，数量质量保障。
加分、扣分项目	（1）加分项：形成节约资源、节约能源等全套建设节约型城市经验的，加1分。 （2）扣分项：在禁止开发区域内开发建设的，倒扣2分。	+1	启动了争创“国家低碳发展示范城市”工作，“十一五”至今出台163个地方性法规和规范性文件，初步形成一套政府主导、企业为主体、全社会参与的资源节约、环境保护制度体系。

5. 生活便宜度

宜居城市应该为生活各方面的内容提供各种高质量的服务并且使得这些服务能被广大的市民方便地享受。

表 9－5 生活便宜度估算

中项	小项	标准要求	实际	根据
城市交通（权重为 0.2）6 分/100 分	问卷调查：居民对城市交通的满意率（%）（权重 0.2）1.2 分/100 分	标准值：100%	不满意	媒体反映拥堵严重。
	人均拥有道路面积(平方米/人)(权重 0.1) 0.6 分/100 分	标准值：15 平方米	未达标	2011 年底主城建成区人均拥有道路面积 9.7 平方米（市城市交通研究所等单位《2011 年昆明城市交通发展年度报告》）
	公共交通分担率（%）（权重 0.2）1.2 分/100 分	标准值：大中城市 35%，小城市直接得分。	达标	2011 年 6 月公共交通分担率 38%。
	问卷调查：居民工作平均通勤（单向）时间（分钟，负指标）（权重 0.2）1.2 分/100 分	标准值：30 分钟	达标	昆明城市交通研究所抽样：2011 年市民单程通勤时间 28.5 分钟。

中项	小项	标准要求	实际	根据
城市交通（权重为0.2）6分/100分	社会停车泊位率（%）（权重0.2）1.2分/100分	标准值：大城市150%；中等城市100%，小城市直接得分。	不达标	2011年主城四区有停车泊位11.2万个，有机动车84.9万辆。
	市域内主城区与区县乡镇、旅游景区的城市公交线路通达度（权重0.1）0.6分/100分	标准值：100%	0.6	2010年上半年乡镇和旅游景区即实现公交通达率100%，2010年10月行政村公交通达率91.6%。
商业服务（权重为0.1）3分/100分	问卷调查：居民对商业服务质量的满意度（%）（权重0.4）1.2分/100分	标准值：100%	达到	定性估算，就高原则。
	人均商业设施面积（平方米）（权重0.2）0.6分/100分	标准值：1.2平方米	达到	未知，按就高原则估算。
	抽样调查：居住区商业服务设施配套率（%）（权重0.2）0.6分/100分	标准值：100%	达到	2012年开展市场建设，正在配套完善。

中项	小项	标准要求	实际	根据
商业服务（权重为0.1）3分/100分	抽样调查：1000米范围内拥有超市的居住区比例（%）（权重0.2）0.6分/100分	标准值：100%。	达到	抽样永昌小区、锦苑花园、船房小区、人与自然小区等，拥有超市。
市政设施（权重为0.2）6分/100分	居民对市政服务质量的满意度（%）（权重0.4）2.4分/100分	标准值：100%。	满意	打造软环境，首问负责制，审批时限压缩2/3等。
	城市燃气普及率（%）（权重0.1）0.6分/100分	标准值：100%。	达标	2012年燃气普及率99.3%，超过人居环境奖标准。
	有线电视网覆盖率（%）（权重0.1）0.6分/100分	标准值：100%。	达标	约98%（四创数据）。
	因特网光缆到户率（%）（权重0.1）0.6分/100分	标准值：100%。	未达标	正在建设，滞后。

中项	小项	标准要求	实际	根据
市政设施（权重为0.2）6分/100分	自来水正常供应情况（天/年）（权重0.1）0.6分/100分	标准值：365天/年。	达到	自来水公司网站数据。
	电力正常供应情况（天/年）（权重0.1）0.6分/100分	标准值：365天/年。	达到	供电公司网站数据。
	现场考察：环保型公共厕所区域分布合理性（权重0.1）0.6分/100分	按照建设部标准，分布合理的，得满分；分布不合理的，得0分。	未达标	部标准为“省会城市建成区每平方公里保有4~7座公厕，二类以上公厕达到75%”。昆明公厕数量少，位置偏。截至2011年底，主城区有公厕1354座。为缓解市民如厕难，到2015年底，昆明中心城区计划新建公厕178座。
教育文化体育设施（权重为0.1）3分/100分	抽样调查：500米范围内拥有小学的社区比例（%）（权重0.2）0.6分/100分	标准值：100%	未达标	抽样锦苑花园、船房小区、人与自然小区等10个小区，其中500米内有小学的有5个。

中项	小项	标准要求	实际	根据
教育文化体育设施（权重为0.1）3分/100分	抽样调查：1000米范围内拥有初中的社区比例（%）（权重0.2）0.6分/100分	标准值：100%。	未达标	抽样锦苑花园、船房小区、人与自然小区等10个小区，其中有初中的有3个。
	每万人拥有公共图书馆、文化馆（群艺馆）、科技馆数量（个）（权重0.2）0.6分/100分	标准值：0.3个。	达标	2010年，市区每万人拥有公共图书馆藏书16623册，人均拥有公益性文化设施用地0.8平方米，两项指标超过国家人居环境奖指标。
	抽样调查：1000米范围内拥有免费开放体育设施的居住区比例（%）（权重0.2）0.6分/100分	标准值：100%。	达标	居住小区均有1～2组健身设施。
	抽样调查：市民对教育文化体育设施的满意率（%）（权重0.2）0.6分/100分	标准值：100%。	未达标	定性估算。

中项	小项	标准要求	实际	根据
	抽样调查：市民对城市绿色开敞空间布局满意度（%）（权重0.4）1.2分/100分	标准值：100%。	较好	经费限制未问卷，定性估算。
绿色开敞空间（权重为0.1）3分/100分	抽样调查：拥有人均2平方米以上绿地的居住区比例（%）（权重0.3）0.9分/100分	标准值：100%。	达标	定性估算。
	抽样调查：距离免费开放式公园500米的居住区比例（%）（权重0.3）0.9分/100分	标准值：100%。	达标	出台《关于加强生态文明建设的实施意见》，按照市民步行5分钟或500米即到达绿地广场要求完成建设。
城市住房（权重为0.2）6分/100分	人均住房建筑面积（平方米）（权重0.3）1.8分/100分	标准值：26平方米。	达标	32.29平方米。

中项	小项	标准要求	实际	根据
城市住房（权重为0.2）6分/100分	人均住房建筑面积10平方米以下的居民户比例（%）（权重0.4）2.4分/100分	标准值：0%（负指标）。	达标	数据未知，就高估算。
	普通商品住房、廉租房、经济适用房占本市住宅总量的比例（%）（权重0.3）1.8分/100分	标准值：70%。	达标	数据未知，就高估算。
公共卫生（权重为0.1）3分/100分	抽样调查：市民对公共卫生服务体系满意度（%）（权重0.4）1.2分/100分	标准值：100%。	未达标	定性估算。
	社区卫生服务机构覆盖率（%）（权重0.3）0.9分/100分	标准值：100%。	达标	出台《发展城市社区卫生服务的实施意见》，2012年万人拥有卫生服务中心（站）0.84个，超过国家人居环境奖标准。

中项	小项	标准要求	实际	根据
公共卫生（权重为 0.1）3 分/100 分	人均寿命指标（岁）（权重 0.3）0.9 分/100 分	标准值：75 岁。	达标	75 岁（统计局数据）。
	扣分项目	近一年发生过重大食品或药品安全事故，并被省级以上新闻媒体曝光的，倒扣 1 分。		未见报道。

6. 公共安全度

表 9－6　　**公共安全度估算**

中项	标准要求	实际	根据
生命线工程完好率（%）（权重 0.4）4 分/100 分	标准值：100%。	达到	生命线工程未见异常。
城市政府预防、应对自然灾难的设施、机制和预案（权重为 0.2）2 分/100 分	(1) 有整套暴风、暴雨、大雪、大雾、冰凌、雷电、洪水、地震、山体滑坡、泥石流、火山、海啸、干旱等应对设施和预案的，为“较好”，得满分； (2) 应对设施、预案不完整的，为“一般”，得一半分； (3) 没有应对设施、预案的，为“较差”，得 0 分。	达到	已有自然灾害预警机制。

中项	标准要求	实际	根据
城市政府预防、应对人为灾难的机制和预案（权重为0.2）2分/100分	(1) 有整套恐怖袭击、火灾、群体性恐慌、群体骚乱、大规模污染、能源短缺、食品短缺、大爆炸、地下资源超采等预防措施和应对预案的，为“较好”，得满分； (2) 预防措施和应对预案不完整的，为“一般”，得一半分； (3) 没有预防措施和应对预案的，为“较差”，得0分。	达到	已有人为火害预警机制且已进行过演练。
城市政府近三年来对公共安全事件的成功处理率（%）（权重为0.2）2分/100分	标准值：100%。	较好	据各媒体报道处理较好，估算。

评价分析：以上基于不完全数据的测算，昆明城市宜居指数在80分左右，可以评为“较宜居城市”。

三、创建宜居之城存在的主要问题

通过分析，我们看到，昆明建设宜居城市取得很大进展，但在一些方面也存在不足。

（一）经济跨越发展与转变发展方式的压力

昆明GDP虽然处于西部省会城市第三，但只相当于成都的三分之一，20世纪80年代只有昆明GDP三分之一的南宁，现在与昆明的差距已经很小。与全国城市的快速发展相比，昆明更是发展相对较慢。在各类排行榜中，昆明的综合实力与竞争力，近年来一直处于不断下滑的态势。环境对经济发展的制约日益突显。2003 年，省委、省政府作出了建设现代新昆明和“一湖四片”“一湖四环”的发展战略。现代新昆明的核心就在于处理城市与昆明最大的生态环境——滇池的关系。环湖发展，必须恢复滇池生态，意味着昆明选择了转变经济发展方式背水一战的道路。

昆明面临着发展与环境制约的双重压力。如何从观念上彻底改变，发挥桥头堡政策优势和优异的自然禀赋，加快发展，建设宜居城市，是昆明面前亟待突破的重大课题。

（二）城市结构性缺水问题严峻

滇池流域人均水资源占有量不足300 立方米，是严重缺水地区。2009 ~ 2011 年昆明连续三年干旱，第三年昆明即开始实施小区轮流停水，可见缺水与设施的脆弱。近年来，昆明市大力实施流域外调水济昆工程，先后完成了掌鸠河引水供水工程、清水海引水工程，正在实施牛栏江补给滇池水工程。但是水资源总体短缺的状况并没有得到根本改变，严重制约着经济社会可持续发展。

（三）城市交通拥堵

2012 年 7 月 20 日，昆明机动车保有量突破 160 万辆，居全国城市第 11 位，并以每年约 10% 的速度递增。2005 年昆明主城区路网长度 1114. 5 公里，道路面积 1172. 2 万平方米，经过 6 年的发展，2011 年主城区路网长度 1500 公里，年均增长 5. 7%，道路面积达 2918 万平方米，但道路增长速度显著低于车辆增速。昆明市交通研究所调查结果显示，2011 年，昆明建成区居民单程通勤时间为 28. 5 分钟，较 2005 年增加 2. 2 分钟，平均通勤时间则接近 1 小时。随着车辆进一步增加，城市交通压力将进一步加大。

昆明的交通拥堵与城市人口密度大、建筑密度高、生产生活要素过于集中、城市功能交错、道路狭窄密切相关。昆明主城二环路以内46平方千米，每平方千米人口密度达2万人，金融商业区、办公区过于集中，就业岗位密度大，造成人流、车流聚集于主城。由于政策、科学性以及历史欠账等多方面的原因，昆明城市规划滞后于城市开发建设、基础设施配套滞后于经济社会发展、生活方式变革滞后于生产方式进步、城市管理体制机制滞后于城市现代化发展要求的局面仍将在一定时期内存在。

（四）教育、卫生优质资源不足，发展不均衡

随着建设幸福昆明的提出，昆明财政进一步加大了民生方面的投入。2011年全市预算总支出441.57亿元，教育总支出已达66.6亿元，同比增长44.4%。但是，教育对经济社会的发展仍存在“瓶颈”制约，全市财政性教育经费支出占GDP的比重长期低于全国平均水平，教育支出占比低，制约了教育发展。形成城乡差距大，优质教育资源少以及过度集中等不均衡问题。

2010年，参加城镇居民基本医疗保险人数达118.4万人，新型农村合作医疗参合率已经达到98.43%，但是农村医疗保障标准和水平较低，乡镇卫生院基础设施薄弱、医疗设备缺乏、医护人员缺乏的问题依然普遍存在。全市卫生资源配置严重失衡，卫生资源约90%集中在城市，其中三分之二集中在大医院。受医药卫生体制改革滞后影响，群众看病贵、看病难问题依然突出。农村因病返贫依然是一个贫困地区严重的社会问题。

（五）城市发展推高生产生活成本

媒体采访，有学者认为昆明是“三线城市，一线消费”。由首都经贸大学与中国社科院经济研究所联合成立的中国经济实验研究院发布《2012中国35城市生活质量报告》，昆明进入排名后10位城市行列。专家分析认为，推动城市居民生活质量偏低的重要因素是生活成本偏高，而城市生活成本的核心问题是物价和房价。

（六）**滇池治理正处在关键期**

“十一五”期间，滇池治理取得阶段性成果，但是巩固和拓展治理成效正处于关键期，正如逆水行舟，不进则退。加之滇池具有治理特别困难的特点，必须毫不懈怠，持之以恒，深入推进治理工作。

四、创建宜居之城的思路与路径

建设宜居昆明就是要按照宜居城市经济持续繁荣、社会和谐稳定、文化丰富厚重、生活舒适便捷、景观优美怡人、公共安全度高等方面的要求使昆明成为人民群众共享的宜人宜居乐园和精神家园。

（一）**昆明建设宜居城市的总体思路**

以邓小平理论和“三个代表”重要思想为指导，深入贯彻科学发展观，全面落实昆明历次市委全会关于宜居城市建设的精神，坚持以人为本，深化改革，扩大开放，以体制机制创新为推动，构筑产业新优势，塑造城市新形象，展示文化新风采，增添发展新活力，创造经济繁荣、山川秀美、环境怡人、社会和谐的环境，提高全民的生命质量和生活质量，努力使全市居民学有所教、劳有所得、病有所医、老有所养、住有所居，实现经济社会全面协调可持续发展和人与自然和谐共存，把昆明建设成为经济发达、社会文明、设施完善、交通便捷、治安良好、环境优美、人民安居乐业的现代宜居城市和中国最适宜人居城市。

（二）**建设宜居昆明的实现路径**

1. 牢固树立建设宜居昆明的发展理念

一是各级党委政府要牢牢把握宜居理念，树立绿色发展观。传统的发展观导致一些政府官员为了追求政绩，单纯追求经济增长，忽略了生态环境的保护和居民对城市宜居情况的满意度。绿色发展观就是要在传统政绩观中注入新的元素，体现出发展绿色经济，建设生态宜居城市的发展思路，其核心是经济社会的发展与资源和生态环境的保护相协调。这就要求建立一套体现生态宜居城市建设理念的评价体系。目前，绿色 GDP 核算体系在北欧部分发达国家和墨西哥等发展中国家已经试行，我国理论界也做了许多探索，为昆明提供了可资参考的范式，应加快研究和推行。

二是提高市民素质。一方面城市建设要尊重民意，以人的健康和舒适为基本出发点；另一方面，要提高人们对生活环境的认识和自觉保护环境的意识。要在全社会进行宜居城市教育，加强对全体市民的培训教育，推动宜居城市进课堂、社区等，以活动为载体，开展丰富多彩的社会宣传。充分利用报纸、电视、广播、互联网等宣传媒介，营造全社会共同参与宜居环境建设的良好氛围。

2. 加强科学规划，制定“宜居昆明”发展蓝图

建设宜居昆明，必须高起点高标准做好规划，按照打造“高原湖滨生态城市”、体现“春城”特色的要求，把昆明建设成为特色浓郁的宜人宜居区域性国际城市。

以增强城市持续发展能力为目标，加强宜居规划。宜居城市建设的要求和相关标准已经由国家有关部委提出。要以宜居城市建设的要求作为出发点，进一步修改、编制和实施昆明城市建设发展规划。宜居城市规划与可持续发展的内涵规定是一致的，宜居规划的重要特征就是通过综合运用生态学、经济学以及地理学等相关学科的知识，改善城市与区域发展及其与自然环境和自然资源的关系，增强持续发展能力，使城市及区域既具有较高经济社会发展水平，使人们的生活水平得到提高，同时也具有较大的发展潜力和生态完

整性。宜居昆明规划就是要建立在可持续发展的基础上，树立经济、人口、资源和环境在空间上均衡发展的理念，把昆明规划建设成为宜人宜居城市。

一要以宜居城市建设重点项目为核心，做好重点地区空间发展规划。要在合理确定城市片区功能区划的基础上，合理安排生产、生活要素，确定必需的宜居项目。做到规划目标量化，任务明确，重点突出，布局合理。要做好重大便民工程的筛选和指标评价工作。在修改编制规划的过程中，要研究提出一批关系民生、意义深远、辐射作用大的重大工程。要克服规划面面俱到和不便民两种弊端。要统筹功能协调，通过一定的机制和程序，提高城市居民生产生活的便宜度。

二要提高城市规划的社会参与度。宜居城市建设事关人民群众的切身利益，在规划修改编制的各个环节，要采取多种方式，保障人民群众了解和参与规划的权利。要开辟畅通渠道，帮助规划编制单位广泛吸取各方面意见，尤其是不同意见。涉及人民群众切身利益的规划及其内容，要采取社会公示和听证制度，积极汇集民智参与城市规划的制定和修改工作。

3. 加快城市经济发展，促进产业生态化

建设宜居城市不是停下经济，等宜居以后再发展。宜居城市建设是一个动态的过程，理想的状态是，经济快速发展，宜居得到改善，实现经济发展、城市宜居。昆明要加快新型工业化进程，着力构建先进制造业、资源深加工、新型能源产业、高新技术产业和外向型特色优势产业五大基地，大力发展现代服务业，着力打造区域性国际商贸物流、金融服务、旅游会展和科教研发四大中心，大力发展都市型现代农业，加快农业产业化进程，以及加快发展园区、县域和民营经济，为宜居昆明建设奠定良好的产业基础。

在经济结构的调整中，要认真落实到2015年万元生产总值能耗下降18%，单位生产总值二氧化碳排放量下降20%，综合废旧物资回收利用率达到45%以上等指标，着力推动昆明产业由资源消耗型向资源循环利用型转变，由现在的原料基地型向加工制造型转变，由传统产业向新型产业转变。要继续加强工业污染的治理。一方面要执行最严厉的企业排污限制政策；另一方面利用旧城改造、新区建设的契机，实施污染企业改造升级和外迁。要加快污水处理厂建设，力争城市污水100%进入污水处理厂处理，企业污水100%达标排放。

工业发展要坚持走科技含量高、经济效益好、资源消耗低、环境污染少、人力资源优势充分发挥的道路，着力打造产业集聚、项目集聚能力强的工业园区，加快推进新型工业化进程。服务业要以高端化、高质化、高新化为方向，着力提高技术含量、就业容量和公共服务业，提升现代服务业水平。农业发展要坚持用现代科学技术和现代经营方式改造提升传统农业，加快推进农业现代化进程，提高产业竞争力，为宜居城市建设提供强有力的经济基础。

4. 构建可持续发展、宜人宜居的生活环境

(1) 加快合适便利的生活环境的构建。一是进一步加强基础设施建设。要加强市政绿化设施、绿化带、水面等城市生态基础设施的建设，加强城市生态公园和生态社区、生态小区等的建设、管护力度。二是继续完善城市交通网络和道路环境提升改造。加快“四环十七射”道路主干网络系统和支次道路交通项目建设，把道路建成连接城市功能组团和系统的脉络。统筹推进地铁建设和市域铁路工作，继续实施公交优先，努力提高公共交通出行分担率，减少城市拥堵，缩短市民通勤时间。三是继续加大主城区的管网改造，完善污水截流管和雨污分流管网建设，努力实现城市生活污水全部进

入污水处理厂处理，达标排放。

（2）构建可持续发展的生活环境。一是以争创联合国人居奖、国家生态城市和国家森林城市为抓手，推动城市环境和生态社区、生态村镇建设，展现人与自然和谐相处、繁荣共生的风采。二是深入推进滇池流域农业面源污染防治，开展农村环境综合整治，实施农村新能源替代，实现农村废弃物资源化、农业生产清洁化、村庄发展生态化、城乡环保一体化。

（3）突出城市特色，增强环境的可适性。特色来自文化，要把昆明的历史文化、民族传统、地方风情、风俗习惯和独特景观放到应有的位置加以重视，努力提高城市文化品位、提升城市品质，形成一流的城市功能，增强城市魅力，以高水平的城市发展实现高质量的经济发展与城市生活，把昆明建设成为和谐包容、生态优美、安居乐业、文明幸福，具有个性化特色的极具竞争力的现代化城市。

5. 进一步抓好滇池治理

滇池治理已经进入攻坚期和关键期，要以“十二五”促进滇池流域经济社会可持续发展和维护湖泊环境良性循环为战略目标，以改善湖泊水环境质量为根本任务，坚持开发与保护并重的原则，紧扣污染物总量减排，围绕“工程治理、资源保障、生态修复、发展减负、管理创新、技术支撑”，坚定不移地推进环湖截污和交通、农业生产面源治理、生态修复与建设、入湖河道整治、生态清淤、外流域调水及节水“六大工程”，推进从外源治理为主向内、外治理同步转变，由政府主导向全社会共同推进转变。努力使滇池水环境质量和流域生态状况得到明显改善，到2015年，滇池外海水质基本达到IV类，草海水质基本达到V类，入湖河流水质基本消除劣V类，城镇集中式饮水水源地水质达到III类，推动滇池治理逐步进入良性发展阶段。

第十章
筑造文化之城

文化，是人类创造的物质财富和精神财富的总和。当今时代，文化不仅是综合国力的重要组成部分，而且是一种核心力量。经济社会的发展越来越采用文化的形式，文化也越来越具有巨大的经济容量和社会功能。作为人类发展的产物，城市标志着人类文明的程度。城市的中心作用既体现为文化的辐射作用和推动作用，也体现为对文化的吸收与弘扬作用。城市文化具有无法复制的唯一性特征。建设幸福美好新昆明，文化的建设是不可或缺的，是构成幸福城市的重要支撑部分。

一、幸福与文化的关系

人与动物最重要的区别就是人有文化需求，幸福是人类行为的终极目的，它有层次和境界之分，层次和境界愈高，幸福感愈强，社会与人本身的共同发展是提升幸福的必由之路。经济，富裕生活的支柱；文化，幸福生活的支撑。与经济相比，文化的特殊性就在于其根本目的是人自身，优化人的存在是文化的根本使命。文化改变人，也改变社会发展模式，因而是人类提升幸福的深层基础。

英国哲学家大卫·休谟曾说过：“人类刻苦勤勉的终点就是获

得幸福，因此才有了艺术创作、科学发明、法律制定，以及社会的变革。”在追求幸福中，人们创造了文化；而文化的多姿多彩也带来了更高层面的幸福感受。因此，“文化既是凝聚人心的精神纽带，又直接关系到民生幸福。我们讲改善民生，文化应该是一个很重要的组成部分；我们讲公平、公正，文化应该是一个不可或缺的重要体现；我们讲幸福指数，文化应该是一个非常重要的衡量尺度；我们讲生活质量，文化应该是一个十分显著的标准”。所以，文化是黏合剂，能把人们凝聚起来；文化是润滑剂，能让社会和谐起来；文化是兴奋剂，能让人们快乐起来；文化是助推剂，能推动经济发展起来。无论从科学发展还是社会和谐角度看，既要让老百姓过上殷实富足的物质生活，又要让老百姓享有健康丰富的文化生活。在经济极大发展后，如何让文化发展成果最大限度地惠及老百姓，丰富老百姓的精神文化生活，便成为一项紧要任务。推动文化大发展大繁荣，已经日益成为满足广大人民群众需求、引导人们树立正确幸福观的必然选择。幸福要有物质生活水平的不断提高为依托，但倘若只注重于经济的发展，而忽视文化、社会政治生活的改善，幸福就会与人的实际感觉相脱节。正如哈佛大学博士泰勒·本－沙哈尔撰写的《幸福的方法》一书所说的，美国经济水平的提高与美国人幸福感觉是不一致的，这充分表明，并不是有了物质财富人们就幸福了，GDP 的增长和社会进步之间并不能画等号。这也意味着，幸福还要有文化的内涵：一方面，幸福要能带来文化生活水平的不断改善；另一方面，必须形成科学的幸福文化，在这种文化指引下追求幸福的生活。和物质需求相比，精神文化需求是一种更高层次的需求。而马斯洛的需求层次理论则告诉我们，人的需求由低到高依次排列，当某一层次的需要相对满足后，就会向更高层次发展。现在，随着经济的持续快速发展，人民群众的生活已总体达到小康水平，精神文化方面的需求开始成为人们追求幸福的主要方面。而且实践也已经证明，这种精神文化需求还会随着物质生活水平的提高而不断提高。因此，从客观的方面看，只有顺应人民群众需求的新变化、新特点，大力推动文化大发展大繁荣，构建起完善的公共文化服务体系，生产出更多更好的文化产品，才能不断满足人民的实际需求，不断为“幸福”注入文化内涵，让幸福更加全面，更加触手可及。

文化也是民生，这反映了人们在解决温饱之后，对文化生活的追求和渴望。要“保障人民基本文化权益”，“让人民共享文化发展成果”。发展文化的任务，与发展经济的任务一样，在提高老百姓幸福指数中占有同样重要的位置。文化承担着让人们精神幸福的责任。再多的物质，再多的金钱，再多的房产，都无法替代精神上的愉悦。在老百姓过上好日子之后，加强文化建设，丰富他们精神文化生活的任务，就显得十分繁重。用文化提升老百姓幸福指数，与加快经济发展一样，是一项长期的任务。

文以载道，以文“化”人。文化建设能够在潜移默化中提高人的思想境界，端正人的价值判断，改进人的行为方式，也从根本上决定着人们对外在世界的感受。从这个角度讲，充分发挥社会主义先进文化的教育功能，引导人们用正确的观念理解幸福，用理性的态度对待幸福，用科学的方法追求幸福，不但对提升幸福指数有“正本清源”的作用，而且直接影响着人们能否在追求幸福的过程中确立积极向上的人生方向、生活目的和奋斗目标，进而向幸福的更高层次和境界迈进，创造个人和整个社会更加幸福和美好的未来。

总之，如果我们把实现广大人民群众的幸福看作推动发展的根本目的，那么不断满足广大人民群众的精神文化需求，就是实现这一目标的必然选择；如果我们把实现人的充分发展看作增进和谐的重要保障，那么以文化建设引导人们树立科学的幸福观，就是其中极为重要的一个环节。

二、文化需求与发展是建设幸福城市不可或缺的重要组成部分

在国际国内形势深刻变化和我国经济社会发展进入新的历史阶段的背景下，以什么样的视角认识文化，以什么样的态度对待文化，以什么样的思路推动文化繁荣发展，进而突出文化引领作为建设幸福昆明的重要组成部分，推进科学发展、和谐发展，是昆明市文化建设必须解决的重大课题。没有文化支撑和精神富足，就没有真正意义上的幸福昆明，正如文化部部长蔡武所说："文化是改善民生的重要组成部分，是幸福指数的重要衡量尺度。"一个城市何谓幸福？除了经济的发展、生活的便利，还要有文化的自豪感与凝聚力。一个人何以幸福？除了衣食无忧、居有其所，还应有精神追求和文化熏陶。

（一）文化既是凝聚人心的精神纽带，直接关系民生幸福

我们以往比较多地强调文化的教育教化功能，对文化与人生的关系认识不深。文化是维系一个社会团结和睦的精神力量，无疑应当重视发挥文化教育人、引导人的作用。同时也要看到，文化之于人类，应当是一种精神上的内在需求、普遍需求，也是终生相伴的需求。人们需要通过文化来启蒙心智、认识社会、获得思想上的教益，也需要通过文化愉悦身心、陶冶性情、获得精神上的满足和依归。如果没有精神文化上的充实和丰盈，就不能说有真正幸福的生活和美好的人生。

当前，昆明市正处在经济转轨、社会转型的加速期，一些人的

思想困惑、精神焦虑有所增多，人文关怀、心理疏导、精神抚慰的任务更加繁重。必须在坚持“以文化人”“以文育人”的同时，更好地用文化温润心灵、舒缓压力、涵养人生，更好地丰富人们精神世界，满足人们多样化多方面的文化需求，切实保障人民群众的基本文化权益。

（二）社会文化消费正进入急剧上升的阶段

国际上研究幸福问题的著名学者 Inglehart 根据知名的“世界价值观调查”项目，对全球 98 个国家和地区的调查发现，生存和福祉与人均 GDP 的关系分为两个阶段：即经济收益阶段和生活多样化阶段。前一阶段，福祉提高对经济增长较为敏感，幸福感随经济增长明显提高；而到了后一个阶段，经济增长对幸福感的作用并不显著，即当人们收入达到一定水平之后，“主观幸福”和 GDP 的增长不呈现显著的正相关关系。国际经验表明，社会消费需求具有鲜明的层次性，即人均 GDP 在 1000 美元以下时，社会需求以解决温饱为主；人均 GDP 上升到 3000 美元时，社会对精神文化产品的消费需求开始活跃，人均 GDP 进入 3000 美元后，社会消费结构将出现重大的变化，文化消费比重逐渐上升，而物质比重则开始下降。

昆明 2011 年人均 GDP 已超过 5000 美元，广大人民群众精神文化需要更加突出、更加强烈，对自身幸福感的要求越来越高，推动了文化发展成为提升人民群众幸福指数的重要组成部分。

（三）加快发展文化产业是提升人民群众幸福感的重要途径

进入 21 世纪，党中央、国务院在文化建设方面作出了一系列深刻论述和重大部署，提升了文化产业在经济社会发展中的重要地位和作用。党的十六大指出，文化产业是市场经济条件下繁荣社会主义文化、满足人民群众精神文化需求的重要途径。党的十七大又发出了推动社会主义文化大发展大繁荣的号召，把“文化产业占国民经济比重明显提高”列入全面建设小康社会的奋斗目标，就包含了既要让广大人民群众过上殷实富足的物质生活，又要享有健康的文化生活；在经济极大发展后，要不断地“保障人民基本文化权益”，“让人民共享文化发展成果”，提高广大人民群众的幸福指数，文化承担着让人们精神幸福的重任，加快文化产业的大发展，是提升人民群众幸福感必不可少的条件和必然要求。

三、筑造文化之城的现实条件

（一）昆明有着悠久的历史文化

昆明历史悠久，文化底蕴深厚，具有3万多年的人类生活史、2400多年的滇中文化史，是古滇青铜文化的发源地，有1247年的建城史，是国务院首批公布的24个历史文化名城之一。拥有悠久的历史文化、光荣的革命传统和丰富的文物古迹，由于地缘特殊，自古以来就是民族迁徙的目的地和集散地，仅世居少数民族就有9个。昆明是中原文化与西南边疆文化、汉文化与少数民族文化、中华文化与西方文化交融发展的典范。在长期的历史发展中各个民族在昆明交汇融合，带来了各自的文化和信仰，形成了包容性、开放性、创造性的多民族文化特征；创造了绚丽多彩、别具风格、富有魅力的民族民俗文化。昆明独特的历史文化、高原风光、民族风情和都市时尚文化构成了丰富的文化资源优势。

1. 古代滇国青铜历史文化资源

两千多年前的战国至东汉初，滇池周围的“滇人”建立滇国，创造了独具特色的“滇文化”，以晋宁石寨山、昆明东郊羊甫头古墓出土的数千件珍贵的青铜器物和漆木器、“滇王金印”为代表的古滇国青铜文化，内容之丰富，制作之精美，堪称辉煌绝伦。是昆明历史文化底蕴中最为深沉的叠积层。

2. 南诏大理国时期的昆明历史文化资源

唐宋时期，公元765年，南诏国筑拓东城，为昆明建成之始。大理国时称鄯阐城。拓东城、鄯阐城分别为南诏国、大理国的东京。迄今仍屹立在昆明城区的东、西寺塔；原在昆明“城之北二里”圆通山南麓，后于明初兴建昆明城时圈入城内的补陀罗寺（今圆通寺）；始建于大理国时期，原在鄯阐城内，后被圈于昆明东门外拓东路上今市博物馆院内的地藏寺古经幢（大理国经幢）；昆明西郊玉案山麓的筇竹寺、安宁温泉曹溪寺和仅次于剑川石宝山的云南第二大石窟群安宁法华寺石窟，以及晋宁、禄劝两地的“大黑天神”造像等佛教文化遗存。大量的文化遗存无疑为昆明的历史文化增添了底蕴。

3. 元代的多元民族文化资源

元灭大理国，公元1275年始置云南行省，设云南中书省，设中庆路，昆明县为中庆路首府，将云南的统治中心由大理迁至昆明，昆明首次成为省会（称鸭池城或中庆城）。从此确立了昆明在云南政治、经济、文化中心的地位。马可·波罗从京城来到昆明，惊叹称赞昆明为“壮丽大城”。元代的典型遗存、代表性历史遗迹、隶属不同流派的有大德寺双塔、西山太华寺、晋宁盘龙寺、昆明东郊官渡金刚塔、城区东部现已仅存地名的白塔（即万庆寺塔）、市中心近日公园北侧的大南城清真寺和东寺街口的永宁清真寺、文庙学宫、今拓东路与白塔路交叉处的真庆观等佛教文化、伊斯兰教文化、汉文化、本土宗教道教文化历史遗存。

4. 明清时期的昆明历史文化资源

经过昆州、拓东、鄯阐、鸭池四大古城的积累、元代的发展，留下了始建于明朝宣德年间（1426～1435年）的昆明古城标志性建筑金马、碧鸡坊。明朝在云南设立都指挥司、布政使司和提刑按察司进行统治，将中庆路改为云南府，对府城进行大规模地修筑，昆明城由土城变为砖城，有六门，面积达3平方公里。清代，昆明既是云南府的府城，也是全省的城会，是总督衙门和巡抚衙门所在地，故也称为省城或会城。城内道路等设施经过较大修整，商业日渐繁盛。

5. 清末及民国时期昆明历史文化资源

20世纪上半期，昆明一直处于变革和发展的大潮中。重九起义、护国运动、“一二·一”运动、昆明解放等都光彩夺目。滇越铁路的通车、第一座水电站的建设、全国第二个飞机场的修建、第一根电缆线的制造以及云南大学的创办、西南联大的迁入，等等。经济发展和社会进步使这一时期昆明地区的历史文化资源不仅丰富多彩，而且更具有独特的价值和地位，更值得倍加珍惜和爱护。

（二）昆明拥有丰富多彩的民族文化和特色鲜明浓郁的传统文化资源

昆明文化悠久灿烂、绚丽多姿，是一座充满无限魅力的民族文化宝库。

1. 民族歌舞资源

昆明各个民族都有自己独特的歌舞艺术。目前，云南已收集到的各民族的民歌民曲有2万多首、舞蹈6718套、戏剧2000多个、器乐200多种、叙事长诗50多部。这些丰富的文化资源经过艺术加工、注入现代元素包装后，就能在获取经济效益的同时，实现对云南民族文化多样性的彰显和传播。

2. 民族民间工艺品及民族服饰文化资源

昆明是全省民族文化荟萃之地，各族人民在长期的生活生产过程中，形成了自己特有的文化表现形式。工艺品、服饰造型异彩纷呈，色彩缤纷艳丽，制作工艺多种多样。在这方面每个县几乎都有独特的产品、资源优势，已初步形成一定的产业基础。

3. 民族节庆及饮食文化资源

如傣族的“泼水节”，白族的“三月街”，彝族的“火把节”，傈僳族的“刀杆节”，瑶族的“盘王节”，景颇族的“目脑纵歌”，独龙族的“卡雀哇”，佤族的“新米节”等。这是昆明少数民族所特有的文化沉淀和结晶，是巨大的文化精神财富和审美需求的载体，也是产生巨大物质财富的源泉。美食各有特色，绿色餐饮色彩非常符合现代人的饮食需求，如白族的“三道茶”、傣族的“香竹饭”、哈尼族的“长街宴”、傈僳族的“打列壳”和“同心酒”、佤族的“鸡肉稀饭”等。

4. 自然遗产、文物、古籍、名人故旧居资源

目前，昆明市共有世界自然遗产 1 项，各级文物保护单位 393 项，其中全国重点文物保护单位 16 项，省级文物保护单位 39 项，市级文物保护单位 119 项，县（市）区级文物保护单位 219 项。各类不可移动文物 2422 项；古籍文献 40000 余册、古籍善本近 400 册。石林县图书馆收藏的彝族古籍《指路经》，已纳入国家珍贵古籍名录。名人故居 32 项，其中，省级 4 项、市级 21 项、县（市）区级 7 项，尚待考证和确认的 30 项。

5. 非物质文化遗产资源

目前，昆明市有国家级非物质文化遗产保护名录 4 项，分别是口述文学《阿诗玛》，滇剧、彝族（撒尼）刺绣、彝族（撒尼）大三弦舞；省级 19 项，市级 342 项，县区级 790 多项；国家级代表性传承人 2 人、省级 59 人、市级 81 人、县区级 52 人；建有非物质文化遗产展示馆 8 个，传习馆 5 个；已初步建立起了国家、省、市、县四级保护名录。

（三）公共文化服务体系建设不断完善

“十一五”以来，昆明市公共文化服务体系建设正按照党的十

七大提出的“使人民基本文化权益得到更好的保障”方向发展，推进实施和配套了“文化基础设施两馆一站一室建设工程”“农村电影2131工程”“文化信息资源共享工程”“文物保护工程”“知识工程”“农村流动综合文化服务工程”“民族民间文化保护工程”7项建设工程方案。

目前，昆明的“两馆一站”、广播电视“村村通”、文化信息资源共享、农家书屋、文化下乡、农村电影放映等重点文化惠民工程建设得到了有力推进；昆明文化艺术生产基地、袁晓岑艺术园、昆明网球馆等一批文化地标工程相继竣工，昆明图书馆装修改造完成，昆明市博物馆实施二期改造提升工程。

公共文化资源方面，昆明市现有1个市级（一级馆）、县（市）区级（有一级馆3个、二级馆4个，三级馆7个）15个共16个公共图书馆，面积63753平方米，总藏书227.67万册，全市人均占有图书0.31册。基本实现了公共空间设施和场地无障碍、零门槛进入，市民在对外开放区域可自由且免费享受书刊阅读、数据库查询、听取讲座、观看视频、对未成年人提供上网查询资料等服务。

昆明市各级各类博物馆数量已达到105个，其中，国有文物类博物馆20个、行业博物馆55个、民办博物馆30个，行业和民办博物馆的比重占到了80%。馆藏文物10638件，其中一级3件、二级49件、三级376件。考古发掘中出土了约1万件文物，目前正在进行分批整理。博物馆种类基本涵盖了各种类型，包括综合历史类、艺术收藏类、名人纪念类、民俗类、农艺类、奇石类等。

昆明市现有文化馆15个，乡镇、街道、文化站166个，社区（行政村）文化室1370个。县、乡两级近五年共投入文化设施建设资金2000多万元，搭建了农村文化建设平台。覆盖全市城乡的文化馆、站、室三级文化服务网络已经基本建立起来，为公益性文化事业的发展打下了坚实基础。

（四）文化体育资源共享建设不断推进

2009年，全市文化建设工作会议提出了“加快建设中国西部乃至泛亚地区极具竞争力的历史文化名城、民族文化宝库、国际文化枢纽、文化产业基地和文化共享家园”的目标定位，昆明市顺应文化发展大势、找准城市国际定位、赢取文化发展主动权，大力推进文化体育资源共享建设。

一是编制呈贡新区文化设施建设规划。重视新区文化基础设施建设，目前，呈贡新城音乐厅、昆明国际文化艺术交流中心、时尚娱乐中心、书城影城文化项目、新城新昆明文化中心、昆明民族民俗博物馆、昆明国际现代传媒中心、昆明市第二青少年宫、昆明中心（数字化）图书馆、昆明聂耳文艺活动中心等十个项目的项目建议书（规划报告）已编制完毕。

二是昆明市群众文化活动中心（文庙）恢复重建工程。该工程被列为市政府“十一五”“十二五”公共文化重点建设项目，2008年该项工程前期准备工作已完成，2011年启动主体工程。

三是加强公共体育健身场地和设施建设，提高体育设施场地开放程度。新建一批体育场馆设施，规划立项了一批体育工程；昆明行政新区配套的昆明体育学校暨全民健身中心项目全面开工建设；全市体育健身路径达到254条，为广大市民增加了健身场所，为社区居民健身和娱乐创造了便捷途径；圆满完成了全市六分之一行政村农民体育健身工程点的建设，全市14个县（市）区的1316行政村中实施了278个农民体育健身工程点的建设。已完成村级文化体育活动广场46个点的建设，42个点正在建设之中。

（五）公益性文化园地百花盛开

“十一五”期间，全市开展了各类大型群众文化活动，演出

2125场，观众达230万人（次）；放映电影2万场，观众500万人（次）。各县（市）区也结合自身特色，分别举办了周末文化广场活动、盘江艺术节、郑和国际文化节、官渡传统庙会、兰茂文化节、石林火把节、阳宗海民歌节等丰富的活动，使群众文化活动在城市、山乡蓬勃开展。

特别是2009年以来，昆明市以满足人民群众不断升级更新的文化需求为出发点，激活创造力，积极组织开展群众喜闻乐见的公益性文化活动。公益性文化活动繁荣，开创了文艺繁荣的新局面。

“十一五”时期，昆明市一大批优秀文艺作品分别获得了全国“群星奖”，群星服务奖，“小荷风采”少儿舞蹈大赛一等奖，少数民族曲艺展演一等奖，新农村文艺汇演银穗奖，中国农民书画展一、二、三等奖，中国群众文化学会、中国文化报论文征文活动一、二、三等全国大奖。昆明市开展送文艺下乡、文化进社区等活动，有5个社区被评为“全国文化先进社区”。

（六）文化产业长足发展，助力昆明文化名城建设

“十一五”以来，昆明市文化产业规模不断扩大，正朝着结构升级、布局优化方向发展，建成了一批重大文化产业项目和文化产业示范基地，为建设幸福昆明文化之城创造了重要的条件。

在独特的人文地理环境下，昆明的文化产业也蓬勃发展。“十一五”期间，全市文化产业增加值从85.48亿元增至180.87亿元，年均增长19%，比同期全国平均增速高4个百分点；占GDP比重从7.1%增至8.53%；占全省文化产业增加值比重从39.44%增至41%，总体规模处于西部领先、中部中游位置。

（七）挖掘云南民族文化特色资源，培育优势区域文化品牌

近年来，结合云南民族文化特色，打造了一批凸显区域文化优势的文化品牌。《风氏彝兰》《香格里拉》《有一个美丽的地方》

《福天宝地》等，树立了在全省、全国有影响的民族文化品牌。吉鑫集团在海南成功推出《浪漫天涯》、云南润视荣光影业成功制作的《钱王》《狼毒花》《翡翠凤凰》等影视作品，以护国运动为题材、献礼辛亥革命100周年的电视剧《护国军魂传奇》在北京卫视的播映，取得了良好的经济效益和社会效益。高原影视文化中心联合中央电视台等单位摄制《商贾将军》等有影响的影视作品、电视剧《金凤花开》《长河东流》等在央视的成功播映。《云南映象》自2003年在昆明首演以来，演出超过3000场，成为继《五朵金花》《阿诗玛》之后云南又一经典作品。特别是《云南映象》以大型原生态民族舞剧的形式，走出云南、蜚声国际，标志着昆明演艺企业“立足云南、面向全国、走向世界”迈出了新的步伐。

推进了茶、花、石等特色文化产业发展。石林县阿着底生产的刺绣产品，以其优秀的彝族传统刺绣文化深受消费者喜爱，远销全国各大城市和韩国、日本、哈萨克斯坦、俄罗斯等国，并申报了第二批国家级非物质文化遗产保护；“斗南花卉”被认定为中国驰名商标；“福天宝地”得到市场认可；“吉鑫宴舞”浓郁的云南民族文化风情，深受中外游客欢迎。“石林民族文化旅游”“云南民族村”“昆明老庙会”等文化品牌蜚声海内外，一大批具有特色的知名文化品牌已经成为带动昆明市文化产业发展的重要力量。

四、筑造文化之城存在的主要问题

（一）公共文化基础设施建设较为薄弱

目前，昆明城市规划中对文化设施建设预留的空间有限。公共文化基础设施建设相对滞后，无法满足大众化、多样化和就近就地的要求。对于致力打造“幸福新昆明文化之城”的昆明而言，缺少一批独具特色、规模相当、品位高雅、功能完善，能够体现城市文明程度和现代化水平的公共文化基础设施。重大文化地标缺乏，没有标志性的文化建筑。基层文化建设投入不足，文化设施不完善，基层文化生活特别是农村文化生活仍然比较贫乏。同时，部分公共文化服务设施管理利用不好，手段和利用方式单一，功能作用没能充分发挥。

（二）文化资源整合力度不大

昆明市文化资源尚未全面的整合和有效盘活，城市个性彰显不足，文化产品特色不鲜明，能够体现云南民族文化的优秀产品较少，特别是缺乏在国内外的文化影响力和竞争力，具有云南民族文化特色的品牌产品屈指可数，使得丰富的文化资源、要素没能得到市场的充分认可，资源优势没有最大化地转化为产业优势。

（三）文化遗产保护方面仍需不断改善

对文化遗产的保护不够，一些历史文化古迹风雨飘摇。令人担忧的是，昆明的历史文化特色已在今天现代化的浪潮的冲击下载沉载浮，唯一残存的一小块成片的历史影子——文明街片区也风雨飘摇，岌岌可危。一个曾经的岁月沧桑、温馨可亲的历史文化名城—“老昆明”正在人们的视野中、老辈的记忆中渐行渐远。总体看来，我们还缺乏整体保护和开发的手段，历史文化资源保护和利用的科学合理政策；文物保护或多或少存在仅重视对国家级重点文物保护单位、省级文物保护单位、市级文物保护单位以及国家级、省级非物质文化遗产等法定文化遗产的保护，而大量没有被“批准”为“文物保护单位”的文化遗产的保护则不受重视，尤其是近年来快速的城市发展、城市更新，使得许多文化遗产的保护面临巨大压力，昆明的许多特色老街的消失就是一个明显的例证，如此下去，昆明这座以历史悠久而自豪的城市也将不会再有底气。

（四）缺少整体的历史文化观

一直以来，我们对文化城市建设缺少历史文化的挖掘，鲜有对昆明整体历史文化进行认真梳理，人文脉络不清，城市建设中对文化建设的总体布局没有深入系统地讨论研究，文化建设的总体布局不够完善。如街道、街区的新建或改造如何体现昆明城市应有的文化特色，如何与城市文化主体格调融为一体，城市文化的总体形象是什么，如何引导城市建设者在重视经济效益的同时，弄清并真正保护好昆明的历史文化等。由此，我们陷入了如何梳理昆明的整体历史文化、如何寻找与现代对接的个性鲜明、文脉清晰的历史文化的困惑，文化建设也就像支离破碎、残缺不全的历史一样变得缺乏整体感，不系统、不完整，甚至落后于高速发展的城市建设。

（五）城市建设中建筑同质化，缺少区域文化特征

建筑是一座城市的文脉，规划和建筑能保留和传承文化因子，靠的还是“人脉”——就是懂得建筑、体味建筑、赋予建筑以生命和价值的人。然而，这种“人脉”却在知识的教育阶段和社会的遴选阶段不断地被割裂！昆明的城市规划在对城市建设、发展，特别是在房地产业的开发方面，缺乏应有的全面考虑。在结合昆明历史文化特色的建设上，没有统一整体的规划指导，缺乏全方位多视角地展示昆明城市文化底蕴和魅力，使得昆明的房地产开发商在旧城改造和城中村改造中，不重视城市文化，盲目模仿，楼盘千城一面，让云南民族风情、高原风光、多元文化交汇的特色，四季如春的城市特色没能淋漓尽致的展现，同时还加剧了自己主流文化的消亡。城市越来越没有自己的城市主题文化。

（六）文化产业规模偏小

昆明文化产业规模发展，由于产业集约化程度不高，缺乏支柱产业和品牌大型文化企业集团的带动，总体呈现实力弱、竞争力不强，与昆明作为国家级历史文化名城和云南民族文化强省枢纽的地位很不相称，也适应不了昆明科学跨越发展、建设幸福昆明文化之城的要求。与发达地区、先进城市相比，差距明显。2010年，就文化产业增加值看，杭州达702亿元、长沙450亿元、长春196.7亿元、南京194.7亿元、西安184亿元，均高于昆明。“十一五”期间，昆明文化产业增加值占全省的比重徘徊在40%左右，对服务业和国民经济的贡献率较低。

（七）文化品牌不够丰厚

虽然近年来涌现了一批产值高、效益好的文化企业，但缺少有带动影响力的明星文化企业、文化产业项目，多数规模小、产业关联度低、发展较为粗放，集约化程度不高，科技含量低。已实施的一批重大文化产业项目产生了良好的经济效益和社会效益，但其中有显著支撑作用和带动效应的项目屈指可数。一些文化品牌在省内建立了一定的知名度，但在全国的影响力有限，有重大影响的大型文化企业、文化产业项目、文化品牌缺乏，反映出昆明文化产业市场发育程度不高，文化产业市场整体规模实力较小的问题。

（八）人才队伍与文化城市建设不相适应

幸福昆明文化之城建设需要一流的文化人才、众多的文化大师和与之相关的各方面的专业人才来支撑。当前，昆明市文化队伍人员老化、学历偏低、专业结构不合理；缺乏高水平的、高素质的创意人才、文化经营人才、文化管理人才，尤其缺乏熟悉文化产业规律和市场运作、懂经营会管理的复合型人才和经纪人才；缺乏能将文化资源转变为文化产品、文化商品、文化品牌的文化企业家。致使我们的许多重大的影视剧的创造生产，要依靠省外知名的作家、编剧、导演、影视机构合作来完成，本土创造力量特别是高水平的作家、剧作家、导演严重缺乏。人才短缺成为制约文化产业发展的一大瓶颈，加快本土人才队伍建设是当务之急。

（九）体制机制滞后于发展的步伐

按照中央和省委的部署，昆明市级国有文化单位的改革任务虽已初步完成，但深层次的问题还需下大力气解决。一方面，已转制文化企业的现代企业制度、法人治理结构还不完善。不少企业仅仅是完成了单位性质、职工身份的转换，经营理念、管理方式、运行机制还没有彻底转变，适应市场竞争还需有个过渡。另一方面，各县（市）区文化体制改革尚未完全启动，文化资源被分割在各部门，形成维护既得利益，恪守现行框架的体制问题，文化产业科学发展的体制还不健全完善。

五、筑造文化之城的对策建议

（一）明确目标，确立筑造文化之城思路

昆明筑造文化之城的思路为：以邓小平理论和“三个代表”重要思想为指导，全面贯彻落实科学发展观，认真贯彻党中央、国务院推进文化大发展大繁荣的战略部署，紧紧围绕全面建设小康社会和“两强一堡”、建设中国面向西南开放的区域性国际城市、建设幸福美好新昆明的奋斗目标，实施文化近民、文化乐民、文化亲民、文化为民、文化惠民工程；树立文化为民理念，立足普惠共享，注重功能发挥，促进资源整合，擦亮历史文化名城品牌，加快文化项目建设，加快文化特色培育，促进文化产业繁荣兴旺；加快文化形态融合，加快民族文化精品的创作步伐，塑造昆明文化新品牌；大力丰富和提升社区文化、广场文化、校园文化、企业文化的活动内涵，着力构建公共文化服务体系，切实提高群众文化生活品质。让人民群众共享改革发展的物质成果和精神成果，以不断满足人民群众日益增长的精神文化需求为出发点和落脚点，培养高度的文化自觉和文化自信，最终实现广大人民群众的全面幸福。

（二）树立“文化立市”理念，实施“文化强市”战略

文化是城市的灵魂。昆明应树立文化立市理念、实施文化强市

战略，高度重视文化发展。为此，要全面审视过往文化建设、文化发展存在的问题，制定一揽子文化政策，在文化领域大胆改革创新，加强金融、税收、规划、土地等方面对文化领域的支持，为文化建设提供巨大动力和活力。并着力于通过文化创新工程、文化品牌工程、旗舰项目工程、精品创作工程、文化民生工程等，努力将昆明建设成为具有深厚历史内涵、浓郁地域特色、强烈时代特征、鲜明文化品格、高度创新精神、区域性国际化程度较高的文化名城。

（三）加强文化遗产的保护与利用，擦亮昆明历史文化品牌

文化遗产是昆明建设“幸福文化之城”的基础条件和宝贵财富，昆明要采取强有力措施对传统文化资源进行抢救、保护和振兴，重新擦亮昆明历史文化品牌。

一是继续做好文物保护规划工作，编制市级文物保护单位专项保护规划，提升全市文物保护单位的总量和级别，加强文物保护法规体系建设；二是在城市规划建设特别是城市更新改造中，严格划定文物保护范围，切实加强对重点文物、历史建筑、名人故（旧）居、文化遗迹、历史街区、革命史迹、宗教文物、古宅名园等的保护力度；三是定期组织开展文物、历史建筑、历史地段、历史村镇普查工作，形成制度；四是加强对古滇文化、护国运动、滇越铁路、抗战遗址、名人文化等历史文化资源和重大历史事件的研究宣传；五是大力推进文物与文化结合，促进文物资源的科学转化；六是积极开展滇池申报世界文化景观遗产工作，向世界展示滇池区域独特性、代表性的自然环境、历史文化和民族文化。

（四）加强优秀传统文化传承

坚持保护利用、传承发展并重，加强对非物质文化遗产和优秀传统文化的挖掘，不断拓展非物质文化遗产的保护内容，进一步丰富其项目和类型；健全完善非物质文化遗产保护制度，扶持非物质文化遗产传承人开展传承活动，实现非物质文化遗产的活态保护。加强非物质文化遗产专业研究机构的宣传展示平台建设。支持各县（市）区广泛开展传统民族节庆展示活动，建设一批民族民间文化艺术之乡和优秀民族文化传承基地、传习馆（所），培养民族民间文化传承人，开展优秀传统文化宣传普及活动，把传承优秀传统文化与弘扬城市精神结合起来。

（五）加快公共文化基础设施建设

坚持政府主导，把公共文化建设纳入全市基础设施建设规划，以城市主题文化规划建设城市，提升城市文化形象。大力推进市级重大标志性文化设施建设，城市建设和改造要为文化发展预留足够的空间，合理规划布局公共文化设施建设。

支持云南省博物馆、云南省科技馆等省级重大标志性文化基础设施项目的建设。“十二五”时期，重点推进昆明文庙恢复性修建、昆明市文化馆、昆明市中心图书馆、昆明市民族民俗博物馆、昆明市民族文化宫、昆明美术馆、呈贡新区青少年活动中心、昆明泛亚文化传媒中心、昆明市妇女儿童活动中心、泛亚艺术中心等十大公共文化基础设施重点项目，完成市博物馆二期建设。

积极推进各县（市）区文化馆、图书馆、博物馆、科技馆、体育馆等“五馆”公共文化基础设施建设，加快乡镇（街道）文化站建设，统筹建设村（社区）文化活动室，为提升公共文化服务能力提供新载体。

（六）提升公共文化服务水平

坚持公益性、基本性、均等性、便利性原则，以公共财政为支撑，以公益性文化事业单位为骨干，以全民为服务对象，以基层特别是农村、民族地区为重点，在全市实施基本和重大公共文化项目和公共服务，逐步形成覆盖城乡、结构合理、功能健全、实用高效的公共文化设施网络，提升面向群众的服务功能，切实提高基层公共文化服务能力。

积极申报国家级和省级公共文化服务体系示范区（项目）。精心组织“送书、送戏、送电影”下乡活动，大力推进“两馆一站”、广播电视“户户通”、文化信息资源共享、农家书屋、农村电影放映等重点文化惠民工程建设。深入推进和扩大公共文化设施向社会免费开放和服务项目免费提供，促进公共文化资源共享。继续开展丰富多彩的群众性文化活动，如全民阅读、全民健身、科技文化卫生“三下乡”、广场舞文化活动，使广大群众成为城市精神文化的受益者。

（七）大力发展文化产业，加速提升文化综合竞争力

实施重大项目带动战略，扶持骨干文化企业，重点培育一批在全国乃至世界有竞争力的文化企业，带动全市文化产业上水平、上档次、上规模。扩大文化产业发展领域，运用文化的方式推动其他相关产业的繁荣发展。改造提升文化旅游业、演艺娱乐业、广告会展业等传统优势产业，促进文化与科技创新、金融贸易、网络技术等的结合，催生新兴文化业态，大力发展创意设计业、现代传媒业、动漫游戏业、印刷包装业等新兴产业，做精做优珠宝玉石业、民族民间工艺品等文化品牌，推动文化产业加快发展。引导产业布局，深入挖掘各地资源优势，扶持发展一批文化产业强县，形成一板块辐射带动、二板块加快崛起、三板块开发跟进的区域发展格局。建设一批布局合理、错位发展、特色鲜明、效益突出的文化产业基地和园区，力争到2015年，全市文化产业增加值达到400亿元以上，占GDP比重达到11%。

（八）打造一批重点文化品牌

昆明文化产业应当根据自身的资源特色，选择或创新独特的方式塑造品牌、维护品牌，特别是要注重品牌的推介和传播，建立一套完善的品牌形象战略，使文化品牌创造成为文化产业一切行为的根本宗旨。着力打造郑和、聂耳等名人文化品牌；古滇国文化、护国运动、云南陆军讲武堂、西南联大等为代表的历史文化品牌；以石林、西山、世博园、云南民族村、官渡古镇等为代表的生态文化旅游品牌；在现有的《云南映象》《吉鑫宴舞》《小河淌水》《福天宝地》等品牌的基础上，进一步做好提升、创新工作，力争新形成1~2个国家级著名品牌。建立推进品牌建设工作机制，加大对文化品牌创作塑造的扶持力度，落实优惠政策，加大金融支持，为昆明建设幸福文化之城增添丰富的文化品牌和文化内涵。

（九）加强体制创新，培育更加开放包容的文化发展环境

昆明有丰富的民族文化资源，是中国多民族文化特色表现最丰富、形态最多样化的地区，多民族文化的包容性、开放性、创造性在此得到最大程度的释放。在世界政治多极化、经济全球化的今天，世界文化则日趋多样化。这就需要我们进一步加强体制创新，做好以下几方面工作：

一是逐步放宽文化管制，打造更为包容的文化建设环境，尽可能淡化意识形态对文化创造、文化生产的桎梏；二是进一步加强知识产权的保护，严厉打击文化领域的假冒伪劣和违法经营等行为；三是要探讨财税制度的改革、城市规划建设管理制度的改革，以支持、鼓励民间资本在文化领域的投资，加快文化产业的发展；四是要创新文化遗产的管理模式，鼓励民间基金会等非政府组织介入到文化遗产的管理、开发、利用当中，为民间人士参与到文化建设事业提供渠道。

（十）完善政策保障措施，营造良好发展环境

政策措施体系的不断完善是推动建设文化之城的重要保障。与发达地区相比，昆明文化发展的政策措施还存在着差距，在一些发展领域观念滞后，还缺乏创新意识，政策措施还很薄弱、不完善，迫切需要强化政策保障以适应昆明跨越式发展的需要。

一是建立完善资金保障机制。建立文化事业财政投入增长机制，做到“两个高于”，即公共财政对文化投入的增幅高于财政经常性收入增幅，“十二五”期间的文化事业投入占财政支出的比重高于“十一五”时期。建立公益性文化事业经费保障机制，逐步增加项目投入、激励性投入和政府购买文化服务的比重。加大财政对公益性文化基础设施建设的资金投入和文艺精品创作重点项目的资金扶持，广泛吸引社会资金参与文化项目建设。各县（市）区要不断完善文化产业发展专项资金投入机制，统筹安排基本公共文化服务项目经费，并随着经济社会发展水平的提高逐步增加，市级财政要区别各地财力状况给予适当补助。

二是落实优惠政策。认真落实中央、省关于文化建设、文化产业发展、文化事业单位转制等方面的多项优惠政策。切实执行对文化产业实行的增值税、营业税、资产和土地处置、工商登记、文化产品和服务出口税等方面的优惠政策，将重大文化项目用地纳入绿色通道，实施重点保障，支持文化产业发展。各相关职能部门要抓紧对现有政策进行系统梳理，分类制定实施细则，加强落实，确保落实到位。

三是加大金融支持，拓宽融资渠道。鼓励金融机构加大对文化企业的金融支持力度，建立文化企业与金融机构良好的合作机制，通过贷款贴息、项目补贴、补充资本金等方式，建立政府投入为导向、企业投入为主体、金融机构投入为支撑、外资和民间投入为重要组成部分的投融资机制。同时，要加大对外招商引资的力度，精心筛选、包装出一批特色鲜明、产业链长、关联度高、绿色环保、辐射带动作用明显的大项目，以此推动幸福文化之城建设。

四是加快文化法规及制度建设。市级相关文化主管部门要进一步深化法制观念，高度重视文化法规制度建设。要围绕文物古迹保护、城市规划建设、文化产业发展、公共文化服务体系建设、文化市场管理等方面的地方法规，加大文化执法力度，推进文化建设步入法治化轨道。

（十一）实施人才战略，提供发展必须的人才保障

要努力造就一支适应昆明文化建设发展多方面的人才队伍。一是实施文化产业人才培养工程。着力培养一大批文化领域各门类领军人才、经营管理人才、文化创意人才和掌握现代信息技术的专业人才和复合型人才。形成以市场需求为导向的专业人才群体。二是鼓励建立文化产业人才库。通过管理制度创新和收入分配制度改革，形成有效的激励机制和约束机制，大力引进企业管理、创意策划、市场营销等各类高端人才。三是抓好“借脑”工程。打破地域和身份限制，通过跨地区机构联合、项目协作、信息交流、资源共享等途径，共享人才资源，争取智力支持。四是支持高等院校与文化企业创设人才培养基地、培养造就各类专业人才，确保昆明文化产业发展所需的人才。

第十一章
构建诚信之城

党的十六大报告提出要“整顿和规范市场经济秩序，健全现代市场经济的社会信用体系。”党的十七届六中全会通过的《中共中央关于深化文化体制改革推动社会主义文化大发展大繁荣若干重大问题的决定》中也指出：“把诚信建设摆在突出位置，大力推进政务诚信、商务诚信、社会诚信和司法公信建设，抓紧建立健全覆盖全社会的征信系统，加大对失信行为惩戒力度，在全社会广泛形成守信光荣、失信可耻的氛围。”这是在全社会加强诚信建设的总体指导思想。建设美好幸福新昆明，这是中共昆明市委十届二次全会确定的重要任务之一；而构建诚信之城，又是建设美好幸福新昆明的题中应有之义。也可以这样说：诚信并不直接等于幸福，但诚信与幸福之间有着内在的必然联系。

一、构建诚信之城的内涵

（一）什么是诚信

诚信，就是诚实守信。诚实，就是实事求是，不说假话，不说大话，不说空话，真实不欺；守信，就是说话算数，讲信誉，重信用，自觉承担自己所应承担的责任和履行自己的义务。诚信是中华民族的传统美德之一（仁、义、礼、智、信），是构建社会主义和谐社会的重要内容之一（民主法治、公平正义、诚信友爱、充满活力、安定有序、人与自然和谐相处），它虽然无形，但其价值却不可估量——人无诚信不立，家无诚信不和，业无诚信不兴，国无诚信不宁。

（二）构建诚信昆明大致包含的内容

1. 打造诚信政府

政府是国家权力机关的执行机关。政府诚信是以各级政府及其公务人员为主体的诚信，是指政府必须履行其对公众承诺的责任，它是现代民主社会中责任政府的重要标志，是整个社会诚信体系建设的基础和核心，在社会诚信体系的构建中具有重要的示范效应和推动作用。政府承担着公共管理服务、维护社会秩序的神圣使命，国家行政机关及其工作人员是否遵纪守法、诚实守信直接影响国家机关的公信力。可以这样说：政府诚信是社会诚信的基础和源头，是社会诚信体系建设的关键，政府诚信是最大的诚信。它具体应体现在以下几个方面：一是路线、方针、政策的制定要科学合理，连续稳定；二是行政行为要公开、公平、公正，真正体现最广大人民群众的根本利益；三是政府部门要依法行政，信守承诺，所有的政府行为都要置于国家法律法规的监控之下，避免主观随意行为的发生；四是政府管理要为社会提供诚信环境，提供诚信制度保障和信用基础；五是各级政府公务员都要依法、依规、依责履行职务，防止不作为，乱作为行为的发生。

政府诚信对推动社会主义市场经济体制的构建和发展有极为重要的作用。社会主义市场经济是在国家宏观调控下市场在资源配置中起基础性作用的经济，是一种竞争型经济，必须遵行价值规律，实行等价交换，平等互利，诚实信用的原则。要遵守这些规则，除了要求企业自律外，还必须依靠政府制定法律法规来加以规范，制定政策来进行宏观调控；如果政府诚信缺失，就无法保证市场经济的良性运转，所以政府诚信是规范市场经济秩序的需要。

政府诚信建设有利于维护社会公共秩序的和谐稳定，有利于社会的安定团结。我国是中国共产党领导的人民民主专政的社会主义国家，各级人民政府代表了最广大人民的根本利益。人民相信政府，拥护政府，支持政府，就会政通人和、国泰民安，实现社会的长治久安，进而实现中华民族的伟大复兴。

2. 构建企业诚信

企业是以营利为目的，从事生产、运输、贸易以及服务性活动的经济实体（如工厂、农场、铁路、矿山、银行、商店等），它的行为诚信与否，与经济活动的成效关系极大。对于企业来讲，诚信应该是谋事之机，发展之源，生存之本。诚实守信是企业生存和发展的基础，也是市场经济发展的内在要求。企业内部良好的劳动关系需要诚信来维护。劳动关系是企业内部的一种合同契约关系，它的和谐程度对企业的发展有着重要的影响。诚实守信在劳动关系中表现为两个方面：一方面要求员工树立与企业同呼吸、共命运的意识，有责任感，在工作中做到诚实劳动，关心企业的发展，遵守合同或契约，维护企业的信誉，保守企业的秘密；另一方面企业必须对员工做到诚实守信，企业要严格履行合同，按照劳动合同及用工协议，按时、足额发放工资，为员工提供必要的劳动保障、福利待遇和培训发展机会，以诚实守信的管理制度来赢得企业员工对企业文化和规章制度的认可和信任。如果企业违背诚实守信原则，员工就会对企业的管理和规章制度产生怀疑和不信任，企业的正常秩序就会受到影响，日常的管理也难以持续，这将严重干扰企业的正常生产经营活动，甚至导致企业内部分化而走向衰败。

经济活动中的租赁关系的有效运行离不开诚实守信规范的制约。在租赁关系中，企业的诚实守信是租赁关系得以展开和正常运行的信誉保证。如果租赁的双方有任何一方违背了契约或协议、租赁关系就会受到阻碍甚至终止；如果整个社会租赁交易的信用度普遍偏低，那么整个社会的租赁关系必然不会发达，即使不得已必须进行交换，为了降低交易的风险，不仅要寻找可靠的担保、抵押，而且还要进行完备的法律公证等。虽然这些环节对保证交易正常进行有积极的促进作用，但势必使交易成本大大增加。为了使市场经济中的租赁交易得以正常、顺利、有效地进行，必须遵循诚实守信的职业道德规范。建立良好的借贷关系离不开以诚实守信品质作为保障。市场经济中的借贷关系，是指企业法人之间或企业法人与非法人经济组织之间，由一方向另一方支付一定数量的货币，并要求接受支付的一方在约定的期间内归还相同数量的货币，同时支付一定数量的利息或利润而产生的权利义务关系。在借贷关系中，诚实守信就如一种承诺，一种保证。对于一个信誉度不高的企业，无论是银行、企业，还是个人，都不会轻易地将自己的资金借出去。信誉度不高的企业既无法在经济困难时得到帮助，也无法在市场交往中建立良好的伙伴关系，其发展势必受阻。良好持久的买卖关系离不开诚实守信。企业诚信，就是企业要以优质的产品和服务来赢得市场和顾客的认可，这是企业的生存之道，也是市场交换关系的必然要求。产品只有得到顾客的信任才能赢得市场，企业才会有经济效益，才能生存、发展、壮大。古语云：诚者天之道也，诚者人之道也，诚者商之道也，“诚招天下客，誉从信中来”，这些话都很能说明问题。

市场经济的本质特征是竞争，是优胜劣汰。产品质量和售后服务是用户选择商品的第一要素。“质量是企业的生命”这是千真万确的真理，抓好产品质量和售后服务质量是企业立足于市场，长盛不衰的根本保证。随着改革的不断深入，对外开发的不断扩大，人民生活水平的不断提高，人们的消费层次不断提升，人们对产品质量的要求越来越高。消费者之所以选择名牌产品，是因为确信名牌产品有信誉、有质量保证，售后服务好。中国的海尔集团，日本的松下电器公司，美国的强生公司等企业之所以强盛不衰，就是因为产品质量过硬，赢得了顾客、赢得了市场，也就赢得了经济效益。一个企业不讲诚信，一切都无从谈起，诚信对企业来讲是它的生命线，也是它的强大竞争力之所在。有时候从短期行为来看，不守信可能带来的利益更大一些；但从长远来看，一个不守信的企业，没有谁会与它继续交易下去的，它自己会自作自受、自讨苦吃、自塞门路。一次性的交易，由于它不诚信而终止。从长远的观点来看：一个诚实守信的企业，一个真正重视产品质量的企业，会在市场上立于不败之地。对于一个企业来讲，应该把诚信建设看成是企业的立业之本和生存之道，这是最根本、最明智的举措。诚信是企业打造金字招牌的途径，是企业与企业双方合作的定心丸，是企业最强大的竞争力。拥有诚信，企业才会树立起良好的形象，才能得到消费者的信任和青睐，也才能在激烈的商海搏战中占有一席之地；失去诚信，小到一个摊位，大到一家企业，都很难在激烈的市场竞争中生存下去。

3. 提高公民个人诚信

按照马克思主义的观点，人的本质是各种社会关系的总和。社会是由人组成的，人是社会生活的主体，人的各方面的综合素质的高低，对社会生活会发生很大的影响。诚信品质是人的综合素质的一个重要方面。两千多年前，著名的思想家孔子就反复告诫他的弟子：“言忠信，行笃敬，虽蛮貌之邦行矣；言不忠信，行不笃教，虽州里，行乎哉。”也就是说：为人处世，不要夸夸其谈，说话要算数；与朋友交往，要言而有信；作为一个人，不讲信誉，不知怎么可以；如果一个人说话守信用，行为诚恳，即使在蒙昧偏远之地，也可以顺利地自由行动；反之，即使是在本乡本土，也会处处难行。在现代社会中，一个人如果不讲诚信，他就不能与他人正常地进行交往，在社会上也难以立足。因为他跟别人玩虚的，搞假的，短时间可能会占便宜，但最终会遭到大家的唾弃，作茧自缚、自作自受，成为孤家寡人。个人诚信是整个诚信体系建设的基础。中国传统道德教育很重视个人的修养，再三强调要“修身”——身不修，则事不成。作为个人修养来讲首先要“正心”，“诚意”再谈其他。从现代文明社会来讲，明礼诚信是对每个公民的基本要求。2001 年中共中央批准颁发的《公民道德建设实施纲要》指出：我国社会主义职业道德的基本要求是“爱岗敬业、诚实守信、办事公道、服务群众、奉献社会。”诚实守信作为其中的一个重要规范，在推进社会主义市场经济体制建立和发展的过程中具有十分重要的作用，这是由市场经济运行的特性决定的。市场经济从其正常的运行特征（即实施资源有效配置、实现利益最大化等）要求来看，必须要求交易双方交易过程公平、诚信，自觉地遵守和履行合同或契约，才能使经济活动正常顺利地进行，才能最大限度地降低交易成本。随着市场经济的深入发展，职业分工专业化程度越来越高，职业活动的范围也越来越广，越来越多的行业活动不再局限于某一地区、某一国家，许多商业活动甚至发展到全世界；许多商业活动不可能再局限于熟人社会或见面洽谈的交易双方之间，不少商业活动只能通过电话、传真或网络等通讯工具，在从未谋面的双方之间展开。在这种情况下诚实守信的职业道德就显得越来越重要，这应该成为每一个从事商务活动的个人和社会组织必须具备的职业品质，也是现代市场经济发展的内在要求。

4. 实现三者的辩证统一

政府诚信、企业诚信、公民个人诚信，是辩证统一的诚信体系建设整体，三者不能分割。政府是诚信规则的制定者和诚信行为的捍卫者，政府诚信是引领、是对全社会的示范，代表了社会的公信力。企业诚信是社会经济生活得以顺利开展的基本要素。企业要遵守国家的法律法规，遵行价值规律，在一切经济活动中遵行等价交换原则，关注生产者、经营者、消费者三方面的利益，实行互利互惠，坚决杜绝假、冒、伪、劣产品的生产。公民个人诚信是基础，要用法律、法规约束自己的行为，要加强公民个人道德修养。做到己所不欲，勿施于人；说话算数，言而有信；实事求是，言行一致；心怀坦荡，真诚待人；不贪不义之财，不怀恶意之念；君子爱财，取之有道。

二、构建诚信之城的基础

（一）建设幸福新昆明的重要性、必要性、紧迫性

建设幸福新昆明是中共昆明市委十届二次全会提出的一项战略任务，是贯彻落实科学发展观，建设面向西南开放的区域性国际城市，加快现代新昆明的发展，让改革开放的成果惠及全市人民的必然要求。昆明是云南省的省会及全省唯一的特大型城市，建设“幸福新云南”，必须以幸福新昆明作为基础和有力支撑。总的来讲，人民幸福，国泰民安，会让人们真正感受到社会主义国家大家庭的温暖，有利于人心的稳定，有利于人才的聚集，有利于社会的发展。要让人民群众的积极性、主动性、创造性充分发挥出来，不断增强城市活力，不断增强城市竞争力。建设幸福新昆明，必将极大地加快昆明经济社会发展，进而提高城市的竞争力，为把昆明建设

成为面向西南开放的区域性国际性城市奠定坚实的基础，为云南实施桥头堡战略奠定坚实的基础。

（二）建设幸福新昆明与构建诚信之城密不可分

建设幸福新昆明是中共昆明市委、市人民政府确立的一个综合性奋斗目标，建设诚信昆明是其中的重要内容之一，两者是整体与部分的关系。为不断增强人民的福祉而奋斗，为人民造福，这是我们党执政的重要任务之一。建设一个富强、民主、文明、和谐的社会主义现代化国家，这是我们党在社会主义初级阶段基本路线确定的奋斗目标，建设幸福新昆明符合党的基本路线的要求。我们要在中共昆明市委、市人民政府的坚强领导下，以昆明干部精神为引领，举全市之力，众志成城，奋力拼搏，力争早日实现。诚信昆明的建设包括各级政府的诚信，企业的诚信，公民个人的诚信；诚信昆明的建设，必将加快幸福新昆明建设的速度和步伐。

（三）昆明诚信体系建设的成效

1. 政府诚信建设

2008 年 9 月 23 日《昆明市人民政府关于加快政府信用体系建设的实施意见》正式颁发，这标志着政府信用体系建设正式启动。《意见》按照“决策科学、运行高效、监督有力、服务周到、言行一致”的标准，建设法治政府，创建服务型政府，树立诚信政府形象。根据现代政府管理的程序和内容，从决策、执行、监督、服务和商务等五个方面加强政府信用建设，进一步提升政府的公信力，树立诚信昆明的信用品牌，优化经济发展的新环境，为现代新昆明建设提供有力保障。《意见》提出政府信用体系建设的主要任务：一是决策信用建设。要完善政府决策的科学化、民主化机制，确保政府决策符合法律规定，合乎民情，体现民意，有较高的科学性和可操作性。二是政府执行信用建设。要加快政府行政管理体制改革，创新管理方式，解决行政执法中的职责交叉、多头执法、执法扰民以及执法不力、执法不公等问题，提高政府履行职能的公正性、透明度和效率。三是监督信用建设。要完善各种行政监督制度，形成监督合力，保障行政机关及其工作人员严格依法行政，全面履行法定职责。坚持信赖保护原则，建立因政府失信给公民、法人和其他组织的合法权益造成损害的有关救济和补偿制度。四是服务信用建设。要进一步转变政府职能，增强服务意识。通过建立和完善政府和部门服务承诺制度，认真落实各项社会承诺措施，不断提高政府信用水平。五是商务信用建设。政府以民事主体参加社会经济活动时，必须严格遵守诚实信用原则，在政府采购、政府担保，政府贷款等方面的信用建设中，要以身作则，示范引导，促进形成良好的社会信用氛围。六是政务信息公开信用建设。各级政府和部门要按照《中华人民共和国政府信息公开条例》的要求，及时公开政务信息，提高政府工作的透明度，充分发挥政务信息对人民群众生产、生活和经济社会活动的服务作用，实现政务信息资源共享。

2. 昆明市企业诚信建设

为规范市场经济秩序，优化企业信用环境，进一步提高城市综合竞争力，昆明市人民政府于2008年9月23日颁发了《关于加快企业信用体系建设的实施意见》。该《意见》以建设“诚信昆明”和构建企业信用体系为目标，综合运用行政手段和市场机制，充分发挥现代科学技术和信息网络的作用，通过建立企业信用信息收集和公开制度，信用奖惩制度，信用监督制度，培育信用市场，加强信用合法等措施，大力强化企业信用，维护公平交易，保护正当竞争，努力营造诚实守信的投资环境和放心满意消费环境。总体目标要求，一是出台实施企业信用规章制度，使企业信用自律，联合征信，监督管理，信用中介服务有法可依，有章可循。二是基本建成统一规范，统分结合，互联共享的企业信用信息库，初步实现对企业信用信息的整合利用，市、县（市）、区政府及其有关职能部门之间分层次建立信用信息管理平台，形成纵横结合的企业信用信息管理网络。三是积极培育信用中介服务市场，鼓励其开展企业信用调查，征信，评介和咨询服务活动，培育企业信用服务市场。四是企业信用意识明显增强，企业自律得到加强。五是全市企业信用意识显著提升，严重失信的问题基本解决，经济生活中商业欺诈得到有效遏制，市场秩序明显好转，投资环境明显改善。

3. 公民个人信用体系建设

根据《昆明市人民政府关于加快公民个人信用体系建设的实施意见》，昆明市公民个人信息建设的总体目标是：个人诚信意识明显增强，个人履约偿债，履约守约意识得到强化。完成部门（行业）个人信用信息系统建设，个人信用中介机构得到发展，个人信用体系建设的规章制度出台，信用激励约束机制逐步完善，市场经济秩序进一步规范，个人失信行为得到有效遏制，全社会讲诚信，守信用的风气逐步形成。其任务：一是制定个人信用体系建设的法规规章；二是制定个人信用征信目录，建立个人信用指标体系；三是完善个人信用信息记录，健全信用信息档案；四是整合全市个人信用信息，完善个人信用信息数据等；五是逐步建立健全个人信用激励与惩戒制度。

（四）建设诚信之城存在的现象与问题

应该说诚信缺失已成为我国社会道德领域急待解决的突出问题。据新闻媒体报道市场上曾经出现过：地沟油、皮革奶、毒米粉、假豆腐、柠檬酸泡小菜、双氧水泡海鲜、草酸螃蟹、甲醛鱿鱼、硫磺枸杞、焦亚硫酸钠生姜、胭脂红腊肉、荧光粉蘑菇、硫酸熬糖蜂蜜、苏丹红鸡蛋、三聚氰胺牛奶、注水肉、回笼月饼、回锅霉饼干等，以致假论文、假文凭、假证件、假政绩、假统计数字、假干部、假公司、假药、假酒、假货……更为严重的是最近出现的电信诈骗、“医保卡”诈骗、“邮包涉毒”诈骗、“法院传票”诈骗、“电视信号故障”诈骗等严重地搞乱了社会秩序，社会诚信，直接危害着人民群众的财产安全。诚信缺失加大了社会运行的成本，严重影响了国家的政治、经济和文化建设，阻碍了社会文明的进步和发展，造成了国家形象的缺损和公信力的下降；造成道德的缺失和沦丧；搅乱了人们判断是非的标准；影响了良好人际关系的建立，阻碍了生产力的发展；搞乱了社会风气，迫使一些诚信守信者改变初衷，进而动摇做人的底线，甚至同流合污。在我国经济转型，社会转轨过程中，由于受各种消极因素影响，由于对失信行为的法律制裁不够，经济惩罚力度太轻，舆论谴责力度不强，一些人价值观扭曲，唯利是图，见利忘义，道德沦丧，不讲诚信，制假造假，欺骗欺诈成为社会公害。诚信缺失问题如果不抓紧解决，就会造成社会信任感普遍缺乏，和谐的人际关系，和谐的社会关系就难以形成，将严重影响经济社会健康发展。

随着云南省实施桥头堡战略，随着昆明市建设面向西南开放的区域性国际城市和建设幸福新昆明的深入发展，政府诚信、企业诚信、公民个人诚信方面取得了很大的成绩。但在某些方面还存在诚信缺失的问题，如价格欺诈行为，公民个人行为方面还有很多问题需要解决。

三、构建诚信之城的目标与任务

2008 年 9 月昆明市人民政府颁发了关于政府信用建设，企业信用建设，公民个人信用建设三个实施意见。具体部署了从 2008 年起至2012年这一时间段内政府信用体系建设，企业信用体系建设，公民个人信用体系建设的指导思想、总体目标、主要任务、工作步骤、保障措施等，为建设诚信昆明打下了坚实的基础。政府诚信方面，要按照“中国共产党必须始终代表中国先进生产力的发展要求，代表中国先进文化的前进方向，代表中国最广大人民的根本利益”的指导思想，全面加强党的建设，提高党的执政能力。要提高公共服务水平，提高政府的公信力，防止公职人员渎职行为的发生。建设法治政府，创建服务型政府，树立诚信政府形象。根据现代政府管理的程序和内容，从决策、执行、监督、服务和商务等五个方面加强政府信用建设，进一步提升昆明市各级政府的公信力，提高政府的信誉程度，提高司法机关的威信，为建设幸福新昆明提供坚强有力的保障。

企业诚信方面，要以建设“诚信昆明”和构建企业信用体系为目标，综合运用行政手段和市场机制，充分发挥现代科学技术和信息网络的作用，通过建立企业信用信息收集和公开制度，信用奖惩制度，信用监管制度，培育信用市场，加强信用立法等措施，大力强化企业信用意识，维护公平交易，保护正当竞争，努力营造诚实守信的投资环境和放心满意的消费环境。建立昆明市企业信用数据库，强化信用奖惩措施，督促企业诚信，深入开展“重信用、守合同”活动，增强企业诚信服务意识，做到规范经营，诚实纳税，信守合同。对不诚信企业要纳入黑名单，有的要让其一次性注销。

公民个人诚信方面。公民个人诚信意识明显增强，个人履约偿债，履约守约意识得到强化，要完成部门（行业）个人信用信息系统建设，个人信用中介机构得到发展，个人信用体系建设的法规规章出台并实施，信用激励约束机制逐步完善，市场经济秩序进一步规范，个人失信行为得到有效遏制，全社会讲诚信，守信用的风气逐步形成。主要任务是：出台个人信用体系建设的制度，建立规范的个人信用信息数据库，健全个人信用征信系统，推行个人信用激励与惩戒制度。

四、构建诚信之城采取的对策措施

（一）强化宣传教育引导

教育不是万能的，但没有教育是万万不行的。要利用各种宣传工具（《昆明日报》、昆明电台、昆明电视台、昆明信息港等媒体）向全体社会成员深入持久广泛地进行诚信宣传教育，要加强道德诚信问题方面的舆论引导和监督。现实生活中的许多事实证明媒体的监督作用很大，媒体介入后，问题的解决速度就会大大加快。在商业区（如新螺蛳湾、云纺市场等）和各种交易区要加大宣传力度，在醒目位置悬挂各种警示语和人性化的宣传语，在社区可以用出黑板报的方式进行宣传引导，大力倡导诚信为本，操守为重，在全社会广泛形成诚信守信为荣，欺诈失信可耻的氛围，不断提升城乡居民的诚实守信意识。

（二）加强诚信制度建设

要在原有建设的基础上进一步抓紧建立覆盖全市的征信系统，也就是说要依法采集个人和企业的信用信息，为每个人和企业建立一个永久相伴的信用档案——“信用身份证”。如果发生了失信行为，“信用身份证”将被抹上灰色的一笔，以后在申请贷款、购房、求职、进行商业合作时将面临更加谨慎和挑剔的目光，甚至被拒之门外。可以说，征信系统就是一个“紧箍咒”，能够有效地约束个人和企业信用行为，推动形成良好的社会信用环境。西方发达国家建立信用制度已150多年的历史，形成了较为完备的征信系统信用系统。我国的征信系统建设是从信贷信用征信起步的。中国人民银行从1997年开始筹建银行信贷登记咨询系统，2003年国务院赋予人民银行“管理信贷征信业，推动建立社会信用体系”的职责。要完善企业和个人信用征集、评价和共享平台，理顺社会信用管理体制，形成社会信用联防机制，为诚信建设奠定坚实的制度保障。

（三）要加大对失信行为的约束和惩罚力度

社会上诚信缺失的大量出现，除了社会交易个体的诚信素质缺乏之外，还有另一个重要原因，这就是不讲诚信的个体并不需要为其不守承诺付出代价，或者可以说，即使付出代价，其代价也是基本上可以忽略不计的。也就是说，失信成本太低。失信成本，是指行为主体因为失信而付出的代价，它包括道德成本、经济成本和法律成本。如昆明家乐福世纪城店、白云店存在虚构原价、低价招徕顾客而高价结算、不履行价格承诺、误导性价格标示等欺诈行为，政府有关部门也只分别给予50万元人民币的罚款而了事。应该明确的是，家乐福在法国为什么没有听说有价格欺诈行为，而到了中国就搞价格欺诈，答案是：国外的经济处罚很严厉。高额的经济处罚让商家不敢“犯规”。要建设诚信昆明，必须针对失信成本太低这一现象采取针对性的措施，加大对失信行为的经济制裁和惩处力度，加大舆论监督力度，让社会交易主体的失信行为无利可图，使其不能失信、不敢失信；只有这样，社会交易主体才会趋利避害，尽量避免失信行为的发生，从而促进诚信社会环境的形成。有的社会学家通过大量的事实研究得出结论：行为主体在作出失信还是守信的选择时，是要算成本的。当自身的失信成本低于失信收益，失信行为有利可图的时候，行为主体就有可能选择失信行为，放弃诚信做法；当自身的失信成本高于失信收益，失信行为无利可图，并可能带来损失、遭到谴责，受到处罚的时候，行为主体就会放弃失信行为。要健全和完善法律法规，使诚实守信者的合法权益得到保护，使失信违法者的行为得到应有惩处。

（四）找准切入点和突破口

根据不同行业，不同领域的实际情况，确定诚信建设的具体要求，要针对一些行业和领域存在的群众反响强烈的突出问题，开展专项教育和管理，出重拳，切实遏制住制假造假泛滥的势头。

（五）大力推进政务诚信和司法公信建设

通过确立制度公正，端正行政行为，严格执法，有效提升政府公信力和司法公信力，有力带动全社会诚信建设。昆明市各级政府的公务员（包括党委系统、群众团体组织，人大常委会机关、政治协商会议机关，公安局、法院、检察院干警）都要做诚实守信的模范，要按照《中华人民共和国公务员法》规范自己的行为，以昆明干部精神为引领，为建设美好幸福新昆明而奋斗。

（六）把建立健全社会诚信的体制机制作为共铸诚信社会的基础

诚信作为一种基本的道德规范和道德要求，离不开诚信教育的推进，离不开个体诚信素质的培育，认同及其自觉实践，但体制、机制建设也很重要。时下的当务之急，就是要把建立健全昆明市诚信管理的体制机制作为重要抓手，建设覆盖全市的征信系统，着力解决社会主体的信用记录缺失等基础性问题。西方一些发达国家对个人的信用行为监控很严，一一记录在案。在法国，如果一个人乘坐地铁时逃票，累计到一定数量，一旦找工作会带来很大的麻烦；用人企业会表示，你这个人连地铁票都逃，谁敢录用你。失信的人是要为此而付出代价的。昆明市的地铁在一段时间内会开始运营，也要强化票务监管，要强化个人信用记录，通过法律法规规范乘客的行为，通过舆论褒扬诚信行为，批评不道德行为，让文明行为成为市民普遍的行为规范。

第十二章
塑造创新之城

改革开放以来，特别是最近几年以来，全市广大干部群众以邓小平理论和“三个代表”重要思想为指导，牢固树立和贯彻落实科学发展观，坚持从实际出发，解放思想，勇于探索，展开了波澜壮阔了创新实践，实现了思想观念大解放，体制机制大变革，经济社会大发展，城乡面貌大变样，人民生活水平大提高，走出了一条富有昆明特色、充满生机活力的改革发展之路，创造了令人瞩目的发展奇迹。当前，昆明的经济社会发展正处在一个新的历史起点上，建设美好幸福新昆明蓝图能否实现，机遇在于创新，动力在于创新，希望在于创新。提高创新能力，建设创新型城市是昆明核心竞争力之所依，发展后劲之所在，也是建设美好幸福新昆明的必由之路。

一、塑造创新之城对建设幸福城市的作用

（一）创新、创新发展及创新型城市

“创新”主要是指提出新理论、发明新技术、采用新方法、建立新制度、制定新政策、组建新组织、构成新机制、提供新产品、获得新原料、开辟新市场、组成新文化、创造新艺术等。“创新发

展”就是着力打造创新主导型的发展形态，使发展的主要动力和最大源泉来自于创新，使发展的主导优势和核心竞争力来自于创新；就是不断解放思想、更新发展思路举措，不断摆脱惯性依赖和路径锁定，通过创新实现新的跨越式发展；就是要遵循和把握发展规律，切实提高创新实践与科学发展的耦合度，通过创新造就自主发展、内生发展的长效机制。通过创新发展，有效实现统筹发展、集聚发展、开放发展、人本发展、和谐发展、生态发展。所谓“创新型城市”是指以科技进步为动力、以创新文化为基础、以增强自主创新为主导、以转变经济增长方式为中心、以提高城市竞争力为目标的城市形态。从创新机制来看，创新型城市主要依靠制度创新和技术进步来大力促进经济发展，并使这种机制不断增强和完善；从创新形成来看，城市依靠创新来实现社会、经济、科技、教育和生态等方面的协调发展。

党的十七大报告提出，要把走中国特色的自主创新之路，建设创新型国家作为国家发展的战略核心。昆明作为一个正在转型和处在大建设、大发展的关键时期城市，其根本目标，就是要在科学发展观的指导下，坚持创新战略，通过体制创新、科技创新、产业创新、民生保障创新、文化创新，从理念、观点到具体的目标、任务都要有一个更新和转变，才能适应建设幸福新昆明的需要。要抓住机遇，乘势而上，使创新成为改变经济增长方式，促进产业结构调整，实现昆明经济社会跨越式发展的内在动力和主导力量。建设创新型现代城市，是开创昆明跨越式发展新局面的重要途径，也是建设幸福新昆明的战略举措。

（二）体制机制创新对建设幸福新昆明的作用

城市创新不仅是一种技术经济现象，还表现为制度现象、文化现象和社会现象。体制的含义主要指组织结构的形式，以及系统内各个组织权能和职责。广义的体制还包括系统内各个组织的联系方式。机制主要指系统内各个组织的权属关系，以及整个系统和系统内各组织间的运作方式。制度是系统内的组织结构、各组织间和整个系统内活动必须遵守的规定，可以是明文规定，也可以是约定俗成的规定。体制机制与制度密切关联、相互融合。制度是体制机制的法定化或规定化。一般而言，有制度就有相应的体制机制，制度涵盖体制机制。构建有利于创新的体制机制，并保证其可靠地运行，核心问题是要确立起一些关键性制度，如优胜劣汰的竞争机制、知识产权制度、科技市场制度、信用、资本市场制度等。

体制机制创新是创新推动的重要保障，是生产力发展和社会进步的“发动机”，是建设美好幸福新昆明的前提条件。在所有创新中，机制创新的空间最大、动力最强、见效最快，也最能从根本上影响一个区域社会发展的进程、速度和质量。体制活则全盘活，机制新则全局新。一个地区经济社会发展的速度和水平往往取决于该地区体制机制创新的速度和水平。体制机制创新，可以营造充满活力、富有效率、更加开放，有利于幸福新昆明建设的经济社会发展的良好环境，并为其他领域的创新提供制度保障。

改革开放30年来昆明经济建设和社会事业取得的巨大成就，首先归功于体制机制的大创新。从经济建设，到政治、社会、文化等各个方面的建设，无不印证着这样一个道理：体制机制创新得越早，越主动，创新的力度越大，发展得就越好、越快，人民群众就越满意。目前昆明经济社会发展面临的一些障碍，大多与制度、体制机制的不完善有关，是体制机制创新滞后引起的。近年来，随着昆明城市经济社会的快速发展，能源、资源、环境瓶颈的绝对制约作用日趋凸显，依靠土地、资本、资源等传统生产要素，实现城市经济增长的发展模式受到了严峻的挑战。认真总结昆明近年来改革发展的实践，不难看出，昆明要快速发展，抓住机遇、逆势而上，必须靠改革开放，要敢于反弹琵琶、逆向思维，打时间差—改革，打空间差—开放，打信息差—创新，打制度差—治理，在别人的讨论议论争论和犹豫等待观望中，先人一步、快人一拍，才能赢得发展先机，抢占竞争制高点。在新的历史时期，只有坚持以科学发展观为指导，大力度解放思想，推进实践探索与制度创新相结合，探索一套顺应历史潮流，策应发展大势，适应市域经济发展的新体制、新体系、新机制、新制度，才能在复杂多变的国际国内经济环境中，求得又好又快、更好更快的发展，这是昆明闯出一条实践科学发展观幸福之路的根本保障。

（三）科技创新对建设幸福新昆明的作用

科学技术作为第一生产力，对一个国家、一个民族现在和未来的发展具有决定性意义。今天，科学技术日益深远地改变着人们的生产生活，人们从衣、食、住、行和医疗保健的深刻变化和质的提高上，更加直观地感觉到科技给人类生活带来的诸多好处。在科学技术日新月异、知识经济已经到来、国际竞争空前激烈的时代条件下，科技进步与创新对一个国家、地区发展进步的基础性、决定性作用更加凸显，昆明只有把科技进步和创新作为支撑和引领全市经济发展和社会文明进步的重要驱动力量，建设幸福新昆明才会大有希望。

科技创新，主要表现为新知识、新技术、新方法。从产业角度看，是以企业为主体的科技成果的产品化、商品化、产业化；从创新角度看，主要表现为新产品、新的商业模式、新渠道、新产业、新空间集聚。党的十六大以来，以胡锦涛同志为总书记的党中央十分强调科技创新对于我国经济社会持续发展的重要性。党的十六届五中全会着重指出，提高自主创新能力是全面贯彻落实科学发展观的重要环节，是保证我国各项事业永续发展的必由之路。加快科技进步，关键在于自主创新。

1. 科技创新已成为支撑和引导经济社会未来发展的主导因素

目前，昆明正处于工业化的关键时期，传统生产要素对经济增长的边际贡献率将出现递减趋势，而体制创新、经济发展模式创新与科技创新将成为经济发展的根本动力。通过提高自主创新能力，利用自主创新成果调整投资结构，加大对信息产业等技术含量高、经济效益好、物质消耗少、环境污染低的产业的投资，真正走新型工业化道路，才能彻底告别粗放型的增长方式，逐步使昆明经济实现从要素驱动型增长向创新驱动型增长；通过提高自主创新能力，使科技进步成为改变人民生活方式、改善人民生活条件、提升人民幸福感的重要途径。

2. 科技创新是推动城市产业结构变化的重要动力

城市的产业升级既借助于从外部的技术和设备设施更新改造，逐步升档提级，更依赖于科技创新而形成的新产业和对传统产业的更新改造，具体而言是利用政策和财政投入杠杆，借助国家、地方技术资源网络和社会化技术开发力量，营造良好的创新环境，发挥企业技术进步的内在动力，为产业升级提供制度保障。

（四）产业创新对建设幸福新昆明的作用

大力发展经济，不断增加物质财富，是提高国民幸福指数的根本要求。物质条件是人们生活的基础，没有经济的发展、没有物质文明程度的提高，人的幸福感就无从谈起，提高国民幸福指数也就失去了基础。GDP 是衡量经济增长状况和人民群众生活质量的重要指标。一个国家或地区的人均 GDP 越高，人们所普遍感受到的幸福程度也就相对越高。离开经济的发展、物质财富的增加和民众可支配收入的提高，就很难实现国民幸福感的增强、幸福指数的提高。因此，我们必须坚持把发展作为第一要务，牢牢抓住经济建设这个中心，加强产业创新，加快产业发展，优化经济结构，努力促进经济长期平稳较快发展，才能不断增强经济实力、增加物质财富，为建设美好幸福新昆明夯实坚实的物质基础。

产业创新指的是产业创新系统中的政府、企业和组织等主体，通过技术创新、制度创新的组合创新，对特定产业、产业链、产业群实施创新活动，实现产业组织、产业结构、产业布局等的质的改变和量的提高。产业创新是创新型城市的构成要素之一。通过产业创新这一有效的创新形式，可以实现技术创新、制度创新的组合创新，进而使产业组织、产业结构、产业布局发生质的改善和量的提高，提高城市的自主创新能力和区域竞争力。

1. 产业结构创新是形成区域城市竞争力的关键

产业结构反映了一国或地区产业资源配置格局及其配置效率，不仅决定其创造增加价值的能力和比较生产力，而且也决定了相应的产品结构、技术层次及其产业素质。通过产业结构创新，协调产业之间及产业内部行业之间的比例和发展速度，将产值结构由低质量产品比重大向中高等质量产品比重大的结构转变，才能建立起合理的产业结构和自己的优势产业，在区域产业分工中占据上游位置，实现本区域产业竞争力的提升。

2. 企业创新促进竞争

通过产业组织创新，促进存量的优化组合，使产业组织提高集中度，建立合理的企业经济规模和产业组织结构，形成产业内的有效竞争态势。这样既可维持竞争活力，有效推动科技进步，降低成本，促进劳动生产率的提高，又能充分利用和获得规模经济。

（五）民生保障创新对建设幸福新昆明的作用

民生保障问题，就是与百姓生活密切相关的问题，它涵盖的方面很多，涉及的内容也很广，教育、医疗卫生、住房、收入分配、劳动就业、社会保障等方方面面无不与之有关，具有广泛社会性和多元综合性。其中，最主要的有群众的基本生活需求，包括温饱、安居等；发展需求，包括教育、卫生等；安全需求，包括食品药品安全、生活环境安全等。

加快推进以改善民生为重点的社会建设是提高国民幸福指数的关键环节。只有着力保障和改善民生，才能实实在在地提高国民幸福指数。应当看到，当前昆明经济社会发展中的不平衡、不协调、不可持续问题还很突出，特别是社会建设明显滞后，严重影响人民群众的生活质量和幸福感。

2007 年 2 月，温家宝总理在春节团拜会上指出："关注民生、重视民生、保障民生、改善民生是我们党全心全意为人民服务宗旨的要求"。2007 年十七大报告上，胡锦涛总书记强调"要始终把实现好、维护好、发展好最广大人民群众的根本利益作为党和国家一切工作的出发点和落脚点……做到发展为了人民，发展依靠人民，发展成果由人民共享"。针对民生问题，强调指出，"必须在经济发展的基础上，更加注重社会建设，着力保障和改善民生，推进社会体制改革扩大公共服务，完善社会管理，促进社会公平正义，努力使全体人民学有所教、劳有所得、病有所医，老有所养、住有所居，推动建设和谐社会"。建设美好幸福新昆明，必须在大力发展经济的同时，加快推进以改善民生为重点的社会建设，切实解决好人民群众普遍关心的教育、医疗、住房、就业、社会保障和收入分配等民生问题，让城乡老百姓居住环境更舒心、生活设施更便利，活得更加幸福、更加美好，更有尊严，不断提高人民群众的幸福指数，使美好幸福的新昆明建设落在实处。

（六）文化创新对建设幸福新昆明的作用

文化是人民的精神家园，文化建设在推动文明进步、提升生活质量、凝聚精神力量、促进社会和谐增强生活幸福感、心灵归属感和社会认同感，具有十分重要的作用。一个幸福的社会，必然是一个文化的社会。

1. 文化是幸福生活的支撑

文化产业作为新兴的朝阳产业，在各国经济发展中具有越来越重要的地位，同时也成为影响文化发展和人民幸福生活水平的核心要素。经济是富裕生活的支柱；文化是幸福生活的支撑。与经济相比，文化的特殊性就在于其根本目的是人自身，优化人的存在是文化的根本使命。文化改变人，也改变社会发展模式，因而是人类提升幸福的深层基础。

2. 文化创新是促进城市产业结构调整的保证

从20世纪80年代以来，以文化和创意为核心内容的文化产业获得了快速发展。文化和经济之间的联系在人类历史上从未像今天这样紧密。文化已经成为促进经济发展和城市竞争力的重要因素。文化创新对城市产业结构优化升级的推动表现在三方面：一是文化产业带动服务业发展。受资源、环境承载能力的制约，城市产业逐渐分化，传统制造业移出中心城市，而制造业中的研发、设计、营销、管理部门逐渐分离成为独立的生产性服务企业。二是文化创新有利于巩固城市的资源优势。现代城市是人才、技术、信息等资源的集聚地，文化创新有利于创意经济发展，而创意产业占据价值链的高端，是科技、文化和创造力的整合，产品附加值高，这无疑将巩固城市的资源优势。三是发展文化产业有利于城市产业簇群的发展。文化创意产业关联度高，中、下游产业链可延性强，对区域产业的带动作用明显。

3. 文化创新推动城市功能转型

城市功能转型是城市经济可持续发展的关键，文化创意产业带动城市现代服务业的发展，是城市功能由生产型向服务型转变的有效渠道。

省委书记秦光荣同志指出，发展文化产业是关乎每一个人幸福指数的幸福产业，从而揭示大力发展云南文化产业在“建设幸福云南”的重要性和紧迫性。这是因为，随着生活水平的不断提高，人们对幸福指数的要求和期盼前所未有，文化需求越来越旺盛，文化消费进入了快速增长期。文化产业作为新兴的朝阳产业，在经济发展中具有越来越重要的地位，同时也成为影响文化发展和人民幸福生活水平的核心要素。因此，我们通过大力发展文化产业，将有利于优化经济结构和产业结构，有利于拉动居民消费结构升级，有利于扩大就业和创业，有利于经济实现跨越式发展，从而推动和促进“幸福昆明”的建设。要把文化产业打造成幸福产业，为建设幸福昆明提供强力支撑。

二、塑造创新之城的实践与探索

（一）体制机制创新

改革开放以来，特别2008年以来，昆明市坚持走体制机制创新变革之路，充分调动和激发广大干部和群众的主动性、积极性和创造性，运用党政推动力、市场引导力、社会参与力和法制约束力，强力推进体制机制创新。通过创新实践活动，破解了一系列影响昆明科学发展的体制机制障碍，开创了一条追赶型、跨越式、超常规发展的新路径。

1. 体制机制创新概况

2008年，昆明市采取“上级政策法规具体化、外地经验本地化、本地工作规范化、治理措施特色化”的方式，在全市深入展开经济社会制度创新工作，制度创新一直都在“高位运行”，全年全市各级各部门共计完成制度创新1414项。

2009年，市委、市政府围绕全市经济社会发展中的突出问题，重点确定了“开展效能建设，强力提升行政效率”“创新城市规划建设管理体制机制”“强化生态环境建设”“创新加快社会事业发展和社会保障体系建设的政策制度”“深化财政综合改革”等12个方面的108项制度创新项目，涉及的责任部门达47个。同时，将省、市两会人大代表、政协委员的98件建议、提案列为2009年重点制度创新项目，并把市级各位领导在贯彻落实法律法规和政策、研究解决经济社会发展新情况、新问题，以及对先进地区制度创新成果研究借鉴等过程中提出的241项制度作为重点创新任务加以落实。2009年，市级各部门共完成市委、市政府部署的制度创新任务868项，14县（市）区也结合各地实际开展制度创新，县（市）区委、政府文件出台1771个。不仅如此，市委、市政府还向社会各界发出征集函，共收到全国各界人士的应征信函19封、电子邮件100件。

2010年，市委、市政府重点确定了“建设品质春城”“完善现代市场体系”“强化生态文明建设，加快创新水环境治理制度”等11个方面的284项制度创新项目。坚持不懈地推进经济社会管理体制机制制度创新，努力把昆明建设成为充满创新活力的创新型城市。

2010年，市委、市政府重点确定284项制度创新项目，出台的《重大事项公民参与决策制度》《建立GDP绿色核算初步体系》《排污费征收奖励制度》《涉黑涉恶犯罪线索管理办法》《查处违法建设管理办法》《昆明市医药卫生体制改革实施方案》、《昆明市公立医院改革实施方案》等，对于破解昆明市经济社会发展难题，探索一条追赶型、跨越式、超常规发展路径，发挥了重大推动作用。

2011年围绕建设区域性国际城市等事关全局的重点领域，紧扣转变经济发展方式的主线明确9项重点工作内容共计936项制度创新任务，细化分解到86个牵头单位。全年全市各级各部门共出台制度创新文件2658个，其中，以市委、市人大、市政府文件出台183个，以市级部门文件出台349个，以县（市）区委、政府文件出台849个，以乡镇党委、政府或县级部门文件出台1277个。

昆明市委、市政府明确重点推进六个方面的制度创新，抢占创新先机，全面提升现代新昆明建设软实力。

（1）行政管理：打造服务、效能、法治、透明政府。推进政企分开、政资分开、政事分开、政府与中介组织分开，更加注重社会管理和公共服务，维护社会公平、正义和秩序，打造“服务型政府”。按照精简、统一、效能的原则，积极探索实施大部门体制，明确界定部门分工和权限，理顺部门职责关系，健全部门间的协调配合机制，打造“效能型政府”。坚持用制度管权、管人、管事，建立健全政府决策权、执行权和监督权既适度分离又有机统一的制度，构建权力制衡与监督机制，打造“法治型政府”。深化行政审批制度改革，大力推行政务公开，健全政府信息发布制度，完善各类公开办事制度，打造“透明型政府”。

（2）都市经济：建设轨道交通。优化都市经济发展载体，加快昆明主城、城郊、城际轨道交通建设，扩大基础设施共享领域和同城效应，加快培育实体型的滇中城市群。深化投融资体制改革，充分发挥财政资金杠杆作用，拓宽投融资渠道，鼓励和引导社会资本参与城市基础设施、公益事业和社会事业建设，逐步形成投资主体多元化、运营主体企业化、运行管理市场化的投融资体制新格局。强化城乡规划建设管理，加快推进工业向园区、商铺向市场、居住向小区、先富起来的农民向城镇“四个集中”，并严格按照“三高”

“三化”和“三精”要求，提升城乡规划建设管理水平，完善城市功能特色，提高城乡文明程度。

（3）非公经济：开放竞争性投资领域。坚持“希望在民间、活力在民营、发展靠民力、稳定靠民富”的方针，按照“民投民有、民办民营、民富民强、民乐民享”的要求，消除一切阻碍非公经济发展的思想障碍、体制弊端、政策限制，放心、放胆、放手、放开、放活，大力支持、鼓励、引导非公经济快速发展。进一步向民间资本开放竞争性投资领域，鼓励民间资本进入垄断行业、公共事业、现代服务业和基础设施领域，创造各类市场主体平等使用生产要素的环境。增强全民创业意识，提高全民创业本领，充分释放社会与公众的创业潜力，让更多的人通过直接掌握生产资料创造社会财富。

（4）社会事业：盘活存量、扩大增量。凡是能够进行市场化运营、产业化发展、社会化投资的，都鼓励社会资本进入，盘活存量、扩大增量，不断优化社会事业资源配置。建立健全社会事业市场准入制度、利益分配制度、资金管理制度、社会保险制度和人才管理制度，切实规范、完善和深化各项社会事业改革。坚持以人为本，教育为先，成才为根，创业为要，按照“一保三放开原则”，推进义务教育均衡发展，放开放活学前教育、高中教育和职业教育。大力发展医卫事业，做到管办分开、医卫分开、医防分开、医药分开，培植医疗产业，培育医疗市场，扩大医疗资源总量，提高优质资源比例。加快文化事业的市场化和产业化运作，管好严肃文化创作和广播电视事业，放开经营性群众文化娱乐事业。着力抓好竞技体育，鼓励社会各界投资兴办体育产业，大力发展群众性休闲健身事业。

（5）改善民生：保障机制“四个转变”。努力使民生问题得到制度化安排、系统化解决、长效化推进、项目化落实，真正使广大人民群众共享改革发展成果。坚持效率优先、兼顾公平，政府上不“封顶”，但下要“保底”，建立健全与经济发展水平相适应的就业、分配和社会保障体系。把扩大就业放在政府工作的优先位置，作为经济社会发展的优先目标，以发展促就业，以创业增就业，以培训帮就业，完善就业服务体系。推进城镇居民医疗保险扩面工作，逐步解决困难企业参加医疗保险问题。探索建立农村养老保险制度。加大农村最低生活保障补助力度，努力实现应保尽保。加快社会保障机制“四个转变”，由补贴供方转向补贴需方，由定点供应转向自主选择，由实物补贴转向货币补贴，由暗补转向明补。

(6) 干部队伍建设：“三公开一反馈”。树立鲜明的凭实绩用干部导向，在抓落实的过程中发现、培养、选拔、考核、奖惩干部。深化和完善干部人事制度改革，积极推行和完善任前公示、公开选拔、竞争上岗、公推公选、公推直选等制度，加快建立公开、平等、竞争、择优的干部选任机制。广泛推行领导班子实绩公开、述职公开、评议公开和评议结果反馈的“三公开一反馈”制度，建立健全领导干部述职述廉制度、勤廉公示制度、经济责任审计制度、县处级领导岗位助理实绩公议制度等，创新干部监督管理机制。通过“四逼”，把干部逼向书本、逼向基层、逼向社会、逼向市场，全面提高干部综合素质。广纳群贤扩大“进口”，想方设法疏通“出口”，不拘一格拓宽“上”的渠道，科学合理设置“下”的台阶，建立干部“能上能下、能进能出”的升降流转机制。

2. 体制机制创新的几个特点

(1) 主要领导的思想观念是关键。只要主要领导与时俱进，坚持科学发展观，紧紧抓住时代的主旋律，以超人的胆量和气魄，以高超的领导艺术，勇于创新，善于创新，从大局着眼，研究战略问题，抓大事，抓大项目，解决主要问题，就能冲破一切阻碍科学发展的体制机制，站在科学发展的最高处。

（2）是创造性落实科学发展观的体现。昆明的体制机制创新能够产生良好的示范效应，其根本原因在于坚持以科学发展观为指导，牢固树立了改革方向。昆明的体制机制创新摒弃了单纯强调经济增长的发展观，跳出了“头疼医头，脚疼医脚”的思维方式，站在全局和战略的高度以体制机制创新为着力点和突破口，真正实现了率先发展、科学发展、和谐发展。

（3）分阶段、有步骤地不断探索、完善和实施。昆明的体制机制创新最大的成功之处在于，将外部宏观政策优势资源，与内在体制机制创新有机地结合在一起，在乘数效应的作用下来实现现代新昆明超常规、跨越式的大发展。

（4）原始创新，具有示范效应。昆明体制机制的创新是原始创新，而非“模仿创新”；是内生创新，而非外部移植创新；是开放式动态创新，而非封闭型固化创新；是渐进性创新，而非突变式创新。昆明的体制机制创新，为全省深化改革探索了新路子、积累了新经验。

3. 体制机制创新的显著成效

经过几年制度创新工作的开展，昆明的制度创新意识正深入人心，制度创新的成效正日益显现，制度创新工作正向纵深推进。越来越多的人已深刻领会到，只有创新，才能解决经济社会发展中遇到的各种问题，才能形成推进工作的动力，才能为实现昆明跨越式发展提供制度保障。昆明市以打造中西部乃至全国“创业最宽松、社会最文明、人居最安全和低交易成本、低生产成本、低行政成本、低社会成本”的“三最四低”为目标，改善经济社会发展的软环境的努力卓有成效。在千名客商评价“效能昆明”建设活动中，客商普遍认为昆明现行招商引资的优惠政策有一定吸引力，招商引资优惠政策兑现较好，对昆明领导干部给予了“思想解放、顾全大局、作风务实、执行力强”的较好评价。

（二）科技创新

“十一五”以来，昆明不断加大财政对科技的投入。市级财政科技拨款由2006年的1.28亿元，增加到2010年的2.16亿元。科技进步对国民经济增长的贡献率，由2005年的52.65%增加到2010年的55%。截至2010年底，全市新认定的高新技术企业有244家，高新技术产业增加值占工业增加值比重达22%以上。

1. 昆明科技发展不断加快

昆明地区人才资源总量已达71.02万人，其中党政人才7.85万人，专业技术人才14.5万人，企业经营管理人才10.33万人，高技能人才14.96万人，农村实用人才9.94万人，社会工作人才0.11万人全市科技创新型企业达到了100家以上，集群初具规模，科技创新型企业正在成为昆明市创新水平高、自主创新能力和竞争力强、综合效益好的科技创新示范企业。

2. 高新技术产业快速发展

昆明高新技术产业开发区和昆明经济技术开发区成为全市高新技术企业的聚集地，建成了一批国家级的创业园区和孵化基地。截至2011年10月，全市经新办法认定的国家高新技术企业已突破300家，占到全省高新技术企业的75%以上，全市各类科技企业孵化器达到18家，共有孵化面积30多万平方米，在孵企业1000多家。高新技术产业工业增加值占全市工业增加值的比重达到29%。2011年，昆明市又被国家科技部授牌成为“昆明国家稀贵金属新材料产业化基地”“昆明国家自动化物流装备高新技术产业基地”和“昆明国家金融电子产品高新技术产业化基地”。

3. 科技创新能力不断增强

深入开展国家知识产权试点城市试点和知识产权示范城市创建工作，已被批准为国家知识产权示范城市，知识产权行政管理力度不断加大。目前昆明市拥有各级知识产权试点示范单位共计93户。昆明市专利申请2577件（其中发明专利申请1109件），专利授权1771件（其中发明专利授权481件），发明专利授权量每百万人75件。

4. 国家创新型城市试点工作取得初步成效

2011年科技进步对国民经济增长的贡献率达56%，科技成果转化率达39%。全市公众基本科学素养比例达到3%以上。科技进步法和激励自主创新的政策的落实力度不断加大，科技进步对经济社会发展的支撑作用进一步凸显。科技进步与创新工作为全市经济社会又好又快发展助推腾飞作用明显。

（三）产业创新

新中国成立特别是改革开放以来，昆明积极调整产业结构，抢抓机遇，加快发展，经济实力日益增强，产业经历了起步—发展—转型—优化升级四个发展阶段，昆明产业发展发生了翻天覆地的变化，产业综合实力不断增强，产业结构不断优化，二、三产业比重大幅提高，竞争力不断增强，有力地促进了昆明经济社会发展水平不断提升，促进了现代产业日益发展，加快了昆明现代化进程。“十一五”期间，昆明市围绕建设现代新昆明的宏伟蓝图，以振兴产业作为重点，以招商引资作为突破口，以促进产业发展和经济发展作为第一要务，高度重视园区开发建设工作，积极改善产业发展的软硬环境，先后颁发了《昆明市推进新型工业化工业强市重点产业发展规划纲要》《昆明市“十一五”工业发展倍增计划实施意见》《加快北部五县区经济社会发展的实施意见》等政策文件，为全市产业特别是工业发展提供了系统规划和制度保障，在招商引资、园区建设、产业经济发展，产业体制机制创新等方面取得了可喜成绩，促进了昆明各产业全面发展，综合经济实力显著增强，各项指标连创新高，加快了现代新昆明产业支撑体系的形成，促进了昆明经济社会的持续稳定发展。目前，昆明产业发展体系较为健全，现代农业、工业、服务业得到加强，现代产业占的比重不断提高；产业发展空间布局不断优化，产业发展重心逐渐向高新区、经开区等6大产业片区转移；产业结构进一步优化，呈现出产业集聚化、高新技术化、支柱信息化，循环节能化等特征，企业和产业创新能力不断增强，为建设现代产业体系打下了坚实的基础。

（四）民生保障创新

全面改善民生是深入贯彻落实科学发展观的内在要求，是构建社会主义和谐社会的关键环节，也是全面建设小康社会的题中之意。近年来，昆明市出台了一系列全面改善民生的实施意见，竭尽全力解决好人民群众最关心、最直接、最现实的利益问题。全面改善民生工作，坚持以人为本，重在民生，突出重点，统筹兼顾，尽力而为、量力而行，科学发展原则，扎实推进“学有所教、劳有所得、病有所医、老有所养、住有所居、困有所助、食有所安、行有所便、乐有所处、呼有所应”为主的民生工程，形成强市与富民互促共进的良性发展局面。采取的主要措施有：一是优先发展教育，二是积极扩大就业和促进就业，三是增加城乡居民收入，四是完善社会保障体系，五是提高城乡居民健康水平，六是加强公共文化建设，七是切实维护社会和谐稳定。据统计，“十一五”期间昆明地方财政民生投入年均增长24.3%。民生投入年年加大。昆明由此获得“中国最具幸福感城市”永久性荣誉，荣获“中国全面小康十大民生决策城市”称号。

（五）文化创新

“十一五”以来，市委、市政府紧紧围绕科学发展这一主题，抓住加快发展方式转变这条主线，解放思想，锐意创新，不断深化文化体制改革，积极构建文化科学发展的体制机制，初步完成了文化体制改革的基本任务，文化生产力得到进一步解放，文化发展的生机与活力得到释放，文化产业的支柱地位得到进一步确立，为云南民族文化强省建设和昆明建设泛亚文化名城进一步夯实了基础。

1. 文化体制机制不断完善

一是加强组织领导，组建了由市委、市人大、市政府和市政协主要领导担任组长和副组长，相关部门为成员的文化体制改革和文化产业领导小组及其办公室，各县区（市）也成立了相应机构。二是加强政策支持，相继制定实施了《中共昆明市委昆明市政府关于深化文化体制改革加快文化产业发展的意见》《中共昆明市委办公厅昆明市人民政府办公厅转发〈昆明市文化体制改革方案（试行）〉的通知》等系列文件，推动了文化体制改革的深入展开。三是加强目标督查，将文化体制发展改革列入督查重要内容，明确目标任务和完成时限，加强督促检查，从而有力加快文化体制改革进程。

2. 文化建设发展的思路逐渐明晰

2008 年市委九届四次全会提出了“文化昆明”发展战略，2009 年，全市文化建设工作会议提出“加快建设中国西部乃至泛亚地区极具竞争力的文化名城、民族文化宝库、国际文化枢纽、文化产业基地和文化共享家园”的发展思路，2011 年，市委九届七次全会明确提出“提升国际文化影响力，打造泛亚文化名城”的宏伟目标。这些思路和目标，为昆明的文化建设发展指明了方向。

3. 经营性文化单位改革稳步推进

着力构建“大文化”格局，组建了昆明市文化广播电视体育局，文化管理体制进一步理顺。着力培育文化市场主体，组建报业传媒集团、广播电视集团、演艺集团、广播电视网络有限公司、文化产业投资公司等五大文产集团，骨干文化企业不断发展壮大。

三、制约昆明塑造创新之城的障碍和问题

创新能力不强始终是制约昆明进一步发展的软肋，比如在改革激情、创新意识、进取精神等方面，昆明与国内先进省市区还有差距；创新体制机制、创优发展环境任务繁重；经济社会发展中还存在着经济运行质量不够高、重大项目建设进展不够快、城镇功能不够完善、增加城乡居民收入压力加大、城乡社会事业发展差距较大、社会建设急需加强等一些亟待解决的问题；干部队伍思想、作风、能力与建设幸福昆明的要求还有差距。

（一）体制机制创新存在的主要问题

1. 认识不足

一是重视程度不够，部分干部在思想上对创新工作认识不到位，还没有把创新工作提上议事日程，存在“说起来重要，干起来次要，忙起来不要”的现象。二是创新意识不强，很多干部只会遵循守旧，墨守成规，习惯用传统的工作方法、工作思维办事，满足于当前的业务工作，不敢打破常规，不善于用创新的思维创造性地开展工作。有的干部片面地认为创新工作是上级部门和上级领导的事，事不关己，高高挂起；还有的干部把创新工作看得过于高深、神秘化，认为创新不是一般人员能够做到的事。

2. 政府管理体制改革滞后

突出表现为：政府对市场及微观经济主体行为的干预程度较高，政府职能转变较慢，不少地方存在错位、越位和不到位的情况，为市场主体主动提供公共服务和信息服务太少；政府主导经济

发展的格局仍未改变，习惯于用行政命令方式推动经济发展，而不善于用市场手段和方法促进经济发展；管理部门较多，职能重叠交叉较严重。

3. 经济体制改革滞后

体制性、机制性矛盾依然存在，市场主体竞争力不强，大企业、大集团不多；社会保障水平不够完善，社会就业服务、弱势群众的生活保险机制有待进一步健全；投资环境有待进一步改善；城乡二元体制结构依然存在，城乡协调发展的水平不高等。

（二）科技创新存在的主要问题

昆明科技工作经过“十一五”的发展，虽然取得了明显的成绩，但与国内同类城市相比，仍存在很大的差距；仍存在着一些亟待解决的困难和问题。一是国家、省、市已出台的一系列提高自主创新能力的政策落实不理想。二是科技经费投入总量不足，投入渠道相对单一，2010 年昆明市 R&D 经费支出占 GDP 的比重为 1.6%，低于全国 1.76% 的平均水平；三是企业创新投入严重不足，大多数企业的技术开发投入不到销售额的 1%，企业自主创新主体地位尚未形成，全市规模以上有科技活动的工业企业仅占规模以上工业企业的 18.69%；四是高新技术及产业发展对促进全市经济结构调整、产业布局作用不明显；五是高层次创新人才较为缺乏。

（三）产业创新存在的主要问题

调整产业结构，转变经济发展方式，保持经济平稳较快发展，是稳中求进的战略重点。只有实现经济平稳较快增长，才能为改善民生提供坚实的物质基础和保障。昆明现阶段最大的矛盾和问题，仍然是经济总量比较小、产业结构不够优化，资源加工型产业和初级加工业所占比重仍然较大，高新技术产业规模较小，科技进步对国民经济增长的贡献率不高，经济发展受资源环境的约束增大。传统服务业比重较大，现代服务业发展滞后。

（四）民生保障领域的体制机制问题

1. 公共服务创新不够

城乡之间的公共服务和社会保障水平仍然存在一定差距，统筹城乡民生问题的任务还很艰巨。远郊区县的公共服务基础设施和城区相比仍然比较薄弱，各项民生政策还需要加大向远郊区县倾斜的力度。

2. 各项民生政策还有待衔接配套

民生领域的改革，如新型农村养老保险政策，需要劳动保障、民政、财政等多部门协同，出台综合配套性政策才能形成整体合力，统筹推进。

（五）文化创新存在的主要问题

1. 政策支撑体系还不完善

由于文化改革创新发展方案设计在长远战略上考虑还不够全面，政策不配套，出现体制机制改革出现反复和不彻底的问题，部门利益、地区封锁的问题，结构调整和资源融合难的问题。政策保障体系不能完全适应昆明文化产业快速发展的需要，特别缺乏促进新兴文化产业发展的措施。

2. 市场体系不健全

一是融资体系不健全，财政投入、银行贷款的间接融资制度已基本建立，而发行公司股票、企业债券的直接融资制度尚未形成。二是中介服务体系不健全，近几年，昆明培育了一批与文化产业相关的行业组织、中介机构，但影响大、水平高的经纪代理、评估鉴定、技术交易、拍卖担保等中介服务机构还很少。

3. 有影响的大型文化企业、项目和品牌少

昆明的文化企业大多规模小，融合开发、多元互动少；产业关

联度低，发展较为粗放，集约化程度不高，科技含量低；具有巨大支撑和带动效应的项目少，在全国有较高美誉度的文化品牌更少。

四、塑造创新之城的对策建议

（一）提高对创新重要意义的认识

实施创新推动，必须充分认识其重要意义。首先，创新推动是昆明有效应对和适应国内外发展环境变化的必然要求。当前和未来一段时期世界经济形势仍复杂严峻，一些重要科技领域发生革命性突破的先兆已初现端倪，低碳和绿色增长成为全球发展新趋势；我国经济快速发展，国家正在实施新一轮西部大开发，云南省“桥头堡”建设提升到国家战略层面。昆明迫切需要转变和创新发展方式，提高应对国际经济形势复杂多变的能力，发挥在新一轮西部大开发中的示范作用和桥头堡建设中的引领作用。其次，创新推动是昆明突破新阶段发展瓶颈实现跨越发展的必然选择。昆明经济社会发展已进入新阶段，但仍存在着发展不够快、不充分、不协调、不平衡的问题，转方式、调结构的任务艰巨，生产要素市场发育滞后，需求增长缓慢，企业发展面临困难较多等诸多问题，必须通过创新推动加以解决。昆明经济社会发展与东部沿海城市相比，仍存在较大差距，如果不进行创新，创造后发优势，实现后发快进，那么差距将永远存在甚至还将拉大，跨越追赶将永远是梦想。第三，创新推动符合中央和省委对昆明的要求。2009 年底召开的中央经济会议提出“加快改革创新这一强大动力”，省委九届二次全会也提出了“变中求新”的总体要求，创新推动不仅符合中央和省委的要求，也是新形势下加快昆明经济社会发展、进一步提升城市综合竞争力的重要途径。

实施创新推动，还要认真把握其科学内涵。创新推动，就是通过政治、经济、社会、科技、文化等各个领域的创新，挖掘昆明发展的内生动力和新的增长点，使社会生产力和人民群众的物质文化生活得到提高。创新是一个城市兴旺发达的不竭动力。创新推动是围绕发展而实施的，核心是“创新”，目的是“推动”，即推动经济社会发展。因此，昆明面对新的发展机遇，要实现跨越发展目标，必须加大思想观念、体制机制、科技、社会等重点领域的创新。

（二）把体制机制创新作为强大支撑，致力于建设富有活力的幸福城市

1. 加大制度创新力度

把创新精神贯穿到政府工作的全过程，为建设区域性国际城市提供制度保障。突破制度瓶颈，完善制度体系，对建设区域性国际城市、转变经济发展方式、统筹城乡区域协调发展、提高生态文明建设水平、加快和谐社会建设等事关全局的重点领域和关键环节，集中力量、先行先试、谋求突破。坚持把是否有利于科学发展作为最基本的标准，不断增强制度创新实效。

2. 在综合改革试点中要有新突破

抓住实施“两强一堡”和大通道战略的重大机遇，以富民强市为目标，以云南省综合改革试点城市为契机，充分发挥改革排头兵的示范和带动作用，率先改革、大胆创新，以更大的决心和勇气全面推进重点领域和关键环节的改革，为加快建设中国面向西南开放的区域性国际城市提供强大的动力和体制保障。主要要在以下几方面有新突破：

（1）以加快政府职能转变为核心，深化行政管理体制改革，深化政府机构改革。按照职能有机统一的原则，进一步优化工作流程，规范运行程序，完善大部门管理体制，实现政府职能、机构与人员的合理配置，最大限度地发挥政府新机构的工作效能。强化政府提供基本公共服务的职能，针对经济社会基本公共服务供给不足和配置不均衡等问题，加快建立健全公共服务制度。实行政企分开、政资分开、政事分开、政社分开，推动政府职能转变，加快建设服务政府、责任政府、法治政府和廉洁政府。

（2）深化行政审批制度改革。继续下放行政审批权限，精简和规范行政审批事项，实行行政审批代办制，逐步实行市级行政审批“零收费”，使昆明在全国持续保持“审批项目最少、审批时限最短、审批效率最高”的省会城市。探索网上审批和上下联动机制，完善行政审批运行机制和服务体系。

（3）探索非基本公共服务市场化改革。根据行政许可法的要求，将目前的非行政许可项目逐步转移或委托给各类社会组织，推进部分政府职能向社会组织转移、政府购买服务等方面的改革。

（4）继续深化农村综合改革。深入推进乡镇机构改革、农村义务教育和县乡财政管理体制改革，进一步巩固农村税费改革成果。稳步推进农村征地制度改革，逐步缩小征地范围，完善征地程序，拓宽补偿安置途径，让农民更多地分享城市化进程中的土地增值收益。推进集体林权制度配套改革。加快建立新型采伐管理制度、公益林生态效益补偿制度、林木林地流转、林权抵押贷款制度，建立健全林业服务平台。启动国有林场和国有林区改革工作。加大“三农”金融服务综合配套改革先行试点力度，建立健全“三农”金融服务体系。推进农村流通体制改革，构建农商对接机制和农村流通服务体系网络，促进工业品、农产品双向流通。加快推进其他农村配套改革。完善农民负担监管制度。完善村级公益事业建设一事一议财政奖补制度，妥善化解乡村公益性债务。推进农业保险保费补贴试点工作，提高农民抗灾害风险能力。

（三）把提高科技创新能力作为城市核心竞争力，致力于建设引领未来的幸福城市

1. 推进国家型创新试点城市建设，巩固提高科技创新水平和竞争能力

完善科技创新体制机制，加快建立以企业为主体、市场为导向、产学研相结合的技术创新体系，建立支持自主研发、促进成果转化的科技服务体系，建立学科优势明显、以应用基础研究为特色的知识创新体系。加大对新技术、新产业的投入和支持力度，支持建设10个企业创新平台，培育20户市级创新型企业。发展创业风险投资，吸引社会资金、民营资金和海外资金，形成多元化、多渠道的科技投入格局。

2. 要把科技创新置于优先发展的战略地位

围绕加快新型工业化进程，以烟草及配套、黑色冶金、有色冶金、磷煤盐钛化工、建筑建材等传统产业改造提升，高端装备、石油炼化、光电子、生物医药、信息、食品加工等特色产业做大做强，新材料、新能源、物联网、节能环保等战略性新兴产业发展为重点，强化企业自主创新主体地位，加强产学研结合，培育产业技术联盟，建设一批企业技术中心、国家工程技术中心，提升企业自主创新能力。围绕加快现代服务业发展，以金融商务、信息网络、文化传媒、旅游物流等为重点，积极开发关键技术和共性技术，推动都市经济繁荣发展。围绕加快都市型现代农业发展，以粮食、烤烟、畜牧、蔬菜、花卉、林果等产业发展为重点，开展优质品种的引进选育和良种繁育，积极开发应用农业节水、节肥、科学施肥等新技术，为实施都市型现代农业“4210”工程提供科技支撑。依靠科技创新，科学规划城市、科学建设城市、科学管理城市，提升城市的功能。依靠科技创新，围绕以滇池为重点的水环境综合治理，

"五采区"、石漠化、难造林地的生态修复治理，节能环保产业、新能源产业、循环经济技术、适用低碳技术等的发展提供科技支撑，解决经济社会发展中的瓶颈制约。

3. 把加快产业创新发展作为第一要务，致力于建设经济发达的幸福城市

没有较快的发展速度，壮大经济总量，就改变不了发展滞后的现状，解决不了前进道路上的矛盾和困难，幸福昆明也就成为空中楼阁、无源之水。因此，要通过推进经济跨越发展、推进产业发展，促进收入倍增来增强幸福感。我们必须坚持以跨越发展为关键，推动昆明驶入发展快车道，创造更充裕的社会财富，满足人民群众日益增长的物质文化需求，使加快发展成为增进人民幸福的根本。必须把调整经济结构、推动产业大发展作为跨越发展的重要支撑，加快调整三次产业、轻重工业、传统产业与新兴产业和所有制、投资、研发投入结构，推进产业特色化、规模化、集群化、高端化，构建多元发展的现代产业体系；必须坚持基础先行，适度超前谋划和推进一批重大基础设施项目，从根本上缓解发展瓶颈制约。在今后的发展中，要把产业提升创新行动和新兴产业创新行动作为产业结构战略性调整的重点，作为转变经济发展方式，保持经济平稳较快增长的主攻方向。

(1) 产业提升创新行动。产业提升创新行动以烟草及配套产业、装备制造业、现代农业、花卉园艺产业、石油化工产业5大产业为重点打造提升对象。其中，烟草及配套产业将重点发展低焦油烤烟型和中式卷烟产品研制，加快新型烟用配套新产品的研发，提高卷烟原材料集约化生产技术。应用现代生物技术，进行烟草新品选育，发展和应用集优质、节能、降害为一体的现代烟草综合利用技术。力争到2015年实现烟草及配套工业增加值250亿元以上，年

均增长10%。

按照国家能源发展战略和石油化工产业布局规划，以安宁市为主形成石油炼化及烯烃化工产业基地，以生产成品油为主，同时大力发展以乙烯、丙烯、ABC树脂、芳烃、液化气等系列石化产品。通过延伸产业链，提高产业关联度和产品附加值，形成一期1000万吨/年石油炼化和100万吨/年烯烃生产能力，将石油化工及天然气打造成为昆明新的支柱产业。力争到2015年实现工业增加值250亿元。

（2）新兴产业创新行动。以新能源、新材料、光电子、信息产业、生物医药产业、生产性服务业6大产业构成的新兴产业创新行动。将积极发展以太阳能为主的新能源产业，不断提高新能源在全市能源结构中的比例。重点发展高效太阳能光伏、太阳能建筑一体化、大中型沼气工程、生物质能综合利用等技术，开展高性能太阳能与智能太阳能热水器等新能源产品的研发及产业化。力争到2015年实现太阳能产业总产值200亿元以上，实现工业增加值70亿元。

以电子、电力电工、轨道交通、环保、能源、医用以及新型墙体等新材料的开发和产业化为重点，每年组织实施一批重大关键技术研究、新产品开发项目，加快产业竞争能力，加快管、板、带铜材产品和高强度宽幅铝合金产品及海绵钛、钛合金、钛材为主的钛产品等有色金属精深加工的产业化，重点突破稀贵金属提取与系列新材料生产技术，发展合金钢、超宽超薄型材、板材、线材、镀锌彩涂板等新材料。力争到2015年工业增加值达到50亿元以上。

（四）把民生保障创新作为工作重点，致力于建设生活富裕、安居乐业的幸福城市

民生幸福是建设幸福昆明的核心内容。改善民生，创造美好幸福生活，最终要落实在保障和改善民生上。当前，人民群众对提高生活水平、改善生活质量，获得更多公共服务和权益保障的要求更加具体、更加广泛、更加强烈。建设美好幸福的新昆明，必须坚持民生优先发展导向，高度重视增进民富、改善民生、实现民乐，解决好提高城乡居民收入、就业、住房、社会保障等民生问题，使人民群众生活得更加殷实、更加安康、更有尊严，让人民群众成为改革发展的最大受益者，人民的幸福指数不断提高。

1. 稳步推进收入分配制度改革

着力提高城乡低收入群众的基本收入，稳步提高职工最低工资、企业退休人员基本养老金和城乡居民最低生活保障标准。建立健全职工工资正常增长机制，落实并完善工资指导线和劳动力市场工资指导价位，严格执行最低工资制度。加快建立收入分配监测系统。有效调节过高收入，加强对收入过高行业工资总额和工资水平的双重调控，严格规范国有企业薪酬管理。大力整顿和规范收入分配秩序，坚决取缔非法收入。

2. 深化社会保障体制改革

按照“广覆盖、保基本、多层次、可持续”的方针，扩大城镇职工养老、医疗、失业、工伤、生育保险覆盖面，提高统筹层次，完善社会保险关系的转移接续机制，逐步实现城乡社会保障并轨对接、应保尽保。研究制定城镇居民社会养老保险制度，将现已达到法定退休年龄但未纳入养老保障的城镇居民、无收入经济困难城镇居民纳入保障范围。研究制定城镇职工养老保险、城镇居民养老保险、新型农村养老保险、被征地人员养老保险各制度之间，城镇职工医疗保险、城镇居民医疗保险和新型农村合作医疗各制度之间的转移接续办法。探索建立事业单位工作人员的养老保险办法。深入推进新型农村社会保险试点工作，纳入国家试点县的参保率达70%以上。

3. 发展社会事业，创新社会管理，促进社会稳定和谐

昆明正处于深化改革开放、加快经济发展方式转变的攻坚期，

各种矛盾叠加、多种问题交织，必须把促进社会和谐稳定放在突出位置。要巩固“两基”成果，均衡发展义务教育，促进教育公平。大力发展学前教育、职业教育和民办教育。优化城乡医疗卫生资源配置，推进以县级医院为重点的公立医疗改革试点，加快全科医生培养和乡村医生队伍建设。做好人口与计划生育工作。支持老龄事业、残疾人事业发展。以城乡社区为重点，完善基层为民服务体系，重点做好流动人口、特殊人群的管理服务工作，大力建设和谐社区。以创建平安昆明为目标，加强社会矛盾隐患排查调处和风险评估。坚持专门队伍和群防群治结合，完善社会治安防控体系。坚决防范和遏制重特大安全事故的发生，高度重视食品药品安全。强化防灾减灾工作，不断提高应急管理和处置公共安全事件的能力。

（五）把文化创新繁荣作为强大支撑，致力于建设精神文明的幸福城市

1. 进一步加强文化体制机制改革创新

目前，昆明市级国有文化单位的改革任务已初步完成，但各县区（市）的文化体制改革尚未完全启动，文化资源被各部门所分割，全市范围内文化产业科学发展的体制机制还不健全完善。需要进一步树立文化统筹发展理念，处理好城乡区域文化发展关系，文化事业和文化产业发展等重大关系；进一步创新体制机制、培育市场主体，完善公益性文化事业单位改革，增强文化发展活力；进一步转变政府职能，强化职责，改善服务，形成政府引导，全社会共同参与文化建设与发展的浓厚氛围。

2. 大力弘扬创新文化

只有高度重视创新文化的建设，才能给人以创造性思维的头脑。要大力弘扬敢为人先、大胆创新、崇尚竞争、宽容失误的创新文化，尊重群众的首创精神，动员全社会力量投身创新事业，在全市形成重视创新、参与创新、推动创新的社会环境。

3. 构建特色文化产业体系

在重点发展广播影视、新闻出版、文化演艺、文化旅游、休闲娱乐、节庆会展、珠宝玉石、民族民间工艺、茶文化、体育等10大主导产业的基础上，积极运用高新技术提升文化创作、生产和传播方式，加快发展文化博览、动漫影视、网络游戏等新兴产业，着力构建结构合理、门类齐全、科技含量高、竞争力强的现代文化产业体系。

4. 培育壮大骨干文化企业

抓住国家大力推动文化产业发展的重大机遇，加快发展昆明文化产业，提高文化对昆明经济社会发展的贡献率。着力推进文化产业结构转型升级；集中建设一批文化产业园区和基地；积极实施大项目带动战略，培育壮大一批有实力的文化企业。

5. 打造体现昆明特色的文化精品

围绕“七彩云南”“茶马古道”“香格里拉”“聂耳音乐”“边屯文化”等重要文化元素，进一步充分挖掘云南丰富多样、独树一帜的文化资源，打造新时期展示昆明文化建设实绩、体现昆明文化竞争力和软实力的知名文化品牌。继续推进文化与旅游、资本、科技深度融合，提升文化产业规模化、集约化、专业化水平。拓展大众文化消费市场。培育群众广泛参与的社区文化、农村文化、校园文化、企业文化。

6. 着力推进经营性文化事业单位改制

经营性文化事业单位的转企改制是文化体制改革的核心内容，要继续深化完善已转制单位的改革，加快重要新闻媒体经营性部分的剥离和转企改制，培育大批合格的文化市场主体。

第十三章
筑建法治之城

一、法治的基础界定及其价值追求

准确界定“法治”这一概念，并明确其价值追求，可以更好地阐释筑建法治城市与建设幸福昆明之间的内在联系。

（一）“法治”不同于“法制”

法治，又称法律的统治，是与“人治”相对应的一种治国方法，表达的是法律运行的状态、方式、程序和过程，包括法律的至上权威，法律的公正性、普遍性、公开性等基本要求，以及法律制约公共权力与保障人权等基本原则。法制，是“法律与制度”的简称。很多惯例、政策等也可以作为非正式的制度包括在法制概念之中，从历史类型上看，人类迄今大致出现过原始社会的法制、奴隶社会的法制、封建社会的法制、资本主义社会的法制和社会主义社会的法制。通过这一界定，两者的区别就显而易见了：法制并不预设价值取向，可以有“人治下的法制”，而法治明确与人治相对立，有人治无法治，其强调人民主权，民主精神，法律平等，权力制约和人权保障等价值理念；在配套环境方面，法制可以在各种经济政治、文化体制中存在，而法治则需要市场经济、民主政治等环境。

制约国家权力的滥用、保障公民自由权利，是法治的两个核心要素。

因此，对于这两个概念的使用，需区分具体的语境。我们要论证市民幸福与法的正相关关系，使用一个中立的概念是做不到的，即必须有一定的价值预设，而使用社会主义法制，虽然带有一定的价值取向，但该概念仅仅是静态意义的法律制度建设，涵括不了动态意义上的整个法律治理、法律运行机制，这决定了本章使用的是“法治”，而非“法制”这一概念。

（二）法治，是统筹“民主”与“民生”的法治

民主的核心问题是国家权力的归属问题，“人民主权”是社会主义民主政治理论的基本主张。胡锦涛同志指出，人民当家作主是社会主义民主政治的本质与核心。因此，中国特色社会主义民主决定了国家事务应由人民群众决定。但事实上，全体人民直接参与每项事务的管理是不可能、不现实的。民主与法治的契合点在于民主的制度化、法律化。“法治”不仅有完备的法律，又依法治政，“法律面前人人平等”，“治人”者同样被置于法律治理之下，没有超越法律之上的特权。简言之，对于国家而言，法治将人民意志上升为法律，来规定国家的政治生活、经济生活、社会生活的基本框架和方式，有法可依、有法必依、执法必严、违法必究，使其成为一个真正现代意义上的民主国家。

当前，“幸福”成为了政府新的执政导向。典型的民生幸福问题，恰恰集中表现为对公民权利的保障与落实。法治视野下的民生，所指向的是公民依法普遍享有并由国家通过各种积极行为维护和保障实现各种关涉自身生存、发展的社会性权利的状态。而通过立法彰显民生、督促政府依法行政、规范社会管理、公正有效司法等成为法治保障民生的具体选项。简言之，对于个人来讲，法治关乎着我们每个人的生存状态，法治决定着社会的弱势人群能否获得保护，也影响着个人能否通过合法的奋斗获得尊严、成功和幸福。

二、法治城市建设与公众幸福的辩证关系

关于“法治的才是幸福的”这一论断，从前文对法治的界定及其价值追求的论述就可窥见端倪。此处结合对“幸福”本身的界定及应然和实然层面的法治建设，可以得出更具体而贴切的结论：幸福受制于一定客观条件，要让民众感到幸福，离不开法治的保障；一个幸福的城市必然是一个法制健全、法治谨严的地方；公众对法治的满意度，是其幸福的质素之一，包含在幸福城市的评价指标中，可以通过这个城市科学的法治综合评价体系来评估和体现。

（一）幸福的要素及受制条件

考察公民幸福的理论和实践，可以发现，不论公民幸福以什么形状或面貌出现，都与以下四个因素紧密相连，缺少其中任何一个因素都会使人陷入不幸与苦难的深渊。一是富足。惟其如此，一个公民才能因其生存和发展得到充分满足而获得幸福。二是安全。安全使公民得以拥有生命、财产、自由和平等，也使公民能够消除恐惧和忧虑，保持心理平衡和精神健康，由此使公民获得幸福感。三是自由。自由是人的固有属性，没有自由对人来说就是一种真正致命的危险。自由对人的这种重要性使得它对公民幸福具有极为重要的意义。一个公民只有享有自由，才能够自主地选择自己的生活方式并不断改善自己的生活条件。四是公平。公民幸福在一定程度上取决于他在生活环境中的对比感受。如果社会不公，规则、机会或者分配向一部分人倾斜，那么另一部分人就会因不公平待遇而陷入痛苦之中。总之，富足、安全、自由、公平是公民幸福的构成要件。然而，这些要件不会自然形成，“人是生而自由的，但却无往

不在枷锁之中”，卢梭的这句名言既揭示了自由的理想和现实之间的矛盾性，也道出了公民幸福构成要件的客观制约性。为什么公民只有拥有自由才幸福，却要通过法律制造约束，仅能享有“相对自由”，举一个直白的例子，如果每个公民都享有绝对的自由，诸如能肆意侵犯别人的人身权或财产权，那么，作为被侵犯者，就丧失了生存发展的权利与自由，更何况幸福。作为不特定的社会个体，得不到可确定的预期，无法保证自己和家人的生命、财产和自由可以不受到他人的攻击或伤害，那么幸福对他来说也是奢谈。

（二）在应然意义上，法治是幸福的保障

文明的尺度，就是人类生活幸福质量的尺度，法治是现代文明的手段，是人民追求幸福公正和正义的保障。放在国家治理的层面来理解，幸福必须体现在一定的政治安排中，体现在一定的政治社会实际运作过程中。人类政治安排归纳起来主要有专制人治和民主法治两种模式。专制人治与等级、特权、人性、专横、独裁、暴政等相贯通，不仅不能带给人们富足、自由和平等的生活，甚至使人们的生命安全也得不到可确定的预期。因此，专制人治不是人们幸福的政治保障，为公民幸福所拒斥。民主法治是“民主、自由、平等、人权、理性、文明、秩序、效益和合法性的完美结合”，那些最初制定这种法律的人要人民相信，人民的意愿被写进了规则并使其生效，一旦规则被接受和通过，将会使人民过上尊严和幸福的生活；当这样的规则得以制定出来并发生效力的时候，人民就把这规则称为“法律”。同时人们依据法律来安排和设计自己的生活，来保证自己追求合法的、理性的、理想的幸福。幸福在此已不仅仅是浅层结构的主观快乐心理体验，更是一种内在的生存和发展的人性完满。为了维护一个有序的社会，法律制定了一系列的制裁和处罚措施，并以国家强制力保障实施。所以，任何一个违法犯罪者，在导致他人或社会幸福受到破坏的同时，也必将在一定程度上被法律剥夺其追求幸福的权利。总之，对于私权利，法无明令禁止即自由。另外，幸福的实现除了取决于主体自身的这种守法状况之外，也需要通过依法执政、依法行政、公正司法等指标为其创造一个稳定良好的秩序和安定团结、和谐的社会环境，如果整个社会的公权力得不到有效的遏制，它必然会时不时张开血盆大口，吞噬公民的合法权益。试想一下，当一个公民的房屋可能一夜间被城管强拆时，当一个勤劳而聪明的企业主合法经营还不如去巴结官员更容易致富时，当公开批评地方政府官员的公民很可能被跨省追捕时，有多少人会有安全感，更何况幸福感。对于公权力，法无明文赋权即禁止。众所周知被认为世界上幸福指数最高的不丹，其国民幸福指数中排居首位的就是政府善治，其次才是经济增长、文化发展和环境保护等要素。

（三）在实然意义上，可通过幸福法治指数判断法治成效

科学的评价体系是法治建设的衡量尺度，法治幸福指数的提出，就是反映这样一种社会事实，即在法律领域，它是普遍意义上的人对共时性场域内的法治所带来幸福度的体验，同时尝试以科学、合理的标准对其评估。借鉴美国经济学家萨缪尔森“幸福等于效用与欲望的比值”这一理解，幸福与效用成正比，获得的效用越大，欲望越小则越幸福。从实然角度，将人的法治幸福感与法治建设成效相连，可以将法治幸福指数，简化为法治对幸福效用与人之于法治的幸福欲求的比值。直白地讲，公民对法治的幸福感，实际上是对法治状况之于自身效用的一种判断，即对法治的满意度的判断。通过法治满意度指数的构建，让公民判断法治建设的成效，从而可以让幸福的解释、判断权回归公民自身。

在这一理解下，一切法治建设满意度的指标，实际上都是幸福法治的评价指标。这决定了本章可直接使用法治昆明的相关测评指标来判断市民的法治幸福度，而且可以下这样的结论，昆明的幸福法治城市建设，实际上已先行一步。①

（四）法治城市是幸福城市建设的题中之义

法治城市是现代法治国家的重要组织单元，其基本含义是指在城市实行依法治理，确立法律在城市社会调整体系中的核心地位，实现法律对城市社会关系的全面调整和控制。诚如前文所言，既然法治的政治安排才是“幸福的”，那么作为依法治国的组织单元，依法治市、建设法治城市，生活在这个城市的市民才是幸福的。

法治具体之于城市建设，意味着要确立城市依法治理的治市方略，实现在城市社会中任何人、任何组织都没有超越宪法和法律的特权；意味着要创建地方党委依法执政、地方立法完善、地方政府依法行政、司法公平正义、基层民主法治建设扎实、经济法治建设规范有序、法律服务成熟规范、市民法律素质普遍提高、依法推进社会管理、法治监督体系健全的现代化城市。从国内幸福法治的地方建设来看，广东省明确提出法治广东是幸福广东的重要保障，是广东经济社会发展的重要支撑，是广东软实力和竞争力的重要组成部分，并切实通过加强社会治安管理、完善社会管理制度等举措来增进市民幸福感。武汉市强调将通过加强民生立法来促进“有房住、能就业、公平地享受教育、有医疗保障、老有所养”五大幸福指标的实现，确保民生幸福城市建设走上法治化轨道。汕头市提出“全力推动科学发展，加快建设幸福汕头”，并以法治汕头建设来保障幸福汕头的实现，明确要求用立法巩固提升人民群众的幸福指数。

---

① 法治昆明评价指标完全涵括在幸福昆明评价指标之中，并在三级指标中有所拓展、细化，关于这一点，将在后文对“幸福昆明评价指标体系”与“法治昆明综合评价指标体系”的比较中加以详细论证。

在法治城市的创建过程中，建立一套既能彰显法治城市创建的科学发展导向，体现法治城市创建的科学性、指标性和实效性，又能脱离“政府自我考核”，更加重视体现城市法治状态、法治建设的社会效果以及市民观感和满意度，从而体现法治幸福感的法治城市评价指标体系，成为法治城市创建的指南针和风向标。

三、筑建法治之城的进程及科学评价

多年来，市委、市政府一直高度重视昆明市的法治城市建设和依法治市工作，坚持把法治昆明建设工作纳入党委、政府重要工作议程，法治重点工作作为全市目督考核内容，与单位评价和个人考核挂钩。2006 年，昆明在中国西部城市率先启动了法治城市建设工作，成立了市委法治昆明建设领导小组，坚持市委书记和市长总负责，不断完善以市委常委、政法委书记为组长，人大、政府、政协领导为副组长，检察院、法院等 33 个单位主要领导为成员的领导小组机构，各级各部门也成立了相应工作机构。2007 年市委下发《中共昆明市委关于推进依法治市建设法治昆明的实施意见》、人大作出《关于建设法治昆明的决议》、市政府下发《昆明市人民政府关于加强法治政府建设的实施意见》，确定了建设法治昆明的十二个工作面，明确了法治建设的中长期目标和各部门职责。2008 年“法治城市·制度创新”论坛在昆举行，昆明推出“以制度创新引领法治城市建设”新命题，2009 年昆明市出台了《推进依法治市，建设法治昆明工作规划（2009 ~2014 年）》，明确了法治昆明建设工作总体规划、分步实施的要求。在全国普遍开展法治城市建设的背景下，昆明市的法治建设也更加注重求真务实和创新发展，重视依法治市的客观性、公正性和可操作性，为此，市委、市政府提出要建立健全依法治市量化评估体系。自 2008 年起，昆明市累计收集了 193 项候选指标，征集各类意见200余条，召开论证会13次，通过对昆明市法治建设的客观状态及其所产生的社会效果进行较为全面的考察，按照评价体系构建原则和层次要求，于2010年9月率先在省会城市中启动了《法治昆明综合评价指标体系》，使得昆明市的法治城市建设走向常态化，同时也走在了中西部城市的前沿，其重心也从关注政府自我考核转向更加重视体现城市法治状态、法治建设社会效果以及市民评价和幸福感。

（一）两套指标体系的对比分析与结论

结合本课题第四章的相关研究成果，笔者将通过对比《法治昆明综合评价指标体系》（以下简称《法治体系》）与《幸福昆明评价指标体系》（以下简称《幸福体系》）的运行使用情况，来逐步展开幸福法治昆明建设进程分析。《法治体系》由“法治的社会环境指标”“法治的制度环境指标”和“法治的人文环境指标”3个一级指标系统，13个二级指标群和33个具体要素指标构成。具体见表13－1。

表13－1　“法治昆明综合评价指标体系”简表

一级指标	二级指标	三级指标
一、法治的社会环境综合指标	1. 社会安全	（1）万人刑事案件立案数（件）*
		（2）万人交通事故死亡数（人）
		（3）万人拥有警察数（名）
		（4）年一审公诉案件数（件）
		（5）亿元GDP生产安全事故死亡率*
	2. 市场有序a	（6）价格由市场决定的程度（%）
		（7）偷税户数占辖区管户的比率（%）
		（8）年商品质量抽检合格率（%）a
	3. 社会廉洁	（9）年贪污、贿赂和渎职案件发案数（件）
	4. 法律资源	（10）万人拥有律师数（名）
		（11）万人拥有人民调解员数（名）b
		（12）年人均法律援助经费数（元）c

<table>
<tr><th>一级指标</th><th>二级指标</th><th>三级指标</th></tr>
<tr><td rowspan="18">二、法治的制度环境综合指标</td><td rowspan="2">5. 依法执政</td><td>(13) 党委决策机制健全程度</td></tr>
<tr><td>(14) 党风廉政建设和反腐败工作成效</td></tr>
<tr><td rowspan="3">6. 民主政治</td><td>(15) 公民参与选举成效</td></tr>
<tr><td>(16) 政治协商成效</td></tr>
<tr><td>(17) 基层民主建设水平 d</td></tr>
<tr><td rowspan="2">7. 规范立法</td><td>(18) 科学立法水平</td></tr>
<tr><td>(19) 民主立法水平</td></tr>
<tr><td rowspan="5">8. 依法行政 f</td><td>(20) 科学决策机制健全程度 e</td></tr>
<tr><td>(21) 规范性文件管理制度健全程度</td></tr>
<tr><td>(22) 规范执法水平</td></tr>
<tr><td>(23) 政务信息公开 *</td></tr>
<tr><td>(24) 行政救济情况</td></tr>
<tr><td rowspan="2">9. 公正司法</td><td>(25) 审判公正与效率水平 *</td></tr>
<tr><td>(26) 检控效率水平</td></tr>
<tr><td rowspan="2">10. 法制宣传教育</td><td>(27) 法制宣传教育的覆盖水平</td></tr>
<tr><td>(28) 法制宣传教育工作方式和载体创新</td></tr>
<tr><td rowspan="2">11. 法律监督</td><td>(29) 人大监督效果</td></tr>
<tr><td>(30) 司法监督效果</td></tr>
<tr><td rowspan="3">三、法治的人文环境综合指标</td><td>12. 公众评价性指标</td><td>(31) 政府治理能力评价指数</td></tr>
<tr><td rowspan="2">13. 公众体验性指标</td><td>(32) 社会安全感指数</td></tr>
<tr><td>(33) 对昆明法治环境的满意指数</td></tr>
</table>

表 13－1 第 1～11 个二级指标的内容是有关城市法治运行环境和法治开展的客观状态，所指向的是关涉公众幸福的客观要素，这些指标的各级指标内容基本涵括了《幸福体系》的二级指标，详见表 13－2。

表 13 －2　幸福昆明考核评价指标体系（客观指标）

（表 4 －1 部分指标引用）

编号	一级指标	二级指标	分值
31	社会安全 社会服务	亿元 GDP 安全生产事故死亡率（%）＊	3
32		食品安全指数（%）	3
33		药品抽检合格率（%）	3
34		万人刑事案件立案数（件/万人）＊	3
35		民间矛盾纠纷调处成功率（%）	2
36		和谐社区创建达标率（%）	2
37		每千名老人拥有机构养老床位数（张/千人）	1
38	政务公开 与权益保障	市级民主法治村（社区）创建率（%）	1
39		信访案件按期办结率（%）	1
40		行政复议案件按时办结率（%）	1
41		法院案件法定审限内结案率（%）＊	1
42		劳动人事争议仲裁案件法定时限内结案率（%）	1

对比表 13 －1 和表 13 －2，表 13 －2 中的二级指标（打＊号），能在表 13 －1 中找到表述基本一致的对应指标，其他指标间存在着：关注的侧重点略有不同，内外延有区别但有一定对应关系，指标层级不一致但测评实质内容相同等情形（以小写字母符号，在两个表中对应标识）。

表 13 －1 中第 12 个二级指标所指向的是公众对政府治理能力的主观评价，第 13 个二级指标所指向的是公众对社会安全和法治环境的满意度体验，这 2 个指标是关涉法治建设的公众主观满意度，即公众主观幸福感的指标。详见表 13 －3。

表 13－3　法治昆明综合评价指标体系（表 13－1 中的第三大类指标，即主观指标）

一级指标	二级指标	三级指标	测评要素
法治的人文环境综合指标	12. 公众评价性指标	政府治理能力评价指数	（1）政府规划能力指数
			（2）政府执法能力指数
			（3）政府服务能力指数
			（4）政府创新能力指数
			（5）政府审批与管制指数
	13. 公众体验性指标	社会安全感指数	（1）您觉得您所居住的地方是否安全？
			（2）您觉得当地杀人、抢劫等恶性案件是否突出？
			（3）您及身边的人是否受到黑恶势力犯罪的侵害？
			（4）您对所在地车站、酒吧、宾馆、集市等公共场所的管理工作是否满意？
			（5）您对所在地的生产安全、交通安全、消防安全工作是否满意？
			（6）您觉得当地治安状况与去年相比是否有进步？
		对昆明法治环境的满意指数	（7）您觉得目前昆明市的诚实守信程度如何？
			（8）您认为昆明的法制健全程度如何？
			（9）您如何评价司法机构的工作效率？
			（10）请您对昆明现有的法治程度进行评价：
			（11）您对未来生活和社会发展的信心如何？

对比本课题第四章表 4－2《幸福体系（主观指标）》涉及法治建设市民评价的内容（即社会治安满意度、社会文明状况满意度、食品药品安全满意度、诉求表达渠道满意度、司法公正满意度、民主决策参与满意度、政府服务满意度、廉政建设满意度）等，表 13－3已基本覆盖并拓展了相关考评指标。

综合《法治体系》的主客观评价指标，实际上涵盖了《幸福体系》中有关法治的主客观评价指标，法治为幸福的质素之一。但法治同时也是幸福的保障，因此，我们不难理解，《幸福体系》中很多不直接关涉法治的指标，在《法治体系》中仍有体现。上述结论，使得本章运用“法治昆明”的测评指标来评估昆明的幸福法治城市建设情况，成为可能，也成为必要之举。

（二）幸福法治昆明建设的现状与进程

《法治体系》的首次应用和评测工作于2011年3月启动，其中的二级指标是对“法治”概念的具体细化，反映着社会发展的各类“法治条件”，因此被作为此次评测的基准。根据《指标体系》中13个二级指标（法治条件）的不同特征和性质，采用了三个不同的评估层次（见表13－4）。

表13－4　“法治昆明综合评价指标体系”的三个评估层次①

序号	法治条件	评测方法
1	社会安全	由三个评估组别（内部组、外部组和专家组）依据客观数据分别进行独立评价打分，最后加权计算获得平均值，委托第三方机构完成。
2	市场有序	
3	社会廉洁	
4	法律资源	
5	依法执政	
6	民主政治	
7	规范立法	
8	依法行政	
9	公正司法	
10	法制宣传教育	
11	法律监督	

① 《幸福体系》中的客观指标，以2015年目标值为依据，计算积分方式采用扣分法，未作统计的指标折半计算，主观满意度采用抽样问卷形式得出，与《法治体系》的计算方式及抽样比例存在一定差异。

序号	法治条件	评测方法
12	公众评价性指标（“政府治理能力评价指数”）	直接引用全国性的评价数据（来源于《中国城市竞争力报告2011》）。
13	公众体验性指标（社会安全感指数）（对昆明法治环境的满意指数）	专门开发独立的问卷调查（委托国家统计局昆明调查队完成）。

2012年4月24日，昆明市发布《法治体系》首次测评结果，最终得出分值为72.96的“昆明法治指数”。下文笔者结合表13－1所列“法治昆明”的三个一级指标（即法治的社会环境、法治的制度环境、法治的人文环境），对应地分三个部分来阐述幸福法治昆明建设的基本情况。

1. 昆明市法治运行的社会环境

表13－5　“法治体系”（第一大类，即社会环境指标2010年客观统计数据）

社会安全	万人刑事案件立案数（件）	156.6
	万人交通事故死亡数（人）	0.42
	万人拥有警察数（名）	17
	年一审公诉案件数（件）	5653件　9046人
	亿元GDP生产安全事故死亡率（人）	0.18
市场有序	价格由市场决定的程度（%）	97.12
	偷税户数占辖区管户的比率（%）	国税0.044 地税0.21
	年商品质量抽检合格率（%）	83.65
社会廉洁	年贪污、贿赂和渎职案件发案数（件）	立案：240件274人 起诉：246件294人
法律资源	万人拥有律师数（名）	2.2
	万人拥有人民调解员数（名）	19.38
	年人均法律援助经费数（元）	0.37

按照表 13－4 的评测方法，根据三个组别对数据的经验评估，“社会安全”指标的三组均分都在 70 分以上，发展状态良好，“市场有序”指标的三组均分介于 64 分与 71 分之间，发展呈中间状态，食品、药品安全未达到预期值①，“法律资源”与“社会廉洁”三组均分均低于 70 分，这两个领域的法治发展呈现较差状态。

2. 法治昆明的制度化运转情况②

在昆明市“党委执政、人大督政、政府行政、政协参政、百姓评政”的权力运行机制中，将党的决策决议上升为地方性法规或人大决议，使党委的权力运行实现制度化规范化，强化人大对公权力的监督；依法治市常态化，社会管理规范化；大力度推进司法改革；加大法制宣传力度；强化党内监督、检察监督、人大政协监督、社会与新闻监督并行的全方位权力监督模式等做法，法治都始终贯穿其中。

（1）完善地方立法，加强制度创新。作为省会城市，依据宪法和法律的规定，昆明拥有部分地方立法权。昆明市人大坚持国家法制统一和“不抵触、有特色、可操作”的地方立法原则，一方面建立健全了法规（草案）起草、论证、听证、公开征求意见、审议等制度，形成了科学立法、民主立法的新机制，所制定地方性法规内容涉及经济、政治、文化、社会各个方面，并坚持开展“立法后评价”；另一方面充分运用法律赋予的决定权，对涉及改革发展稳定的重大事项，在制定地方性法规条件暂不成熟又亟须予以规范的情

① 在《幸福体系》对“社会安全和社会服务”指标的设计中，重点提到了食品、药品安全这两项指标，但因为两套指标采取的考评办法及指标比例存在差异，此处的引用，旨在更全面地说明情况，并未直接纳入《法治体系》的测评得分中。下文涉及类似情况不再单独说明。

② 法治昆明建设是一个长期积累的结果，因此，本部分的论述不局限于某一年的数据，再者，考虑到地方法治建设实际运作的复杂性、交叉性及发展过程中出现的新情况，在内容安排上并未严格按表 13－1 第 5～11 项指标所列顺序进行论述。

况下，由市人大常委会及时作出决议决定，这一做法，既规范了党委权力，又确保了党委主张与人民意志的统一及党委主张的高效率贯彻实现。2011年，昆明市共制定、修订地方性法规10件，对20件法规进行了立法前期调研，开展了1项立法后评价，其中，着眼于民生幸福的改善，制定了《昆明市就业促进条例》，以支持社会创业，有效促进就业，制定《昆明市中小学生体质健康促进条例》、修订《昆明市生猪屠宰管理条例》《昆明市城镇绿化条例》等；围绕改革发展稳定中的重大问题，作出重大事项决议决定12项。

（2）依法治市常态化。近年来，昆明市对法治政府、责任政府、阳光政府和效能政府四项制度的探索、贯彻、落实力度是空前的：创新行政执法体制，推进城市管理综合行政执法，规范细化具有自由裁量权的行政处罚标准，至“十一五”末，全市14个县（市）区政府共建立起现行有效的规范性文件目录档案747件，市级47家行政执法部门和三个国家级开发（度假）区管委会共建立起现行有效的规范性文件目录档案1713件，基本实现了政府系统的工作管理、工作决策，办事过程、时限、条件等程序法定化，各种行政审批事项的审批条件、时间、程序等法定化，行政事业性收费行为、行政执法行为和行政处罚行为法定化；将领导干部问责常态化、制度化，打造责任政府；在探索市民、专家多元参与城市治理的基础上，通过“重大决策听证，重要事项公示、重点工作通报、政务信息查询”四项制度来推行“阳光政务”，保证公众的知情权、参与权；以行政审批制度改革推进效能政府建设，强力精简审批项目和压缩审批时限，市级行政部门成立集中行使行政审批职能的行政审批处室，行政审批处室向便民服务中心集中，所有审批和管理服务项目进中心到位，建立行政审批事项联合审批及重点项目快速审批制度。

（3）关注民生，社会管理规范化。2011年，昆明市深入推进平安昆明建设，依法严厉打击严重刑事犯罪，持续开展打黑除恶专项斗争，有针对性地组织开展网上逃犯专项督察清网行动和打四黑除四害专项行动，滚动整治社会治安突出问题，坚持检察长接待日和“举报宣传周”制度，以畅通群众诉求渠道，深入化解社会矛盾纠纷，依法查办和预防职务犯罪，深入推进反腐倡廉建设，人民群众安全感和满意率不断提升；加大和谐社区建设力度，增进社区服务、凝聚、管理和维稳四大功能，促进民族团结，加强信访工作，坚持军民融合式发展，拥军优抚安置工作扎实推进，加强人口计生工作及流动人口服务管理，人口自然增长率控制在6‰以内；开展矛盾纠纷排查调处、平安建设、民主法治村（社区）建设、刑释解教育人员安置帮教、法制副校长、法律援助、行政接边地区矛盾纠纷联防联调、法律服务行业诚信建设等多项工作。

（4）大力度推进司法改革，助推昆明司法公正高效。昆明市的司法改革一直走在全国前列。1996年初，昆明中院被列为全国“推行审判方式改革”的试点单位，盘龙、五华、安宁等基层法院也被云南省高级人民法院列为改革试点单位，1998年，昆明市通过制订《民事诉讼证据规则》，完善证据制度来推进审判方式改革，受到云南省高级人民法院的肯定并转发全省法院施行，并为最高人民法院后来制订颁布《关于民事诉讼证据的若干规定》和《关于行政诉讼证据的若干规定》提供了实践依据；1997年3月28日，昆明市首吃螃蟹，在全国首家实施注射执行死刑，2002年4月最高人民法院在昆明召开现场会，在全国法院推广适用注射死刑执行方式；为应对执行难的司法难题，在全国首建“执行局”，并制定一系列的执行制度，敦促债务人履行义务，以确保司法正义的最终实现。2011年，昆明市中院通过设立审判管理办公室、规范量刑、完善环境保护执法联动机制及推进民事案件小额速裁机制等进一步深化改革创新。

昆明市2011年全年共受理各类案件88057件，审结82110件，结案率为93.25%，其中，中级人民法院共受理各类案件33256件，审结30923件，结案率为92.98%，共受理执行案件14701件，执结12688件，实现债权17.11亿元；关注民生，对下岗人员、农民工、城镇低保群众、农村“五保户”等困难群体加大司法救助力度，共对2277件案件依法缓、减、免诉讼费326.37万元，坚持为符合司法援助条件的刑事被告人指定辩护人；进一步加大对涉法涉诉信访案件的制度化管理和集中化解工作，切实解决信访人的合理诉求。

（5）将法制宣传教育与城市涉法问题密切结合。昆明市先后制定了《中共昆明市委法治昆明建设领导小组成员单位职责（试行）》等一系列规范性文件，用制度保障每年落实“七个一”：一是召开一次法治昆明暨依法治市领导小组会议和一次以上领导小组办公室主任会议；二是分别以要点式和总纲式文件下发《年度法治昆明年度工作要点》《年度依法治市建设法治昆明工作计划》和《年度法制宣传工作方案》；三是编写全民统一普法教材，广泛深入地开展了以宪法为核心的全民法制宣传教育活动，将法制宣传教育作为建设法治城市的社会动员工作，更加注重把法制宣传与解决城市涉法问题诸如昆明市经济运行情况、各项民生社会事业、社会治安、城市管理、反腐斗争等问题密切结合，努力实现法制宣传教育由教育型宣传向服务型宣传转变、由单向式宣传向互动式宣传转变、由单一功能向复合功能转变；四是举办一次全市各县（市）区、各系统依法治理骨干培训班；五是组织开展一次市级领导法制讲座；六是组织一次全民普法与依法治市教育考试；七是进行一次依法治理工作检查或者抽查，积极鼓励和支持各部门、各县（市）区创新工作方式，突出自身工作特色。

（6）强化法律监督，促进社会公平正义。昆明市近年来通过建立党内监督、检察监督、人大政协监督、社会与新闻监督并行的全方位权力监督模式，来强化法律监督，严防贪腐贿赂、渎职懈怠现象发生，促进社会公平正义的实现。

昆明市纪委监察机关围绕市委、政府的中心工作和各项改革、发展、稳定政策的贯彻落实开展专项监督检查。另外，在重点企业、便民服务机构等中先后建立337个软环境监测点，对全市132个单位的软环境建设作督查指导，对机关效能进行动态监测，对重点工作、重点项目、重点工程，按工作成果倒逼法全程检查督促工作进度和质量。

为应对经济社会发展带来的职务犯罪高发、频发势头，昆明市检一方面加大查处力度，通过行使侦查监督、公诉职权打击各种刑事犯罪活动，积极参与社会治安综合治理。另外，在坚决贯彻反腐败斗争的总体部署下，严查职务犯罪，2011年，立案侦查240件274人；深入开展预防职务犯罪工作，出台《昆明市预防职务犯罪工作条例》，规定干扰媒体监督将被追责，针对人民群众反映强烈的问题和法律监督工作的薄弱环节，加大诉讼监督力度，促进公正廉洁执法。

市人大常委会综合运用听取专项工作报告、执法检查、工作视察、调查以及询问、质询等形式，围绕市委决策部署的贯彻落实、围绕加快转变经济增长方式，积极开展对“一府两院”的工作监督和法律监督，近年来，又重点加强了对全市各项民生社会事业发展、信访诉求等的监督。2011年，人大常委会共听取和审议专项工作报告7次，组织执法检查4次，开展专项视察32次，专题调研

41 次。出台《中共政协昆明市委员会党组关于加强市政协对市政府部门实行民主监督推动工作落实的意见》的通知，确定了由市政协对市政府职能部门共 17 个项目进行专项监督。

另外，昆明市出台了《建立重大党务政务信息公开主动接受新闻舆论监督制度的意见》《中共昆明市委宣传部关于建立与新闻媒体联系制度的决定》《中共昆明市委宣传部关于建立新闻监督员制度的实施办法》《关于建立重大主题宣传报道策划机制的办法》等文件，进一步畅通了接受新闻舆论和社会监督的渠道。

从主要被监管对象政府方面来看，2011 年，昆明市政府共办理人大议案、建议和政协建议案、提案 954 件，办复率 100%，深入开展“执行力提升年活动”，公示重要事项 7846 项，组织完成听证事项 334 项，限时办结率、首问首办率和投诉回复率均保持在 99% 以上，主动接受人民群众和新闻舆论监督，建成以“96128”与“12345”合并运行、互为补充的综合政务电话服务平台。

总之，昆明市将党的意志上升为地方立法、打造党委执政体制下的法治、责任、阳光、效能型政府，使党政关系规范化、法治化，既保证了市委在城市治理中的领导核心，保证中央和省委意图得以较全面、直接的贯彻，又实现了行政权力的自我约束与管理。昆明市试图通过稳定的法律制度建设来解决现行体制下既保证权力的高效运行又实现对权力的有效监督，既追求效率又兼顾公平的二元难题，整体上体现了一种成熟的政治思考。按照表 13－4 测评办法，根据三个组别对数据的经验评估，“规范立法”发展呈现良好状态，“公正司法”“法律监督”“法制宣传教育”“依法执政”“依法行政”“民主政治”6 个领域的法治发展呈现中间状态。在《幸福体系》指标（参见表 13－2）中，着重强调的市级民主法治村（社区）创建率，这一指标创建率偏低，在政务信息公开、涉及民生重大决策的民调和听证、信访案件办结等环节尚待进一步改进。

3. 昆明市法治运行的主观满意度分析①

针对昆明市法治的公众主观感受，有第12项公众评价性指标和第13项公众体验性指标（参见表13－3）。

关于第12项指标中“政府治理能力评价指数”，直接引用《2011年中国城市竞争力报告》对全国56个重点城市的对比分析，最后昆明市政府治理能力评价指数得分为59.84分，得分及排名情况在中国56个重点城市中居于中下水平。关于第13项指标的调查问卷共计发放2489份，回收有效问卷2489份，由国家统计局昆明调查队独立实施。调查首先按照昆明市辖区内的人口比例进行抽样，根据3.87人/万的比例在14个县区进行样本选择；与此同时，主城四个区城镇人口抽样比例为100%，剩余10个县按照0.63∶0.37的比例②进行抽样。最后，在第13项公众体验性指标中，社会安全感指数为91.71分，对昆明法治环境的满意指数为93.5分，可见，昆明公众对昆明法治环境及社会安全的满意度评价较高。

综上所述，随着昆明市经济社会的高速发展，全市的法治状况也呈现出健康、快速、良好的发展势头，但同比国内城市发展的速度与水平，昆明市的法治化水平同样处于需要大力提升的阶段。昆明《法治体系》的最终测评得分为72.96分，这一分数客观地反映出公众对昆明市的法治状况基本认可与满意，同时也对昆明市的法治状况提出了更高的要求。城市法治更多地关注民主，聚焦民生，

① 鉴于《法治体系》的第三大类人文指标，即主观指标已基本覆盖并拓展了《幸福体系》的相关法治主观考评指标，并考虑到两套指标考评办法、抽样、指标比例的差异性，此处不再重复引用《幸福体系》数据。

② 该比例是根据昆明市2010年国民经济和社会发展统计公报的信息设定的。当时初步预计2010年末城镇人口比重为63.0%，即全市城镇人口与农村人口的比例约为0.63∶0.37。

强化法律资源配置、大力提高社会廉洁度，加大“公正司法”“法律监督”“法制宣传教育”“依法执政”“依法行政”等指标的发展建设力度，从而提升公众的幸福感与主观满意度，成为昆明市法治建设中需要突出解决的问题。

四、筑建幸福法治之城的对策

要建设幸福安康、文明开放、和谐宜居的现代新昆明，就必须进一步增强大局意识，按照“民主法治、公平正义、诚信友爱、充满活力、安定有序”的要求，坚持党的领导、人民当家作主、依法治市的有机统一，坚持科学民主立法，依法实行民主决策、民主管理、民主监督，规范司法行为，提升社会安全水平，提升市民文明素养，强化法治对民主幸福、民生幸福的保障。结合《法治体系》和《幸福体系》实际运行过程中所反映出来的昆明法治现状，尤其是其中的薄弱环节，本章具体对策建议如下：

（一）以民生需求为导向，加快民生立法

围绕建设“法治昆明”，用足用好省会城市立法权，按照有利于维护社会公平正义的总要求，更加注重社会管理和公共服务的立法，更加注重保障和改善民生的立法，更加注重推动经济转型升级的立法，努力使全市人民“学有所教、劳有所得、病有所医、老有所养、住有所居”，用立法巩固幸福昆明建设的成果，不断提升人民群众的幸福指数，让人民群众享有更给力、更长久、可预期的幸福。

（二）推进行政执法责任制，提高政府执行力

当前，要将深化行政执法体制改革，全面落实执法责任制作为建设法治政府和幸福昆明的重要举措。其一，探索实行行政处罚调查权和决定权适当分离，积极建立以执法有依据、行为有规范、权

力有制约、过程有监控、违法有追究为主要内容的行政执法责任制度体系。在与市民健康安全休戚相关的食品、药品监管领域，必须及时纠正重收费、轻管理，重处罚、轻教育，重许可、轻监督，重权力、轻义务的不良倾向，严肃查处以收代罚、以罚代刑，或者只收费不管理、只罚款不纠正，甚至乱收费、乱罚款的违法行为，坚决杜绝超越职权、滥用职权、随意处罚的违法行为，针对执法中出现的违法或不当的具体行政行为及时予以纠正，对导致错误执法有故意或重大过失的有关人员，严肃依法依纪追究责任。其二，实行依法决策、科学决策、民主决策，提高政府行政执行的公正性和透明度，使公共权力的配置和行使受到有效规范和约束，进一步营造公平公正的法治环境。

（三）完善民主监督，加大职务犯罪惩处力度

坚持和完善人民代表大会制度、中国共产党领导的多党合作和政治协商制度、民族区域自治制度，积极推进人大的法律监督和政协的民主监督；完善民主党派、人民团体、无党派人士建言献策“直通车”制度，充分发挥工会、共青团、妇联等人民团体的监督作用；建立健全重大事项集体决策制度、征求意见和论证制度、专家咨询制度、社会公示和公开听证制度、新闻发布制度、决策跟踪反馈制度。

加强职务犯罪的预防与打击力度，深入推进反腐败斗争，严肃惩处发生在领导机关和领导干部中的职务犯罪，坚决惩处工程建设、土地使用权出让、国有资产交易、政府采购、重大安全生产事故、食品药品安全、司法不公等领域的职务犯罪。

（四）加强基层民主法治及民主自治机制建设

进一步扎实开展法治昆明、法治县（市区）创建活动，积极推进民主法治村（社区）创建工作，以“四议两公开”为主要内容，制定和完善“一章一约一规范”（自治章程、自治规约、“两委”工作规范），健全基层党组织领导的充满活力的基层群众自治机制，扩大基层群众自治范围，完善民主选举、民主决策、民主管理、民主监督制度，形成“四个自我”（自我教育、自我管理、自我服务、自我监督）的社区行为模式，把城乡社区建设成为管理有序、服务完善、文明祥和的社会生活共同体。

（五）深入推进司法改革和机制创新

建立健全保证司法公正的良性机制，防止权力、利益对司法的干扰，增强司法的权威性和公信力；围绕建设“平安昆明”，加强社会安全基础设施建设，构建社会治安打防控管长效体系，强化社会治安综合治理，严厉打击严重刑事犯罪；健全大信访工作机制，完善大调解机制，健全社会利益协调和社会矛盾纠纷排查机制，引导群众以合理合法的形式表达诉求，深入推进社会矛盾化解、社会管理创新、公正廉洁执法，使人民的政治、经济、文化、社会权益得到切实尊重和保障。

（六）强化法律资源配置，增强法律服务力度

大力加强政府、企业法律顾问工作，为政府部门依法行政提供法律意见和建议，组织律师、公证员等法律服务团队，为重点领域、重点工程和重点项目提供专项法律服务，为企业转型、自主创新、节能减排等提供法律服务；进一步规范法律援助工作机制，推动法律援助重心下移，工作前移，不断扩大法律援助覆盖面，努力满足困难群众的法律需求。

（七）持续运用《法治体系》长效考核

以开展法治昆明综合评价体系评测工作为契机，着力解决依法治市工作“难评价、难分析”的问题，在运用中结合“美好幸福新昆明”建设的整体目标与发展进程不断健全法治指标体系，深入调查研究，深化分析细化依法治市的各项工作的社会效果，以科学的评价体系实现科学辅助决策、提升城市软环境、加速招商引资、巩固投资信心、提高法治城市建设的幸福效用。

下　篇

第十四章
昆明建设幸福城市问卷调查分析

物质财富积累是手段，幸福感是人生的终极目标。在经济快速发展的同时如何提高全社会成员的幸福指数，既是人民群众的新期望和新要求，也是全面小康社会建设进程中面临的重大挑战。当前，各级政府都把转变经济发展方式、改善民生，提高人民群众的幸福指数作为首要任务。在推动昆明实现科学发展、和谐发展、跨越发展的征程中，统筹推进经济社会协调发展，切实改善群众经济状况，努力提高群众的福利水平，大力提升群众生活质量，不断提高群众的幸福指数，真正使人民群众过上体面尊严和有保障的幸福生活，是现阶段我们一切工作的出发点和落脚点。

一、调查研究的背景、目的和方法

（一）从生活质量指标到和谐社会的幸福感评估

党的十七大报告中明确提出要“努力形成社会和谐人人有责、和谐社会人人共享的生动局面”。共建共享的主体动力在于人民大众的满意程度，其深层目的也正缘于人民大众的幸福取向。幸福作为人类社会发展的最终目标，是一种状态，一种追求，一种结果。从心理学角度来说，幸福是一种复杂的积极情绪，其核心是幸福感。有研究者认为，幸福是人们在社会生活中目标和理想得以实现而感受到的一种满足，人们的幸福感主要来自于对自己生活领域的满意感和体验到的快乐感，以及由于潜能实现而获得的价值感。

20世纪六七十年代，西方发达国家的社会指标运动大大推进了幸福研究的深入发展，对幸福的研究逐步被纳入更广泛的“主观感受”和“生活质量”之中，对生活质量的强调唤起了人们对幸福研究的极大兴趣和关注，深入研究幸福感的成因，找出其中的决定性因素能够极大地丰富生活质量主题的内容，并为建立主观生活质量指标体系提供依据。西方对幸福感的研究主要有三种模式：以经济人为基础的扩展（GDP）模式、以社会人为基础的社会指标模式和以心理学人为基础的心理模式。20世纪80年代中期，幸福感研究进入我国研究者的视野。本世纪初至今，我国幸福感研究进入了飞速发展的阶段。研究者不仅探讨人们的幸福感状况，还开始研究相关变量对幸福感的影响，研究对象也从大学生逐步扩展到了中学生、研究生和城乡居民等，一些学者还开始了幸福感的本土化研究，探讨适合我国文化特点的研究工具和理论，而且也出现了不少总结性的研究和学术专著。

近年来，幸福感问题逐渐被纳入中国城市政府的政策议程。但到目前为止，将居民的幸福感纳入当前和谐社会建设的广阔背景中，把两者结合起来进行的研究，还不多见。本文结合和谐昆明、全面小康社会建设的战略构想，科学研究城市居民的幸福感，既是为了进一步推进幸福感研究在我国的发展，也是为了响应构建和谐社会的战略目标，不断提高昆明居民的幸福感，促使现代城市朝着更加以人为本的科学方向发展。

（二）研究目的和范围

幸福感研究，最终目的是要通过调查、分析和研究，找出影响民众幸福的主要因素，为政府制定有助于提高民众幸福感的政策提供参考，为民众改进生活方式提供参考，从而提高民众的幸福感。

幸福感既受经济、政治、文化等宏观外在因素的影响，也受个体情感、素质、信念、尊严等内在因素的影响。宏观外在因素，是通向幸福之境的桥梁；个体内在因素，是实现幸福生活的保证。因此，居民的幸福感既取决于自身素质能力的提高，也取决于在社会全面发展中获得的满足感。本研究主要从工作满意度、收入满意度、环境满意度、心情满意度和健康满意度等五方面，选取22个指标进行主观感受评价，调查问卷由个人客观背景资料和主观调查问题两部分构成（详见附件）。调查对象为18～65周岁在昆明市生活和工作的常住人口。

（三）研究分析的方法和技术路线

1. 问卷调查

由昆明市社会科学院委托，分两部分进行：一是登载在《云南信息报》上，由读者自己答卷后邮寄到报社，或者是读者自己登录乐云网（WWW. YNXXB. COM）直接答卷，合计收回答卷1315份，由昆明市社会科学院完成统计；二是由爱心家园负责分发、回收和统计，合计5200份。二者共计6515份答卷。回收答卷中有一些项目空缺没有回答或进行了无效的回答（如选择了不属于设置选项的内容），在结果分析时已剔除。具体见后面的项目分析。

2. 分析的方法和技术路线

根据本研究设计的调查问卷所采集的数据，应用Access[①]数

① Access（MicrosoftOfficeAccess）是微软把数据库引擎的图形用户界面和软件开发工具结合在一起的一个数据库管理系统。MSAccess以它自己的格式将数据存储在基于AccessJet的数据库引擎里，它还可以直接导入或者链接数据。

据库技术进行录入和导出。在此基础上，首先采用因子分析方法对22项满意度测量指标进行测评，得出单变量分析结论；然后使用预测统计分析软件PASW①进行数据处理，提取有效信息，分析变量之间的联系与区别，得出检测结果。所使用的数据分析方法主要有交叉分析（列联表分析）、相关分析、聚类分析等。

二、问卷受访者基本情况

（一）年龄

在所选取的问卷样本中，从各年龄段看，除46岁以上年龄段参与调查的人数比例较低，其他各年龄段参与调查的人数比例分布相对均衡。

表14－1　　年龄

项目	18～25岁	26～35岁	36～45岁	46～55岁	56～65岁	66岁以上	合计
人数	974	1497	1132	422	207	91	4323
占比（%）	22.5	34.6	26.2	9.8	4.8	2.1	100

① 企业应用服务SPSS是世界上最早的统计分析软件，由美国斯坦福大学的三位研究生于20世纪60年代末研制，同时成立了SPSS公司，并于1975年在芝加哥组建了SPSS总部。2009年4月9日，公司宣布重新包装旗下的SPSS产品线，定位为预测统计分析软件（PredictiveAnalyticsSoftware）PASW。PASW包括四部分：PASWStatistics（formerlySPSSStatistics）：统计分析PASWModeler（formerlyClementine）：数据挖掘DataCollectionfamily（formerlyDimensions）：数据收集PASWCollaborationandDeploymentServices（formerlyPredictiveEnterpriseServices）。

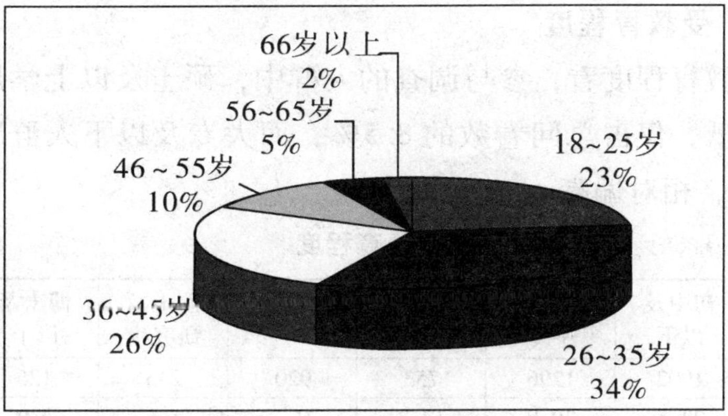

（二）收入

收入调查结果显示：2011 年全家月人均收入在 2500 元以上的占了 78.3%，其中 2500～5000 元的最多，占了 38.3%，5000～10000 元占 23.2%，10000 元及以上的占 16.8%。还有 21.7% 的在 2500 元以下。

表 14－2　　　　　　　　　　收入

项目	2500 元以下	2500～5000 元	5000～10000 元	10000 元及以上	合计
人数	1083	1909	1154	837	4983
占比（%）	21.7	38.3	23.2	16.8	100

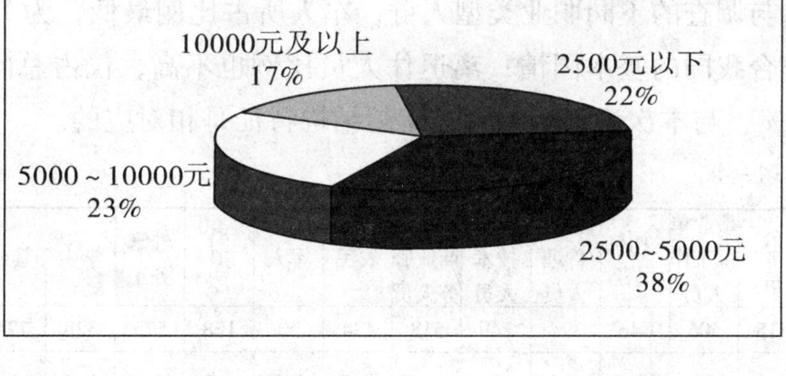

（三）受教育程度

从受教育程度看，参与调查的人群中，硕士及以上学历人数所占比例偏低，仅占总问卷数的 8.5%，而大专及以下人群所占比例为 70.2%，相对偏高。

表 14－3　　　　　　　　　　受教育程度

项目	初中及以下	高中或中专	大专	本科	硕士及研究生	博士及以上	合计
人数	1002	1296	753	920	245	126	4342
占比（%）	23.1	29.8	17.3	21.2	5.6	2.9	100

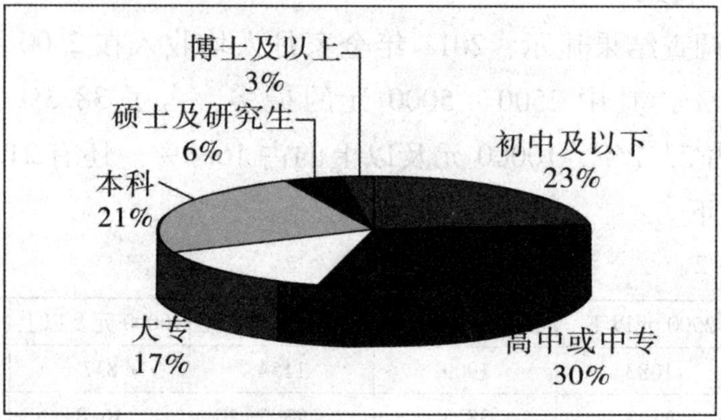

（四）职业

参与调查的不同职业类型人群，军人所占比例最低，为 1.8%，基本符合我国的基本国情；离退休人员比例也不高，仅占总问卷数的 3.1%，与本次调查受访者的年龄结构特征是相对应的。

表 14－4　　　　　　　　　　职业

项目	公务员	事业单位工作人员	个体民营	企业管理人员	工程技术人员	工人及商业服务人员	农民	军人	离退休	外来务工	学生	其他	合计
人数	415	505	646	324	249	518	434	90	158	575	328	774	5016
占比（%）	8.2	10	12.9	6.5	5	10.3	8.7	1.8	3.1	11.5	6.5	15.4	100

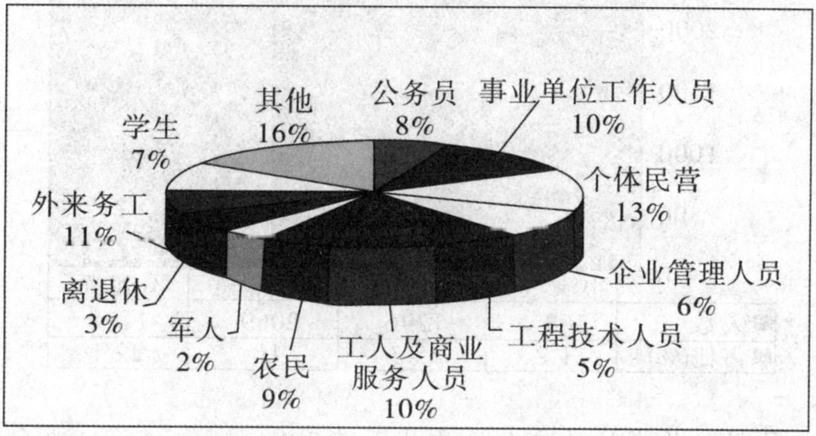

三、基于问卷调查结果的评价分析

（一）工作满意度分析

通过对您对目前的工作岗位是否满意、您对工作岗位的安全设施是否满意、您认为您的工作岗位劳动强度是否适中等三个方面的工作满意度问卷调查，获得以下结果：

1. 您对目前的工作岗位是否满意？

这一项问卷里有效卷占96.9%。具体分布为：对目前工作岗位满意的占了77.9%，其中基本满意的最多，占了41%，满意的约占25.7%，很满意的占11.2%，还有22.1%的不满意。详见下面图表。

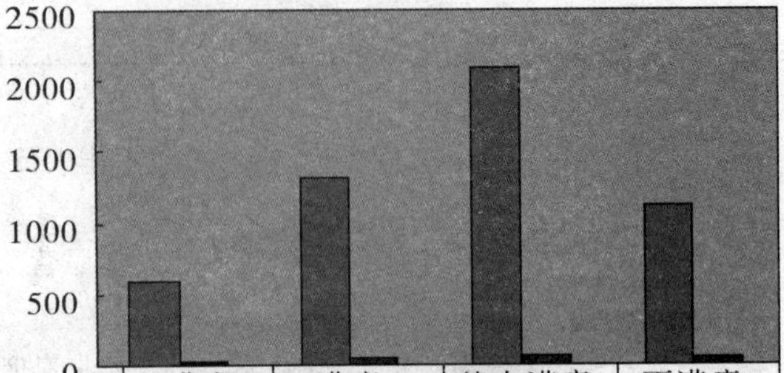

	很满意	满意	基本满意	不满意
人数	568	1296	2069	1118
占比(%)	11.2	25.7	41	22.1

2. 您对工作岗位的安全设施是否满意？

这一项问卷里有效卷占95.6%。具体分布为：对工作岗位安全设施满意的占了79.5%，其中基本满意的最多，占了42.1%，满意的约占29.3%，很满意的占8%，还有20.5%的不满意。详见下面图表。

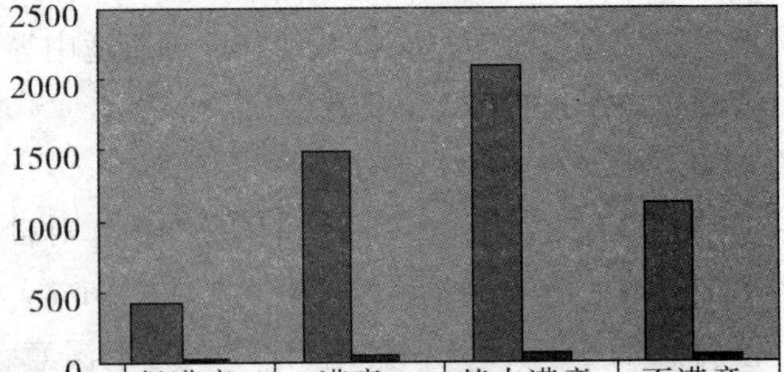

	很满意	满意	基本满意	不满意
人数	401	1462	2097	1023
占比(%)	8	29.3	42.1	20.5

3. 您认为您的工作岗位劳动强度是否适中？

这一项问卷里有效卷占95.3%。具体分布为：认为工作岗位劳动强度适中的占了78%，其中基本适中的最多，占了41.8%，适中的约占28.2%，很适中的占7.9%，还有22%的认为偏强。详见下面图表。

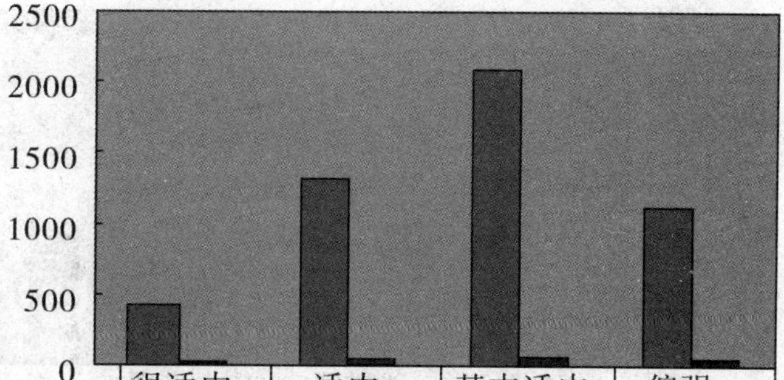

	很适中	适中	基本适中	偏强
■人数	395	1402	2077	1095
■占比(%)	7.9	28.2	41.8	22

从以上结果可以看出，在工作满意度方面，由高到低排列是：对工作岗位安全设施满意的为79.5%、认为工作岗位劳动强度适中的78%、对目前工作岗位满意的77.9%。三项指标得分均处中值，且相互间离散度不大，说明工作满意度并非本次调查对象关注的焦点。再从分项指标来看，有568名受访者对目前的工作表示很满意，占有效样本总数的11.2%，说明这部分就业者对自身工作总体评价乐观。

（二）收入满意度分析

通过对您和家庭的收入能否满足正常开支、您的家庭用于子女教育的费用大约占家庭支出比重、您对目前自身的住房条件是否满意、您对目前物价变动的看法等四个方面的满意度问卷调查，获得以下结果：

1. 您和家庭的收入能否满足正常开支？

这一项问卷里有效卷占95.7%。具体分布为：认为家庭收入能满足正常开支的占了74.6%，其中基本满足的最多，占了46.3%，能满足的占22.3%，很满足的占6.1%，还有25.4%的不能满足。详见下面图表。

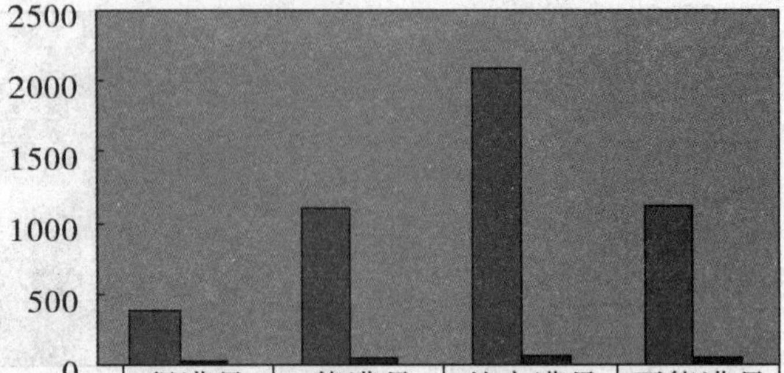

	很满足	能满足	基本满足	不能满足
人数	302	1113	2310	1266
占比(%)	6.1	22.3	46.3	25.4

2. 您的家庭用于子女教育的费用大约占家庭支出比重?

这一项问卷里有效卷占94.5%。具体分布为：对于您的家庭用于子女教育的费用大约占家庭支出比重这一问题，30%以下的合计为73%，其中20%~30%的最多，占了33.1%，10%~20%的占27.3%，10%以下的占12.6%，还有27%的占了30%以上。详见下面图表。

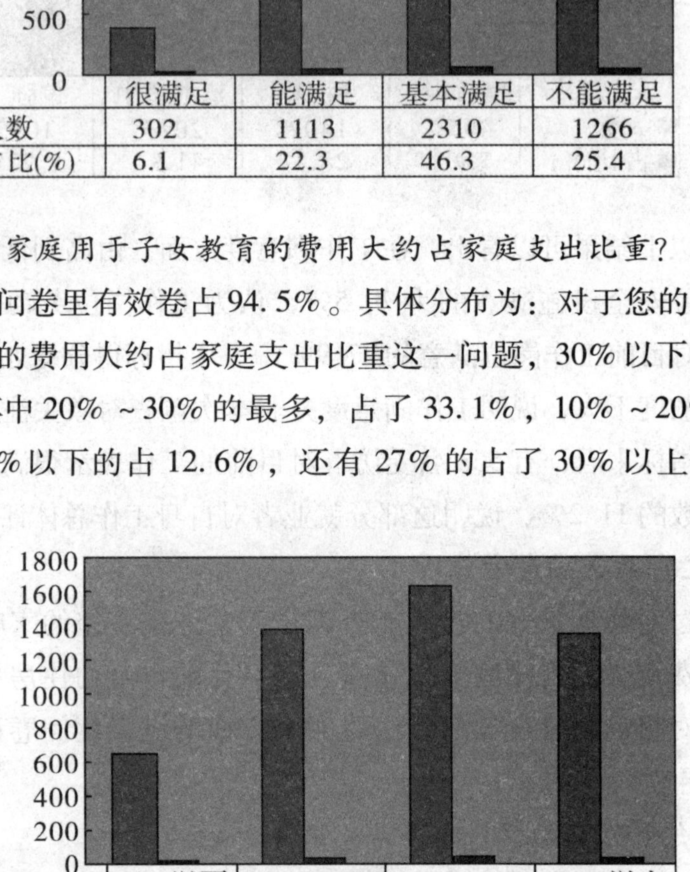

	10%以下	10%~20%	20%~30%	30%以上
人数	620	1343	1632	1333
占比(%)	12.6	27.3	33.1	27

3. 您对目前自身的住房条件是否满意?

这一项问卷里有效卷占94.5%。具体分布为：对目前自身住房条件满意的占了70%，其中基本满意的最多，占了40.5%，满意的约占 21.9%，很满意的占 7.6%，还有 30% 的不满意。详见下面图表。

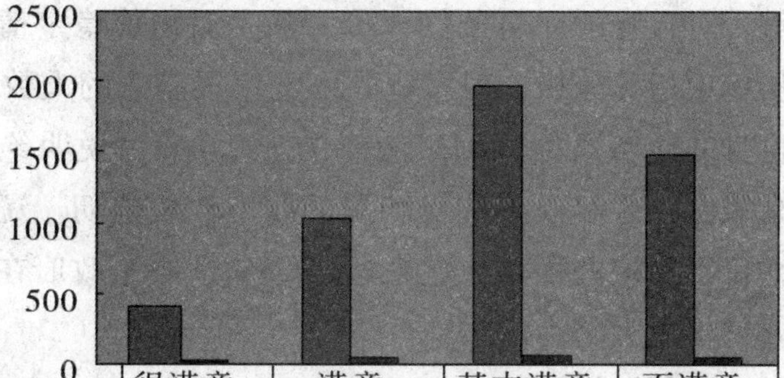

	很满意	满意	基本满意	不满意
■人数	377	1079	1994	1479
■占比(%)	7.6	21.9	40.5	30

4. 您对目前物价变动的看法？

这一项问卷里有效卷占 95.3%。具体分布为：认为目前物价变动稳定的占了 57.5%，其中基本稳定占了 29.3%，稳定的占 19.9%，很稳定的占 8.3%，还有 42.5% 的认为目前物价不稳定。详见下面图表。

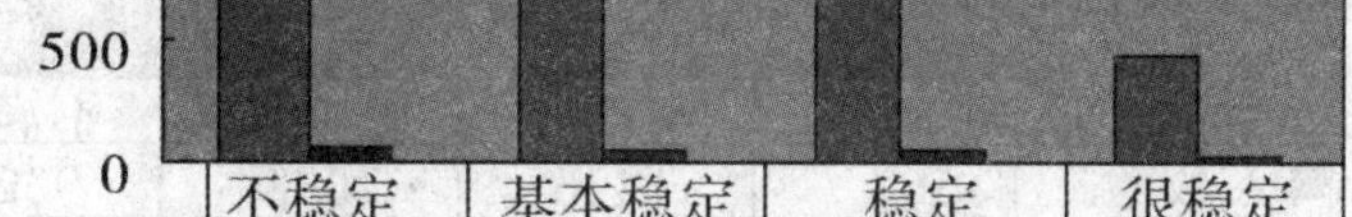

	不稳定	基本稳定	稳定	很稳定
■人数	2110	1455	991	412
■占比(%)	42.5	29.3	19.9	8.3

从以上结果可以看出，在收入满意度方面，由高到低排列是：认为家庭收入能满足正常开支的 74.6%、家庭用于子女教育的费用

占家庭支出比重满意的73%、对目前自身的住房条件满意的70%、认为目前物价变动稳定的57.5%。不难看出，认为家庭支出的负担稍显过重，对自身的住房条件评价一般，对物价稳定情况则不甚满意。再从单项指标分析，对家庭收入觉得很满意的人数仅为6.1%，对目前自身的住房条件感到很满意的为7.6%，说明绝大多数受访者对提高家庭收入和改善住房状况的要求比较迫切。还有就是，认为目前物价不稳定的样本数竟高达42.5%，看来政府在调控物价方面还需要付出更大努力。

（三）环境满意度分析

通过对居住者在绿化建设、空气质量、环境卫生、社会治安、交通出行五个方面的环境问卷调查，获得以下结果：

1. 绿化建设

这一项问卷里有效卷占96.5%。具体分布为：对绿化建设满意的占了81.5%，其中基本满意的最多，占了41.7%，满意的约占28.5%，很满意的占11.3%，还有18.5%的不满意。详见下面图表。

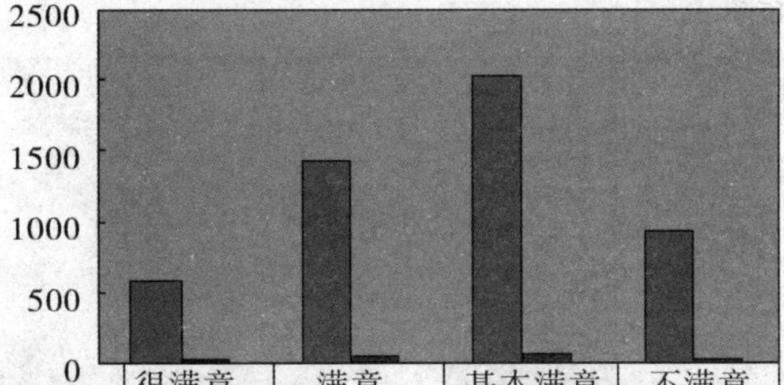

	很满意	满意	基本满意	不满意
■人数	567	1436	2098	932
■占比(%)	11.3	28.5	41.7	18.5

2. 空气质量

这一项问卷里有效卷占95.0%。具体分布为：对空气质量满意的占了75.8%，其中基本满意的最多，占了40.7%，满意的约占

25. 3%，很满意的占 9. 7%。还有 24. 2% 的不满意。详见下面图表。

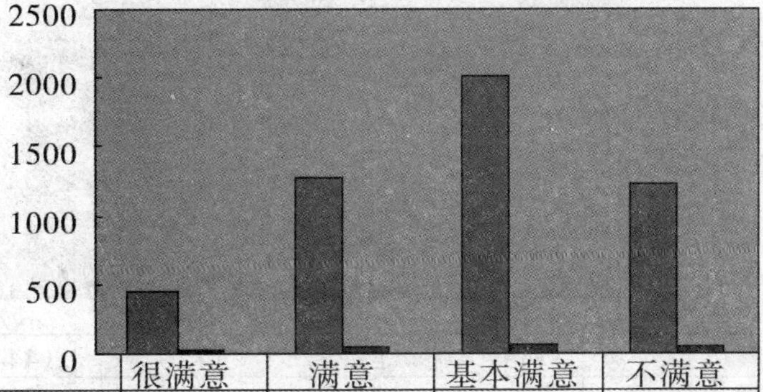

	很满意	满意	基本满意	不满意
■人数	481	1253	2016	1203
■占比(%)	9.7	25.3	40.7	24.2

3. 环境卫生

这一项问卷里有效卷占 94. 9%。具体分布为：对环境卫生满意的占了 76. 7%，其中基本满意的最多，占了 42. 2%，满意的约占 24. 7%，很满意的占 9. 8%，还有 23. 3% 的不满意。详见下面图表。

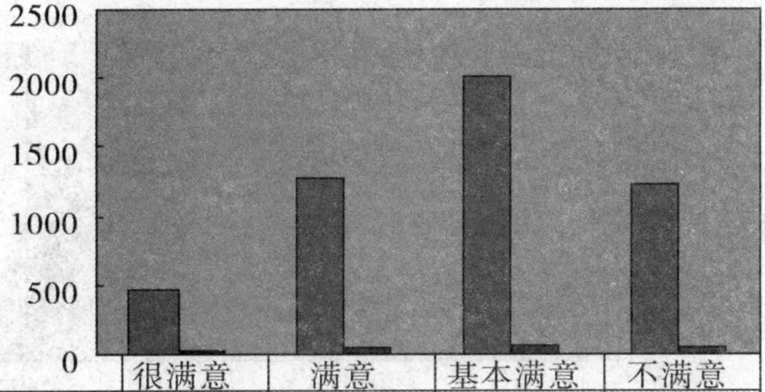

	很满意	满意	基本满意	不满意
■人数	486	1220	2089	1154
■占比(%)	9.8	24.7	42.2	23.3

4. 社会治安

这一项问卷里有效卷占 94. 5%。具体分布为：认为社会治安好的占了 70. 7%，其中认为社会治安较好的占了 35%，好的占了 26. 7%，很好的占了 9%，还有 29. 3% 的认为不好。详见下面图表。

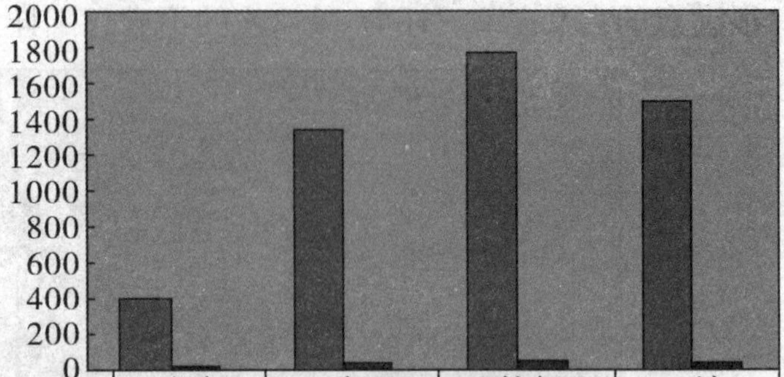

	很好	好	较好	不好
人数	445	1315	1726	1444
占比(%)	9	26.7	35	29.3

5. 交通出行

这一项问卷里有效卷占 94. 7%。具体分布为：认为交通出行方便的占了 67. 4%，其中认为交通出行比较方便的占了 30. 6%，方便的占了 29. 4%，很方便的占了 7. 3%，还有 32. 6% 的认为不方便。详见下面图表。

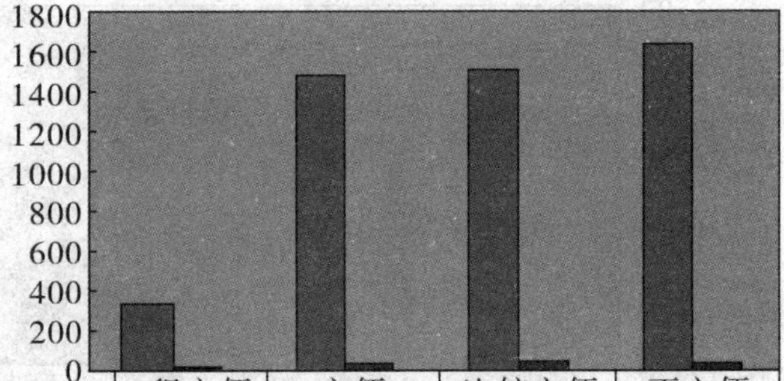

	很方便	方便	比较方便	不方便
人数	363	1452	1512	1612
占比(%)	7.3	29.4	30.6	32.6

从以上结果可以看出，在环境满意度方面，由高到低排列是：绿化建设 81. 5%、环境卫生 76. 7%、空气质量 75. 8%、社会治安 70. 7% 和交通出行 67. 4%。环境满意度好的都占多数，其中，由于昆明市已经是国家园林城市，绿化建设较好，因而该项满意度最

高；近几年由于昆明市大规模的道路改造和修建地铁，影响了居民的交通出行，因而该项满意度不高。

再从环境满意度程度来看，对绿化建设、环境卫生和空气质量基本满意的占了40%以上，满意的占了25%左右，很满意的仅占10%左右，满意的占绝大多数，不满意的只有20%左右；对社会治安和交通出行基本满意的占了约三分之一，满意的不到30%，很满意的也不到10%，满意的占大多数，而不满意的也不少，占了30%左右。

（四）心情满意度分析

通过对您和您家人心情是否快乐、您认为邻里间的关系是否融洽和您认为社区服务设施情况怎么样三个方面的问卷调查，获得以下结果：

1. 您和您家人心情是否快乐？

这一项问卷里有效卷占95.3%。具体分布为：认为心情快乐的占了89.8%，其中认为心情基本快乐的占了41.6%，快乐的占了34%，很快乐的占了14.2%，还有10.2%的认为不快乐。详见下面图表。

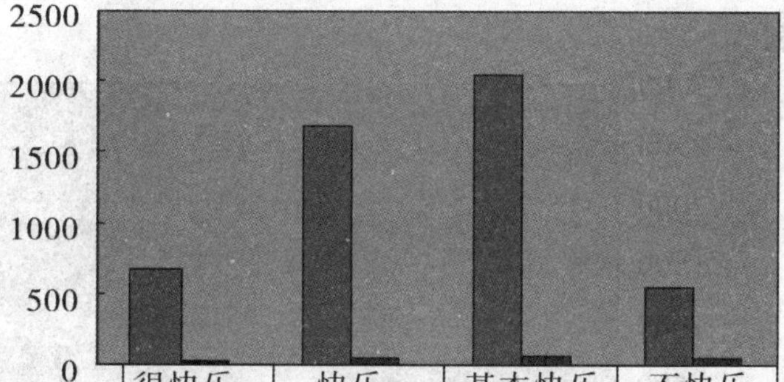

	很快乐	快乐	基本快乐	不快乐
人数	705	1691	2065	507
占比(%)	14.2	34	41.6	10.2

2. 您认为邻里间的关系是否融洽?

这一项问卷里有效卷占94.4%。具体分布为：认为邻里间的关系融洽的占了91.6%，其中认为邻里间关系基本融洽的占了43.3%，融洽的占了37.5%，很融洽的占了10.7%，还有8.4%的认为不融洽。详见下面图表。

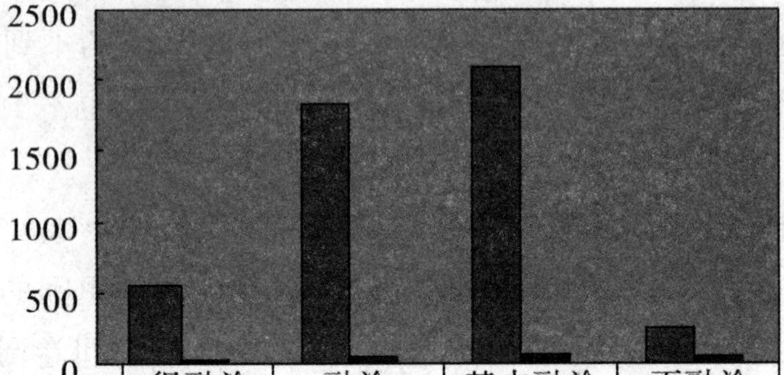

	很融洽	融洽	基本融洽	不融洽
■人数	526	1849	2132	415
■占比(%)	10.7	37.5	43.3	8.4

3. 您认为社区服务设施情况怎么样?

这一项问卷里有效卷占94.3%。具体分布为：认为社区服务设施好的占了83.2%，其中认为社区服务设施一般好的占了53%，好的占了23.7%，很好的占了6.5%，还有16.8%的认为不好。详见下面图表。

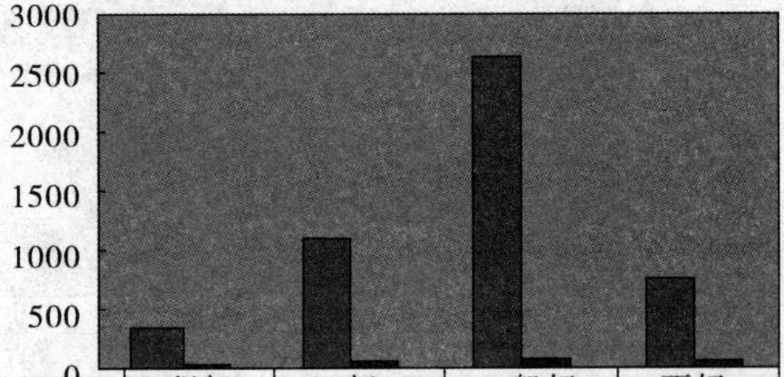

	很好	好	一般好	不好
■人数	320	1166	2604	826
■占比(%)	6.5	23.7	53	16.8

从以上结果可以看出，在心情满意度方面，由高到低排列是：邻里间关系融洽91.6%、心情快乐89.8%和社区服务设施好的占了83.2%，表明昆明居民的心情满意度好的占了绝大多数。而在心情满意度方面持负面看法的有10%左右，仅对社区服务设施不好看法的稍多，有16.8%。在邻里间关系融洽和心情快乐方面，基本肯定的占了43%左右，肯定的也很高占了35%左右，心情很快乐的比重较高为14.2%；对社区服务设施基本肯定的比重占多数，超过了53%。而只有不足三成的人给予了较好的评价，有16.8%评价不好。说明社区服务设施这一方面的工作应当加大力度。

（五）健康满意度分析

通过对您和您的家人身体是否健康、您和您的家人是否经常参加体育健身活动、您对公共健身锻炼场所是否满意、您是否定期参加体检、（多选）您目前参加了哪些社会保险或社会保障和您对医疗机构的收费及服务是否满意六个方面的问卷调查，获得以下结果：

1. 您和您的家人身体是否健康？

这一项问卷里有效卷占95.0%。具体分布为：身体健康的占了91.4%，其中基本健康的最多，占了41.4%，健康的约占36.9%，很健康的占13.10%，还有8.6%的不健康。详见下面图表。

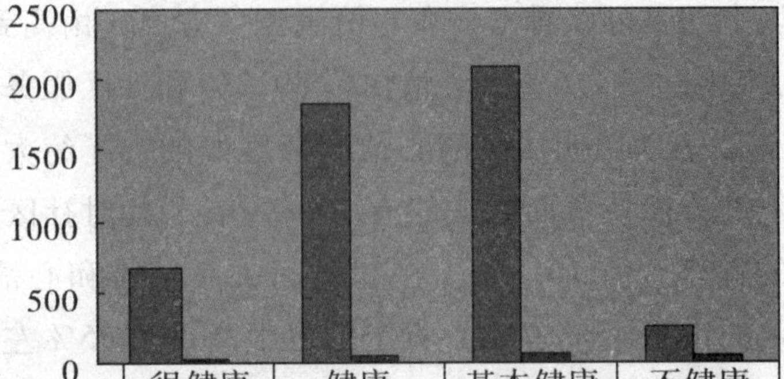

	很健康	健康	基本健康	不健康
人数	651	1827	2050	427
占比(%)	13.1	36.9	41.4	8.6

2. 您和您的家人是否经常参加体育健身活动?

这一项问卷里有效卷占94.7%。具体分布为:参加体育健身活动的占了75.9%,其中有时参加体育健身活动的最多,占了48.1%,定期参加的占了21%,经常参加的占了6.8%,还有24.1%的不参加。详见下面图表。

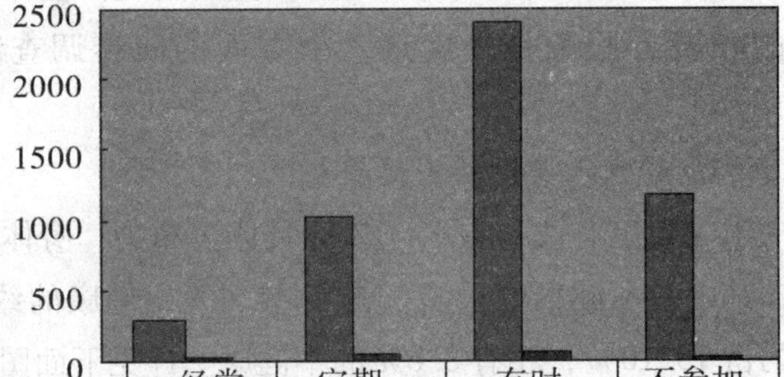

	经常	定期	有时	不参加
人数	339	1035	2374	1189
占比(%)	6.8	21	48.1	24.1

3. 您对公共健身锻炼场所是否满意?

这一项问卷里有效卷占94.2%。具体分布为:认为公共健身锻炼场所满意的占了76.8%,其中认为公共健身锻炼场所基本满意的占了48.1%,满意的占了23.4%,很满意的占了5.3%,还有

23.2%的认为不满意。详见下面图表。

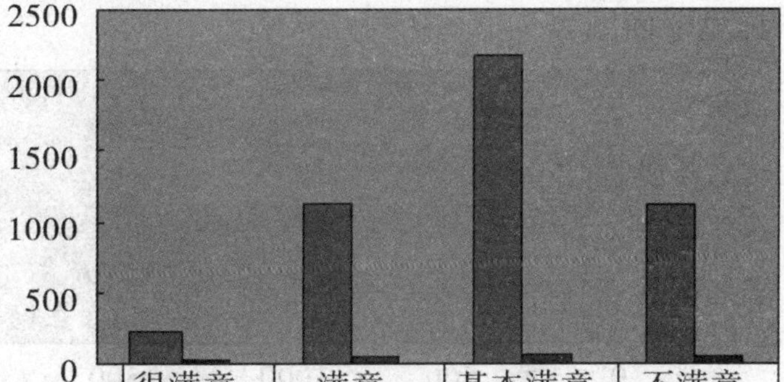

	很满意	满意	基本满意	不满意
人数	260	1150	2363	1142
占比(%)	5.3	23.4	48.1	23.2

4. 您是否定期参加体检?

这一项问卷里有效卷占93.9%。具体分布为：参加体检的占了86.3%，其中定期参加的最多，占了43.9%，偶尔参加的占了28.9%，经常参加的占了13.5%，还有13.7%的不参加。详见下面图表。

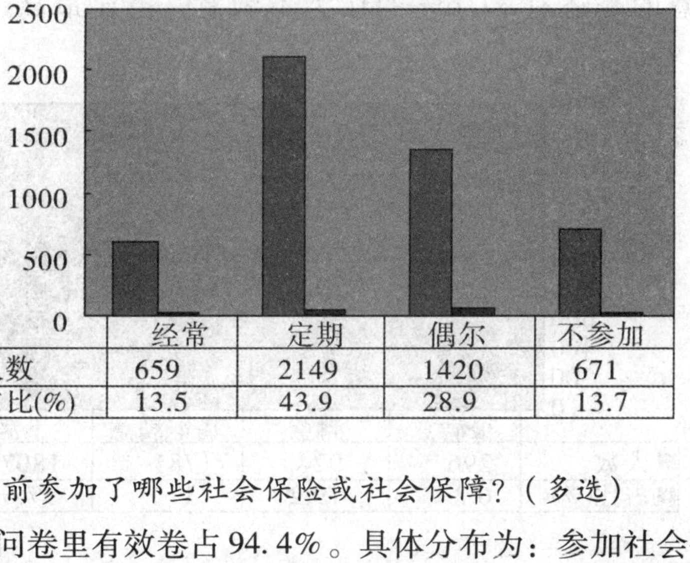

	经常	定期	偶尔	不参加
人数	659	2149	1420	671
占比(%)	13.5	43.9	28.9	13.7

5. 您目前参加了哪些社会保险或社会保障?（多选）

这一项问卷里有效卷占94.4%。具体分布为：参加社会保险或社会保障的占了81.8%，其中医疗保险的最多，占了35.7%，养老保险的占了25%，参加其他保障的占了20.8%，还有18.2%的没有参加。详见下面图表。

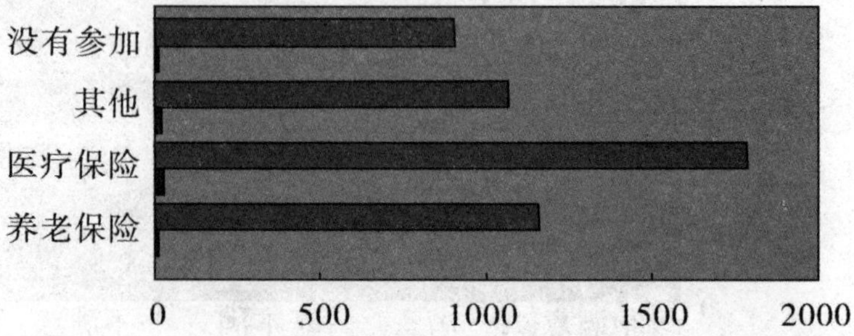

	养老保险	医疗保险	其他	没有参加
■人数	1303	1861	1083	947
■占比(%)	25	35.7	20.8	18.2

6. 您对医疗机构的收费及服务是否满意？

这一项问卷里有效卷占92.2%。具体分布为：对医疗机构的收费及服务满意的占了62.4%，其中认为医疗机构的收费及服务基本满意的占了37%，满意的占了19.2%，很满意的占了6.2%，值得注意的是还有37.6%的认为不满意，占比最高。详见下面图表。

	很满意	满意	基本满意	不满意
■人数	296	924	1781	1807
■占比(%)	6.2	19.2	37	37.6

从以上结果可以看出，在健康满意度方面，由高到低排列是：

身体健康91.4%、参加体检86.3%、参加社会保险或社会保障81.8%、公共健身锻炼场所满意76.8%、参加体育健身活动75.9%、医疗机构的收费及服务满意62.4%，表明昆明居民的健康满意度好的占了大多数。其中，对身体健康自我评价很高；在公共健身锻炼场所和参加体育健身活动方面，持基本肯定态度的比重接近一半，达48%以上。参加体育健身活动程度与对公共健身锻炼场所的满意度呈对应；昆明居民对参加体检非常重视，定期参加体检的比重较高，达43.9%，有28.9%的偶尔参加，不参加体检的人数为13.7%，对后两部分人群要加强宣传动员，提高其健康体检意识；在参加社会保险或社会保障中为多选项目，调查结果非常不容乐观，其中参加医疗保险的人数比例最高，也仅为35.7%，参加养老保险为25%，参加其他保障的20.8%，而没有参加任何保障的竟然达到18.2%；而在健康满意度方面，对医疗机构的收费及服务持负面看法的占37.6%，基本满意、满意和很满意的比重不到其他项目的平均值，各为37%、19.2%和6.2%。说明昆明市医疗机构的收费及服务水平离广大人民群众的期望还有相当大的差距。

（六）您认为什么因素最影响幸福？

表14-5　　　　您认为什么因素最影响幸福？

项目	收入	健康	住房	物价	家庭	职业	教育	社会稳定	文化	社会保障	社会公平	其他
人数	2785	2368	2179	1935	1870	1868	1461	1200	1134	1089	1076	92

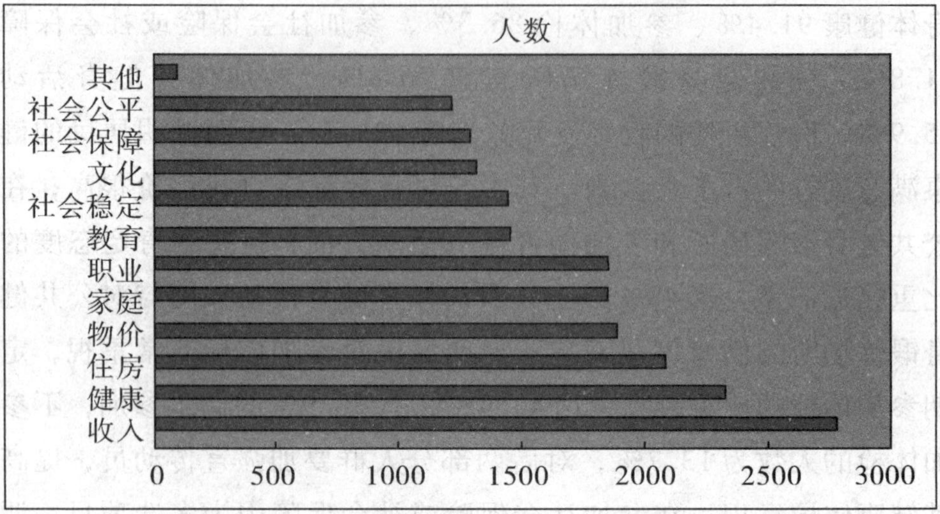

（七）您认为建设幸福昆明，市委、市政府应重点从以下哪些方面着手？

表 14－6　您认为建设幸福昆明，市委、市政府应重点从以下哪些方面着手？

项目	增加居民收入	增加社会就业	提高城市管理水平	发展经济	健全社会保障体系	加强教育	促进社会稳定和谐	改善生态环境	繁荣发展文化事业	提高居民文明程度	其他
人数	2795	2146	1963	1856	1838	1554	1545	1298	1268	1181	151

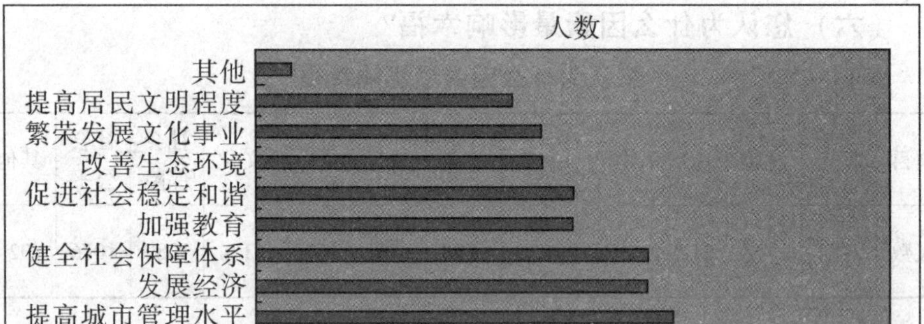

四、PASW 分析

（一）数据处理情况

软件分析采用的问卷数为5215 份，将问卷整理，做成PASW 格式文件，根据问卷设计了 24 个标签，包含工作满意度、收入满意度、住房满意度、物价变动观、居住环境满意度、治安满意度、交通出行满意度、心情快乐度、健康程度等评价指标，以及收入、年龄段、受教育程度和职业类型等分档指标。数据缺失标签描述的是未填写该题选项和填写无效选项的情况。

（二）数据基本分析

1. 样本的交叉分析

PASW 的交叉分析（列联表分析）主要是将观测数据按不同的属性进行分类时列出的频数表。

(1)“年龄段”与“工作岗位满意度”“收入满足开支程度”“住房条件满意度”“环境卫生满意度”“交通出行满意度”“心情快乐度”“健康程度”交叉分析。(图表及完整分析过程详见附件二，下同)

本节表格内容主要有以下几方面的特征：

①总体上看，参与调查的人对“工作岗位满意度”“收入满足开支程度”“住房条件满意度”“环境卫生满意度”“交通出行满意度”“心情快乐度”“健康程度”持“基本满意”态度的，在各收入段群体中所占比例普遍较高，持“很满意”和“不满意”态度的比例相对偏低。

②工作岗位满意度：46 ~55 岁年龄段的人持“基本满意”态度的人比例最高，占该年龄段人数的 43.4%，而该年龄段持“很满意”的人数比例也最高，占该年龄段人数的13%，而该群体持“不

满意”态度的人数比例在各年龄段中最低为19.8%。56～65岁年龄段对工作岗位“很满意”的人数比例在各年龄段中最低为8.2%，而持“不满意”态度的比例最高为“26.7%”。

③收入开支满意度：26～35岁年龄段人群持“基本满足”态度的人比例最高，占该年龄段人群的46.8%，46～55岁年龄段人群持“很满足”态度的人在各年龄段中比例最高为8%。值得注意的是，66岁以上年龄段人群持“很满足”态度的人比例最低仅为2.2%，而该年龄段收入“不能满足”开支人数比例在各年龄段中最高，占30%。

④住房条件满意度：46～55岁年龄段人群持“很满足”态度的人在各年龄段中比例最高为8.9%，26～35岁年龄段人群“很满意”的比例也达到了8.4%。56～65岁年龄段人群持“基本满意”态度的人比例最高，占该年龄段人群的46.2%，但56～65岁年龄段群体中持“很满意”态度的比例却最低，仅占5.1%，66岁以上年龄段人群持“不满意”态度较高的比例为31.1%，仅次于18～25岁年龄段人群“不满意”的最高比例32.1%。

⑤环境卫生满意度：26～35岁年龄段人群持“很满意”态度的人在各年龄段中比例最高为10.7%，46～55岁年龄段人群“基本满意”的比例最高，占该年龄段人群的46.7%。66岁以上年龄段人群持“不满意”态度比例最高，为28.9%，而该年龄段人群“很满意”的比例则在各年龄段中最低仅占3.3%。

⑥交通出行满意度：18～35岁年龄段人群持“很方便”态度的人在各年龄段中比例最高为8.1%，但仍有31%的人认为“不方便”，56～65岁年龄段人群“基本满意”的比例最高，占该年龄段人群的36.9%，该年龄段认为“不方便”的比例也相对最低为28.7%。66岁以上年龄段人群持“不方便”态度比例最高为

44.4%，而该年龄段人群“很方便”的比例则在各年龄段中最低仅有2.2%。

⑦心情快乐度：18～35岁年龄段人群持“很快乐”态度的人在各年龄段中比例最高为15.3%，该年龄段认为“快乐”的比例也达到了36.9%，认为“不快乐”比例最低，仅为8.6%。36～45岁年龄段和56～65岁年龄段中“不快乐”人数比例相对较高，分别为：11.2%和11.3%。包含36～65岁三个年龄段的受访者认为“基本快乐”的比例均超过40%。66岁以上年龄段人群持“很快乐”态度比例达到8.9%，而该年龄段人群“快乐”的比例则在各年龄段中最高，达到43.3%。

⑧快乐程度：18～35岁年龄段人群持“很健康”和“健康”态度的人在各年龄段中比例最高，分别为：13.9和39.1%，该年龄段认为“不健康”的比例最低，仅为6.4%。26～35岁年龄段持“基本健康”态度的人比例最高，为该年龄段人数的42.8%。而56～65岁年龄段中“很健康”人数比例相对较高，为：13.3%。认为自己“不健康”的比例较高的年龄段为：56～65岁年龄段和66岁以上年龄段，其比例分别为11.8%和11.1%。

（2）“家庭人均收入”与“工作岗位满意度”“收入满足开支程度”“住房条件满意度”“环境卫生满意度”“交通出行满意度”“心情快乐度”“健康程度”交叉分析。

本节表格内容主要有以下几方面的特征：

①参与调查的人对工作岗位、收入满足开支程度、住房条件满意度、环境卫生满意度、交通出行满意度、心情快乐度、健康程度持“基本满意”态度的，在各收入段群体中所占比例普遍较高，持“很满意”和“不满意”态度的比例相对偏低。

②工作岗位满意度：人均收入10000元以上人群对工作岗位

"很满意"态度的比例最高为17.6%，总体满意度也相对较高。与人均收入2500~5000元、5000~10000元两个收入段的人群对比，人均收入2500元以下的人持"很满意"态度的人比例相对较高，为14.1%，仅次于人均收入10000元以上人群。但该收入段人群持"不满意"态度的比例却为各类人群中最高，为29.5%，这与人均收入10000元以上收入段人群持"不满意"态度比例12.9%形成鲜明对比。

③收入满足开支程度：人均收入2500元以下人群对持"很满足"态度的比例相对最高为9.4%，而该群体中持"不能满足"态度的比例也最高，为36.7%。与之形成鲜明对比的是人均收入5000~10000元收入段人群，该人群持"很满足"态度的比例最低仅有3.0%，而"不能满足"的比例高达31.5%，仅次于人均收入2500元以下人群对该选项的比例。

④住房满意度：人均收入5000~10000元段人群仅有4.6%表示"很满意"，而人均收入10000元以上人群对住房满意度的评价总体较高，但仍有29.5%的人认为"不满意"。

⑤环境卫生满意度：人均收入2500元以下的人群认为"很满意"的比例相对较高为14%，人均收入5000~10000元段人群仅有7.4%表示"很满意"，而认为"基本满意"的比例为44.7%，而人均收入10000元以上人群对卫生环境的评价"不满意"的比例最高为29.3%，高于人均收入2500元以下人群的"不满意"比例27.0%。

⑥交通出行满意度，人均收入2500元以下的人群认为"不方便"的比例相对最高为39.8%，人均收入5000~10000元段人群仅有4.2%表示"很方便"，而认为"不方便"的比例相对较低为28.8%，而人均收入10000元以上人群对交通出行的评价"很方

便”的比例最高为11%，但该群体中仍有33.2%的人认为“不方便”。

⑦心情快乐度：人均收入2500元以下的人群认为“不快乐”的比例相对最高为12.4%，人均收入5000～10000元段人群认为“基本快乐”的比例相对最高为44.5%，而人均收入10000元以上人群对认为心情“很快乐”的比例最高为17.8%，心情满意度总体评价较高，该群体仅有8.6%的人认为“不快乐”。

⑧健康程度：人均收入2500元以下的人群认为“很健康”的比例相对最高为14.8%，略高于人均收入10000元以上人群认为“很健康”的比例14%。人均收入5000～10000元段人群认为“基本健康”的比例相对最高为44.0%，而人均收入10000元以上人群对认为“不健康”的比例最低仅有5.1%，健康满意度总体评价较高。

(3)“受教育程度”与“工作岗位满意度”“收入满足开支程度”“住房条件满意度”“环境卫生满意度”“交通出行满意度”“心情快乐度”“健康程度”交叉分析。

本节表格内容主要有以下几方面的特征：

①参与调查的人对“工作岗位满意度”“收入满足开支程度”“住房条件满意度”“环境卫生满意度”“交通出行满意度”“心情快乐度”“健康程度”交叉分析。持“基本满意”态度的，在各收入段群体中所占比例普遍较高，持“很满意”和“不满意”态度的比例相对偏低。

②工作岗位满意度：硕士及研究生学历人群持“很满意”态度的比例相对最高为14%，而博士及以上人群持“很满意”态度的比例最低仅有8.1%，甚至低于初中及以下学历人群“很满意”的比例9.1%。初中及以下学历人群对工作岗位“不满意”的比例相对

最高为 24.4%，本科学历人群“不满意”的比例相对最低为 18.9%。本科学历、硕士及研究生学历、博士及以上学历人群对工作岗位满意度总体较高，但博士及以上学历人群中仍有 22.8% 的人表示对工作岗位“不满意”。

③收入满足开支程度：大专学历人群持“很满意”态度的比例相对最高为 7.3%，而博士及以上人群持“很满意”态度的比例最低，仅有 2.4%。高中及中专学历人群对收入开支“不能满足”的比例相对最高为 26.9%，而该群体中认为“基本满足”的人数比例也相对最低，为 43.5%。其中，收入“不能满足”开支的人数比例保持在 21.7% 到 23.1% 之间，但博士及以上学历人群收入能“满足”开支的人数比例明显较高，为 28.5%。

④住房条件满意度：硕士及研究生学历人群持“很满意”态度的比例相对最高为 14%，而初中以下人群持“很满意”态度的比例最低，仅有 4.9%。初中及以下学历人群对住房条件“不满意”的比例相对最高为 31.8%，而该群体中认为“基本满意”的人数比例也相对最低，为 36.4%。硕士及研究生、博士以上教育程度人群对住房满意程度的评价类似，其中，“不满意”开支的人数比例为 21.3% 到 25.2% 之间，但博士及以上学历人群对住房“很满意”的人数比例偏低，为 5.7%。

⑤环境卫生满意度：硕士及研究生学历人群持“很满意”态度的比例相对最高为 13.2%，而博士及以上人群持“很满意”态度的比例最低，仅有 8.1%。本科学历人群对环境卫生“不满意”的比例相对最高为 28.1%，而该群体中认为“基本满足”的人数比例也相对最低，为 38.1%。

⑥交通出行满意度：硕士及研究生学历人群持“很方便”态度的比例相对最高为 12.8%，而博士及以上人群持“方便”“基本方

便”态度的比例均为最高，分别为29.3%和32.5%，持“不方便”态度的比例也相对最低，为27.6%。本科学历人群对交通出行“不满意”的比例相对最高为34.9%。

⑦心情快乐度：大专、硕士及研究生、博士及以上学历人群持“不快乐”态度的比例基本接近，分别为8.8%、8.9%和8.9%，而博士及以上人群持“很快乐”“快乐”态度的比例相对偏低。高中及中专学历人群心情“不快乐”的比例相对最高为11.4%。

⑧健康程度：除博士及以上学历人群持“基本健康”态度的比例最高为46.3%外，其他各受教育类型人群对健康程度的评价差异不大，其中，大专学历人群持“不健康”态度的比例最低仅有6%。

（4）“职业类型”与“工作岗位满意度”“收入满足开支程度”“住房条件满意度”“环境卫生满意度”“交通出行满意度”“心情快乐度”“健康程度”交叉分析。

本节表格内容主要有以下几方面的特征：

①参与调查的人对“工作岗位满意度”“收入满足开支程度”“住房条件满意度”“环境卫生满意度”“交通出行满意度”“心情快乐度”“健康程度”交叉分析。持“基本满意”态度的，在各收入段群体中所占比例普遍较高，持“很满意”和“不满意”态度的比例相对偏低。

②工作岗位满意度：军人对工作岗位持“很满意”态度的比例相对最高为18%，事业单位工作人员和工程技术工作人员持“很满意”态度的比例也相对较高，分别为12.8%和11.5%，公务员对工作岗位持“满意”态度人的比例在各职业类型人群中最低，为21.3%，而持“不满意”态度的比例在各职业类型人群中则相对最高，为28.5%。军人对工作岗位的满意度总体较高。

③收入满足开支程度：军人对收入满足开支程度“很满足”和

“满足”态度的比例，在各类职业类型人群中均为最高，分别为11.2%和27%，而该群体持“不能满足”态度的比例也相对最低，为15.7%。外来务工人员持“基本满足”态度的人数比例相对最多，为48.8%，接近该群体总人数的二分之一。公务员认为收入“不能满足”开支的比例最高，达到34.3%，明显高于其他职业类型人群该选项比例。

④住房条件满意度：军人对住房条件持“很满意”和“满意”态度的比例，在各类职业类型人群中均为最高，分别为11.2%和30.3%，而该群体持“不能满足”态度的比例也相对最低，为20.2%。企业管理人员持“基本满足”态度的人数比例相对最多，为43.3%。公务员认为“不满意”的比例最高，达到35.3%，明显高于其他职业类型人群该选项比例，而该群体中认为“基本满意”的比例在各职业类型中相对最低，为35%。

⑤环境卫生满意度：农民对环境卫生持“很满意”态度的比例相对最高，为16.9%，而军人持“满意”态度的比例相对最高，为31.5%。公务员认为“不满意”的比例最高，达到31.5%，明显高于其他职业类型人群该选项比例，而该群体中认为“基本满意”的比例在各职业类型中相对最低，为35%，企业管理人员对环境卫生的总体评价相对较高，认为“不满意”的人数比例最低，为16.7%。

⑥交通出行满意度：其他职业类型持“很方便”态度的比例相对最高，为9.1%，而离退休人员认为“很方便”态度的比例相对最低，仅有3.8%。公务员认为“不方便”的比例最高，达到37.3%。企业管理人员认为“不满意”的人数比例最低，为26.7%，该群体对交通出行的满意程度总体评价相对较高。

⑦心情快乐度：军人认为“很快乐”的比例相对最高，为

16.9%，但也有15.7%的军人认为"不快乐"，类似的是公务员认为"不快乐"的比例相对最高，达到15.8%，而公务员中认为"很快乐"的比例在所有职业类型人群中也最低，仅有32.6%。企业管理人员和学生认为"不快乐"的比例最低，均为5.7%。

⑧健康程度：军人持"很健康"态度的比例相对最高，为19.1%，而离退休人员认为"健康"态度的比例相对最高，为43.3%。企业管理人员、军人、学生认为"不健康"的人数比例最低，分别为4.3%、5.6%和5.3%。公务员认为"不健康"的比例最高，达到14%。

2. 样本的相关分析

用PASW进行的相关分析主要是研究不同变量间的线性相关程度，并用适当的指标表示出来。

五、相关指标变量分析

（一）相关指标变量分析Ⅰ

"家庭人均收入""受教育程度""职业类型""工作岗位满意度""住房条件满意度""环境卫生满意度""健康程度""心情快乐度"变量的"双变量"相关分析。

相关性									
		家庭人均收入	受教育程度	职业类型	工作岗位满意度	住房条件满意度	环境卫生满意度	健康程度	心情快乐度
家庭人均收入	Pearson 相关性	1	.200**	.074**	.075**	.200**	.244**	.154**	.159**
	显著性(双侧)		.000	.000	.000	.000	.000	.000	.000
	N	5215	5105	4998	5215	5215	5215	5215	5215
受教育程度	Pearson 相关性	.200**	1	.222**	.061**	.126**	.158**	.098**	.114**
	显著性(双侧)	.000		.000	.000	.000	.000	.000	.000
	N	5105	5105	4998	5105	5105	5105	5105	5105

相关性									
职业类型	Pearson 相关性	.074 **	.222 **	1	.060 **	.092 **	.086 **	.072 **	.057 **
	显著性(双侧)	.000	.000		.000	.000	.000	.000	.000
	N	4998	4998	4998	4998	4998	4998	4998	4998
工作岗位满意度	Pearson 相关性	.075 **	.061 **	.060 **	1	.377 **	.340 **	.392 **	.423 **
	显著性(双侧)	.000	.000	.000		.000	.000	.000	.000
	N	5215	5105	4998	5215	5215	5215	5215	5215
住房条件满意度	Pearson 相关性	.200 **	.126 **	.092 **	.377 **	1	.471 **	.358 **	.384 **
	显著性(双侧)	.000	.000	.000	.000		.000	.000	.000
	N	5215	5105	4998	5215	5215	5215	5215	5215
环境卫生满意度	Pearson 相关性	.244 **	.158 **	.086 **	.340 **	.471 **	1	.341 **	.397 **
	显著性(双侧)	.000	.000	.000	.000	.000		.000	.000
	N	5215	5105	4998	5215	5215	5215	5215	5215
健康程度	Pearson 相关性	.154 **	.098 **	.072 **	.392 **	.358 **	.341 **	1	.553 **
	显著性(双侧)	.000	.000	.000	.000	.000	.000		.000
	N	5215	5105	4998	5215	5215	5215	5215	5215
心情快乐度	Pearson 相关性	.159 **	.114 **	.057 **	.423 **	.384 **	.397 **	.553 **	1
	显著性(双侧)	.000	.000	.000	.000	.000	.000	.000	
	N	5215	5105	4998	5215	5215	5215	5215	5215

** 在 .01 水平（双侧）上显著相关。

如上表所示，“家庭人均收入”“受教育程度”“职业类型”“工作岗位满意度”“住房条件满意度”“环境卫生满意度”“健康程度”“心情快乐度”变量，两两之间均存在正相关关系。

其中“家庭人均收入”与“受教育程度”“住房条件满意度”“环境卫生满意度”“健康程度”“心情快乐度”的正相关程度较高；“工作岗位满意度”与“住房条件满意度”“环境卫生满意度”“健康程度”“心情快乐度”的正相关程度也较高；“住房条件满意度”与“环境卫生满意度”“健康程度”“心情快乐度”是高度显

著正相关的。“健康程度”“心情快乐度”的显著正相关程度最高。

（二）相关指标变量分析Ⅱ

（1）“家庭人均收入”“受教育程度”“职业类型”“收入满足开支程度”“居住绿化满意度”“环境卫生满意度”“医疗机构收费和服务满意度”变量的“双变量”分析。

相关性								
		家庭人均收入	受教育程度	职业类型	收入满足开支程度	居住绿化满意度	环境卫生满意度	医疗机构收费和服务满意度
家庭人均收入	Pearson 相关性	1	.200 * *	.074 * *	.146 * *	.171 * *	.244 * *	.166 * *
	显著性（双侧）		.000	.000	.000	.000	.000	.000
	N	5215	5105	4998	5215	5215	5215	5105
受教育程度	Pearson 相关性	.200 * *	1	.222 * *	.101 * *	.080 * *	.158 * *	.190 * *
	显著性（双侧）	.000.000	.000	.000	.000	.000		
	N	5105	5105	4998	5105	5105	5105	5105
职业类型	Pearson 相关性	.074 * *	.222 * *	1	.058 * *	.014	.086 * *	.235 * *
	显著性（双侧）	.000	.000		.000	.318	.000	.000
	N	4998	4998	4998	4998	4998	4998	4998
收入满足开支程度	Pearson 相关性	.146 * *	.101 * *	.058 * *	1	.456 * *	.468 * *	.209 * *
	显著性（双侧）	.000	.000	.000		.000	.000	.000
	N	5215	5105	4998	5215	5215	5215	5105
居住绿化满意度	Pearson 相关性	.171 * *	.080 * *	.014	.456 * *	1	.590 * *	.172 * *
	显著性（双侧）	.000	.000	.318	.000		.000	.000
	N	5215	5105	4998	5215	5215	5215	5105
环境卫生满意度	Pearson 相关性	.244 * *	.158 * *	.086 * *	.468 * *	.590 * *	1	.245 * *
	显著性（双侧）	.000	.000	.000	.000	.000		.000
	N	5215	5105	4998	5215	5215	5215	5105
医疗机构收费和服务满意度	Pearson 相关性	.166 * *	.190 * *	.235 * *	.209 * *	.172 * *	.245 * *	1
	显著性（双侧）	.000	.000	.000	.000	.000	.000	
	N	5105	5105	4998	5105	5105	5105	5105

* * 在 .01 水平（双侧）上显著相关。

如上表所示，“家庭人均收入”“受教育程度”“职业类型”“收入满足开支程度”“居住绿化满意度”“环境卫生满意度”“医疗机构收费和服务满意度”变量两两之间显著正相关。

其中，“家庭人均收入”与“居住绿化满意度”“环境卫生满意度”“医疗机构收费和服务满意度”正相关程度较高。“受教育程度”与“居住绿化满意度”“环境卫生满意度”“医疗机构收费和服务满意度”正相关程度相对较高。而“居住绿化满意度”与“环境卫生满意度”的正相关程度也较高。

(2) 样本的聚类分析。聚类分析主要用于判别研究的指标或数据之间存在不同程度的相似性，对样品进行分类。用 PASW 软件运用 K 中心聚类法对样本数据进行聚类分析，由于样本数量级差异不大，所以直接进行分析处理。

最终聚类中心			
	聚类		
	1	2	3
工作岗位满意度	3	3	1
工作岗位安全设施满意度	3	3	1
工作劳动强度	3	3	1
家庭人均收入	2	2	1
收入满足开支程度	3	3	1
子女教育占家庭支出比重	3	3	1
住房条件满意度	3	3	1
物价变动观	2	2	1
居住绿化满意度	3	3	1
空气质量满意度	3	3	1
环境卫生满意度	3	3	1
社会治安满意度	3	3	1
交通出行满意度	3	3	1

最终聚类中心			
心情快乐度	2	3	1
邻里关系满意度	2	3	1
社区服务设施满意度	3	3	1
健康程度	2	3	1
参加体育健身频率	3	3	1
公共健身场所满意度	3	3	1
参加定期体检频率	3	2	1
医疗机构收费和服务满意度	3	3	2
受教育程度	2	2	1
职业类型	10	3	2

每个聚类中的案例数		
聚类	1	1564.000
	2	3023.000
	3	411.000
有效		4998.000
缺失		217.000

从“最终聚类中心”表可以看出，各类受访群体都认为职业类型对于生活状态满意度的整体评价影响较小。而家庭人均收入、物价变动因素对于幸福感的整体评价影响较大。大体上看，第一类人群认为家庭收入、物价变动、心情、健康程度和受教育程度对于幸福感的整体评价影响较大；第二类人群认为家庭收入、物价变动、定期参加体检频率和受教育程度对幸福感的整体评价影响较大；第三类人群则认为除了医疗机构的收费服务满意度和职业类型两因素影响相对较小，表格中列出的其他所有因素对幸福感的整体评价都很重要。每个聚类中案例个数如左表所示。

（三）基本结论

第一，总体上看，本次调查问卷反应的生活满意度，幸福程度评价，主要是中等收入阶层、中青年群体的观点，而对参与调查的高学历人群及军人、离退休人员对幸福感的评价可能不具有典型代表性。从整个样本看，对上述指标持“很满意”或“不满意”评价的人数比例相对较低，而认为“基本满意”的人数比例相对最高。可以推断，所有类型人群对生活满意度总体持相对乐观的态度。另外，从交叉表中可以观察到，各年龄阶段和各类型人群对“心情满意度”具有相对更高的评价，并未受到其他如工作、住房、环境卫生、交通出行等现实问题评价态度的影响，这一现象也可推断，总体上各类人群对生活持有较为乐观的态度。

第二，不同年龄段人群对工作、收入、住房、环境卫生、交通出行、心情、健康程度等要素的评价，主要有以下特征：

（1）36～55 岁年龄段的中年群体对工作、收入、住房、环境卫生、交通出行的满意度评价相对较高，而 18～25 岁年龄段人群对收入、住房要素的满意度评价相对偏低，推断不同年龄段群体所处的社会地位和生活稳定程度可能是影响评价的因素。56 岁以上中老年人群体对于收入、住房、环境、交通出行等要素的评价也相对偏低，尤其是对住房、交通出行要素持“不满意”态度的比例相对较高，这是值得关注的现象。

（2）25 岁以下年轻人群体和 66 岁以上老年人群体对于心情快乐度和健康程度的评价相对最高，这与这两个群体对其他如工作、收入、住房等要素的评价态度形成对比，对上述要素的态度并未影响其快乐程度，而对生活各方面满意度偏高的中青年群体对心情快乐程度和健康程度的评价总体低于上述两年龄段人群。

第三，不同收入段人群对工作、收入、住房、环境卫生、交通出行、心情、健康程度等要素的评价，主要有以下特征：

收入越高，对工作、收入、心情、健康要素的满意度评价相对越高，但收入的提高，并未相应提高对住房、环境卫生、交通出行等要素的评价。收入偏低人群对工作、收入、住房、环境、交通出行的满意度总体偏低，但并未影响该群体对心情快乐程度和健康程度的相对乐观评价。

第四，不同受教育程度人群对工作、收入、住房、环境卫生、交通出行、心情、健康程度等要素的评价，主要有以下特征：

（1）本科以上学历人群对上述指标的总体评价相对较高，而高中及以下学历人群对工作、收入、住房要素的满意度评价相对偏低。

（2）对心情快乐程度评价认为“不快乐”的人数比例在各受教育程度群体中基本相当，但大专学历人群对心情快乐的总体评价相对更高。大专及以上人群对健康程度的评价总体较乐观。

第五，不同职业人群对工作、收入、住房、环境卫生、交通出行、心情、健康程度等要素的评价，主要有以下特征：

（1）军人对上述指标的评价总体较高，企业管理人员对上述指标的总体评价也相对较高。

（2）公务员群体对上述指标的总体评价相对偏低，这一现象值得进一步研究。

第六，不同年龄段、收入段、受教育程度和职业类型人群对于涉及工作、收入、住房、环境、交通、心情、健康等要素的多个选项的看法存在显著的不同。而人均收入、受教育程度对于工作、住房、环境、交通、治安、心情等要素的相关性较为显著，但与收入相比，心情快乐程度与健康的正相关显著性更强。

第七，根据对各个方面满意度的不同，大体可以把人群分为三类，第一类人群认为家庭收入、物价变动、心情、健康程度和受教育程度对于幸福感的整体评价影响较大；第二类人群认为家庭收入、物价变动、定期参加体检频率和受教育程度对幸福感的整体评价影响相对较大；第三类人群则认为除了医疗机构的收费服务满意度和职业类型两因素影响相对较小，其他所有因素对于整体满意度的评价都很重要。

六、影响昆明居民幸福感的因素分析

结合统计分析、分层比较与问卷调查结果，我们对影响昆明居民幸福感的因素进行了概括。

（一）经济总量因素：提升幸福感的基础

Diener 等人（1995）发现幸福感在不同的国家有非常大的差异，与这些国家的财富有显著的相关。其后续的研究（2002）表明，国家财富和该国平均主观幸福感的水平之间有高相关。这表明社会经济因素，与居民的幸福感之间存在着一定的关联。本次问卷调查结果显示，昆明经济的快速发展、居民收入水平的提高和城市的现代化建设，都是影响昆明居民幸福感的因素。这说明居民幸福，社会经济发展是基础，与国内外的研究结果是一致的。近年来，昆明经济持续高速增长，发展势头良好，经济实力显著增强。但在发展经济的同时，昆明居民收入水平的提高状况，老百姓的满意度明显低于对经济快速发展的满意度。这说明昆明在发展经济，惠及老百姓利益方面还要有更多的政策考虑。

（二）居民收入因素：提升幸福感的关键

研究表明，人们在收入水平非常低的时候，财富的增长的确能够带来幸福感的提高；但当财富积累达到一定程度后，财富对幸福感的影响就越来越小，而决定幸福的其他因素变得越来越重要，比如与家人和朋友交往的时间、身体健康、工作稳定、婚姻状况、个人安全感以及人际关系，等等。这说明，幸福感会随着收入的增加而面临着一个拐点，过了这个拐点，幸福感随着收入增长并不会相应增长。本次问卷调查结果显示，个人的住房条件和收入水平都是影响居民幸福感的主要因素。分层比较结果显示，不同收入层次的居民，幸福感存在差异。收入水平高的昆明居民，其幸福感也相对较高。这与国内外大多数的研究结果是相一致的，说明收入水平是影响昆明居民幸福感的重要因素。

（三）政府公共服务能力：提升幸福感的动力

公共服务与居民的生活密切相关，直接影响居民的幸福感与对政府的满意度，政府效率与水平对提供公共服务的数量与质量都有直接影响，提供公共服务的能力与水平，考验地方政府治理水平。近年来社会虽有发展，但不少城市居民的生活负担也不断加重，发展带来的积极影响被各种负担增长的速度所抵消，从而影响了一部分城市居民的幸福感。如教育、医疗、住房等，近些年费用上涨的速度，远远高于发展给人们带来实惠的增长，从而降低了幸福感。因此，在发展过程中，如何克服“有增长无发展”现象，使经济增长、社会发展、幸福感提升同步，增强政府公共服务能力与水平，有效促进公共产品供给是关键。

（四）社会保障：提升幸福感的重点

社会保障是市场经济发展、和谐社会建设的基本条件，是现代社会文明的重要标志，也是提升幸福感的基本条件。调查显示，昆明城乡居民在回答“您认为建设幸福昆明，市委、市政府应重点从以下哪些方面着手?”时，“增加社会就业”（2146 人）、“健全社会保障体系”（1856 人）、“加强教育”（1838 人），均位列政府最需要加强和改善的前五项任务。

（五）健康状况：提升幸福感的基石

研究发现健康与居民幸福感具有较强的相关性，尤其是自我报告的健康状况。自我评估健康，不仅受消极情感和真实健康状况的影响，而且也受到人格的影响。因此，对健康的自我评价，既可以反映一个人身体健康的状况，也可以反映一个人的情绪情感状态，还可以从侧面反映一个人的人格特征。而情绪情感状态、人格特征、健康状况，都与幸福感有着密切的关联。本研究证实了这一结果，即健康状况是影响昆明居民幸福感的一个因素。

（六）自我发展：提升幸福感的利器

追求自我发展，是一个人在基本生活需要得到满足后的更高层次的需要。心理学研究表明，自我发展需要的满足，往往能给人带来更大的快乐和幸福感。当前社会评价一个人发展得好的标志很多，其中收入水平提高、学历提升、事业有成等都在其中。研究发现，高中、本科学历居民的幸福感不如研究生及以上学历居民，高收入群体的幸福感也较高，等等，这些都说明个人发展是影响昆明居民幸福感的因素。

（七）社会关系：提升幸福感的保障

社会关系可以为人们提供物质上或精神上的许多帮助，增加归属感、喜悦感、自尊、自信等，从而提高人们的幸福感；同时可阻止或缓解应激反应，安定神经内分泌系统，增加健康的行为模式，从而增加正性情感并抑制负性情感，防止降低主观幸福感。从本次问卷调查中可以看到，有91.6%的受访者认为邻里间的关系是融洽的，从而大大提升了心情满意度指数水平。因此，良好的社会关系可以增加人们的幸福感，而劣性的社会关系则会降低幸福感。

七、提升昆明居民幸福感的主导战略与路径

根据以上统计分析结果和调查发现，本课题组提出以下若干建设“幸福昆明”的政策思路，以期通过公共政策的干预，促进全面小康社会建设中昆明居民幸福感受的提升和幸福指数的提高。

（一）以科学发展观为指导，加快推进“幸福昆明”建设

提升幸福感能否成为一种切实的政策目标，关键在于政策可以在多大程度上影响百姓的幸福体验。政府能够为民生提供的生存和发展条件与地方百姓的幸福体验息息相关。而百姓所具有的生存和发展条件恰恰是政策可以关注并能够发挥作用的。党中央提出的以人为本的科学发展观以及构建和谐社会的目标都集中体现了政策制定中所坚持的这种价值取向。近年来，昆明全面小康社会建设在提升居民幸福感受方面取得的成就有目共睹，我们的统计调查数据也证明了这一点，但仍然有很大的努力空间。今后应以“幸福昆明”建设为平台，关注全面小康社会建设中人民群众最关心最直接最现实的问题，以建设更加优美、更加和谐、更加幸福的城市为目标，在政策取向上追求经济增长、环境保护和社会公平的和谐统一，带动昆明经济和社会的全面发展及发展方式的真正转变。

（二）坚持发展第一要务，扎实推进“富民工程”

影响幸福指数的因素固然很多，但经济无疑是最核心的因素之一，没有物质财富的积累和居民可支配收入的提高，就谈不上提高居民的幸福感。因此，要加快经济发展方式的转变，增加社会财富的积累，着眼于调整国民收入的分配结构，基本形成与经济增长相适应的收入增长联动机制。鼓励劳动者通过资本、技术、管理等要素参与分配，通过自主创业、技术创新等方式提高收入，逐步扩大中等收入者比重。强化收入分配中的政府调控力度，努力缓解地区之间和部分社会成员之间收入差距扩大的趋势。注重提高离退休人员和城市中低收入者的收入水平，切实落实最低生活保障制度，定期调整最低生活费保障标准和最低工资标准。同时始终坚持统筹兼顾，正确处理当前和长远、重点和一般、局部和整体的关系，努力在增强发展的平衡性、协调性上迈出新步伐，确保经济总量与人民收入同步攀升，在富民强市中提升居民幸福指数。

（三）提升民生工程，在全民共享中形成发展动力

以往相当长的时间里，为了改变贫穷和落后的面貌，我们一心一意谋发展，这在当时的历史条件下具有一定的合理性，也取得了很大的成功。但这种重经济建设而轻社会建设的发展方式，致使经济快速发展的同时，社会问题、社会矛盾却不断累积，如不加以调整，则可能影响到社会和谐和人们的幸福感受。因此，今后有必要采取经济政策与社会政策并重的方针，通过增长目标与民生目标的协调发展来提高昆明市民的幸福感受：一是要更加重视调节收入差距，防止贫富差距继续扩大。调查显示，由于自己收入相对过少，导致个体幸福感下降，收入差距成为影响居民幸福感受和社会和谐稳定的重要因素。发展经济是民生的根本，提高收入、降低收入分配不平等是核心。政府应创造条件，采取多种形式缩小收入差距，将改革和经济发展成果惠及每一位普通市民；二是优化资源，加强医疗服务水平。推进民营医疗机构大发展，形成公立、民营医疗卫生机构良性竞争发展格局。在加大医疗卫生投入的同时，注意加强基本医疗服务、社区卫生服务，让更多居民群众享受到便捷优质的医疗卫生服务；三是加大投入，扩大教育资源供给。集中精力办好一批普惠性幼儿园，真正减轻辖区居民学前教育的经济负担，确保适龄儿童“有园上”“上得起”。继续对民办学校在政策上予以倾斜、资金上予以扶持、机制上予以完善，使民办学校成为学生接受优质教育和多样性教育的重要选择；四是关注养老，扩大养老机构规模。通过多种渠道和各种资金来源，扩大养老机构规模，创新养老服务模式，有效解决辖区养老服务需求，充分实现“老有所养”；五是完善体系，提供就业创业平台。在完善公共就业信息服务网络、提升创业活力、健全就业帮扶机制等方面，争取有更大幅度的提升。

（四）科学系统管理城市，降低物价和生活成本，减轻生活压力

城市化作为工业化的伴生物，比农村有更好的物质条件，更好的公共服务和生活环境，城市居民的幸福感也应比农村更高。但城市存在的诸多问题，降低了城市生活舒适度。如高房价和高物价加大了城市居民的生活成本，交通紧张和城市扩大提高了生活的时间成本。据本次问卷调查结果：有30%的城市居民对自身的住房条件感到不满意，超过四成的居民则认为目前物价水平不稳定。如何缓解城市居民生活压力，需要系统规划，科学管理，需要全社会做大量艰苦细致的工作。有专家进行测算，管理好一个城市需要的参数，不亚于一枚运载火箭的参数。只有加强城市的科学管理，对市政等公共设施进行系统化改造，认真细致连续不断地解决城市发展中存在的环境卫生、交通、空气质量等问题，配合上级政府采取一些保障民生、维持物价稳定的措施，努力把价格上涨对各阶层群众基本生活的影响降低到最低限度，才能减轻居民精神压力，才能更好地发挥城市在信息、技术、人才等方面的聚集优势，为广大市民创造更多发展机遇。

（五）千方百计实现充分就业，进一步完善社会保障制度

建立产业结构调整与就业结构调整及人力资源开发有机结合的促进就业机制，大力支持就业容量大的服务业、民营企业和中小企业发展。鼓励自谋职业和自主创业。加大就业促进资金投入，建立政府扶助、社会参与的职业技能培训机制，实施鼓励企业增加就业岗位、加强就业培训的财税、信贷等优惠政策，完善对困难群众就业援助制度和再就业的长效帮扶机制，及时消除“零就业”家庭。运用公共财力创造或购买的就业项目和岗位，重点用于安置生活困难和就业困难的“双困人员”就业。统筹城乡就业，做好新增劳动力就业和农村富余劳动力转移就业工作，探索完善城乡劳动者平等就业制度和管理体制，促进城乡劳动者平等就业和自由流动，保障妇女的平等就业机会。当前大学生就业矛盾比较突出，可以设立大学生就业基金和科研基金，资助有一技之长或科研能力的大学毕业生开展研究或就业，更发挥其特长或才能；进一步完善大中专毕业生到基层、农村和中小企业就业的优惠政策。

（六）创新社会管理机制，提高社会活力

建立健全重大决策听证、信访、社会舆情收集分析等制度，广泛听取相关利益群体的意见，引导群众以理性合法的形式表达利益要求，创造社会成员参政议政的条件，强化其对社会管理的知情权、选择权。加强基层民主政治建设，要通过培育公益性民间组织、志愿团体等，让群众自我组织起来，加强社会融合，互相帮助，解决社会问题，自觉维护安定团结。加强社区建设，完善社区服务，适应经济发展和社会转型需要，探索新的社区发展和管理模式，建立政府与非营利组织、企业在社区建设中的伙伴关系，提高社区居民的自治程度，发挥城乡基层自治组织协调利益、化解矛盾、排忧解难的作用，使社区成为加强社会管理和提供基本公共服务的平台。要创新社会管理机制，推动公民有序广泛参与社会事务，通过官方微博等现代沟通平台，创新交流方式，畅通群众诉求渠道。

（七）营造舒适优美环境，建设最佳人居城市

近年来，昆明市在城市通过创建国家卫生城市、园林城市，在农村实施道路硬化工程等活动，在卫生、交通、绿化等方面有效改善了居民生活环境，但取得的成果与居民的要求尚有一定距离。在今后的规划建设中，要逐步由重条件改善转向更重品质提升，突出强化“绿色、精细”的建设要求。绿色，就是要进一步提升昆明山、水、城、林融为一体的绿色人居品牌，按计划有序推进生态园林城市、全国绿化模范城市、生态城市、最佳人居城市建设，使城市绿化水平继续保持全国同类城市前列。精细，就是要进一步加强人居环境的精细化管理，总结推广"城中村"改造、背街小巷整治、旧小区出新等精细化建设管理经验，关注城市生活的细微环节，关心人民群众的细微需要，从一点一滴细微处着手，提高群众的满意度。

（八）引导社会心理，制定出关爱但有差异的社会政策

幸福感脱胎于心理学中关于主观幸福感的概念和研究，引导市民确立符合实际的个人内在价值目标，积极主动地去应对环境的挑战，悦纳自己，形成助人、亲和等良好性格，是获得幸福感的重要内在因素。绝对财富的鸿沟以及职业的差异无法填平，但关注弱势群体，关注他们的心理感受，就可以花费最小的代价增加全社会的幸福感。因此文化宣传部门要充分重视对社会心理的把握、研究和引导，及时动用专业的力量，对社会心理进行科学干预，大力弘扬社会主义核心价值体系，将健全的心理和人格教育常态化，引导昆明市民形成科学和健康的幸福观。此外，从本次调查中不难发现：青年群体、学历较低、外来务工、中低收入等人群的幸福感受明显低于其相应人群。尽管我们可以从很多角度来解释造成群体内幸福感受差异的原因，但幸福感受的个体性差异特征显而易见，需求的差异性导致个体幸福感受的差异性是造成这种特征的可能原因。因此，在具体政策的制定、贯彻和实施过程中，要注重不同群体的社会诉求，以增强政策的针对性、有效性，满足差异化的幸福需求。

（九）加大文化建设力度，满足群众多样化的精神文化需求

幸福是一定人生阶段内生活水平与生活质量的总体评价，这种总体评价水平与人的趋乐避苦的自然天性有关，也与人的社会性和关系性有关。国内外研究表明，不同收入阶段，效用（指个人对自身欲望的满足程度）与幸福的关系不同。在解决生存需求的温饱阶段（衣食阶段）和解决发展问题的小康阶段（住行阶段），效用与幸福的正相关关系比较明显。而在解决自我实现需求的大同阶段，当物质需求为主转向文化需求为主后，效用与幸福的相关性明显减弱。发展中国家的经验也表明：即使是在幸福水平较低、较穷的国家，也不存在平均收入水平和平均幸福水平的明显相关性，这说明有许多其他的因素在起作用，其中包括文化特征。因此，对于昆明这样在不远的将来可能率先实现现代化的地区，应逐渐弱化有形和物质指标的权重，不断地突出文化内容。近年来，昆明文化建设方面的力度不断加大，当前形势下，更应借十七届六中全会文化建设的东风，加强文化基础设施建设，推进文化事业和文化产业的健康发展。包括加强街道、社区、乡镇文化阵地建设，丰富和活跃广场文化、企业文化、校园文化、社区文化、网络文化等大众文化，发挥文化引领风尚、教育人民、服务社会、推动发展的作用，为全面小康社会建设提供软实力支撑。

附件一："建设幸福昆明"民意调查问卷表

一、工作满意度

（一）您对目前的工作岗位是否满意？

1. □很满意　2. □满意　3. □基本满意　4. □不满意

（二）您对工作岗位的安全设施是否满意？

1. □很满意　2. □满意　3. □基本满意　4. □不满意

（三）您认为您的工作岗位劳动强度是否适中？

1. □很适中　2. □适中　3. □基本适中　4. □偏强

二、收入满意度

（一）去年，您全家年人均收入大约是多少元？

1. □5000 元以下　2. □5000～14999 元　3. □15000～24999 元　4. □25000 元及以上

（二）您和家庭的收入能否满足正常开支？

1. □很满足　2. □能满足　3. □基本满足　4. □不能满足

（三）您的家庭用于子女教育的费用大约占家庭支出比重？

1. □10% 以下　2. □10%～20%　3. □20%～30%　4. □30%

以上

（四）您对目前自身的住房条件和房价是否满意？

1. □很满意　2. □满意　3. □基本满意　4. □不满意

（五）您对目前物价变动的看法？

1. □不稳定　2. □基本稳定　3. □稳定　4. □很稳定

三、环境满意度

您对居住地环境在以下几方面是否满意？

（一）绿化建设

1. □很满意　2. □满意　3. □基本满意　4. □不满意

（二）空气质量

1. □很满意　2. □满意　3. □基本满意　4. □不满意

（三）环境卫生

1. □很满意　2. □满意　3. □基本满意　4. □不满意

（四）社会治安

1. □很好　2. □好　3. □较好　4. □不好

（五）交通出行

1. □很方便　2. □方便　3. □比较方便　4. □不方便

四、心情满意度

（一）您和您家人心情是否快乐？

1. □很快乐　2. □快乐　3. □基本快乐　4. □不快乐

（二）您认为邻里间的关系是否融洽？

1. □很融洽　2. □融洽　3. □基本融洽　4. □不融洽

（三）您认为社区服务设施情况怎么样？

1. □很好　2. □好　3. □一般好　4. □不好

五、健康满意度

（一）您和您的家人身体是否健康？

1. □很健康　2. □健康　3. □基本健康　4. □不健康

（二）您和您的家人是否经常参加体育健身活动？

1. □经常　2. □定期　3. □有时　4. □不参加

（三）您对公共健身锻炼场所是否满意？

1. □很满意　2. □满意　3. □基本满意　4. □不满意

（四）您是否定期参加体检？

1. □经常（一年至少两次）　2. □定期（二年至少一次）
3. □偶尔　4. □不参加

（五）（多选）您目前参加了哪些社会保险或社会保障？

1. □养老保险　2. □医疗保险　3. □其他　4. □没有参加

（六）您对医疗机构的收费及服务是否满意？

1. □很满意　2. □满意　3. □基本满意　4. □不满意

六、您认为什么因素最影响幸福

1. □收入　2. □职业　3. □健康　4. □住房　5. □家庭
6. □教育　7. □物价　8. □文化　9. □社会稳定　10. □社会保障
11. □社会公平　12. □其他（请注明）

七、您认为建设幸福昆明，市委、市政府应重点从以下哪些方面着手？

1. □发展经济　2. □增加居民收入　3. □健全社会保障体系
4. □加强教育　5. □增加社会就业　6. □促进社会稳定和谐
7. □繁荣发展文化事业　8. □提高城市管理水平　9. □改善生态环

境　10. □提高居民文明程度　11. □其他（请注明）

八、个人信息

（一）您的年龄

1. □18～25 岁　2. □26～35 岁　3. □36～45 岁　4. □46～55 岁　5. □56～65 岁　6. □66 岁以上

（二）您的受教育程度

1. □初中及以下　2. □高中或中专　3. □大专　4. □本科　5. □硕士及研究生　6. □博士及以上

（三）您的职业

1. □公务员　2. □事业单位工作人员（含文教卫研究单位）　3. □个体民营　4. □企业管理人员　5. □工程技术人员　6. □工人及商业服务人员　7. □农民　8. □军人　9. □离退休　10. □外来务工　11. □学生　12. □其他

附件二："建设幸福昆明"民意调查相关问题的数据分析说明

一、研究背景及目的

2012年初召开的昆明市委十届二次全会，深入贯彻中央经济工作会议和云南省委九届二次全会精神，站在新的起点上，确立了昆明发展的新思路、新目标，提出了"稳中求进、创新推动、跨越发展，为建设美好幸福的新昆明而努力奋斗"的发展要求。其中，改善民生，创造美好幸福生活，是稳中求进的出发点和落脚点。在人民群众对提高生活水平、改善生活质量，获得更多公共服务和权益保障的要求更加具体、更加广泛、更加强烈的新形势下，建设美好幸福的新昆明就要以民生优先发展为导向，在提高城乡居民收入、就业、住房、医疗、社会保障等方面有所突破，使人民群众生活更加殷实、更加安康、更有尊严，提高幸福感。通过"建设幸福昆明"民意调查，一方面是了解昆明城乡居民对于包括收入、就业、住房、环境、交通、健康以及心情状态等要素的态度和需求，另一方面是为下一步深入研究分析数据提供依据，有助于将分析结果与未来将要实现的目标进行衡量和对比，并将其与政策干预相结合，使相关政策具有更加广泛的关注点和基础，为促进经济社会发展，提高城乡居民幸福感发挥积极作用。

二、分析的方法和基本思路

根据本研究设计的调查问卷所采集的数据，使用预测统计分析软件 PASW（PredictiveAnalyticsSoftware）对问卷数据进行处理，提取有效信息，分析变量之间的联系与区别，得出研究结论。采用数据分析的主要方法有交叉分析（列联表分析）、相关分析、聚类分析等。

三、数据处理基本情况

本研究采用的问卷数为5215 份，将问卷进行整理，做成 PASW 格式文件，根据问卷设计了24 个标签，包含工作满意度、收入满意度、住房满意度、物价变动观、居住环境满意度、治安满意度、交通出行满意度、心情快乐度、健康程度等评价指标，以及收入、年龄段、受教育程度和职业类型等分档指标。

将所有变量均定义为数值变量，并根据调查问卷选项进相应值的标签操作。数据缺失包括未填写该题选项和填写无效选项的情况。

四、用 PASW 软件进行数据分析

（一）样本的交叉分析

PASW 的交叉分析（列联表分析）主要是将观测数据按不同的属性进行分类时列出的频数表。

1. “年龄段”与“工作岗位满意度”“收入满足开支程度”“住房条件满意度”“环境卫生满意度”“交通出行满意度”“心情快乐度”“健康程度”交叉分析

案例处理摘要						
	案例					
	有效的		缺失		合计	
	N	百分比	N	百分比	N	百分比
年龄段＊工作岗位满意度	5105	97.9%	110	2.1%	5215	100.0%
年龄段＊收入满足开支程度	5105	97.9%	110	2.1%	5215	100.0%
年龄段＊住房条件满意度	5105	97.9%	110	2.1%	5215	100.0%
年龄段＊环境卫生满意度	5105	97.9%	110	2.1%	5215	100.0%
年龄段＊交通出行满意度	5105	97.9%	110	2.1%	5215	100.0%
年龄段＊心情快乐度	5105	97.9%	110	2.1%	5215	100.0%
年龄段＊健康程度	5105	97.9%	110	2.1%	5215	100.0%

如上表所示，总样本数为5215，缺失数为110，占总样本数的2.1%。

总体上看，参与调查的人对"工作岗位满意度""收入满足开支程度""住房条件满意度""环境卫生满意度""交通出行满意度""心情快乐度""健康程度"交叉分析。持"基本满意"态度的，在各收入段群体中所占比例普遍较高，持"很满意"和"不满意"态度的比例相对偏低。

年龄段＊工作岗位满意度　交叉制表								
			工作岗位满意度					合计
			数据缺失	很满意	满意	基本满意	不满意	
年龄段	数据缺失	计数	88	102	220	267	164	841
		年龄段中的%	10.5%	12.1%	26.2%	31.7%	19.5%	100.0%
		工作岗位满意度中的%	53.7%	18.2%	17.4%	13.2%	15.0%	16.5%
		总数的%	1.7%	2.0%	4.3%	5.2%	3.2%	16.5%

年龄段 * 工作岗位满意度　交叉制表								
			工作岗位满意度					合计
			数据缺失	很满意	满意	基本满意	不满意	
年龄段	18～25岁	计数	9	113	249	380	208	959
		年龄段中的%	.9%	11.8%	26.0%	39.6%	21.7%	100.0%
		工作岗位满意度中的%	5.5%	20.2%	19.7%	18.8%	19.0%	18.8%
		总数的%	.2%	2.2%	4.9%	7.4%	4.1%	18.8%
	26～35岁	计数	22	152	366	620	320	1480
		年龄段中的%	1.5%	10.3%	24.7%	41.9%	21.6%	100.0%
		工作岗位满意度中的%	13.4%	27.1%	28.9%	30.6%	29.3%	29.0%
		总数的%	.4%	3.0%	7.2%	12.1%	6.3%	29.0%
	36～45岁	计数	29	112	280	460	244	1125
		年龄段中的%	2.6%	10.0%	24.9%	40.9%	21.7%	100.0%
		工作岗位满意度中的%	17.7%	20.0%	22.1%	22.7%	22.3%	22.0%
		总数的%	.6%	2.2%	5.5%	9.0%	4.8%	22.0%
	46～55岁	计数	9	54	90	180	82	415
		年龄段中的%	2.2%	13.0%	21.7%	43.4%	19.8%	100.0%
		工作岗位满意度中的%	5.5%	9.6%	7.1%	8.9%	7.5%	8.1%
		总数的%	.2%	1.1%	1.8%	3.5%	1.6%	8.1%
	56～65岁	计数	5	16	44	78	52	195
		年龄段中的%	2.6%	8.2%	22.6%	40.0%	26.7%	100.0%
		工作岗位满意度中的%	3.0%	2.9%	3.5%	3.9%	4.8%	3.8%
		总数的%	.1%	.3%	.9%	1.5%	1.0%	3.8%

年龄段 * 工作岗位满意度 交叉制表								
			工作岗位满意度					合计
			数据缺失	很满意	满意	基本满意	不满意	
年龄段	66 岁以上	计数	2	11	16	38	23	90
		年龄段中的%	2.2%	12.2%	17.8%	42.2%	25.6%	100.0%
		工作岗位满意度中的%	1.2%	2.0%	1.3%	1.9%	2.1%	1.8%
		总数的%	.0%	.2%	.3%	.7%	.5%	1.8%
合计		计数	164	560	1265	2023	1093	5105
		年龄段中的%	3.2%	11.0%	24.8%	39.6%	21.4%	100.0%
		工作岗位满意度中的%	100.0%	100.0%	100.0%	100.0%	100.0%	100.0%
		总数的%	3.2%	11.0%	24.8%	9.6%	21.4%	100.0%

(1) 从“年龄段 * 工作岗位满意度交叉表”可以看出:

46~55 岁年龄段的人持“基本满意”态度的人比例最高，占该年龄段人数的 43.4%，而该年龄段持“很满意”的人数比例也最高，占该年龄段人数的 13%，而该群体持“不满意”态度的人数比例在各年龄段中最低为 19.8%。56~65 岁年龄段对工作岗位“很满意”的人数比例在各年龄段中最低为 8.2%，而持“不满意”态度的比例最高为“26.7%”。

年龄段 * 收入满足开支程度 交叉制表								
			收入满足开支程度					合计
			数据缺失	很满意	能满足	基本满意	不能满足	
年龄段	数据缺失	计数	121	57	151	309	203	841
		年龄段中的%	14.4%	6.8%	18.0%	36.7%	24.1%	100.0%
		收入满足开支程度中的%	54.0%	18.9%	13.9%	13.7%	16.4%	16.5%
		总数的%	2.4%	1.1%	3.0%	6.1%	4.0%	16.5%

年龄段＊收入满足开支程度　交叉制表									
			收入满足开支程度					合计
			数据缺失	很满意	能满足	基本满意	不能满足	
年龄段	18～25岁	计数	17	68	220	426	228	959
		年龄段中的%	1.8%	7.1%	22.9%	44.4%	23.8%	100.0%
		收入满足开支程度中的%	7.6%	22.6%	20.2%	18.9%	18.4%	18.8%
		总数的%	.3%	1.3%	4.3%	8.3%	4.5%	18.8%
	26～35岁	计数	21	82	332	693	352	1480
		年龄段中的%	1.4%	5.5%	22.4%	46.8%	23.8%	100.0%
		收入满足开支程度中的%	9.4%	27.2%	30.5%	30.8%	28.4%	29.0%
		总数的%	.4%	1.6%	6.5%	13.6%	6.9%	29.0%
	36～45岁	计数	44	49	243	511	278	1125
		年龄段中的%	3.9%	4.4%	21.6%	45.4%	24.7%	100.0%
		收入满足开支程度中的%	19.6%	16.3%	22.3%	22.7%	22.4%	22.0%
		总数的%	.9%	1.0%	4.8%	10.0%	5.4%	22.0%
	46～55岁	计数	10	34	89	182	100	415
		年龄段中的%	2.4%	8.2%	21.4%	43.9%	24.1%	100.0%
		收入满足开支程度中的%	4.5%	11.3%	8.2%	8.1%	8.1%	8.1%
		总数的%	.2%	.7%	1.7%	3.6%	2.0%	8.1%
	56～65岁	计数	8	9	36	91	51	195
		年龄段中的%	4.1%	4.6%	18.5%	46.7%	26.2%	100.0%
		收入满足开支程度中的%	3.6%	3.0%	3.3%	4.0%	4.1%	3.8%
		总数的%	.2%	.2%	.7%	1.8%	1.0%	3.8%

年龄段＊收入满足开支程度　交叉制表								
			收入满足开支程度					合计
			数据缺失	很满意	能满足	基本满意	不能满足	
年龄段	66 岁以上	计数	3	2	18	40	27	90
		年龄段中的%	3.3%	2.2%	20.0%	44.4%	30.0%	100.0%
		收入满足开支程度中的%	1.3%	.7%	1.7%	1.8%	2.2%	1.8%
		总数的%	.1%	.0%	.4%	.8%	.5%	1.8%
合计		计数	224	301	1089	2252	1239	5105
		年龄段中的%	4.4%	5.9%	21.3%	44.1%	24.3%	100.0%
		收入满足开支程度中的%	100.0%	100.0%	100.0%	100.0%	100.0%	100.0%
		总数的%	4.4%	5.9%	21.3%	44.1%	24.3%	100.0%

（2）从"年龄段＊收入开支满意度交叉表"可以看出：

26～35 岁年龄段人群持"基本满足"态度的人比例最高，占该年龄段人群的 46.8%，46～55 岁年龄段人群持"很满足"态度的人在各年龄段中比例最高为 8%。值得注意的是，66 岁以上年龄段人群持"很满足"态度的人比例最低仅为 2.2%，而该年龄段收入"不能满足"开支人数比例在各年龄段中最高，占 30%。

年龄段＊住房条件满意度　交叉制表								
			住房条件满意度					合计
			数据缺失	很满意	满意	基本满意	不满意	
年龄段	数据缺失	计数	160	53	160	288	180	841
		年龄段中的%	19.0%	6.3%	19.0%	34.2%	21.4%	100.0%
		住房条件满意度中的%	56.1%	14.1%	15.1%	14.8%	12.4%	16.5%
		总数的%	3.1%	1.0%	3.1%	5.6%	3.5%	16.5%

<table>
<tr><th colspan="9">年龄段 * 住房条件满意度 交叉制表</th></tr>
<tr><th colspan="3" rowspan="2"></th><th colspan="5">住房条件满意度</th><th rowspan="2">合计</th></tr>
<tr><th>数据缺失</th><th>很满意</th><th>满意</th><th>基本满意</th><th>不满意</th></tr>
<tr><td rowspan="20">年龄段</td><td rowspan="4">18～25岁</td><td>计数</td><td>18</td><td>65</td><td>195</td><td>373</td><td>308</td><td>959</td></tr>
<tr><td>年龄段中的%</td><td>.9%</td><td>6.8%</td><td>20.3%</td><td>38.9%</td><td>32.1%</td><td>100.0%</td></tr>
<tr><td>住房条件满意度中的%</td><td>6.3%</td><td>17.3%</td><td>18.4%</td><td>19.2%</td><td>21.3%</td><td>18.8%</td></tr>
<tr><td>总数的%</td><td>.4%</td><td>1.3%</td><td>3.8%</td><td>7.3%</td><td>6.0%</td><td>18.8%</td></tr>
<tr><td rowspan="4">26～35岁</td><td>计数</td><td>31</td><td>124</td><td>324</td><td>561</td><td>440</td><td>1480</td></tr>
<tr><td>年龄段中的%</td><td>2.1%</td><td>8.4%</td><td>21.9%</td><td>37.9%</td><td>29.7%</td><td>100.0%</td></tr>
<tr><td>住房条件满意度中的%</td><td>10.9%</td><td>33.1%</td><td>30.7%</td><td>28.9%</td><td>30.4%</td><td>29.0%</td></tr>
<tr><td>总数的%</td><td>.6%</td><td>2.4%</td><td>6.3%</td><td>11.0%</td><td>8.6%</td><td>29.0%</td></tr>
<tr><td rowspan="4">36～45岁</td><td>计数</td><td>48</td><td>81</td><td>241</td><td>440</td><td>315</td><td>1125</td></tr>
<tr><td>年龄段中的%</td><td>4.3%</td><td>7.2%</td><td>21.4%</td><td>39.1%</td><td>28.0%</td><td>100.0%</td></tr>
<tr><td>住房条件满意度中的%</td><td>16.8%</td><td>21.6%</td><td>22.8%</td><td>22.7%</td><td>21.8%</td><td>22.0%</td></tr>
<tr><td>总数的%</td><td>.9%</td><td>1.6%</td><td>4.7%</td><td>8.6%</td><td>6.2%</td><td>22.0%</td></tr>
<tr><td rowspan="4">46～55岁</td><td>计数</td><td>11</td><td>37</td><td>80</td><td>157</td><td>130</td><td>415</td></tr>
<tr><td>年龄段中的%</td><td>2.7%</td><td>8.9%</td><td>19.3%</td><td>37.8%</td><td>31.3%</td><td>100.0%</td></tr>
<tr><td>住房条件满意度中的%</td><td>3.9%</td><td>9.9%</td><td>7.6%</td><td>8.1%</td><td>9.0%</td><td>8.1%</td></tr>
<tr><td>总数的%</td><td>.2%</td><td>.7%</td><td>1.6%</td><td>3.1%</td><td>2.5%</td><td>8.1%</td></tr>
<tr><td rowspan="4">56～65岁</td><td>计数</td><td>12</td><td>10</td><td>37</td><td>90</td><td>46</td><td>195</td></tr>
<tr><td>年龄段中的%</td><td>6.2%</td><td>5.1%</td><td>19.0%</td><td>46.2%</td><td>23.6%</td><td>100.0%</td></tr>
<tr><td>住房条件满意度中的%</td><td>4.2%</td><td>2.7%</td><td>3.5%</td><td>4.6%</td><td>3.2%</td><td>3.8%</td></tr>
<tr><td>总数的%</td><td>.2%</td><td>.2%</td><td>.7%</td><td>1.8%</td><td>.9%</td><td>3.8%</td></tr>
</table>

年龄段＊住房条件满意度 交叉制表								
			住房条件满意度					合计
			数据缺失	很满意	满意	基本满意	不满意	
年龄段	66岁以上	计数	5	5	20	32	28	90
		年龄段中的%	5.6%	5.6%	22.2%	35.6%	31.1%	100.0%
		住房条件满意度中的%	1.8%	1.3%	1.9%	1.6%	1.9%	1.8%
		总数的%	.1%	.1%	.4%	.6%	.5%	1.8%
合计		计数	285	375	1057	1941	1447	5105
		年龄段中的%	5.6%	7.3%	20.7%	38.0%	28.3%	100.0%
		住房条件满意度中的%	100.0%	100.0%	100.0%	100.0%	100.0%	100.0%
		总数的%	5.6%	7.3%	20.7%	38.0%	28.3%	100.0%

（3）从"年龄段＊住房条件满意度交叉表"可以看出：

46～55岁年龄段人群持"很满足"态度的人在各年龄段中比例最高为8.9%，26～35岁年龄段人群"很满意"的比例也达到了8.4%。56～65岁年龄段人群持"基本满意"态度的人比例最高，占该年龄段人群的46.2%，但56～65岁年龄段群体中持"很满意"态度的比例却最低，仅占5.1%，66岁以上年龄段人群持"不满意"态度较高的比例为31.1%，仅次于18～25岁年龄段人群"不满意"的最高比例32.1%。

年龄段＊环境卫生满意度 交叉制表								
			环境卫生满意度					合计
			数据缺失	很方便	方便	比较方便	不方便	
年龄段	数据缺失	计数	156	71	181	302	131	841
		年龄段中的%	18.5%	8.4%	21.5%	35.9%	15.6%	100.0%
		环境卫生满意度中的%	58.6%	15.3%	15.1%	14.7%	11.7%	16.5%
		总数的%	3.1%	1.4%	3.5%	5.9%	2.6%	16.5%

年龄段＊环境卫生满意度　交叉制表								
			环境卫生满意度					合计
			数据缺失	很方便	方便	比较方便	不方便	
年龄段	18～25岁	计数	20	87	203	423	226	959
		年龄段中的%	2.1%	9.1%	21.2%	44.1%	23.6%	100.0%
		环境卫生满意度中的%	7.5%	18.7%	17.0%	20.6%	20.1%	18.8%
		总数的%	.4%	1.7%	4.0%	8.3%	4.4%	18.8%
	26～35岁	计数	27	159	373	580	341	1480
		年龄段中的%	1.8%	10.7%	25.2%	39.2%	23.0%	100.0%
		环境卫生满意度中的%	10.2%	34.2%	31.2%	28.2%	30.4%	29.0%
		总数的%	.5%	3.1%	7.3%	11.4%	6.7%	29.0%
	36～45岁	计数	38	91	281	453	262	1125
		年龄段中的%	3.4%	8.1%	25.0%	40.3%	23.3%	100.0%
		环境卫生满意度中的%	14.3%	19.6%	23.5%	22.0%	23.4%	22.0%
		总数的%	.7%	1.8%	5.5%	8.9%	5.1%	22.0%
	46～55岁	计数	10	38	92	178	97	415
		年龄段中的%	2.4%	9.2%	22.2%	42.9%	23.4%	100.0%
		环境卫生满意度中的%	3.8%	8.2%	7.7%	8.7%	8.6%	8.1%
		总数的%	.2%	.7%	1.8%	3.5%	1.9%	8.1%
	56～65岁	计数	11	16	38	91	39	195
		年龄段中的%	5.6%	8.2%	19.5%	46.7%	20.0%	100.0%
		环境卫生满意度中的%	4.1%	3.4%	3.2%	4.4%	3.5%	3.8%
		总数的%	.2%	.3%	.7%	1.8%	.8%	3.8%

年龄段＊环境卫生满意度　交叉制表								
			环境卫生满意度					合计
			数据缺失	很方便	方便	比较方便	不方便	
年龄段	66岁以上	计数	4	3	28	29	26	90
		年龄段中的%	4.4%	3.3%	31.1%	32.2%	28.9%	100.0%
		环境卫生满意度中的%	1.5%	.6%	2.3%	1.4%	2.3%	1.8%
		总数的%	.1%	.1%	.5%	.6%	.5%	1.8%
合计		计数	266	465	1196	2056	1122	5105
		年龄段中的%	5.2%	9.1%	23.4%	40.3%	22.0%	100.0%
		环境卫生满意度中的%	100.0%	100.0%	100.0%	100.0%	100.0%	100.0%
		总数的%	5.2%	9.1%	23.4%	40.3%	22.0%	100.0%

（4）从"年龄段＊环境卫生满意度交叉表"可以看出：

26～35岁年龄段人群持"很满意"态度的人在各年龄段中比例最高为10.7%，46～55岁年龄段人群"基本满意"的比例最高，占该年龄段人群的46.7%。66岁以上年龄段人群持"不满意"态度比例最高，为28.9%，而该年龄段人群"很满意"的比例则在各年龄段中最低仅占3.3%。

年龄段＊交通出行满意度　交叉制表								
			交通出行满意度					合计
			数据缺失	很方便	方便	比较方便	不方便	
年龄段	数据缺失	计数	150	63	258	207	163	841
		年龄段中的%	17.8%	7.5%	30.7%	24.6%	19.4%	100.0%
		交通出行满意度中的%	54.3%	17.6%	18.1%	14.0%	10.4%	16.5%
		总数的%	2.9%	1.2%	5.1%	4.1%	3.2%	16.5%

年龄段＊交通出行满意度　交叉制表								
			交通出行满意度					合计
			数据缺失	很方便	方便	比较方便	不方便	
年龄段	18～25岁	计数	24	78	277	283	297	959
		年龄段中的%	2.5%	8.1%	28.9%	29.5%	31.0%	100.0%
		交通出行满意度中的%	8.7%	21.8%	19.4%	19.1%	19.0%	18.8%
		总数的%	.5%	1.5%	5.4%	5.5%	5.8%	18.8%
	26～35岁	计数	27	102	391	439	521	1480
		年龄段中的%	1.8%	6.9%	26.4%	29.7%	35.2%	100.0%
		交通出行满意度中的%	9.8%	28.5%	27.4%	29.6%	33.4%	29.0%
		总数的%	.5%	2.0%	7.7%	8.6%	10.2%	29.0%
	36～45岁	计数	48	75	312	338	352	1125
		年龄段中的%	4.3%	6.7%	27.7%	30.0%	31.3%	100.0%
		交通出行满意度中的%	17.4%	20.9%	21.9%	22.8%	22.5%	22.0%
		总数的%	.9%	1.5%	6.1%	6.6%	6.9%	22.0%
	46～55岁	计数	14	28	117	123	133	415
		年龄段中的%	3.4%	6.7%	28.2%	29.6%	32.0%	100.0%
		交通出行满意度中的%	5.1%	7.8%	8.2%	8.3%	8.5%	8.1%
		总数的%	.3%	.5%	2.3%	2.4%	2.6%	8.1%
	56～65岁	计数	8	10	49	72	56	195
		年龄段中的%	4.1%	5.1%	25.1%	36.9%	28.7%	100.0%
		交通出行满意度中的%	2.9%	2.8%	3.4%	4.9%	3.6%	3.8%
		总数的%	.2%	.2%	1.0%	1.4%	1.1%	3.8%

年龄段＊交通出行满意度　交叉制表								
			交通出行满意度					合计
			数据缺失	很方便	方便	比较方便	不方便	
年龄段	66 岁以上	计数	5	2	22	21	40	90
		年龄段中的%	5.6%	2.2%	24.4%	23.3%	44.4%	100.0%
		交通出行满意度中的%	1.8%	.6%	1.5%	1.4%	2.6%	1.8%
		总数的%	.1%	.0%	.4%	.4%	.8%	1.8%
合计		计数	276	358	1426	1483	1562	5105
		年龄段中的%	5.4%	7.0%	27.9%	29.0%	30.6%	100.0%
		交通出行满意度中的%	100.0%	100.0%	100.0%	100.0%	100.0%	100.0%
		总数的%	5.4%	7.0%	27.9%	29.0%	30.6%	100.0%

（5）从"年龄段＊交通出行满意度交叉表"可以看出：

18～35 岁年龄段人群持"很方便"态度的人在各年龄段中比例最高为 8.1%，但仍有 31% 的人认为"不方便"，56～65 岁年龄段人群"基本满意"的比例最高，占该年龄段人群的 36.9%，该年龄段认为"不方便"的比例也相对最低为 28.7%。66 岁以上年龄段人群持"不方便"态度比例最高为 44.4%，而该年龄段人群"很方便"的比例则在各年龄段中最低仅有 2.2%。

年龄段＊心情快乐度　交叉制表								
			心情快乐度					合计
			数据缺失	很快乐	快乐	基本快乐	不快乐	
年龄段	数据缺失	计数	141	130	211	276	83	841
		年龄段中的%	16.8%	15.5%	25.1%	32.8%	9.9%	100.0%
		心情快乐度中的%	57.1%	18.7%	12.8%	13.7%	16.7%	16.5%
		总数的%	2.8%	2.5%	4.1%	5.4%	1.6%	16.5%

年龄段＊心情快乐度　交叉制表								
			心情快乐度					合计
			数据缺失	很快乐	快乐	基本快乐	不快乐	
年龄段	18～25岁	计数	21	147	354	355	82	959
		年龄段中的%	2.2%	15.3%	36.9%	37.0%	8.6%	100.0%
		心情快乐度中的%	8.5%	21.2%	21.5%	17.6%	16.5%	18.8%
		总数的%	.4%	2.9%	6.9%	7.0%	1.6%	18.8%
	26～35岁	计数	23	182	521	616	138	1480
		年龄段中的%	1.6%	12.3%	35.2%	41.6%	9.3%	100.0%
		心情快乐度中的%	9.3%	26.2%	31.7%	30.5%	27.8%	29.0%
		总数的%	.5%	3.6%	10.2%	12.1%	2.7%	29.0%
	36～45岁	计数	37	155	336	471	126	1125
		年龄段中的%	3.3%	13.8%	29.9%	41.9%	11.2%	100.0%
		心情快乐度中的%	15.0%	22.3%	20.4%	23.3%	25.4%	22.0%
		总数的%	.7%	3.0%	6.6%	9.2%	2.5%	22.0%
	46～55岁	计数	11	52	131	183	38	415
		年龄段中的%	2.7%	12.5%	31.6%	44.1%	9.2%	100.0%
		心情快乐度中的%	4.5%	7.5%	8.0%	9.1%	7.6%	8.1%
		总数的%	.2%	1.0%	2.6%	3.6%	.7%	8.1%
	56～65岁	计数	10	21	54	88	22	195
		年龄段中的%	5.1%	10.8%	27.7%	45.1%	11.3%	100.0%
		心情快乐度中的%	4.0%	3.0%	3.3%	4.4%	4.4%	3.8%
		总数的%	.2%	.4%	1.1%	1.7%	.4%	3.8%

年龄段 * 心情快乐度　交叉制表								
			心情快乐度					合计
			数据缺失	很快乐	快乐	基本快乐	不快乐	
年龄段	66 岁以上	计数	4	8	39	31	8	90
		年龄段中的%	4.4%	8.9%	43.3%	34.4%	8.9%	100.0%
		心情快乐度中的%	1.6%	1.2%	2.4%	1.5%	1.6%	1.8%
		总数的%	.1%	.2%	.8%	.6%	.2%	1.8%
合计		计数	247	695	1646	2020	497	5105
		年龄段中的%	4.8%	13.6%	32.2%	39.6%	9.7%	100.0%
		心情快乐度中的%	100.0%	100.0%	100.0%	100.0%	100.0%	100.0%
		总数的%	4.8%	13.6%	32.2%	39.6%	9.7%	100.0%

（6）从"年龄段 * 心情快乐度交叉表"可以看出：

18～35 岁年龄段人群持"很快乐"态度的人在各年龄段中比例最高为 15.3%，该年龄段认为"快乐"的比例也达到了 36.9%，认为"不快乐"比例最低，仅为 8.6%。36～45 岁年龄段和 56～65 岁年龄段中"不快乐"人数比例相对较高，分别为：11.2% 和 11.3%。包含 36～65 岁三个年龄段的受访者认为"基本快乐"的比例均超过 40%。66 岁以上年龄段人群持"很快乐"态度比例达到 8.9%，而该年龄段人群"快乐"的比例则在各年龄段中最高，达到 43.3%。

年龄段 * 健康程度　交叉制表								
			健康程度					合计
			数据缺失	很健康	健康	基本健康	不健康	
年龄段	数据缺失	计数	148	122	211	284	76	841
		年龄段中的%	17.6%	14.5%	25.1%	33.8%	9.0%	100.0%
		健康程度中的%	56.9%	19.2%	11.8%	14.1%	18.4%	16.5%
		总数的%	2.9%	2.4%	4.1%	5.6%	1.5%	16.5%

年龄段 * 健康程度　交叉制表								
			健康程度					合计
			数据缺失	很健康	健康	基本健康	不健康	
年龄段	18～25岁	计数	18	133	375	372	61	959
		年龄段中的%	1.9%	13.9%	39.1%	38.8%	6.4%	100.0%
		健康程度中的%	6.9%	20.9%	21.1%	18.5%	14.8%	18.8%
		总数的%	.4%	2.6%	7.3%	7.3%	1.2%	18.8%
	26～35岁	计数	31	169	539	633	108	1480
		年龄段中的%	2.1%	11.4%	36.4%	42.8%	7.3%	100.0%
		健康程度中的%	11.9%	26.6%	30.3%	31.4%	26.2%	29.0%
		总数的%	.6%	3.3%	10.6%	12.4%	2.1%	29.0%
	36～45岁	计数	42	137	409	448	89	1125
		年龄段中的%	3.7%	12.2%	36.4%	39.8%	7.9%	100.0%
		健康程度中的%	16.2%	21.6%	23.0%	22.2%	21.5%	22.0%
		总数的%	.8%	2.7%	8.0%	8.8%	1.7%	22.0%
	46～55岁	计数	8	39	148	174	46	415
		年龄段中的%	1.9%	9.4%	35.7%	41.9%	11.1%	100.0%
		健康程度中的%	3.1%	6.1%	8.3%	8.6%	11.1%	8.1%
		总数的%	.2%	.8%	2.9%	3.4%	.9%	8.1%
	56～65岁	计数	9	26	66	71	23	195
		年龄段中的%	4.6%	13.3%	33.8%	36.4%	11.8%	100.0%
		健康程度中的%	3.5%	4.1%	3.7%	3.5%	5.6%	3.8%
		总数的%	.2%	.5%	1.3%	1.4%	.5%	3.8%

年龄段 * 健康程度 交叉制表

			健康程度					合计
			数据缺失	很健康	健康	基本健康	不健康	
年龄段	66 岁以上	计数	4	9	33	34	10	90
		年龄段中的%	4.4%	10.0%	36.7%	37.8%	11.1%	100.0%
		健康程度中的%	1.5%	1.4%	1.9%	1.7%	2.4%	1.8%
		总数的%	.1%	.2%	.6%	.7%	.2%	1.8%
合计		计数	260	635	1781	2016	413	5105
		年龄段中的%	5.1%	12.4%	34.9%	39.5%	8.1%	100.0%
		健康程度中的%	100.0%	100.0%	100.0%	100.0%	100.0%	100.0%
		总数的%	5.1%	12.4%	34.9%	39.5%	8.1%	100.0%

（7）从"年龄段 * 健康程度交叉表"可以看出：

18～35 岁年龄段人群持"很健康"和"健康"态度的人在各年龄段中比例最高，分别为13.9%和39.1%，该年龄段认为"不健康"的比例最低，仅为6.4%。26～35 岁年龄段持"基本健康"态度的人比例最高，为该年龄段人数的42.8%。而56～65岁年龄段中"很健康"人数比例相对较高，为13.3%。认为自己"不健康"的比例较高的年龄段为56～65 岁年龄段和66 岁以上年龄段，其比例分别为11.8%和11.1%。

2."家庭人均收入"与"工作岗位满意度""收入满足开支程度""住房条件满意度""环境卫生满意度""交通出行满意度""心情快乐度""健康程度"交叉分析

案例处理摘要案例有效的						
	案例					
	有限的		缺失		合计	
	N	百分比	N	百分比	N	百分比
家庭人均收入 * 工作岗位满意度	5215	100.0%	0	.0%	5215	100.0%
家庭人均收入 * 收入满足开支程度	5215	100.0%	0	.0%	5215	100.0%
家庭人均收入 * 住房条件满意度	5215	100.0%	0	.0%	5215	100.0%
家庭人均收入 * 环境卫生满意度	5215	100.0%	0	.0%	5215	100.0%
家庭人均收入 * 交通出行满意度	5215	100.0%	0	.0%	5215	100.0%
家庭人均收入 * 心情快乐度	5215	100.0%	0	.0%	5215	100.0%
家庭人均收入 * 健康程度	5215	100.0%	0	.0%	5215	100.0%

如上表所示，总样本数为5215，缺失数为0。

总体来看，参与调查的人对工作岗位、收入满足开支程度、住房条件满意度、环境卫生满意度、交通出行满意度、心情快乐度、健康程度持“基本满意”态度的人数，在各收入段群体中所占比例普遍较高，持“很满意”和“不满意”态度的比例相对偏低。

家庭人均收入 * 工作岗位满意度　交叉制表								
			工作岗位满意度					合计
			数据缺失	很满意	满意	基本满意	不满意	
家庭人均收入	数据缺失	计数	121	19	45	33	14	232
		家庭人均收入中的%	52.2%	8.2%	19.4%	14.2%	6.0%	100.0%
		工作岗位满意度中的%	73.8%	3.3%	3.5%	1.6%	1.3%	4.4%
		总数的%	2.3%	.4%	.9%	.6%	.3%	4.4%

家庭人均收入＊工作岗位满意度　交叉制表

			工作岗位满意度					合计
			数据缺失	很满意	满意	基本满意	不满意	
家庭人均收入	2500元以下	计数	15	153	205	390	320	1083
		家庭人均收入中的%	1.4%	14.1%	18.9%	36.0%	29.5%	100.0%
		工作岗位满意度中的%	9.1%	26.9%	15.8%	18.8%	28.6%	20.8%
		总数的%	.3%	2.9%	3.9%	7.5%	6.1%	20.8%
	2500~5000元	计数	23	142	535	813	396	1909
		家庭人均收入中的%	1.2%	7.4%	28.0%	42.6%	20.7%	100.0%
		工作岗位满意度中的%	14.0%	25.0%	41.3%	39.3%	35.4%	36.6%
		总数的%	.4%	2.7%	10.3%	15.6%	7.6%	36.6%
	5000~10000元	计数	5	107	236	526	280	1154
		家庭人均收入中的%	.4%	9.3%	20.5%	45.6%	24.3%	100.0%
		工作岗位满意度中的%	3.0%	18.8%	18.2%	25.4%	25.0%	22.1%
		总数的%	.1%	2.1%	4.5%	10.1%	5.4%	22.1%
	10000元及以上	计数	0	147	275	307	108	837
		家庭人均收入中的%	.0%	17.6%	32.9%	36.7%	12.9%	100.0%
		工作岗位满意度中的%	.0%	25.9%	21.2%	14.8%	9.7%	16.0%
		总数的%	.0%	2.8%	5.3%	5.9%	2.1%	16.0%
合计		计数	164	568	1296	2069	1118	5215
		家庭人均收入中的%	3.1%	10.9%	24.9%	39.7%	21.4%	100.0%
		工作岗位满意度中的%	100.0%	100.0%	100.0%	100.0%	100.0%	100.0%
		总数的%	3.1%	10.9%	24.9%	39.7%	21.4%	100.0%

（1）从“年龄段＊工作岗位满意度交叉表”可以看出：

人均收入10000元以上人群对工作岗位“很满意”态度的比例最高为17.6%，总体满意度也相对较高。与人均收入2500～5000元、5000～10000元两个收入段的人群对比，人均收入2500元以下的人持“很满意”态度的人比例相对较高，为14.1%，仅次于人均收入10000元以上段人群。但该收入段人群持“不满意”态度的比例却为各段次人群中最高，为29.5%，这与人均收入10000元以上人群持“不满意”态度比例12.9%形成鲜明对比。收入5000～10000元人群持“基本满意”态度比例最高为45.6%，而收入100000元以上人群总体满意度相对较高。

家庭人均收入＊收入满足开支程度 交叉制表

			收入满足开支程度					合计
			数据缺失	很满意	满意	基本满意	不满意	
家庭人均收入	数据缺失	计数	137	11	39	23	22	232
		家庭人均收入中的%	59.1%	4.7%	16.8%	9.9%	9.5%	100.0%
		收入满足开支程度中的%	61.2%	3.6%	3.5%	1.0%	1.7%	4.4%
		总数的%	2.6%	.2%	.7%	.4%	.4%	4.4%
	2500元以下	计数	15	153	205	390	320	1083
		家庭人均收入中的%	1.4%	14.1%	18.9%	36.0%	29.5%	100.0%
		收入满足开支满意程度中的%	9.1%	26.9%	15.8%	18.8%	28.6%	20.8%
		总数的%	.3%	2.9%	3.9%	7.5%	6.1%	20.8%

家庭人均收入＊收入满足开支程度　交叉制表

			收入满足开支程度					合计
			数据缺失	很满意	满意	基本满意	不满意	
家庭人均收入	2500~5000元	计数	47	82	446	1001	333	1909
		家庭人均收入中的%	2.5%	4.3%	23.4%	52.4%	17.4%	100.0%
		收入满足开支程度中的%	21.0%	27.2%	40.1%	43.3%	26.3%	36.6%
		总数的%	.9%	1.6%	8.6%	19.2%	6.4%	36.6%
	5000~10000元	计数	8	35	210	538	363	1154
		家庭人均收入中的%	.7%	3.0%	18.2%	46.6%	31.5%	100.0%
		收入满足开支程度中的%	3.6%	11.6%	18.9%	23.3%	28.7%	22.1%
		总数的%	.2%	.7%	4.0%	10.3%	7.0%	22.1%
	10000元及以上	计数	3	72	232	380	150	837
		家庭人均收入中的%	.4%	8.6%	27.7%	45.4%	17.9%	100.0%
		收入满足开支程度中的%	1.3%	23.8%	20.8%	16.5%	11.8%	16.0%
		总数的%	.1%	1.4%	4.4%	7.3%	2.9%	16.0%
合计		计数	224	302	1113	2310	1266	5215
		家庭人均收入中的%	4.3%	5.8%	21.3%	44.3%	24.3%	100.0%
		收入满足开支程度中的%	100.0%	100.0%	100.0%	100.0%	100.0%	100.0%
		总数的%	4.3%	5.8%	21.3%	44.3%	24.3%	100.0%

（2）从“家庭人均收入＊收入满足开支满意度交叉表”可以看出：

人均收入2500元以下段次人群“很满足”态度的比例相对最高为9.4%，而该群体中持“不能满足”态度的比例也最高，为36.7%。人均收入2500～5000元收入段次的人群持“基本满足”态度比例最高为52.4%，持“不能满足”态度的比例相对最低，为17.4%。与之形成鲜明对比的是人均收入5000～10000元收入段人群，该段次人群持“很满足”态度的比例最低仅有3.0%，而“不能满足”的比例高达31.5%，仅次于人均收入2500元以下人群该选项的比例为29.5%。

家庭人均收入＊住房条件满意度　交叉制表

			住房条件满意度					合计
			数据缺失	很满意	满意	基本满意	不满意	
家庭人均收入	数据缺失	计数	185	5	19	14	9	232
		家庭人均收入中的%	79.7%	2.2%	8.2%	6.0%	3.9%	100.0%
		住房条件满意度中的%	64.7%	1.3%	1.8%	.7%	.6%	4.4%
		总数的%	3.5%	.1%	.4%	.3%	.2%	4.4%
	2500元以下	计数	26	125	180	296	456	1083
		家庭人均收入中的%	2.4%	11.5%	16.6%	27.3%	42.1%	100.0%
		住房条件满意度中的%	9.1%	33.2%	16.7%	14.8%	30.8%	20.8%
		总数的%	.5%	2.4%	3.5%	5.7%	8.7%	20.8%

家庭人均收入 * 住房条件满意度　交叉制表								
			住房条件满意度					合计
			数据缺失	很满意	满意	基本满意	不满意	
家庭人均收入	2500～5000元	计数	60	117	449	857	426	1909
		家庭人均收入中的%	3.1%	6.1%	23.5%	44.9%	22.3%	100.0%
		住房条件满意度中的%	21.0%	31.0%	41.6%	43.0%	28.8%	36.6%
		总数的%	1.2%	2.2%	8.6%	16.4%	8.2%	36.6%
	5000～10000元	计数	14	53	242	504	341	1154
		家庭人均收入中的%	1.2%	4.6%	21.0%	43.7%	29.5%	100.0%
		住房条件满意度中的%	4.9%	14.1%	22.4%	25.3%	23.1%	22.1%
		总数的%	.3%	1.0%	4.6%	9.7%	6.5%	22.1%
	10000元及以上	计数	1	77	189	323	247	837
		家庭人均收入中的%	.1%	9.2%	22.6%	38.6%	29.5%	100.0%
		住房条件满意度中的%	.3%	20.4%	17.5%	16.2%	16.7%	16.0%
		总数的%	.0%	1.5%	3.6%	6.2%	4.7%	16.0%
合计		计数	286	377	1079	1994	1479	5215
		家庭人均收入中的%	5.5%	7.2%	20.7%	38.2%	28.4%	100.0%
		住房条件满意度中的%	100.0%	100.0%	100.0%	100.0%	100.0%	100.0%
		总数的%	5.5%	7.2%	20.7%	38.2%	28.4%	100.0%

（3）从“家庭人均收入＊住房条件满意度交叉表”可以看出：

人均收入5000～10000元段次人群仅有4.6%表示“很满意”，而人均收入10000元以上人群对住房满意度的评价总体较高，但仍有29.5%的人认为“不满意”。

家庭人均收入＊环境卫生满意度　交叉制表

			环境卫生满意度					合计
			数据缺失	很满意	满意	基本满意	不满意	
家庭人均收入	数据缺失	计数	176	15	19	16	6	232
		家庭人均收入中的%	75.9%	6.5%	8.2%	6.9%	2.6%	100.0%
		环境卫生满意度中的%	66.2%	3.1%	1.6%	.8%	.5%	4.4%
		总数的%	3.4%	.3%	.4%	.3%	.1%	4.4%
	2500元以下	计数	30	152	202	407	292	1083
		家庭人均收入中的%	2.8%	14.0%	18.7%	37.6%	27.0%	100.0%
		环境卫生满意度中的%	11.3%	31.3%	16.6%	19.5%	25.3%	20.8%
		总数的%	.6%	2.9%	3.9%	7.8%	5.6%	20.8%
	2500～5000元	计数	48	160	537	835	329	1909
		家庭人均收入中的%	2.5%	8.4%	28.1%	43.7%	17.2%	100.0%
		环境卫生满意度中的%	18.0%	32.9%	44.0%	40.0%	28.5%	36.6%
		总数的%	.9%	3.1%	10.3%	16.0%	6.3%	36.6%

家庭人均收入＊环境卫生满意度　交叉制表								
			环境卫生满意度					合计
			数据缺失	很满意	满意	基本满意	不满意	
家庭人均收入	5000～10000元	计数	9	85	262	516	282	1154
		家庭人均收入中的%	.8%	7.4%	22.7%	44.7%	24.4%	100.0%
		环境卫生满意度中的%	3.4%	17.5%	21.5%	24.7%	24.4%	22.1%
		总数的%	.2%	1.6%	5.0%	9.9%	5.4%	22.1%
	10000元及以上	计数	3	74	200	315	245	837
		家庭人均收入中的%	.4%	8.8%	23.9%	37.6%	29.3%	100.0%
		环境卫生满意度中的%	1.1%	15.2%	16.4%	15.1%	21.2%	16.0%
		总数的%	.1%	1.4%	3.8%	6.0%	4.7%	16.0%
合计		计数	266	486	1220	2089	1154	5215
		家庭人均收入中的%	5.1%	9.3%	23.4%	40.1%	22.1%	100.0%
		环境卫生满意度中的%	100.0%	100.0%	100.0%	100.0%	100.0%	100.0%
		总数的%	5.1%	9.3%	23.4%	40.1%	22.1%	100.0%

（4）从"家庭人均收入＊环境卫生满意度交叉表"可以看出：

人均收入2500元以下的人群认为"很满意"的比例相对较高为14%，人均收入5000～10000元段次人群仅有7.4%表示"很满意"，而认为"基本满意"的比例相对最高为44.7%，而人均收入10000元以上人群对环境卫生的评价"不满意"的比例最高为29.3%，高于人均收入2500元以下人群的"不满意"比例27.0%。

家庭人均收入＊交通出行满意度　交叉制表								
			交通出行满意度					合计
			数据缺失	很方便	方便	比较方便	不方便	
家庭人均收入	数据缺失	计数	169	15	21	18	9	232
		家庭人均收入中的%	72.8%	6.5%	9.1%	7.8%	3.9%	100.0%
		交通出行满意度中的%	61.2%	4.1%	1.4%	1.2%	.6%	4.4%
		总数的%	3.2%	.3%	.4%	.3%	.2%	4.4%
	2500元以下	计数	32	96	251	273	431	1083
		家庭人均收入中的%	3.0%	8.9%	23.2%	25.2%	39.8%	100.0%
		交通出行满意度中的%	11.6%	26.4%	17.3%	18.1%	26.7%	20.8%
		总数的%	.6%	1.8%	4.8%	5.2%	8.3%	20.8%
	2500~5000元	计数	61	80	643	575	550	1909
		家庭人均收入中的%	3.2%	4.2%	33.7%	30.1%	28.8%	100.0%
		交通出行满意度中的%	22.1%	22.0%	44.3%	38.0%	34.1%	36.6%
		总数的%	1.2%	1.5%	12.3%	11.0%	10.5%	36.6%
	5000~10000元	计数	14	80	314	402	344	1154
		家庭人均收入中的%	1.2%	6.9%	27.2%	34.8%	29.8%	100.0%
		交通出行满意度中的%	5.1%	22.0%	21.6%	26.6%	21.3%	22.1%
		总数的%	.3%	1.5%	6.0%	7.7%	6.6%	22.1%

家庭人均收入 * 交通出行满意度　交叉制表								
			交通出行满意度					合计
			数据缺失	很方便	方便	比较方便	不方便	
家庭人均收入	10000元及以上	计数	0	92	223	244	278	837
		家庭人均收入中的%	.0%	11.0%	26.6%	29.2%	33.2%	100.0%
		交通出行满意度中的%	.0%	25.3%	15.4%	16.1%	17.2%	16.0%
		总数的%	.0%	1.8%	4.3%	4.7%	5.3%	16.0%
合计		计数	276	363	1452	1512	1612	5215
		家庭人均收入中的%	5.3%	7.0%	27.8%	29.0%	30.9%	100.0%
		交通出行满意度中的%	100.0%	100.0%	100.0%	100.0%	100.0%	100.0%
		总数的%	5.3%	7.0%	27.8%	29.0%	30.9%	100.0%

（5）从"家庭人均收入 * 交通出行满意度交叉表"可以看出：

人均收入2500元以下的人群认为"不方便"的比例相对最高为39.8%，人均收入5000~10000元段次人群仅有4.2%表示"很方便"，而认为"不方便"的比例相对较低为28.8%，而人均收入10000元以上人群对交通出行的评价"很方便"的比例最高为11%，但该群体中仍有33.2%的人认为"不方便"。

家庭人均收入 * 心情快乐度　交叉制表								
			心情快乐度					合计
			数据缺失	很快乐	快乐	基本快乐	不快乐	
家庭人均收入	数据缺失	计数	170	11	21	23	7	232
		家庭人均收入中的%	73.3%	4.7%	9.1%	9.9%	3.0%	100.0%
		心情快乐度中的%	68.8%	1.6%	1.2%	1.1%	1.4%	4.4%
		总数的%	3.3%	.2%	.4%	.4%	.1%	4.4%

家庭人均收入＊心情快乐度　交叉制表								
			心情快乐度					合计
			数据缺失	很快乐	快乐	基本快乐	不快乐	
家庭人均收入	2500元以下	计数	25	175	325	424	134	1083
		家庭人均收入中的%	2.3%	16.2%	30.0%	39.2%	12.4%	100.0%
		心情快乐度中的%	10.1%	24.8%	19.2%	20.5%	26.4%	20.8%
		总数的%	.5%	3.4%	6.2%	8.1%	2.6%	20.8%
	2500～5000元	计数	40	251	639	821	158	1909
		家庭人均收入中的%	2.1%	13.1%	33.5%	43.0%	8.3%	100.0%
		心情快乐度中的%	16.2%	35.6%	37.8%	39.8%	31.2%	36.6%
		总数的%	.8%	4.8%	12.3%	15.7%	3.0%	36.6%
	5000～10000元	计数	11	119	375	513	136	1154
		家庭人均收入中的%	1.0%	10.3%	32.5%	44.5%	11.8%	100.0%
		心情快乐度中的%	4.5%	16.9%	22.2%	24.8%	26.8%	22.1%
		总数的%	.2%	2.3%	7.2%	9.8%	2.6%	22.1%
	10000元及以上	计数	1	149	331	284	72	837
		家庭人均收入中的%	.1%	17.8%	39.5%	33.9%	8.6%	100.0%
		心情快乐度中的%	.4%	21.1%	19.6%	13.8%	14.2%	16.0%
		总数的%	.0%	2.9%	6.3%	5.4%	1.4%	16.0%
合计		计数	247	705	1691	2065	507	5215
		家庭人均收入中的%	4.7%	13.5%	32.4%	39.6%	9.7%	100.0%
		心情快乐度中的%	100.0%	100.0%	100.0%	100.0%	100.0%	100.0%
		总数的%	4.7%	13.5%	32.4%	39.6%	9.7%	100.0%

（6）从"家庭人均收入＊心情快乐度交叉表"可以看出：

人均收入2500元以下的人群认为"不快乐"的比例相对最高为12.4%，人均收入5000～10000元段人群认为"基本快乐"的比例相对最高为44.5%，而人均收入10000元以上人群认为心情"很快乐"的比例最高为17.8%，心情满意度总体评价较高，仅有8.6%的人认为"不快乐"。

家庭人均收入＊健康程度　交叉制表								
			健康程度					合计
			数据缺失	很健康	健康	基本健康	不健康	
家庭人均收入	数据缺失	计数	175	11	17	23	6	232
		家庭人均收入中的%	75.4%	4.7%	7.3%	9.9%	2.6%	100.0%
		健康程度中的%	67.3%	1.7%	.9%	1.1%	1.4%	4.4%
		总数的%	3.4%	.2%	.3%	.4%	.1%	4.4%
	2500元以下	计数	30	160	347	430	116	1083
		家庭人均收入中的%	2.8%	14.8%	32.0%	39.7%	10.7%	100.0%
		健康程度中的%	11.5%	24.6%	19.0%	21.0%	27.2%	20.8%
		总数的%	.6%	3.1%	6.7%	8.2%	2.2%	20.8%
	2500～5000元	计数	44	256	631	826	152	1909
		家庭人均收入中的%	2.3%	13.4%	33.1%	43.3%	8.0%	100.0%
		健康程度中的%	16.9%	39.3%	34.5%	40.3%	35.6%	36.6%
		总数的%	.8%	4.9%	12.1%	15.8%	2.9%	36.6%

家庭人均收入 * 健康程度　交叉制表								
			健康程度					合计
			数据缺失	很健康	健康	基本健康	不健康	
家庭人均收入	5000 ~ 10000 元	计数	10	107	419	508	110	1154
		家庭人均收入中的%	.9%	9.3%	36.3%	44.0%	9.5%	100.0%
		健康程度中的%	3.8%	16.4%	22.9%	24.8%	25.8%	22.1%
		总数的%	.2%	2.1%	8.0%	9.7%	2.1%	22.1%
	10000 元及以上	计数	1	117	413	263	43	837
		家庭人均收入中的%	.1%	14.0%	49.3%	31.4%	5.1%	100.0%
		健康程度中的%	.4%	18.0%	22.6%	12.8%	10.1%	16.0%
		总数的%	.0%	2.2%	7.9%	5.0%	.8%	16.0%
合计		计数	260	651	1827	2050	427	5215
		家庭人均收入中的%	5.0%	12.5%	35.0%	39.3%	8.2%	100.0%
		健康程度中的%	100.0%	100.0%	100.0%	100.0%	100.0%	100.0%
		总数的%	5.0%	12.5%	35.0%	39.3%	8.2%	100.0%

（7）从“家庭人均收入 * 健康程度交叉表”可以看出：

人均收入 2500 元以下的人群认为“很健康”的比例相对最高为 14.8%，略高于人均收入 10000 元以上人群认为“很健康”的比例 14%。人均收入 5000 ~ 10000 元段人群认为“基本健康”的比例相对最高为 44.0%，而人均收入 10000 元以上人群认为“不健康”的比例最低仅有 5.1%，健康满意度总体评价较高。

3. “受教育程度”与“工作岗位满意度”“收入满足开支程度”“住房条件满意度”“环境卫生满意度”“交通出行满意度”“心情快乐度”“健康程度”交叉分析

案例处理摘要案例有效的						
	案例					
	有限的		缺失		合计	
	N	百分比	N	百分比	N	百分比
受教育程度 * 工作岗位满意度	5105	97.9%	110	2.1%	5215	100.0%
受教育程度 * 收入满足开支程度	5105	97.9%	110	2.1%	5215	100.0%
受教育程度 * 住房条件满意度	5105	97.9%	110	2.1%	5215	100.0%
受教育程度 * 环境卫生满意度	5105	97.9%	110	2.1%	5215	100.0%
受教育程度 * 交通出行满意度	5105	97.9%	110	2.1%	5215	100.0%
受教育程度 * 心情快乐度	5105	97.9%	110	2.1%	5215	100.0%
受教育程度 * 健康程度	5105	97.9%	110	2.1%	5215	100.0%

如上表所示，总样本数为5215，缺失数为110，占总样本数的2.1%。

总体上看，参与调查的人对"工作岗位满意度""收入满足开支程度""住房条件满意度""环境卫生满意度""交通出行满意度""心情快乐度""健康程度"交叉分析，持"基本满意"态度的，在各收入段群体中所占比例普遍较高，持"很满意"和"不满意"态度的比例相对偏低。

受教育程度＊工作岗位满意度　交叉制表								
			工作岗位满意度					合计
			数据缺失	很满意	满意	基本满意	不满意	
受教育程度	数据缺失	计数	93	96	237	255	136	817
		受教育程度中的%	11.4%	11.8%	29.0%	31.2%	16.6%	100.0%
		工作岗位满意度中的%	56.7%	17.1%	18.7%	12.6%	12.4%	16.0%
		总数的%	1.8%	1.9%	4.6%	5.0%	2.7%	16.0%
	初中及以下	计数	34	90	216	407	241	988
		受教育程度中的%	3.4%	9.1%	21.9%	41.2%	24.4%	100.0%
		工作岗位满意度中的%	20.7%	16.1%	17.1%	20.1%	22.0%	19.4%
		总数的%	.7%	1.8%	4.2%	8.0%	4.7%	19.4%
	高中或中专	计数	12	132	287	541	312	1284
		受教育程度中的%	.9%	10.3%	22.4%	42.1%	24.3%	100.0%
		工作岗位满意度中的%	7.3%	23.6%	22.7%	26.7%	28.5%	25.2%
		总数的%	.2%	2.6%	5.6%	10.6%	6.1%	25.2%
	大专	计数	6	86	197	304	159	752
		受教育程度中的%	.8%	11.4%	26.2%	40.4%	21.1%	100.0%
		工作岗位满意度中的%	3.7%	15.4%	15.6%	15.0%	14.5%	14.7%
		总数的%	.1%	1.7%	3.9%	6.0%	3.1%	14.7%

受教育程度 * 工作岗位满意度　交叉制表

			工作岗位满意度					合计
			数据缺失	很满意	满意	基本满意	不满意	
受教育程度	本科	计数	8	113	237	377	171	906
		受教育程度中的%	.9%	12.5%	26.2%	41.6%	18.9%	100.0%
		工作岗位满意度中的%	4.9%	20.2%	18.7%	18.6%	15.6%	17.7%
		总数的%	.2%	2.2%	4.6%	7.4%	3.3%	17.7%
	硕士及研究生	计数	8	33	66	82	46	235
		受教育程度中的%	3.4%	14.0%	28.1%	34.9%	19.6%	100.0%
		工作岗位满意度中的%	4.9%	5.9%	5.2%	4.1%	4.2%	4.6%
		总数的%	.2%	.6%	1.3%	1.6%	.9%	4.6%
	博士及以上	计数	3	10	25	57	28	123
		受教育程度中的%	2.4%	8.1%	20.3%	46.3%	22.8%	100.0%
		工作岗位满意度中的%	1.8%	1.8%	2.0%	2.8%	2.6%	2.4%
		总数的%	.1%	.2%	.5%	1.1%	.5%	2.4%
合计		计数	164	560	1265	2023	1093	5105
		受教育程度中的%	3.2%	11.0%	24.8%	39.6%	21.4%	100.0%
		工作岗位满意度中的%	100.0%	100.0%	100.0%	100.0%	100.0%	100.0%
		总数的%	3.2%	11.0%	24.8%	39.6%	21.4%	100.0%

（1）从"受教育程度 * 工作岗位满意度交叉表"可以看出：

硕士及研究生学历人群持"很满意"态度的比例相对最高为

14%，而博士及以上人群持“很满意”态度的比例最低仅有8.1%，甚至低于初中及以下学历人群“很满意”的比例9.1%。而初中及以下学历人群对工作岗位“不满意”的比例相对最高为24.4%，本科学历人群“不满意”的比例相对最低为18.9%。本科学历、硕士及研究生学历、博士及以上学历人群对工作岗位满意度总体较高，但博士及以上学历人群中仍有22.8%的人表示对工作岗位“不满意”。

受教育程度＊收入满足开支程度 交叉制表

			收入满足开支程度					合计
			数据缺失	很满足	能满足	基本满足	不能满足	
受教育程度	数据缺失	计数	135	57	155	294	176	817
		受教育程度中的%	16.5%	7.0%	19.0%	36.0%	21.5%	100.0%
		收入满足开支程度中的%	60.3%	18.9%	14.2%	13.1%	14.2%	16.0%
		总数的%	2.6%	1.1%	3.0%	5.8%	3.4%	16.0%
	初中及以下	计数	51	44	189	453	251	988
		受教育程度中的%	5.2%	4.5%	19.1%	45.9%	25.4%	100.0%
		收入满足开支程度中的%	22.8%	14.6%	17.4%	20.1%	20.3%	19.4%
		总数的%	1.0%	.9%	3.7%	8.9%	4.9%	19.4%
	高中或中专	计数	15	69	295	559	346	1284
		受教育程度中的%	1.2%	5.4%	23.0%	43.5%	26.9%	100.0%
		收入满足开支程度中的%	6.7%	22.9%	27.1%	24.8%	27.9%	25.2%
		总数的%	.3%	1.4%	5.8%	11.0%	6.8%	25.2%

受教育程度＊收入满足开支程度　交叉制表

			收入满足开支程度					合计
			数据缺失	很满足	能满足	基本满足	不能满足	
受教育程度	大专	计数	4	55	167	352	174	752
		受教育程度中的%	.5%	7.3%	22.2%	46.8%	23.1%	100.0%
		收入满足开支程度中的%	1.8%	18.3%	15.3%	15.6%	14.0%	14.7%
		总数的%	.1%	1.1%	3.3%	6.9%	3.4%	14.7%
	本科	计数	10	56	203	424	213	906
		受教育程度中的%	1.1%	6.2%	22.4%	46.8%	23.5%	100.0%
		收入满足开支程度中的%	4.5%	18.6%	18.6%	18.8%	17.2%	17.7%
		总数的%	.2%	1.1%	4.0%	8.3%	4.2%	17.7%
	硕士及研究生	计数	6	17	45	116	51	235
		受教育程度中的%	2.6%	7.2%	19.1%	49.4%	21.7%	100.0%
		收入满足开支程度中的%	2.7%	5.6%	4.1%	5.2%	4.1%	4.6%
		总数的%	.1%	.3%	.9%	2.3%	1.0%	4.6%
	博士及以上	计数	3	3	35	54	28	123
		受教育程度中的%	2.4%	2.4%	28.5%	43.9%	22.8%	100.0%
		收入满足开支程度中的%	1.3%	1.0%	3.2%	2.4%	2.3%	2.4%
		总数的%	.1%	.1%	.7%	1.1%	.5%	2.4%
合计		计数	224	301	1089	2252	1239	5105
		受教育程度中的%	4.4%	5.9%	21.3%	44.1%	24.3%	100.0%
		收入满足开支程度中的%	100.0%	100.0%	100.0%	100.0%	100.0%	100.0%
		总数的%	4.4%	5.9%	21.3%	44.1%	24.3%	100.0%

（2）从“受教育程度＊收入满足开支程度交叉表”可以看出：

大专学历人群持“很满足”态度的比例相对最高为7.3%，而博士及以上人群持“很满足”态度的比例最低，仅有2.4%。高中及中专学历人群对收入开支“不能满足”的比例相对最高为26.9%，而该群体中认为“基本满足”的人数比例也相对较低，为43.5%。从大专以上的各类教育程度人群对收入满足开支的程度评价类似，其中，收入“不能满足”开支的人数比例保持在21.7%到23.1%之间，但博士及以上学历人群收入“满足”开支的人数比例明显较高，为28.5%。

受教育程度＊住房条件满意度　交叉制表

			住房条件满意度					合计
			数据缺失	很满意	满意	基本满意	不满意	
受教育程度	数据缺失	计数	172	54	150	296	145	817
		受教育程度中的%	21.1%	6.6%	18.4%	36.2%	17.7%	100.0%
		住房条件满意度中的%	60.4%	14.4%	14.2%	15.2%	10.0%	16.0%
		总数的%	3.4%	1.1%	2.9%	5.8%	2.8%	16.0%
	初中及以下	计数	65	48	201	360	314	988
		受教育程度中的%	6.6%	4.9%	20.3%	36.4%	31.8%	100.0%
		住房条件满意度中的%	22.8%	12.8%	19.0%	18.5%	21.7%	19.4%
		总数的%	1.3%	.9%	3.9%	7.1%	6.2%	19.4%
	高中或中专	计数	20	96	276	504	388	1284
		受教育程度中的%	1.6%	7.5%	21.5%	39.3%	30.2%	100.0%
		住房条件满意度中的%	7.0%	25.6%	26.1%	26.0%	26.8%	25.2%
		总数的%	.4%	1.9%	5.4%	9.9%	7.6%	25.2%

受教育程度＊住房条件满意度　交叉制表

			住房条件满意度					合计
			数据缺失	很满意	满意	基本满意	不满意	
受教育程度	大专	计数	6	55	171	288	232	752
		受教育程度中的%	.8%	7.3%	22.7%	38.3%	30.9%	100.0%
		住房条件满意度中的%	2.1%	14.7%	16.2%	14.8%	16.0%	14.7%
		总数的%	.1%	1.1%	3.3%	5.6%	4.5%	14.7%
	本科	计数	8	82	194	335	287	906
		受教育程度中的%	.9%	9.1%	21.4%	37.0%	31.7%	100.0%
		住房条件满意度中的%	2.8%	21.9%	18.4%	17.3%	19.8%	17.7%
		总数的%	.2%	1.6%	3.8%	6.6%	5.6%	17.7%
	硕士及研究生	计数	10	33	39	103	50	235
		受教育程度中的%	4.3%	14.0%	16.6%	43.8%	21.3%	100.0%
		住房条件满意度中的%	3.5%	8.8%	3.7%	5.3%	3.5%	4.6%
		总数的%	.2%	.6%	.8%	2.0%	1.0%	4.6%
	博士及以上	计数	4	7	26	55	31	123
		受教育程度中的%	3.3%	5.7%	21.1%	44.7%	25.2%	100.0%
		住房条件满意度中的%	1.4%	1.9%	2.5%	2.8%	2.1%	2.4%
		总数的%	.1%	.1%	.5%	1.1%	.6%	2.4%
合计		计数	285	375	1057	1941	1447	5105
		受教育程度中的%	5.6%	7.3%	20.7%	38.0%	28.3%	100.0%
		住房条件满意度中的%	100.0%	100.0%	100.0%	100.0%	100.0%	100.0%
		总数的%	5.6%	7.3%	20.7%	38.0%	28.3%	100.0%

（3）从“受教育程度＊住房条件满意度交叉表”可以看出：

硕士及研究生学历人群持“很满意”态度的比例相对最高为14%，而初中以下人群持“很满意”态度的比例最低，仅有4.9%。初中及以下学历人群对住房条件“不满意”的比例相对最高为31.8%，而该群体中认为“基本满意”的人数比例也相对最低，为36.4%。硕士及研究生、博士以上受教育程度人群对住房条件满意程度的评价类似，其中，“不满意”的人数比例为21.3%到25.2%之间，但博士及以上学历人群对住房“很满意”的人数比例偏低，为5.7%。

受教育程度＊环境卫生满意度　交叉制表

			环境卫生满意度					合计
			数据缺失	很满意	满意	基本满意	不满意	
受教育程度	数据缺失	计数	164	70	187	282	114	817
		受教育程度中的%	20.1%	8.6%	22.9%	34.5%	14.0%	100.0%
		环境卫生满意度中的%	61.7%	15.1%	15.6%	13.7%	10.2%	16.0%
		总数的%	3.2%	1.4%	3.7%	5.5%	2.2%	16.0%
	初中及以下	计数	55	88	231	418	196	988
		受教育程度中的%	5.6%	8.9%	23.4%	42.3%	19.8%	100.0%
		环境卫生满意度中的%	20.7%	18.9%	19.3%	20.3%	17.5%	19.4%
		总数的%	1.1%	1.7%	4.5%	8.2%	3.8%	19.4%
	高中或中专	计数	22	125	308	533	296	1284
		受教育程度中的%	1.7%	9.7%	24.0%	41.5%	23.1%	100.0%
		环境卫生满意度中的%	8.3%	26.9%	25.8%	25.9%	26.4%	25.2%
		总数的%	.4%	2.4%	6.0%	10.4%	5.8%	25.2%

受教育程度＊环境卫生满意度　交叉制表								
			环境卫生满意度					合计
			数据缺失	很满意	满意	基本满意	不满意	
受教育程度	大专	计数	3	63	169	328	189	752
		受教育程度中的%	.4%	8.4%	22.5%	43.6%	25.1%	100.0%
		环境卫生满意度中的%	1.1%	13.5%	14.1%	16.0%	16.8%	14.7%
		总数的%	.1%	1.2%	3.3%	6.4%	3.7%	14.7%
	本科	计数	13	78	215	345	255	906
		受教育程度中的%	1.4%	8.6%	23.7%	38.1%	28.1%	100.0%
		环境卫生满意度中的%	4.9%	16.8%	18.0%	16.8%	22.7%	17.7%
		总数的%	.3%	1.5%	4.2%	6.8%	5.0%	17.7%
	硕士及研究生	计数	6	31	55	99	44	235
		受教育程度中的%	2.6%	13.2%	23.4%	42.1%	18.7%	100.0%
		环境卫生满意度中的%	2.3%	6.7%	4.6%	4.8%	3.9%	4.6%
		总数的%	.1%	.6%	1.1%	1.9%	.9%	4.6%
	博士及以上	计数	3	10	31	51	28	123
		受教育程度中的%	2.4%	8.1%	25.2%	41.5%	22.8%	100.0%
		环境卫生满意度中的%	1.1%	2.2%	2.6%	2.5%	2.5%	2.4%
		总数的%	.1%	.2%	.6%	1.0%	.5%	2.4%
合计		计数	266	465	1196	2056	1122	5105
		受教育程度中的%	5.2%	9.1%	23.4%	40.3%	22.0%	100.0%
		环境卫生满意度中的%	100.0%	100.0%	100.0%	100.0%	100.0%	100.0%
		总数的%	5.2%	9.1%	23.4%	40.3%	22.0%	100.0%

（4）从“受教育程度＊环境卫生满意度交叉表”可以看出：

硕士及研究生学历人群持“很满意”态度的比例相对最高为13.2%，而博士及以上人群持“很满意”态度的比例最低，仅有8.1%。本科学历人群对环境卫生“不满意”的比例相对最高为28.1%，而该群体中认为“基本满意”的人数比例也相对最低，为38.1%。硕士及研究生学历人群卫生满意程度的评价总体较高，其中，“不满意”的人数比例为各类型学历人群最低，为18.7%。

受教育程度＊交通出行满意度　交叉制表								
			交通出行满意度					合计
			数据缺失	很方便	方便	比较方便	不方便	
受教育程度	数据缺失	计数	159	63	261	199	135	817
		受教育程度中的%	19.5%	7.7%	31.9%	24.4%	16.5%	100.0%
		交通出行满意度中的%	57.6%	17.6%	18.3%	13.4%	8.6%	16.0%
		总数的%	3.1%	1.2%	5.1%	3.9%	2.6%	16.0%
	初中及以下	计数	60	55	286	292	295	988
		受教育程度中的%	6.1%	5.6%	28.9%	29.6%	29.9%	100.0%
		交通出行满意度中的%	21.7%	15.4%	20.1%	19.7%	18.9%	19.4%
		总数的%	1.2%	1.1%	5.6%	5.7%	5.8%	19.4%
	高中或中专	计数	21	85	356	383	439	1284
		受教育程度中的%	1.6%	6.6%	27.7%	29.8%	34.2%	100.0%
		交通出行满意度中的%	7.6%	23.7%	25.0%	25.8%	28.1%	25.2%
		总数的%	.4%	1.7%	7.0%	7.5%	8.6%	25.2%

受教育程度＊交通出行满意度　交叉制表

			交通出行满意度					合计
			数据缺失	很方便	方便	比较方便	不方便	
受教育程度	大专	计数	4	40	200	233	275	752
		受教育程度中的%	.5%	5.3%	26.6%	31.0%	36.6%	100.0%
		交通出行满意度中的%	1.4%	11.2%	14.0%	15.7%	17.6%	14.7%
		总数的%	.1%	.8%	3.9%	4.6%	5.4%	14.7%
	本科	计数	17	78	225	270	316	906
		受教育程度中的%	1.9%	8.6%	24.8%	29.8%	34.9%	100.0%
		交通出行满意度中的%	6.2%	21.8%	15.8%	18.2%	20.2%	17.7%
		总数的%	.3%	1.5%	4.4%	5.3%	6.2%	17.7%
	硕士及研究生	计数	9	30	62	66	68	235
		受教育程度中的%	3.8%	12.8%	26.4%	28.1%	28.9%	100.0%
		交通出行满意度中的%	3.3%	8.4%	4.3%	4.5%	4.4%	4.6%
		总数的%	.2%	.6%	1.2%	1.3%	1.3%	4.6%
	博士及以上	计数	6	7	36	40	34	123
		受教育程度中的%	4.9%	5.7%	29.3%	32.5%	27.6%	100.0%
		交通出行满意度中的%	2.2%	2.0%	2.5%	2.7%	2.2%	2.4%
		总数的%	.1%	.1%	.7%	.8%	.7%	2.4%
合计		计数	276	358	1426	1483	1562	5105
		受教育程度中的%	5.4%	7.0%	27.9%	29.0%	30.6%	100.0%
		交通出行满意度中的%	100.0%	100.0%	100.0%	100.0%	100.0%	100.0%
		总数的%	5.4%	7.0%	27.9%	29.0%	30.6%	100.0%

（5）从“受教育程度＊交通出行满意度交叉表”可以看出：

硕士及研究生学历人群持“很方便”态度的比例相对最高为12.8%，而博士及以上人群持“方便”“基本方便”态度的比例均为最高，分别为：29.3%和32.5%，持“不方便”态度的比例也相对最低，为27.6%。本科学历人群对交通出行“不满意”的比例相对最高为34.9%。

受教育程度＊心情快乐度　交叉制表								
			心情快乐度					合计
			数据缺失	很快乐	快乐	基本快乐	不快乐	
受教育程度	数据缺失	计数	152	123	202	275	65	817
		受教育程度中的%	18.6%	15.1%	24.7%	33.7%	8.0%	100.0%
		心情快乐度中的%	61.5%	17.7%	12.3%	13.6%	13.1%	16.0%
		总数的%	3.0%	2.4%	4.0%	5.4%	1.3%	16.0%
	初中及以下	计数	53	129	327	381	98	988
		受教育程度中的%	5.4%	13.1%	33.1%	38.6%	9.9%	100.0%
		心情快乐度中的%	21.5%	18.6%	19.9%	18.9%	19.7%	19.4%
		总数的%	1.0%	2.5%	6.4%	7.5%	1.9%	19.4%
	高中或中专	计数	14	159	428	537	146	1284
		受教育程度中的%	1.1%	12.4%	33.3%	41.8%	11.4%	100.0%
		心情快乐度中的%	5.7%	22.9%	26.0%	26.6%	29.4%	25.2%
		总数的%	.3%	3.1%	8.4%	10.5%	2.9%	25.2%

受教育程度＊心情快乐度　交叉制表

			心情快乐度					合计
			数据缺失	很快乐	快乐	基本快乐	不快乐	
受教育程度	大专	计数	3	106	263	314	66	752
		受教育程度中的%	.4%	14.1%	35.0%	41.8%	8.8%	100.0%
		心情快乐度中的%	1.2%	15.3%	16.0%	15.5%	13.3%	14.7%
		总数的%	.1%	2.1%	5.2%	6.2%	1.3%	14.7%
	本科	计数	13	131	321	351	90	906
		受教育程度中的%	1.4%	14.5%	35.4%	38.7%	9.9%	100.0%
		心情快乐度中的%	5.3%	18.8%	19.5%	17.4%	18.1%	17.7%
		总数的%	.3%	2.6%	6.3%	6.9%	1.8%	17.7%
	硕士及研究生	计数	8	36	69	101	21	235
		受教育程度中的%	3.4%	15.3%	29.4%	43.0%	8.9%	100.0%
		心情快乐度中的%	3.2%	5.2%	4.2%	5.0%	4.2%	4.6%
		总数的%	.2%	.7%	1.4%	2.0%	.4%	4.6%
	博士及以上	计数	4	11	36	61	11	123
		受教育程度中的%	3.3%	8.9%	29.3%	49.6%	8.9%	100.0%
		心情快乐度中的%	1.6%	1.6%	2.2%	3.0%	2.2%	2.4%
		总数的%	.1%	.2%	.7%	1.2%	.2%	2.4%
合计		计数	247	695	1646	2020	497	5105
		受教育程度中的%	4.8%	13.6%	32.2%	39.6%	9.7%	100.0%
		心情快乐度中的%	100.0%	100.0%	100.0%	100.0%	100.0%	100.0%
		总数的%	4.8%	13.6%	32.2%	39.6%	9.7%	100.0%

（6）从“受教育程度*心情快乐度交叉表”可以看出：

大专、硕士及研究生、博士及以上学历人群持“不快乐”态度的比例基本接近，分别为8.8%、8.9%和8.9%，而博士及以上人群持“很快乐”“快乐”态度的比例相对偏低。高中及中专学历人群心情“不快乐”的比例相对最高为11.4%。

受教育程度*健康程度　交叉制表

			健康程度					合计
			数据缺失	很健康	健康	基本健康	不健康	
受教育程度	数据缺失	计数	158	121	197	275	66	817
		受教育程度中的%	19.3%	14.8%	24.1%	33.7%	8.1%	100.0%
		健康程度中的%	60.8%	19.1%	11.1%	13.6%	16.0%	16.0%
		总数的%	3.1%	2.4%	3.9%	5.4%	1.3%	16.0%
	初中及以下	计数	58	99	344	393	94	988
		受教育程度中的%	5.9%	10.0%	34.8%	39.8%	9.5%	100.0%
		健康程度中的%	22.3%	15.6%	19.3%	19.5%	22.8%	19.4%
		总数的%	1.1%	1.9%	6.7%	7.7%	1.8%	19.4%
	高中或中专	计数	22	154	453	539	116	1284
		受教育程度中的%	1.7%	12.0%	35.3%	42.0%	9.0%	100.0%
		健康程度中的%	8.5%	24.3%	25.4%	26.7%	28.1%	25.2%
		总数的%	.4%	3.0%	8.9%	10.6%	2.3%	25.2%

受教育程度＊健康程度　交叉制表

			健康程度					合计
			数据缺失	很健康	健康	基本健康	不健康	
受教育程度	大专	计数	3	87	311	306	45	752
		受教育程度中的%	.4%	11.6%	41.4%	40.7%	6.0%	100.0%
		健康程度中的%	1.2%	13.7%	17.5%	15.2%	10.9%	14.7%
		总数的%	.1%	1.7%	6.1%	6.0%	.9%	14.7%
	本科	计数	6	128	352	354	66	906
		受教育程度中的%	.7%	14.1%	38.9%	39.1%	7.3%	100.0%
		健康程度中的%	2.3%	20.2%	19.8%	17.6%	16.0%	17.7%
		总数的%	.1%	2.5%	6.9%	6.9%	1.3%	17.7%
	硕士及研究生	计数	10	35	80	92	18	235
		受教育程度中的%	4.3%	14.9%	34.0%	39.1%	7.7%	100.0%
		健康程度中的%	3.8%	5.5%	4.5%	4.6%	4.4%	4.6%
		总数的%	.2%	.7%	1.6%	1.8%	.4%	4.6%
	博士及以上	计数	3	11	44	57	8	123
		受教育程度中的%	2.4%	8.9%	35.8%	46.3%	6.5%	100.0%
		健康程度中的%	1.2%	1.7%	2.5%	2.8%	1.9%	2.4%
		总数的%	.1%	.2%	.9%	1.1%	.2%	2.4%
合计		计数	260	635	1781	2016	413	5105
		受教育程度中的%	5.1%	12.4%	34.9%	39.5%	8.1%	100.0%
		健康程度中的%	100.0%	100.0%	100.0%	100.0%	100.0%	100.0%
		总数的%	5.1%	12.4%	34.9%	39.5%	8.1%	100.0%

（7）从“受教育程度＊健康程度交叉表”可以看出：

除博士及以上学历人群持“基本健康”态度的比例最高为46.3%外，其他各受教育类型人群对健康程度的评价差异不大，其中，大专学历人群持“不健康”态度的比例最低仅有6%。

4. “职业类型”与“工作岗位满意度”“收入满足开支程度”“住房条件满意度”“环境卫生满意度”“交通出行满意度”“心情快乐度”“健康程度”交叉分析

案例处理摘要案例有效的						
	案例					
	有限的		缺失		合计	
	N	百分比	N	百分比	N	百分比
职业类型＊工作岗位满意度	4998	95.8%	217	4.2%	5215	100.0%
职业类型＊收入满足开支程度	4998	95.8%	217	4.2%	5215	100.0%
职业类型＊住房条件满意度	4998	95.8%	217	4.2%	5215	100.0%
职业类型＊环境卫生满意度	4998	95.8%	217	4.2%	5215	100.0%
职业类型＊交通出行满意度	4998	95.8%	217	4.2%	5215	100.0%
职业类型＊心情快乐度	4998	95.8%	217	4.2%	5215	100.0%
职业类型＊健康程度	4998	95.8%	217	4.2%	5215	100.0%

如上表所示，总样本数为5215，缺失数为217，占总样本数的4.2%。

总体上看，参与调查的人对“工作岗位满意度”“收入满足开支程度”“住房条件满意度”“环境卫生满意度”“交通出行满意度”“心情快乐度”“健康程度”交叉分析，持“基本满意”态度的，在各收入段群体中所占比例普遍较高，持“很满意”和“不满意”态度的比例相对偏低。

职业类型＊工作岗位满意度　交叉制表

			工作岗位满意度					合计
			数据缺失	很满意	满意	基本满意	不满意	
职业类型	数据缺失	计数	89	88	204	221	113	715
		职业类型中的%	12.4%	12.3%	28.5%	30.9%	15.8%	100.0%
		工作岗位满意度中的%	54.3%	16.1%	16.5%	11.2%	10.6%	14.3%
		总数的%	1.8%	1.8%	4.1%	4.4%	2.3%	14.3%
	公务员	计数	6	41	85	154	114	400
		职业类型中的%	1.5%	10.3%	21.3%	38.5%	28.5%	100.0%
		工作岗位满意度中的%	3.7%	7.5%	6.9%	7.8%	10.7%	8.0%
		总数的%	.1%	.8%	1.7%	3.1%	2.3%	8.0%
	事业单位工作人员	计数	9	62	121	207	86	485
		职业类型中的%	1.9%	12.8%	24.9%	42.7%	17.7%	100.0%
		工作岗位满意度中的%	5.5%	11.3%	9.8%	10.4%	8.1%	9.7%
		总数的%	.2%	1.2%	2.4%	4.1%	1.7%	9.7%
	个体民营	计数	8	65	142	251	144	610
		职业类型中的%	1.3%	10.7%	23.3%	41.1%	23.6%	100.0%
		工作岗位满意度中的%	4.9%	11.9%	11.5%	12.7%	13.5%	12.2%
		总数的%	.2%	1.3%	2.8%	5.0%	2.9%	12.2%

职业类型＊工作岗位满意度　交叉制表								
			工作岗位满意度					合计
			数据缺失	很满意	满意	基本满意	不满意	
职业类型	企业管理人员	计数	3	28	73	128	68	300
		职业类型中的%	1.0%	9.3%	24.3%	42.7%	22.7%	100.0%
		工作岗位满意度中的%	1.8%	5.1%	5.9%	6.5%	6.4%	6.0%
		总数的%	.1%	.6%	1.5%	2.6%	1.4%	6.0%
	工程技术人员	计数	3	28	55	91	66	243
		职业类型中的%	1.2%	11.5%	22.6%	37.4%	27.2%	100.0%
		工作岗位满意度中的%	1.8%	5.1%	4.4%	4.6%	6.2%	4.9%
		总数的%	.1%	.6%	1.1%	1.8%	1.3%	4.9%
	工人及商务服务人员	计数	8	47	117	215	116	503
		职业类型中的%	1.6%	9.3%	23.3%	42.7%	23.1%	100.0%
		工作岗位满意度中的%	4.9%	8.6%	9.5%	10.8%	10.9%	10.1%
		总数的%	.2%	.9%	2.3%	4.3%	2.3%	10.1%
	农民	计数	2	49	111	147	110	419
		职业类型中的%	.5%	11.7%	26.5%	35.1%	26.3%	100.0%
		工作岗位满意度中的%	1.2%	8.9%	9.0%	7.4%	10.3%	8.4%
		总数的%	.0%	1.0%	2.2%	2.9%	2.2%	8.4%
	军人	计数	3	16	24	28	18	89
		职业类型中的%	3.4%	18.0%	27.0%	31.5%	20.2%	100.0%
		工作岗位满意度中的%	1.8%	2.9%	1.9%	1.4%	1.7%	1.8%
		总数的%	.1%	.3%	.5%	.6%	.4%	1.8%

职业类型＊工作岗位满意度　交叉制表

			工作岗位满意度					合计
			数据缺失	很满意	满意	基本满意	不满意	
职业类型	离退休人员	计数	2	14	32	73	36	157
		职业类型中的%	1.3%	8.9%	20.4%	46.5%	22.9%	100.0%
		工作岗位满意度中的%	1.2%	2.6%	2.6%	3.7%	3.4%	3.1%
		总数的%	.0%	.3%	.6%	1.5%	.7%	3.1%
	外来务工人员	计数	28	55	129	248	101	561
		职业类型中的%	5.0%	9.8%	23.0%	44.2%	18.0%	100.0%
		工作岗位满意度中的%	17.1%	10.0%	10.4%	12.5%	9.5%	11.2%
		总数的%	.6%	1.1%	2.6%	5.0%	2.0%	11.2%
	学生	计数	2	32	87	134	63	318
		职业类型中的%	.6%	10.1%	27.4%	42.1%	19.8%	100.0%
		工作岗位满意度中的%	1.2%	5.8%	7.0%	6.8%	5.9%	6.4%
		总数的%	.0%	.6%	1.7%	2.7%	1.3%	6.4%
	其他	计数	1	23	56	85	33	198
		职业类型中的%	.5%	11.6%	28.3%	42.9%	16.7%	100.0%
		工作岗位满意度中的%	.6%	4.2%	4.5%	4.3%	3.1%	4.0%
		总数的%	.0%	.5%	1.1%	1.7%	.7%	4.0%
合计		计数	164	548	1236	1982	1068	4998
		职业类型中的%	3.3%	11.0%	24.7%	39.7%	21.4%	100.0%
		工作岗位满意度中的%	100.0%	100.0%	100.0%	100.0%	100.0%	100.0%
		总数的%	3.3%	11.0%	24.7%	39.7%	21.4%	100.0%

（1）从“职业类型＊工作岗位满意度交叉表”可以看出：

军人对工作岗位持“很满意”态度的比例相对最高为18%，事业单位工作人员和工程技术工作人员持“很满意”态度的比例也相对较高，分别为12.8%和11.5%，公务员对工作岗位持“满意”态度的比例在各职业类型人群中最低，为21.3%，而持“不满意”态度的比例在各职业类型人群中则相对最高，为28.5%。军人对工作岗位的满意度总体较高。

职业类型＊收入满足开支程度　交叉制表

			收入满足开支程度					合计
			数据缺失	很满足	能满足	基本满足	不能满足	
职业类型	数据缺失	计数	125	50	127	267	146	715
		职业类型中的%	17.5%	7.0%	17.8%	37.3%	20.4%	100.0%
		收入满足开支程度中的%	55.8%	16.9%	11.9%	12.2%	12.0%	14.3%
		总数的%	2.5%	1.0%	2.5%	5.3%	2.9%	14.3%
	公务员	计数	8	26	79	150	137	400
		职业类型中的%	2.0%	6.5%	19.8%	37.5%	34.3%	100.0%
		收入满足开支程度中的%	3.6%	8.8%	7.4%	6.8%	11.3%	8.0%
		总数的%	.2%	.5%	1.6%	3.0%	2.7%	8.0%
	事业单位工作人员	计数	15	25	102	217	126	485
		职业类型中的%	3.1%	5.2%	21.0%	44.7%	26.0%	100.0%
		收入满足开支程度中的%	6.7%	8.5%	9.5%	9.9%	10.4%	9.7%
		总数的%	.3%	.5%	2.0%	4.3%	2.5%	9.7%
	个体民营	计数	5	31	136	279	159	610
		职业类型中的%	.8%	5.1%	22.3%	45.7%	26.1%	100.0%
		收入满足开支程度中的%	2.2%	10.5%	12.7%	12.7%	13.1%	12.2%
		总数的%	.1%	.6%	2.7%	5.6%	3.2%	12.2%

职业类型＊收入满足开支程度　交叉制表								
			收入满足开支程度					合计
			数据缺失	很满足	能满足	基本满足	不能满足	
职业类型	企业管理人员	计数	8	16	62	142	72	300
		职业类型中的%	2.7%	5.3%	20.7%	47.3%	24.0%	100.0%
		收入满足开支程度中的%	3.6%	5.4%	5.8%	6.5%	5.9%	6.0%
		总数的%	.2%	.3%	1.2%	2.8%	1.4%	6.0%
	工程技术人员	计数	7	19	47	106	64	243
		职业类型中的%	2.9%	7.8%	19.3%	43.6%	26.3%	100.0%
		收入满足开支程度中的%	3.1%	6.4%	4.4%	4.8%	5.3%	4.9%
		总数的%	.1%	.4%	.9%	2.1%	1.3%	4.9%
	工人及商务服务人员	计数	8	22	125	231	117	503
		职业类型中的%	1.6%	4.4%	24.9%	45.9%	23.3%	100.0%
		收入满足开支程度中的%	3.6%	7.5%	11.7%	10.5%	9.6%	10.1%
		总数的%	.2%	.4%	2.5%	4.6%	2.3%	10.1%
	农民	计数	8	29	98	180	104	419
		职业类型中的%	1.9%	6.9%	23.4%	43.0%	24.8%	100.0%
		收入满足开支程度中的%	3.6%	9.8%	9.2%	8.2%	8.5%	8.4%
		总数的%	.2%	.6%	2.0%	3.6%	2.1%	8.4%
	军人	计数	1	10	24	40	14	89
		职业类型中的%	1.1%	11.2%	27.0%	44.9%	15.7%	100.0%
		收入满足开支程度中的%	.4%	3.4%	2.2%	1.8%	1.2%	1.8%
		总数的%	.0%	.2%	.5%	.8%	.3%	1.8%

职业类型＊收入满足开支程度　交叉制表								
			收入满足开支程度					合计
			数据缺失	很满足	能满足	基本满足	不能满足	
职业类型	离退休人员	计数	1	9	39	68	40	157
		职业类型中的%	.6%	5.7%	24.8%	43.3%	25.5%	100.0%
		收入满足开支程度中的%	.4%	3.1%	3.6%	3.1%	3.3%	3.1%
		总数的%	.0%	.2%	.8%	1.4%	.8%	3.1%
	外来务工人员	计数	34	29	102	274	122	561
		职业类型中的%	6.1%	5.2%	18.2%	48.8%	21.7%	100.0%
		收入满足开支程度中的%	15.2%	9.8%	9.5%	12.5%	10.0%	11.2%
		总数的%	.7%	.6%	2.0%	5.5%	2.4%	11.2%
	学生	计数	1	21	80	147	69	318
		职业类型中的%	.3%	6.6%	25.2%	46.2%	21.7%	100.0%
		收入满足开支程度中的%	.4%	7.1%	7.5%	6.7%	5.7%	6.4%
		总数的%	.0%	.4%	1.6%	2.9%	1.4%	6.4%
	其他	计数	3	8	49	91	47	198
		职业类型中的%	1.5%	4.0%	24.7%	46.0%	23.7%	100.0%
		收入满足开支程度中的%	1.3%	2.7%	4.6%	4.2%	3.9%	4.0%
		总数的%	.1%	.2%	1.0%	1.8%	.9%	4.0%
合计		计数	224	295	1070	2192	1217	4998
		职业类型中的%	4.5%	5.9%	21.4%	43.9%	24.3%	100.0%
		收入满足开支程度中的%	100.0%	100.0%	100.0%	100.0%	100.0%	100.0%
		总数的%	4.5%	5.9%	21.4%	43.9%	24.3%	100.0%

（2）从"职业类型＊收入满足开支程度交叉表"可以看出：

军人对收入满足开支程度"很满足"和"满足"态度的比例，在各类职业类型人群中均为最高，分别为11.2%和27%，而该群体持"不能满足"态度的比例也相对最低，为15.7%。外来务工人员持"基本满足"态度的人数比例相对最多，为48.8%，接近该群体总人数的二分之一。公务员认为收入"不能满足"开支的比例最高，达到34.3%，明显高于其他职业类型人群该选项比例。

职业类型＊住房条件满意度　交叉制表

			住房条件满意度					合计
			数据缺失	很满意	满意	基本满意	不满意	
职业类型	数据缺失	计数	158	49	124	251	133	715
		职业类型中的%	22.1%	6.9%	17.3%	35.1%	18.6%	100.0%
		住房条件满意度中的%	55.4%	13.3%	12.0%	13.2%	9.4%	14.3%
		总数的%	3.2%	1.0%	2.5%	5.0%	2.7%	14.3%
	公务员	计数	12	28	79	140	141	400
		职业类型中的%	3.0%	7.0%	19.8%	35.0%	35.3%	100.0%
		住房条件满意度中的%	4.2%	7.6%	7.7%	7.4%	9.9%	8.0%
		总数的%	.2%	.6%	1.6%	2.8%	2.8%	8.0%
	事业单位工作人员	计数	14	39	103	185	144	485
		职业类型中的%	2.9%	8.0%	21.2%	38.1%	29.7%	100.0%
		住房条件满意度中的%	4.9%	10.6%	10.0%	9.8%	10.1%	9.7%
		总数的%	.3%	.8%	2.1%	3.7%	2.9%	9.7%
	个体民营	计数	15	39	124	232	200	610
		职业类型中的%	2.5%	6.4%	20.3%	38.0%	32.8%	100.0%
		住房条件满意度中的%	5.3%	10.6%	12.0%	12.2%	14.1%	12.2%
		总数的%	.3%	.8%	2.5%	4.6%	4.0%	12.2%

职业类型＊住房条件满意度　交叉制表								
			住房条件满意度					合计
			数据缺失	很满意	满意	基本满意	不满意	
职业类型	企业管理人员	计数	8	22	60	130	80	300
		职业类型中的%	2.7%	7.3%	20.0%	43.3%	26.7%	100.0%
		住房条件满意度中的%	2.8%	6.0%	5.8%	6.9%	5.6%	6.0%
		总数的%	.2%	.4%	1.2%	2.6%	1.6%	6.0%
	工程技术人员	计数	7	28	47	88	73	243
		职业类型中的%	2.9%	11.5%	19.3%	36.2%	30.0%	100.0%
		住房条件满意度中的%	2.5%	7.6%	4.6%	4.6%	5.1%	4.9%
		总数的%	.1%	.6%	.9%	1.8%	1.5%	4.9%
	工人及商务服务人员	计数	8	22	125	231	117	503
		职业类型中的%	1.6%	4.4%	24.9%	45.9%	23.3%	100.0%
		收入满足开支程度中的%	3.6%	7.5%	11.7%	10.5%	9.6%	10.1%
		总数的%	.2%	.4%	2.5%	4.6%	2.3%	10.1%
	农民	计数	9	42	107	197	148	503
		职业类型中的%	1.8%	8.3%	21.3%	39.2%	29.4%	100.0%
		住房条件满意度中的%	3.2%	11.4%	10.4%	10.4%	10.4%	10.1%
		总数的%	.2%	.8%	2.1%	3.9%	3.0%	10.1%
	军人	计数	2	10	27	32	18	89
		职业类型中的%	2.2%	11.2%	30.3%	36.0%	20.2%	100.0%
		住房条件满意度中的%	.7%	2.7%	2.6%	1.7%	1.3%	1.8%
		总数的%	.0%	.2%	.5%	.6%	.4%	1.8%

职业类型 * 住房条件满意度　交叉制表

			住房条件满意度					合计
			数据缺失	很满意	满意	基本满意	不满意	
职业类型	离退休人员	计数	4	11	36	61	45	157
		职业类型中的%	2.5%	7.0%	22.9%	38.9%	28.7%	100.0%
		住房条件满意度中的%	1.4%	3.0%	3.5%	3.2%	3.2%	3.1%
		总数的%	.1%	.2%	.7%	1.2%	.9%	3.1%
	外来务工人员	计数	41	26	114	227	153	561
		职业类型中的%	7.3%	4.6%	20.3%	40.5%	27.3%	100.0%
		住房条件满意度中的%	14.4%	7.1%	11.1%	12.0%	10.8%	11.2%
		总数的%	.8%	.5%	2.3%	4.5%	3.1%	11.2%
	学生	计数	3	26	76	117	96	318
		职业类型中的%	.9%	8.2%	23.9%	36.8%	30.2%	100.0%
		住房条件满意度中的%	1.1%	7.1%	7.4%	6.2%	6.8%	6.4%
		总数的%	.1%	.5%	1.5%	2.3%	1.9%	6.4%
	其他	计数	3	13	41	77	64	198
		职业类型中的%	1.5%	6.6%	20.7%	38.9%	32.3%	100.0%
		住房条件满意度中的%	1.1%	3.5%	4.0%	4.1%	4.5%	4.0%
		总数的%	.1%	.3%	.8%	1.5%	1.3%	4.0%
合计		计数	285	368	1031	1895	1419	4998
		职业类型中的%	5.7%	7.4%	20.6%	37.9%	28.4%	100.0%
		住房条件满意度中的%	100.0%	100.0%	100.0%	100.0%	100.0%	100.0%
		总数的%	5.7%	7.4%	20.6%	37.9%	28.4%	100.0%

（3）从“职业类型＊住房条件满意度交叉表”可以看出：

军人对住房条件持“很满意”和“满意”态度的比例，在各类职业类型人群中均为最高，分别为11.2%和30.3%，而该群体持“不满意”态度的比例也相对最低，为20.2%。企业管理人员持“基本满意”态度的人数比例相对最多，为43.3%。公务员认为“不满意”的比例最高，达到35.3%，明显高于其他职业类型人群该选项比例，而该群体中认为“基本满意”的比例在各职业类型中相对最低，为35%。

职业类型＊环境卫生满意度　交叉制表

			环境卫生满意度					合计
			数据缺失	很满意	满意	基本满意	不满意	
职业类型	数据缺失	计数	155	64	147	254	95	715
		职业类型中的%	21.7%	9.0%	20.6%	35.5%	13.3%	100.0%
		环境卫生满意度中的%	58.3%	14.1%	12.6%	12.6%	8.7%	14.3%
		总数的%	3.1%	1.3%	2.9%	5.1%	1.9%	14.3%
	公务员	计数	12	35	85	142	126	400
		职业类型中的%	3.0%	8.8%	21.3%	35.5%	31.5%	100.0%
		环境卫生满意度中的%	4.5%	7.7%	7.3%	7.0%	11.5%	8.0%
		总数的%	.2%	.7%	1.7%	2.8%	2.5%	8.0%
	事业单位工作人员	计数	16	40	94	209	126	485
		职业类型中的%	3.3%	8.2%	19.4%	43.1%	26.0%	100.0%
		环境卫生满意度中的%	6.0%	8.8%	8.1%	10.4%	11.5%	9.7%
		总数的%	.3%	.8%	1.9%	4.2%	2.5%	9.7%
	个体民营	计数	9	55	137	248	161	610
		职业类型中的%	1.5%	9.0%	22.5%	40.7%	26.4%	100.0%
		环境卫生满意度中的%	3.4%	12.1%	11.7%	12.3%	14.7%	12.2%
		总数的%	.2%	1.1%	2.7%	5.0%	3.2%	12.2%

职业类型＊环境卫生满意度　交叉制表									
			环境卫生满意度					合计
			数据缺失	很满意	满意	基本满意	不满意	
职业类型	企业管理人员	计数	9	20	92	129	50	300
		职业类型中的%	3.0%	6.7%	30.7%	43.0%	16.7%	100.0%
		环境卫生满意度中的%	3.4%	4.4%	7.9%	6.4%	4.6%	6.0%
		总数的%	.2%	.4%	1.8%	2.6%	1.0%	6.0%
	工程技术人员	计数	3	26	60	89	65	243
		职业类型中的%	1.2%	10.7%	24.7%	36.6%	26.7%	100.0%
		环境卫生满意度中的%	1.1%	5.7%	5.1%	4.4%	5.9%	4.9%
		总数的%	.1%	.5%	1.2%	1.8%	1.3%	4.9%
	工人及商务服务人员	计数	10	31	124	238	100	503
		职业类型中的%	2.0%	6.2%	24.7%	47.3%	19.9%	100.0%
		环境卫生满意度中的%	3.8%	6.8%	10.6%	11.8%	9.1%	10.1%
		总数的%	.2%	.6%	2.5%	4.8%	2.0%	10.1%
	农民	计数	9	71	113	147	79	419
		职业类型中的%	2.1%	16.9%	27.0%	35.1%	18.9%	100.0%
		环境卫生满意度中的%	3.4%	15.6%	9.7%	7.3%	7.2%	8.4%
		总数的%	.2%	1.4%	2.3%	2.9%	1.6%	8.4%
	军人	计数	0	14	28	32	15	89
		职业类型中的%	.0%	15.7%	31.5%	36.0%	16.9%	100.0%
		环境卫生满意度中的%	.0%	3.1%	2.4%	1.6%	1.4%	1.8%
		总数的%	.0%	.3%	.6%	.6%	.3%	1.8%

职业类型 * 环境卫生满意度 交叉制表

			环境卫生满意度					合计
			数据缺失	很满意	满意	基本满意	不满意	
职业类型	离退休人员	计数	2	8	45	68	34	157
		职业类型中的%	1.3%	5.1%	28.7%	43.3%	21.7%	100.0%
		环境卫生满意度中的%	.8%	1.8%	3.9%	3.4%	3.1%	3.1%
		总数的%	.0%	.2%	.9%	1.4%	.7%	3.1%
	外来务工人员	计数	35	51	118	237	120	561
		职业类型中的%	6.2%	9.1%	21.0%	42.2%	21.4%	100.0%
		环境卫生满意度中的%	13.2%	11.2%	10.1%	11.8%	11.0%	11.2%
		总数的%	.7%	1.0%	2.4%	4.7%	2.4%	11.2%
	学生	计数	3	29	72	143	71	318
		职业类型中的%	.9%	9.1%	22.6%	45.0%	22.3%	100.0%
		环境卫生满意度中的%	1.1%	6.4%	6.2%	7.1%	6.5%	6.4%
		总数的%	.1%	.6%	1.4%	2.9%	1.4%	6.4%
	其他	计数	3	10	52	80	53	198
		职业类型中的%	1.5%	5.1%	26.3%	40.4%	26.8%	100.0%
		环境卫生满意度中的%	1.1%	2.2%	4.5%	4.0%	4.8%	4.0%
		总数的%	.1%	.2%	1.0%	1.6%	1.1%	4.0%
合计		计数	266	454	1167	2016	1095	4998
		职业类型中的%	5.3%	9.1%	23.3%	40.3%	21.9%	100.0%
		环境卫生满意度中的%	100.0%	100.0%	100.0%	100.0%	100.0%	100.0%
		总数的%	5.3%	9.1%	23.3%	40.3%	21.9%	100.0%

（4）从"职业类型＊环境卫生满意度交叉表"可以看出：

农民对环境卫生持"很满意"态度的比例相对最高，为16.9%，而军人持"满意"态度的比例相对最高，为31.5%。公务员认为"不满意"的比例最高，达到31.5%，明显高于其他职业类型人群该选项比例，而该群体中认为"基本满意"的比例在各职业类型中相对最低，为35%，企业管理人员对环境卫生的总体评价相对较高，认为"不满意"的人数比例最低，为16.7%。

职业类型＊交通出行满意度　交叉制表

			交通出行满意度					合计
			数据缺失	很方便	方便	比较方便	不方便	
职业类型	数据缺失	计数	144	58	233	157	123	715
		职业类型中的%	20.1%	8.1%	32.6%	22.0%	17.2%	100.0%
		交通出行满意度中的%	52.2%	16.6%	16.6%	10.8%	8.1%	14.3%
		总数的%	2.9%	1.2%	4.7%	3.1%	2.5%	14.3%
	公务员	计数	18	26	95	112	149	400
		职业类型中的%	4.5%	6.5%	23.8%	28.0%	37.3%	100.0%
		交通出行满意度中的%	6.5%	7.4%	6.8%	7.7%	9.8%	8.0%
		总数的%	.4%	.5%	1.9%	2.2%	3.0%	8.0%
	事业单位工作人员	计数	16	45	108	163	153	485
		职业类型中的%	3.3%	9.3%	22.3%	33.6%	31.5%	100.0%
		交通出行满意度中的%	5.8%	12.9%	7.7%	11.2%	10.1%	9.7%
		总数的%	.3%	.9%	2.2%	3.3%	3.1%	9.7%
	个体民营	计数	10	37	149	199	215	610
		职业类型中的%	1.6%	6.1%	24.4%	32.6%	35.2%	100.0%
		交通出行满意度中的%	3.6%	10.6%	10.6%	13.7%	14.2%	12.2%
		总数的%	.2%	.7%	3.0%	4.0%	4.3%	12.2%

职业类型 * 交通出行满意度　交叉制表								
			交通出行满意度					合计
			数据缺失	很方便	方便	比较方便	不方便	
职业类型	企业管理人员	计数	8	17	79	116	80	300
		职业类型中的%	2.7%	5.7%	26.3%	38.7%	26.7%	100.0%
		交通出行满意度中的%	2.9%	4.9%	5.6%	8.0%	5.3%	6.0%
		总数的%	.2%	.3%	1.6%	2.3%	1.6%	6.0%
	工程技术人员	计数	5	12	68	75	83	243
		职业类型中的%	2.1%	4.9%	28.0%	30.9%	34.2%	100.0%
		交通出行满意度中的%	1.8%	3.4%	4.9%	5.2%	5.5%	4.9%
		总数的%	.1%	.2%	1.4%	1.5%	1.7%	4.9%
	工人及商务服务人员	计数	11	28	165	150	149	503
		职业类型中的%	2.2%	5.6%	32.8%	29.8%	29.6%	100.0%
		交通出行满意度中的%	4.0%	8.0%	11.8%	10.3%	9.8%	10.1%
		总数的%	.2%	.6%	3.3%	3.0%	3.0%	10.1%
	农民	计数	9	36	125	101	148	419
		职业类型中的%	2.1%	8.6%	29.8%	24.1%	35.3%	100.0%
		交通出行满意度中的%	3.3%	10.3%	8.9%	6.9%	9.7%	8.4%
		总数的%	.2%	.7%	2.5%	2.0%	3.0%	8.4%
	军人	计数	1	6	32	20	30	89
		职业类型中的%	1.1%	6.7%	36.0%	22.5%	33.7%	100.0%
		交通出行满意度中的%	.4%	1.7%	2.3%	1.4%	2.0%	1.8%
		总数的%	.0%	.1%	.6%	.4%	.6%	1.8%

职业类型 * 交通出行满意度　交叉制表

			交通出行满意度					合计
			数据缺失	很方便	方便	比较方便	不方便	
职业类型	离退休人员	计数	2	6	40	54	55	157
		职业类型中的%	1.3%	3.8%	25.5%	34.4%	35.0%	100.0%
		交通出行满意度中的%	.7%	1.7%	2.9%	3.7%	3.6%	3.1%
		总数的%	.0%	.1%	.8%	1.1%	1.1%	3.1%
	外来务工人员	计数	43	32	167	145	174	561
		职业类型中的%	7.7%	5.7%	29.8%	25.8%	31.0%	100.0%
		交通出行满意度中的%	15.6%	9.2%	11.9%	10.0%	11.5%	11.2%
		总数的%	.9%	.6%	3.3%	2.9%	3.5%	11.2%
	学生	计数	5	28	79	107	99	318
		职业类型中的%	1.6%	8.8%	24.8%	33.6%	31.1%	100.0%
		交通出行满意度中的%	1.8%	8.0%	5.6%	7.4%	6.5%	6.4%
		总数的%	.1%	.6%	1.6%	2.1%	2.0%	6.4%
	其他	计数	4	18	60	56	60	198
		职业类型中的%	2.0%	9.1%	30.3%	28.3%	30.3%	100.0%
		交通出行满意度中的%	1.4%	5.2%	4.3%	3.8%	4.0%	4.0%
		总数的%	.1%	.4%	1.2%	1.1%	1.2%	4.0%
合计		计数	276	349	1400	1455	1518	4998
		职业类型中的%	5.5%	7.0%	28.0%	29.1%	30.4%	100.0%
		交通出行满意度中的%	100.0%	100.0%	100.0%	100.0%	100.0%	100.0%
		总数的%	5.5%	7.0%	28.0%	29.1%	30.4%	100.0%

（5）从“职业类型＊交通出行满意度交叉表”可以看出：

其他职业类型持“很方便”态度的比例相对最高，为9.1%，而离退休人员认为“很方便”态度的比例相对最低，仅有3.8%。公务员认为“不方便”的比例最高，达到37.3%。企业管理人员认为“不满意”的人数比例最低，为26.7%，该群体对交通出行的满意程度总体评价相对较高。

职业类型＊心情快乐度　交叉制表

			心情快乐度					合计
			数据缺失	很快乐	快乐	基本快乐	不快乐	
职业类型	数据缺失	计数	139	120	180	218	58	715
		职业类型中的%	19.4%	16.8%	25.2%	30.5%	8.1%	100.0%
		心情快乐度中的%	56.3%	17.7%	11.2%	11.0%	12.0%	14.3%
		总数的%	2.8%	2.4%	3.6%	4.4%	1.2%	14.3%
	公务员	计数	12	50	119	156	63	400
		职业类型中的%	3.0%	12.5%	29.8%	39.0%	15.8%	100.0%
		心情快乐度中的%	4.9%	7.4%	7.4%	7.9%	13.0%	8.0%
		总数的%	.2%	1.0%	2.4%	3.1%	1.3%	8.0%
	事业单位工作人员	计数	16	61	152	215	41	485
		职业类型中的%	3.3%	12.6%	31.3%	44.3%	8.5%	100.0%
		心情快乐度中的%	6.5%	9.0%	9.5%	10.9%	8.5%	9.7%
		总数的%	.3%	1.2%	3.0%	4.3%	.8%	9.7%
	个体民营	计数	10	68	212	252	68	610
		职业类型中的%	1.6%	11.1%	34.8%	41.3%	11.1%	100.0%
		心情快乐度中的%	4.0%	10.0%	13.2%	12.7%	14.0%	12.2%
		总数的%	.2%	1.4%	4.2%	5.0%	1.4%	12.2%

职业类型＊心情快乐度 交叉制表								
			心情快乐度					合计
			数据缺失	很快乐	快乐	基本快乐	不快乐	
职业类型	企业管理人员	计数	7	37	90	149	17	300
		职业类型中的%	2.3%	12.3%	30.0%	49.7%	5.7%	100.0%
		心情快乐度中的%	2.8%	5.4%	5.6%	7.5%	3.5%	6.0%
		总数的%	.1%	.7%	1.8%	3.0%	.3%	6.0%
	工程技术人员	计数	3	33	84	87	36	243
		职业类型中的%	1.2%	13.6%	34.6%	35.8%	14.8%	100.0%
		心情快乐度中的%	1.2%	4.9%	5.2%	4.4%	7.4%	4.9%
		总数的%	.1%	.7%	1.7%	1.7%	.7%	4.9%
	工人及商务服务人员	计数	8	60	176	210	49	503
		职业类型中的%	1.6%	11.9%	35.0%	41.7%	9.7%	100.0%
		心情快乐度中的%	3.2%	8.8%	11.0%	10.6%	10.1%	10.1%
		总数的%	.2%	1.2%	3.5%	4.2%	1.0%	10.1%
	农民	计数	8	59	136	166	50	419
		职业类型中的%	1.9%	14.1%	32.5%	39.6%	11.9%	100.0%
		心情快乐度中的%	3.2%	8.7%	8.5%	8.4%	10.3%	8.4%
		总数的%	.2%	1.2%	2.7%	3.3%	1.0%	8.4%
	军人	计数	1	15	30	29	14	89
		职业类型中的%	1.1%	16.9%	33.7%	32.6%	15.7%	100.0%
		心情快乐度中的%	.4%	2.2%	1.9%	1.5%	2.9%	1.8%
		总数的%	.0%	.3%	.6%	.6%	.3%	1.8%

职业类型＊心情快乐度 交叉制表								
			心情快乐度					合计
			数据缺失	很快乐	快乐	基本快乐	不快乐	
职业类型	离退休人员	计数	2	18	59	68	10	157
		职业类型中的%	1.3%	11.5%	37.6%	43.3%	6.4%	100.0%
		心情快乐度中的%	.8%	2.7%	3.7%	3.4%	2.1%	3.1%
		总数的%	.0%	.4%	1.2%	1.4%	.2%	3.1%
	外来务工人员	计数	33	80	180	226	42	561
		职业类型中的%	5.9%	14.3%	32.1%	40.3%	7.5%	100.0%
		心情快乐度中的%	13.4%	11.8%	11.2%	11.4%	8.7%	11.2%
		总数的%	.7%	1.6%	3.6%	4.5%	.8%	11.2%
	学生	计数	6	48	113	133	18	318
		职业类型中的%	1.9%	15.1%	35.5%	41.8%	5.7%	100.0%
		心情快乐度中的%	2.4%	7.1%	7.0%	6.7%	3.7%	6.4%
		总数的%	.1%	1.0%	2.3%	2.7%	.4%	6.4%
	其他	计数	2	30	76	72	18	198
		职业类型中的%	1.0%	15.2%	38.4%	36.4%	9.1%	100.0%
		心情快乐度中的%	.8%	4.4%	4.7%	3.6%	3.7%	4.0%
		总数的%	.0%	.6%	1.5%	1.4%	.4%	4.0%
合计		计数	247	679	1607	1981	484	4998
		职业类型中的%	4.9%	13.6%	32.2%	39.6%	9.7%	100.0%
		心情快乐度中的%	100.0%	100.0%	100.0%	100.0%	100.0%	100.0%
		总数的%	4.9%	13.6%	32.2%	39.6%	9.7%	100.0%

（6）从“职业类型＊心情快乐度交叉表”可以看出：

军人认为“很快乐”的比例相对最高，为16.9%，但也有15.7%的军人认为“不快乐”，类似的是公务员认为“不快乐”的比例相对最高，达到15.8%，而公务员中认为“很快乐”的比例在所有职业类型人群中也最低，仅有32.6%。企业管理人员和学生认为“不快乐”的比例最低，均为5.7%。

职业类型＊健康程度 交叉制表

			健康程度					合计
			数据缺失	很健康	健康	基本健康	不健康	
职业类型	数据缺失	计数	145	113	186	224	47	715
		职业类型中的%	20.3%	15.8%	26.0%	31.3%	6.6%	100.0%
		健康程度中的%	55.8%	18.3%	10.7%	11.4%	11.6%	14.3%
		总数的%	2.9%	2.3%	3.7%	4.5%	.9%	14.3%
	公务员	计数	15	39	131	159	56	400
		职业类型中的%	3.8%	9.8%	32.8%	39.8%	14.0%	100.0%
		健康程度中的%	5.8%	6.3%	7.5%	8.1%	13.8%	8.0%
		总数的%	.3%	.8%	2.6%	3.2%	1.1%	8.0%
	事业单位工作人员	计数	15	69	150	219	32	485
		职业类型中的%	3.1%	14.2%	30.9%	45.2%	6.6%	100.0%
		健康程度中的%	5.8%	11.1%	8.6%	11.1%	7.9%	9.7%
		总数的%	.3%	1.4%	3.0%	4.4%	.6%	9.7%
	个体民营	计数	8	69	236	251	46	610
		职业类型中的%	1.3%	11.3%	38.7%	41.1%	7.5%	100.0%
		健康程度中的%	3.1%	11.1%	13.5%	12.7%	11.3%	12.2%
		总数的%	.2%	1.4%	4.7%	5.0%	.9%	12.2%

职业类型 * 健康程度 交叉制表								
			健康程度					合计
			数据缺失	很健康	健康	基本健康	不健康	
职业类型	企业管理人员	计数	8	33	109	137	13	300
		职业类型中的%	2.7%	11.0%	36.3%	45.7%	4.3%	100.0%
		健康程度中的%	3.1%	5.3%	6.3%	7.0%	3.2%	6.0%
		总数的%	.2%	.7%	2.2%	2.7%	.3%	6.0%
	工程技术人员	计数	4	27	92	94	26	243
		职业类型中的%	1.6%	11.1%	37.9%	38.7%	10.7%	100.0%
		健康程度中的%	1.5%	4.4%	5.3%	4.8%	6.4%	4.9%
		总数的%	.1%	.5%	1.8%	1.9%	.5%	4.9%
	工人及商务服务人员	计数	8	55	183	212	45	503
		职业类型中的%	1.6%	10.9%	36.4%	42.1%	8.9%	100.0%
		健康程度中的%	3.1%	8.9%	10.5%	10.8%	11.1%	10.1%
		总数的%	.2%	1.1%	3.7%	4.2%	.9%	10.1%
	农民	计数	10	51	154	160	44	419
		职业类型中的%	2.4%	12.2%	36.8%	38.2%	10.5%	100.0%
		健康程度中的%	3.8%	8.2%	8.8%	8.1%	10.8%	8.4%
		总数的%	.2%	1.0%	3.1%	3.2%	.9%	8.4%
	军人	计数	1	17	29	37	5	89
		职业类型中的%	1.1%	19.1%	32.6%	41.6%	5.6%	100.0%
		健康程度中的%	.4%	2.7%	1.7%	1.9%	1.2%	1.8%
		总数的%	.0%	.3%	.6%	.7%	.1%	1.8%

职业类型 * 健康程度 交叉制表

			健康程度					合计
			数据缺失	很健康	健康	基本健康	不健康	
职业类型	离退休人员	计数	2	15	68	56	16	157
		职业类型中的%	1.3%	9.6%	43.3%	35.7%	10.2%	100.0%
		健康程度中的%	.8%	2.4%	3.9%	2.8%	3.9%	3.1%
		总数的%	.0%	.3%	1.4%	1.1%	.3%	3.1%
	外来务工人员	计数	39	56	195	225	46	561
		职业类型中的%	7.0%	10.0%	34.8%	40.1%	8.2%	100.0%
		健康程度中的%	15.0%	9.0%	11.2%	11.4%	11.3%	11.2%
		总数的%	.8%	1.1%	3.9%	4.5%	.9%	11.2%
	学生	计数	2	47	131	121	17	318
		职业类型中的%	.6%	14.8%	41.2%	38.1%	5.3%	100.0%
		健康程度中的%	.8%	7.6%	7.5%	6.1%	4.2%	6.4%
		总数的%	.0%	.9%	2.6%	2.4%	.3%	6.4%
	其他	计数	3	28	80	74	13	198
		职业类型中的%	1.5%	14.1%	40.4%	37.4%	6.6%	100.0%
		健康程度中的%	1.2%	4.5%	4.6%	3.8%	3.2%	4.0%
		总数的%	.1%	.6%	1.6%	1.5%	.3%	4.0%
合计		计数	260	619	1744	1969	406	4998
		职业类型中的%	5.2%	12.4%	34.9%	39.4%	8.1%	100.0%
		健康程度中的%	100.0%	100.0%	100.0%	100.0%	100.0%	100.0%
		总数的%	5.2%	12.4%	34.9%	39.4%	8.1%	100.0%

（7）从“职业类型＊健康程度交叉表”可以看出：

军人持“很健康”态度的比例相对最高，为19.1%，而离退休人员认为“健康”态度的比例相对最高，为43.3%。企业管理人员、军人、学生认为“不健康”的人数比例最低，分别为4.3%、5.6%和5.3%。公务员认为“不健康”的比例最高，达到14%。

（二）样本的相关分析

用PASW进行相关分析主要是研究不同变量间的线性相关程度，并用适当的指标表示出来。

1. “家庭人均收入”“受教育程度”“职业类型”“工作岗位满意度”“住房条件满意度”“环境卫生满意度”“健康程度”“心情快乐度”变量的“双变量”相关分析

相关性									
		家庭人均收入	受教育程度	职业类型	工作岗位满意度	住房条件满意度	环境卫生满意度	健康程度	心情快乐度
家庭人均收入	Pearson 相关性	1	.200**	.074**	.075**	.200**	.244**	.154**	.159**
	显著性（双侧）		.000	.000	.000	.000	.000	.000	.000
	N	5215	5105	4998	5215	5215	5215	5215	5215
受教育程度	Pearson 相关性	.200**	1	.222**	.061**	.126**	.158**	.098**	.114**
	显著性（双侧）	.000		.000	.000	.000	.000	.000	.000
	N	5105	5105	4998	5105	5105	5105	5105	5105
职业类型	Pearson 相关性	.074**	.222**	1	.060**	.092**	.086**	.072**	.057**
	显著性（双侧）	.000	.000		.000	.000	.000	.000	.000
	N	4998	4998	4998	4998	4998	4998	4998	4998

相关性										
		家庭人均收入	受教育程度	职业类型	工作岗位满意度	住房条件满意度	环境卫生满意度	健康程度	心情快乐度
工作岗位满意度	Pearson 相关性	.075**	.061**	.060**	1	.377**	.340**	.392**	.423**
	显著性(双侧)	.000	.000	.000		.000	.000	.000	.000
	N	5215	5105	4998	5215	5215	5215	5215	5215
住房条件满意度	Pearson 相关性	.200**	.126**	.092**	.377**	1	.471**	.358**	.384**
	显著性(双侧)	.000	.000	.000	.000		.000	.000	.000
	N	5215	5105	4998	5215	5215	5215	5215	5215
环境卫生满意度	Pearson 相关性	.244**	.158**	.086**	.340**	.471**	1	.341**	.397**
	显著性(双侧)	.000	.000	.000	.000	.000		.000	.000
	N	5215	5105	4998	5215	5215	5215	5215	5215
健康程度	Pearson 相关性	.154**	.098**	.072**	.392**	.358**	.341**	1	.553**
	显著性(双侧)	.000	.000	.000	.000	.000	.000		.000
	N	5215	5105	4998	5215	5215	5215	5215	5215
心情快乐度	Pearson 相关性	.159**	.114**	.057**	.423**	.384**	.397**	.553**	1
	显著性(双侧)	.000	.000	.000	.000	.000	.000	.000	
	N	5215	5105	4998	5215	5215	5215	5215	5215

** 在.01 水平(双侧)上显著相关。

如图所示,“家庭人均收入”“受教育程度”“职业类型”“工作岗位满意度”“住房条件满意度”“环境卫生满意度”“健康程度”“心情快乐度”变量,两两之间均存在正相关关系。

其中“家庭人均收入”与“受教育程度”“住房条件满意度”“环境卫生满意度”“健康程度”“心情快乐度”的正相关程度较高。“工作岗位满意度”与“住房条件满意度”“环境卫生满意度”“健康程度”“心情快乐度”的正相关程度也较高。“住房条件满意度”与“环境卫生满意度”“健康程度”“心情快乐度”是高度显著正相关的。“健康程度”“心情快乐度”的显著正相关程度最高。

2. “家庭人均收入”“受教育程度”“职业类型”“收入满足开支程度”“居住绿化满意度”“环境卫生满意度”“医疗机构收费和服务满意度”变量的“双变量”分析

相关性								
		家庭人均收入	受教育程度	职业类型	收入满足开支程度	居住绿化满意度	环境卫生满意度	医疗机构收费和服务满意度
家庭人均收入	Pearson 相关性	1	.200**	.074**	.146**	.171**	.244**	.166**
	显著性（双侧）		.000	.000	.000	.000	.000	.000
	N	5215	5105	4998	5215	5215	5215	5105
受教育程度	Pearson 相关性	.200**	1	.222**	.101**	.080**	.158**	.190**
	显著性（双侧）	.000		.000	.000	.000	.000	.000
	N	5105	5105	4998	5105	5105	5105	5105
职业类型	Pearson 相关性	.074**	.222**	1	.058**	.014	.086**	.235**
	显著性（双侧）	.000	.000		.000	.318	.000	.000
	N	4998	4998	4998	4998	4998	4998	4998
收入满足开支程度	Pearson 相关性	.146**	.101**	.058**	1	.456**	.468**	.209**
	显著性（双侧）	.000	.000	.000		.000	.000	.000
	N	5215	5105	4998	5215	5215	5215	5105
居住绿化满意度	Pearson 相关性	.171**	.080**	.014	.456**	1	.590**	.172**
	显著性（双侧）	.000	.000	.318	.000		.000	.000
	N	5215	5105	4998	5215	5215	5215	5105

相关性								
		家庭人均收入	受教育程度	职业类型	收入满足开支程度	居住绿化满意度	环境卫生满意度	医疗机构收费和服务满意度
环境卫生满意度	Pearson 相关性	.244**	.158**	.086**	.468**	.590**	1	.245**
	显著性（双侧）	.000	.000	.000	.000	.000		.000
	N	5215	5105	4998	5215	5215	5215	5105
医疗机构收费和服务满意度	Pearson 相关性	.166**	.190**	.235**	.209**	.172**	.245**	1
	显著性（双侧）	.000	.000	.000	.000	.000	.000	
	N	5105	5105	4998	5105	5105	5105	5105

** 在.01 水平（双侧）上显著相关。

如图所示，"家庭人均收入""受教育程度""职业类型""收入满足开支程度""居住绿化满意度""环境卫生满意度""医疗机构收费和服务满意度"变量两两之间显著正相关。

其中，"家庭人均收入"与"居住绿化满意度""环境卫生满意度""医疗机构收费和服务满意度"正相关程度较高。"受教育程度"与"居住绿化满意度""环境卫生满意度""医疗机构收费和服务满意度"正相关程度相对较高。而"居住绿化满意度"与"环境卫生满意度"的正相关程度也较高。

（三）样本的聚类分析

聚类分析主要用于判别研究的指标或数据之间存在不同程度的相似性，对样品进行分类。用 PASW 软件运用 K 中心聚类法对样本数据进行聚类分析，由于样本数量级差异不大，所以直接进行分析处理。

最终聚类中心			
	聚类		
	1	2	3
工作岗位满意度	3	3	1
工作岗位安全设施满意度	3	3	1
工作劳动强度	3	3	1
家庭人均收入	2	2	1
收入满足开支程度	3	3	1
子女教育占家庭支出比重	3	3	1
住房条件满意度	3	3	1
物价变动观	2	2	1
居住绿化满意度	3	3	1
空气质量满意度	3	3	1
环境卫生满意度	3	3	1
社会治安满意度	3	3	1
交通出行满意度	3	3	1
心情快乐度	2	3	1
邻里关系满意度	2	3	1
社区服务设施满意度	3	3	1
健康程度	2	3	1
参加体育健身频率	3	3	1
公共健身场所满意度	3	3	1
参加定期体检频率	3	2	1
医疗机构收费和服务满意度	3	3	2
受教育程度	2	2	1
职业类型	10	3	2

每个聚类中的案例数		
聚类	1	1564.000
	2	3023.000
	3	411.000
有效		4998.000
缺失		217.000

从"最终聚类中心表"可以看出，各类受访群体都认为职业类型对于生活状态满意度的整体评价影响较小。而家庭人均收入、物价变动因素对于幸福感的整体评价影响较大。大体上看，第一类人群认为家庭收入、物价变动、心情、健康程度和受教育程度对于幸福感的整体评价影响较大；第二类人群认为家庭收入、物价变动、定期参加体检频率和受教育程度对幸福感的整体评价影响较大；第三类人群则认为除了医疗机构收费和服务满意度以及职业类型两因素影响相对较小，表格中列出的其他所有因素对幸福感的整体评价都很重要。

五、基本结论

根据上述所做的分析，可以得出以下基本结论：

（一）样本的不同人群比例可能影响评价的代表性

在所选取的问卷样本中，从各年龄段看，46 岁以上年龄段参与调查的人数比例较低，仅占总问卷数的 5.6%，其他 18 ~45 岁各年龄段参与调查的人数比例分布比例相对均衡。从不同收入阶段看，各收入阶段参与调查的人数分布比例相对均衡，家庭人均收入在 2500 ~10000 元段次人数比例为总人数的 58.7%。从受教育程度看，参与调查的人群中，硕士及以上学历人数所占比例偏低，仅占总问卷数的 7%，其他受教育程度类型人数分布比例相对均衡。参与调查的不同职业类型人群，军人和离退休人员比例偏低，仅占总问卷数的 4.9%。

因此，本次调查问卷反应的生活满意度、幸福程度评价，主要是中等收入阶层、中青年群体的观点，而对参与调查的高学历人群及军人、离退休人员对幸福感的评价可能不具有典型代表性。从整个样本看，对上述指标持“很满意”或“不满意”评价的人数比例相对较低，而认为“基本满意”的人数比例相对较高。可以推断，所有类型人群对生活满意度总体持相对乐观的态度。

（二）不同标准划分的群体对各项主要指标的评价特征

1. 不同年龄段人群对工作、收入、住房、环境卫生、交通出行、心情、健康程度等要素的评价，主要有以下特征：

（1）36～55岁年龄段的中年群体对工作、收入、住房、环境卫生、交通出行的满意度评价相对较高，而18～25岁年龄段人群对收入、住房要素的满意度评价相对偏低，推断不同年龄段群体所处的社会地位和生活稳定程度可能是影响评价的因素。56岁以上中老年人群体对于收入、住房、环境、交通出行等要素的评价也相对偏低，尤其是对住房、交通出行要素持“不满意”态度的比例相对较高，这是值得关注的问题。

（2）25岁以下年轻人群体和66岁以上老年人群体对于心情快乐度和健康程度的评价相对最高，这与这两个群体对其他如工作、收入、住房等要素评价态度形成对比，对上述要素的态度并未影响其快乐程度，而对生活各方面满意度偏高的中青年群体对心情快乐程度和健康程度的评价总体低于上述两年龄段人群。

2. 不同收入段人群对工作、收入、住房、环境卫生、交通出行、心情、健康程度等要素的评价，主要有以下特征：

收入越高，对工作、收入、心情、健康要素的满意度评价相对越高，但收入的提高，并未提高对住房、环境卫生、交通出行等要素的评价。而收入偏低人群对工作、收入、住房、环境、交通出行的满意度总体偏低，并未影响该群体对心情快乐程度和健康程度相对较乐观的评价。

3. 不同受教育程度人群对工作、收入、住房、环境卫生、交通出行、心情、健康程度等要素的评价，主要有以下特征：

（1）本科以上学历人群对上述指标的总体评价相对较高，而高中及以下学历人群对工作、收入、住房要素的满意度评价相对偏低。

（2）对心情快乐程度评价认为"不快乐"的人数比例在各受教育程度群体中基本相当，但大专学历人群对心情快乐的总体评价相对更高。大专及以上人群对健康程度的评价总体较乐观。

4. 不同职业人群对工作、收入、住房、环境卫生、交通出行、心情、健康程度等要素的评价，主要有以下特征：

（1）军人对上述指标的评价总体较高，但由于参与调查的军人人数在所有样本中所占比例较低，可能不具有典型代表性。企业管理人员对上述指标的总体评价也相对较高。

（2）公务员群体对上述指标的总体评价相对偏低，这值得关注。

5. 不同年龄段、收入段、受教育程度和职业类型人群对于涉及工作、收入、住房、环境、交通、心情、健康等要素的多个选项的看法存在显著的不同，而人均收入、受教育程度对于工作、住房、环境、交通、治安、心情等要素的相关性较为显著，但与收入相比，心情快乐程度与健康的正相关显著性更强。

6. 根据对各个方面满意度的不同，大体可以把人群分为三类，第一类人群认为家庭收入、物价变动、心情、健康程度和受教育程度对于幸福感的整体评价影响较大；第二类人群认为家庭收入、物价变动、定期参加体检频率和受教育程度对幸福感的整体评价影响相对较大；第三类人群则认为除了医疗机构收费和服务满意度以及职业类型两因素影响相对较小，其他所有因素对于整体满意度的评价都很重要。

参考文献

〔1〕邢占军、刘相等著《城市幸福感》，社会科学文献出版社，2008 年版

〔2〕邢占军．《幸福指数量表在我国内地城市居民中的初步试用研究》[J]．中国行为医学科学，2008，(4)

〔3〕梁桂全主编《建设幸福广东干部读本》，广东省出版社、广东人民出版社，2011 年版

〔4〕戴学明《加快南宁市现代宜居城市建设的对策建议》，中共南宁市委党校学报，2010 年第 1 期

〔5〕石忆邵《从共享式发展到幸福城市》，《规划广角》，2011 年第 12 期

〔6〕陈光金《民生建设与中国未来》，青海社会科学，2011 年第 2 期

〔7〕夏书章《略论幸福城市的建设与治理》，《中国行政管理》，2011 年第 6 期

〔8〕杨敏《瞭望文明：在共同生活中收获智慧构筑安全——关于比较文明研究的一种社会学分析》，《社会科学研究》，2012 年第 2 期

〔9〕沈杰《从“GDP 崇拜”到幸福指数关怀——发展理论视野中

发展观的几次深刻转折》，《江苏行政学院学报》，2006 年第3 期

〔10〕苗元江《从幸福感到幸福指数——发展中的幸福感研究》，《南京社会科学》，2009 年第11 期

〔11〕秦雁《“幸福悖论”研究述评》，《广西青年干部学院学报》，2009 年第3 期

〔12〕奚恺元、张国华、张岩《从经济学到幸福学》，《上海管理科学》，2003 年第3 期

〔13〕林洪、李玉萍等《国民幸福总值（GNH）的启示与国民幸福研究》，《当代财经》，2007 年第5 期

〔14〕周先荣、胡宇《借鉴先进经验加快武汉幸福城市建设》，《武汉建设》，2010 年第4 期

〔15〕周海春《发展水平评价指标体系》，《经济研究参考》，2003 年第16 期

〔16〕张葆君、朱琳玲、孙莹莹《提高市民生活品质与城市幸福指数研究》，《长江论坛》，2010 年第6 期

〔17〕王慧红、陈楠《中国幸福指数的构建设想》，《重庆科技学院学报》，2008 年第8 期

〔18〕苗元江、胡亚琳、周堃《从快乐到实现：实现幸福感概观》，《广东社会科学》，2011 年第5 期

〔19〕牛松《国民幸福指数指标体系构建与测评方法研究》，《南京财经大学》，2010 年第4 期

〔20〕罗新阳《幸福指数：和谐社会的新追求》，《桂海论丛》，2006 年第6 期

〔21〕陈湘舸、姚月红《论幸福学在社会科学中的“母学”地位》，《甘肃社会科学》，2009 年第4 期

〔22〕李莹等《主观幸福感研究综述》,《广西社会科学》,2009 年第 6 期
〔23〕陈志《城市软实力》,广东人民出版社,2008 年版
〔24〕连玉明《中国城市综合竞争力报告(NO.1)》,中国时代经济出版社,2010 年版
〔25〕马庆国等《区域软实力的理论与实施》,中国社会科学出版社,2007 年版
〔26〕中国社科院《2012 年中国城市竞争力蓝皮书:中国城市竞争力报告》,社科文献出版社,2012 年版
〔27〕国家统计局、中国国情国力杂志社、中国信息报社《中国城市协调发展及综合实力研究报告》,中国社会科学出版社,2011 年版
〔28〕北京师范大学科学发展观与经济可持续发展研究基地、西南财经大学绿色经济与经济可持续发展研究基地、国家统计局中国经济景气监测中心《2011 中国绿色发展指数报告——区域比较》,北京师范大学出版社,2012 年版
〔29〕王淑燕《主观幸福感测评研究述评》[J].社会心理科学,2009,(2)
〔30〕李志、谢朝晖《国内主观幸福感研究文献述评》[J].重庆大学学报,2006,(4)
〔31〕沈杰《从崇拜到幸福指数关怀》[J].江苏行政学院学报,2006,(3)
〔32〕王晓娟、夏春《主观幸福感差异性研究现状及分析》[J].社会心理科学,2004,(3)
〔33〕王智慧《奥运会举办后对北京市民幸福指数的影响及相关测量指标评价体系的构建》〔J〕.上海体育学院学报,2009,

(3)
〔34〕李沛良《社会研究的统计应用》［M］．北京：社会科学文献出版社，2001.
〔35〕卢淑华《社会统计学》［M］．北京：北京大学出版社2005.
〔36〕云南省住房和建设厅《滇中城市群规划（2009～2030)》，2009年8月
〔37〕中国环境科学研究院《昆明生态市建设规划》，2008年6月
〔38〕昆明市环保局《昆明市环境保护与生态建设“十二五”规划》，2012年5月
〔39〕张祖林《（昆明市）2012年政府工作报告》，2012年1月
〔40〕陈志霞《城市幸福指数及其测评指标体系》，《城市问题》，2012年第4期
〔41〕余灵燕、王岚《幸福指数编制及指标体系建构探析》，《统计科学与实践》，2010年第10期
〔42〕朱其烨、陈琳《多视角的幸福研究综述与展望》，《经济与社会发展》，2010年第8期
〔43〕广东省人民政府《广东省人民政府印发建设幸福广东评价指标体系和广东群众幸福感测评指标体系的通知》，2011年10月
〔44〕武汉市发展和改革委员会《武汉市建设人民幸福城市规划》，2012年2月
〔45〕中共南京市委办公厅南京市人民政府办公厅《关于建立幸福都市考核评价指标体系的意见（试行)》，2012年3月
〔46〕中共昆明市委政研室《幸福昆明建设指标体系》，2012年10月
〔47〕付子堂《构建民生法治》，《法学研究》，2007年第4期

〔48〕十年砍柴《法治是开启幸福之门的钥匙》，《南方周末》2011年1月13日
〔49〕张君明《法治政府：民心所盼》，《江淮法治》，2004年第8期
〔50〕吴丹梅《法治的文化解析》，中文期刊网优秀博士论文
〔51〕张兴祥、尹慧《反腐倡廉与法治政府建设》，《厦门特区党校学报》，2012年第2期
〔52〕王国泽《略论法治政府的含义及建设法治政府的途径》，《山西社会主义学院学报》，2005年第1期
〔53〕张垚《善治，政府如何承担‘幸福’责任？——中央编译局副局长俞可平访谈》，人民日报访谈录
〔54〕冯威《民生的法治解读》，《求索》，2008年第5期
〔55〕刘武俊《政府工作报告的法治解读——法治是民生幸福的守护神》，载《民主与法治》
〔56〕〔法〕孟德斯鸠《论法的精神》（上、下），商务印书馆，1982年版
〔57〕梁治平《法律的文化解释》，北京三联书店，1998年版
〔58〕《2011年昆明市人民政府工作报告》
〔59〕《2011年昆明市人大常委会、法院、检察院工作报告》

后　记

美丽春城，幸福昆明。春城就是一朵幸福的花，无声绽放。昆明就是一座幸福的城，和谐美满。追求幸福，是人民的权利；造福人民，是党和政府的责任。

党的十八大提出全面建成小康社会，昆明市委提出建设“幸福美好昆明”，作为昆明市经济社会发展“智库”的昆明市社科院，当常怀忧党忧民之心，恪尽兴党富民之责，勇于实践、勇于变革、勇于创新，把握时代发展要求，顺应人民共同愿望，在创造性实践中认真开展事关昆明前途命运的重大理论实践研究，奋力为幸福昆明建设添砖加瓦。

为此，2011 年底，昆明市社科院即将幸福城市建设问题列为本院 2012 年度核心课题，并于 2012 年 2 月开始相关准备。经过近 10 个月的文献搜索、调查研究、反复斟酌、三易其稿，凝结全院研究人员心血的书稿终于呈现在广大读者面前。

本书由杨芳、梁永实审定，高军、龙云昆、李志杰、黄剑辉分章节修改，高军统稿。各章分别为以下研究人员完成：第一章，龙云昆；第二章，尹峻；第三章，李志杰；第四章，姜剑波；第五章，高军；第六章，高山；第七章，徐杰、李钢；第八章，李美婷；第九章，黄剑辉；第十章，武华；第十一章，李学诗；第十二章，彭峰；第十三章，李敏；第十四章，王宁、李佳、劳致钢；附件一，王宁；附件二，李佳。问卷数据录入及图表处理高会平、王雅琦。市社科院武亚平、张正旺、孙黎明、范江恒、王志洪在研究过程中提供了帮助，昆明市大学生爱心家园协会、云南信息报在问卷调查中付出大量劳动，市委政研室、共青团昆明市委、云南人民出版社给予了大力支持。对所有为此书付出辛劳的同志一并表示感谢。

研究成果乃一家之言、一管之见，纰漏在所难免，肯请读者勘正。

编　者

2012 年 11 月 25 日

图书在版编目（CIP）数据

昆明建设幸福城市研究／昆明市社会科学院　杨芳　主编
．—昆明：云南人民出版社，2012．12
ISBN 978－7－222－10599－7

Ⅰ．①昆…　Ⅱ．①昆…　Ⅲ．①城市建设－研究－昆明市
Ⅳ．①F299．277．41

中国版本图书馆 CIP 数据核字（2012）第 318760 号

责任编辑　马维聪　陈艳芳
封面设计　赵　丹

书　名	**昆明建设幸福城市研究**
作　者	杨　芳　主编
出　版	云南出版集团公司　　云南人民出版社
发　行	云南人民出版社
社　址	昆明市环城西路 609 号
邮　编	650034
网　址	www. ynpph. com. cn
E-mail	rmszbs@ public. km. yn. cn
开　本	787×1092　1/16
印　张	27. 5
字　数	420 千
版　次	2012 年 12 月第 1 版第 1 次印刷
印　制	云南商奥印务有限公司
书　号	ISBN 978－7－222－10599－7
定　价	58. 00 元